Lars Burmester

Adaptive Business-Intelligence-Systeme

VIEWEG+TEUBNER RESEARCH

Entwicklung und Management von Informationssystemen und intelligenter Datenauswertung

Herausgeber:
Prof. Dr. Paul Alpar, Philipps-Universität Marburg
Prof. Dr. Ulrich Hasenkamp, Philipps-Universität Marburg

Lars Burmester

Adaptive Business-Intelligence-Systeme

Theorie, Modellierung und Implementierung

Mit einem Geleitwort von Prof. Dr. Ulrich Hasenkamp

VIEWEG+TEUBNER RESEARCH

Bibliografische Information der Deutschen Nationalbibliothek
Die Deutsche Nationalbibliothek verzeichnet diese Publikation in der
Deutschen Nationalbibliografie; detaillierte bibliografische Daten sind im Internet über
<http://dnb.d-nb.de> abrufbar.

Dissertation Philipps-Universität Marburg, 2010

1. Auflage 2011

Alle Rechte vorbehalten
© Vieweg+Teubner Verlag | Springer Fachmedien Wiesbaden GmbH 2011

Lektorat: Ute Wrasmann | Britta Göhrisch-Radmacher

Vieweg+Teubner Verlag ist eine Marke von Springer Fachmedien.
Springer Fachmedien ist Teil der Fachverlagsgruppe Springer Science+Business Media.
www.viewegteubner.de

Das Werk einschließlich aller seiner Teile ist urheberrechtlich geschützt. Jede Verwertung außerhalb der engen Grenzen des Urheberrechtsgesetzes ist ohne Zustimmung des Verlags unzulässig und strafbar. Das gilt insbesondere für Vervielfältigungen, Übersetzungen, Mikroverfilmungen und die Einspeicherung und Verarbeitung in elektronischen Systemen.

Die Wiedergabe von Gebrauchsnamen, Handelsnamen, Warenbezeichnungen usw. in diesem Werk berechtigt auch ohne besondere Kennzeichnung nicht zu der Annahme, dass solche Namen im Sinne der Warenzeichen- und Markenschutz-Gesetzgebung als frei zu betrachten wären und daher von jedermann benutzt werden dürften.

Umschlaggestaltung: KünkelLopka Medienentwicklung, Heidelberg
Gedruckt auf säurefreiem und chlorfrei gebleichtem Papier.
Printed in Germany

ISBN 978-3-8348-1478-4

Geleitwort

Informationssysteme durchdringen die betriebswirtschaftlichen Tätigkeiten auf allen Ebenen. Dabei ist die Entwicklung der praktischen Anwendung in manchen Bereichen schneller als die der theoretischen Fundierung. Besonders ausgeprägt ist dies in der Unterstützung des Managements. Die Frage, inwieweit und wie Manager durch Einsatz moderner Technologie Erkenntnisgewinne erzielen („lernen"), wurde bisher aus theoretischer Sicht nicht ausreichend adressiert. Dabei ließe sich aus lerntheoretischer Perspektive möglicherweise Einiges durch Anwendung bekannter Modelle ableiten.

Die vorliegende Arbeit setzt hier an und untersucht – unter Rückgriff auf bestehende theoretische Ansätze – die mögliche Umsetzung mit Hilfe von Business Intelligence und System Dynamics. Besonderes Gewicht hat die Lerntheorie von Piaget. Obwohl die Arbeit der Grundlagenforschung zugerechnet werden kann, ist der Anwendungsbezug stets erkennbar, indem er immer wieder exemplarisch hergestellt wird. Dabei wird auf Seiten des Managements nicht nur auf Entscheidungen im engeren Sinne abgestellt, sondern es wird auch die Informationsversorgung des Managements in einem weiteren Sinne untersucht.

Die Buzzwords der modernen Managementunterstützung, wie beispielsweise Data Warehouse und Online Analytical Processing werden, ebenso wie multidimensionale Datenstrukturen, auf theoretischer Basis sauber modelliert und dadurch vergleichbar gemacht. Der kreative Schwerpunkt der Arbeit liegt in der Behandlung der Metamodelle multidimensionaler und systemdynamischer Modelle sowie deren Integration. Die Gegenüberstellung von multidimensionalen Datenmodellen und Flussmodellen in der Systematik der System Dynamics ist eine hervorragende Idee, die vom Verfasser formal konsequent durchgeführt wurde. Dabei spürt er auch Probleme auf und dokumentiert sie, beispielsweise hinsichtlich des Vorhandenseins bzw. Fehlens von Kausalbeziehungen in den Modellen oder die Schwierigkeit, in System-Dynamics-Flussmodellen hierarchische Beziehungen abzubilden. Die Vorgehensweise ist sehr systematisch, indem die Teilaspekte in stets gleicher Weise mit einheitlicher Notation (in der Regel zunächst verbal, dann mit Diagrammen) Schritt für Schritt behandelt werden.

Auf Grundlage der erarbeiteten theoretischen Basis wird ein Vorgehen zur geordneten Entwicklung und Evolution der Modelle der Informations- und Entscheidungsunterstützung vorgestellt. Innerhalb einer normierten, modellbasierten Architektur für Business-Intelligence-Systeme werden Entwicklungspfade aufgezeigt, welche zuvor theoretisch dargestellte Lernprozesse repräsentieren. Durch die stringente Verzahnung dieser Prozesse kann ein permanenter integrierter Entwicklungsprozess eines Business-Intelligence-

Systems sichergestellt und somit episodenhaften Anpassungen derartiger Systeme entgegengewirkt werden.

Prof. Dr. Ulrich Hasenkamp

Danksagung

Das Verfassen einer Doktorarbeit ist ein langwieriges und teilweise mühsames Unterfangen. Auf dem Weg zum Ziel haben mich viele Menschen begleitet und unterstützt, denen ich einen herzlichen Dank schulde.

Danken möchte ich meinem Doktorvater Prof. Dr. Ulrich Hasenkamp. Die Schaffung einer angenehmen, von größtmöglichen Freiheiten geprägten Arbeitsatmosphäre am Institut für Wirtschaftsinformatik ermöglichte mir eine uneingeschränkte Entfaltung meiner Forschungsinteressen. Über das fachliche und dienstliche Miteinander hinaus, war er in vielen Situationen für mich ebenfalls ein wertvoller persönlicher Ansprechpartner und Wegbegleiter.

Weiterer Dank gebührt Herrn Prof. Dr. Paul Alpar für die Zweitbegutachtung meiner Dissertation, die fachlichen Hinweise zu deren Verbesserung sowie die konstruktive Zusammenarbeit im Vorfeld der Drucklegung. Herrn Prof. Dr. Joachim Krag danke ich für den Vorsitz im Prüfungsausschuss.

Ein Dank gilt auch meinen akademischen Wegbegleitern am Institut für Wirtschaftsinformatik. Herrn Dipl.-Vw. Jonas Rommelspacher danke ich hierbei für die uneingeschränkt kollegiale Zusammenarbeit und seine stets vorhandene Diskussionsbereitschaft.

Mein besonderer Dank gilt Prof. Dr. Matthias Goeken. Seine Ideen und sein Tatendrang bewegten mich nicht nur zur Promotion, sondern ermöglichten mir auch den Einstieg in die Forschung. Seine inhaltlichen Anregungen, ein stets kritisches Auge und die freundlichen Erinnerungen, dass eine Dissertation auch einmal ein Ende haben muss, trugen maßgeblich zum Abschluss und Gelingen des Promotionsvorhabens bei.

Während meines Promotionsvorhabens erfuhr ich viel Unterstützung von Menschen, ohne die meine Arbeit in dieser Form nicht möglich gewesen wäre. Bedanken möchte ich mich bei Frau Ingrid Lucht und Herrn OStR Udo Lucht für ihre stilistischen Anmerkungen sowie die orthografische Durchsicht des Manuskripts. Mein ganz besonderer Dank gilt Frau B.Sc. Birgit Lucht, die mir gerade in der Endphase der Dissertation den Rücken stärkte und mir die notwendige Geduld entgegengebrachte. Abschließend sei meinen Eltern gedankt, die mir nicht nur das Studium ermöglicht haben, sondern auch das Promotionsvorhaben vorbehaltlos unterstützt haben. Ihnen sei diese Arbeit gewidmet.

Lars Burmester

Inhaltsverzeichnis

Geleitwort V

Danksagung VII

Inhaltsverzeichnis IX

Abbildungsverzeichnis XV

Tabellenverzeichnis XIX

Abkürzungsverzeichnis XXI

Teil I: Exposition und Grundlegung 1

1 Exposition 3
   1.1   Problemstellung und Ziele der Untersuchung 3
   1.2   Erkenntnistheoretische Annahmen und Forschungsmethode 6
       1.2.1   Erkenntnistheoretische Annahmen 7
           1.2.1.1   Realitätsverständnis 8
           1.2.1.2   Wahrheitstheorien und Wahrheitskriterien 11
           1.2.1.3   Erkenntnisquellen und Erkenntnismethoden 13
       1.2.2   Forschungsmethode 16
           1.2.2.1   Forschungsansatz 17
           1.2.2.2   Forschungsvorgehen und Aufbau der Arbeit 24

2 Terminologische Grundlegung 25
   2.1   Systemtheoretische Grundlegung 25
       2.1.1   Systembegriff 25
       2.1.2   Komplexitätsbegriff 28
   2.2   Wissen, Daten, Informationen 29
   2.3   Lernen 34
       2.3.1   Allgemeine Struktur von Lernprozessen 35
       2.3.2   Die Lerntheorie Piagets 38

3 Sprache, Modelle, Metamodelle 43
   3.1   Sprache 43
       3.1.1   Syntaktische Betrachtung von Sprache 45
       3.1.2   Semantische Betrachtung von Sprache 46
       3.1.3   Pragmatische Betrachtung von Sprache 49

    3.1.4 Zusammenfassung und Schlussfolgerungen 51
 3.2 Modelle 52
    3.2.1 Allgemeiner Modellbegriff 52
    3.2.2 Spezielle Modellbegriffe 55
       3.2.2.1 Abbildungsorientierter Modellbegriff 55
       3.2.2.2 Konstruktivistischer Modellbegriff 56
       3.2.2.3 Modellverständnis der Arbeit 58
 3.3 Metamodelle 61
    3.3.1 Sprache und Metasprache 61
    3.3.2 Metaisierung, Metaebenen und Metamodellierung 63

Teil II: Managementunterstützung und System Dynamics 69

4 Management und Managementunterstützung 71
 4.1 Theoretische Ansätze des Managements 71
 4.2 Managementunterstützung 74
    4.2.1 Identifikation von Unterstützungspotenzialen des Managements 75
       4.2.1.1 Kognition 75
          4.2.1.1.1 Wahrnehmung 78
          4.2.1.1.2 Verarbeitung und das Entstehen von
                    Ungewissheit 80
       4.2.1.2 Unterstützungspotenziale 83
    4.2.2 Informationsunterstützung 84
       4.2.2.1 Inhaltliche Anforderungen an die
               Informationsunterstützung 85
       4.2.2.2 Repräsentationsanforderungen an die
               Informationsunterstützung 87
          4.2.2.2.1 Multidimensionale Informationsorganisation 87
          4.2.2.2.2 Hierarchische Informationsorganisation 90
       4.2.2.3 Zusammenfassung der Anforderungen an die
               Informationsunterstützung 92
    4.2.3 Entscheidungsunterstützung 93
       4.2.3.1 Entscheidungstheoretische Grundlegung 94
       4.2.3.2 Phasen des Entscheidungsprozesses und Anforderungen
               an deren Unterstützung 98
 4.3 Zusammenfassung und Schlussfolgerungen 100
    4.3.1 Zusammenfassung 100
    4.3.2 Schlussfolgerungen für eine Lernunterstützung des Managements 101

4.3.2.1 Betrachtung der Informationsunterstützung vor dem Hintergrund des Lernens 101
4.3.2.2 Betrachtung der Entscheidungsunterstützung vor dem Hintergrund des Lernens 103
4.3.2.3 Betrachtung eines Gesamtansatzes der Lernunterstützung vor dem Hintergrund der Managementunterstützung 105

5 Business Intelligence 109
5.1 Begriffsabgrenzung und Begriffsverständnis 109
5.2 Klassen von Business-Intelligence-Systemen 112
    5.2.1 Datenbereitstellung durch Data Warehouses 114
        5.2.1.1 Das Data-Warehouse-Konzept 114
        5.2.1.2 Data-Warehouse-Architektur und -Modellierung 119
            5.2.1.2.1 Data-Warehouse-Komponenten und -Architektur 119
            5.2.1.2.2 Modellbasierte Data-Warehouse-Architektur 122
    5.2.2 Analysesysteme 126
        5.2.2.1 Online Analytical Processing 128
            5.2.2.1.1 Konzept und technische Umsetzung 128
            5.2.2.1.2 Multidimensionale Datenmodelle 134
        5.2.2.2 Entscheidungsunterstützungssysteme 138
        5.2.2.3 Analytische Modelle und integrierte Architektur für Business-Intelligence-Modelle 140
5.3 Schlussfolgerungen 142
    5.3.1 Business Intelligence und Kognition 143
    5.3.2 Business Intelligence und Lernunterstützung des Managements 144

6 System Dynamics 147
6.1 Grundlagen des System-Dynamics-Ansatzes 147
    6.1.1 Gegenstand und Anwendungsgebiete 147
    6.1.2 Annahmen des System-Dynamics-Ansatzes 150
        6.1.2.1 Ontologische Annahmen 150
        6.1.2.2 Realitätsverständnis und methodische Annahmen 153
    6.1.3 Dynamische Komplexität – Entstehung und Auswirkungen 155
        6.1.3.1 Entstehung dynamischer Komplexität 155
        6.1.3.2 Auswirkungen dynamischer Komplexität 157
6.2 Modellierung und Simulation dynamischer Systeme 160
    6.2.1 Entscheidungsprozess des System-Dynamics-Ansatzes 160

6.2.2 Modellierung im Rahmen des System-Dynamics-Ansatzes 162
    6.2.2.1 Modellstruktur und Vorgehen des System-Dynamics-Ansatzes 162
    6.2.2.2 Konzeptionelle Modellierungssprachen des System-Dynamics-Ansatzes 165
        6.2.2.2.1 Kausalkettenmodelle und Kausalkettendiagramme 165
        6.2.2.2.2 Flussmodelle und Flussdiagramme 166
6.2.3 Simulation von System-Dynamics-Modellen 169
6.3 System Dynamics und Lernprozesse 171
    6.3.1 Assimilierendes Lernen in Mikrowelten 171
    6.3.2 Modellieren als akkommodierendes Lernen 173
6.4 Zusammenfassung und Schlussfolgerungen 175
6.5 Zwischenfazit 176

Teil III: Konstruktion eines modellbasierten Ansatzes zur Lernunterstützung des Managements durch Business Intelligence 181

7 Analyse multidimensionaler und systemdynamischer Modellierungssprachen 183
7.1 Metamodelle multidimensionaler und systemdynamischer Modelle 183
    7.1.1 Metamodell multidimensionaler Datenmodelle 184
        7.1.1.1 Gegenstand und Vorgehen der Metamodellkonstruktion... 184
        7.1.1.2 Abstraktion vom qualifizierenden Aspekt multidimensionaler Datenmodelle 186
        7.1.1.3 Abstraktion vom quantifizierenden Aspekt und Metamodell multidimensionaler Datenmodelle 195
    7.1.2 Metamodell systemdynamischer Flussmodelle 199
        7.1.2.1 Konventionen und Vorgehen der Metamodellkonstruktion 199
        7.1.2.2 Übersetzung der Sprachelemente der Flussmodellierungssprache 200
        7.1.2.3 Metamodell systemdynamischer Flussmodelle 205
    7.1.3 Zusammenfassung und Schlussfolgerungen 207
7.2 Repräsentationsanalyse multidimensionaler und systemdynamischer Sprachen 208
    7.2.1 Repräsentationsanalyse von Modellierungssprachen 209
    7.2.2 Repräsentation multidimensionaler Datenmodelle durch systemdynamische Flussmodelle 213

		7.2.2.1	Analyse des qualifizierenden Aspekts	213
		7.2.2.2	Analyse des quantifizierenden Aspekts	215
		7.2.2.3	Nicht berücksichtigte Konstrukte systemdynamischer Flussmodelle	216
		7.2.2.4	Zusammenfassung und Schlussfolgerungen	217
	7.2.3	Repräsentation systemdynamischer Flussmodelle durch multidimensionale Datenmodelle		218
		7.2.3.1	Analyse der Knotentypen systemdynamischer Flussmodelle	219
		7.2.3.2	Analyse der Kantentypen systemdynamischer Flussmodelle	220
		7.2.3.3	Zusammenfassung	222
7.3	Zusammenfassung und Schlussfolgerungen			226

8 Integration multidimensionaler Datenmodelle und systemdynamischer Flussmodelle ... 229

- 8.1 Multidimensionale Repräsentation systemdynamischer Flussmodelle ... 229
  - 8.1.1 Multidimensionaler Aspekt der Repräsentation ... 229
    - 8.1.1.1 Multidimensional repräsentierte Flussmodelle auf Typebene ... 229
    - 8.1.1.2 Ausprägung multidimensional repräsentierter Flussmodelle durch Simulation und Parametervariation ... 231
  - 8.1.2 Hierarchischer Aspekt der Repräsentation ... 234
  - 8.1.3 Fallbeispiel ... 236
  - 8.1.4 Schlussfolgerungen ... 239
- 8.2 Integration von Flussmodellen mit multidimensionalen Datenmodellen ... 240
  - 8.2.1 Modellintegration ... 240
  - 8.2.2 Fallbeispiel ... 244
  - 8.2.3 Schlussfolgerungen ... 248
- 8.3 Einordnung in die integrierte Architektur für BI-Modelle ... 248
  - 8.3.1 Logische Datenmodelle ... 249
  - 8.3.2 Datenflüsse ... 254
- 8.4 Schlussfolgerungen ... 256

9 Integrierte Lernunterstützung des Managements durch Business Intelligence ... 259

- 9.1 Integrationsrahmen ... 259
- 9.2 Teilfunktionen eines Prozesses der Lernunterstützung des Managements ... 262
  - 9.2.1 Lernimpuls ... 262

		9.2.1.1 Lernimpuls auf Typebene	263
		9.2.1.2 Lernimpuls auf Ausprägungsebene	266
	9.2.2	Assimilation	268
	9.2.3	Akkommodation	270
	9.2.4	Habitualisierung	272
9.3	Fallbeispiel		277
	9.3.1	Szenario 1: Assimilation	277
	9.3.2	Szenario 2: Akkommodation	279

10 Fazit 283
    10.1 Zusammenfassung der Arbeit 283
    10.2 Erweiterungsvorschläge 284

Anhang 1: Fallbeispiele 287
    Anhang 1a: OLAP-Würfel zum Vertriebsreporting 287
    Anhang 1b: Flussmodell zur Produktdiffusion 288

Anhang 2: Archetypisches Verhalten dynamischer Systeme 293

Literaturverzeichnis 295

Abbildungsverzeichnis

Abbildung 1:	Kategorien erkenntnistheoretischer Annahmen, denkmögliche Ausprägungen und eingenommene Position	16
Abbildung 2:	Abstrakte Darstellung eines Forschungsansatzes	19
Abbildung 3:	Forschungsansatz der Arbeit	23
Abbildung 4:	Struktureller, hierarchischer und funktionaler Aspekt einer allgemeinen Systemdefinition	27
Abbildung 5:	Lernprozesse nach Piaget	41
Abbildung 6:	Semantisches Dreieck	47
Abbildung 7:	Qualifikation einer Aussage durch Bezugnahme und sukzessive Einengung des Interpretationsspielraums	50
Abbildung 8:	Sprachebenenbildung sowie objekt- und metasprachliche Beziehungen	63
Abbildung 9:	Sprachorientierter Metamodellbegriff	65
Abbildung 10:	Instanzbeziehungen zwischen Modellebenen	66
Abbildung 11:	Strukturmodell menschlicher Kognition	76
Abbildung 12:	Selektive Wahrnehmung	79
Abbildung 13:	Zuordnung wahrgenommener Merkmale zu Begriffsmodellen auf Typebene	81
Abbildung 14:	Zuordnung wahrgenommener Merkmale zu Begriffsmodellen auf Ausprägungsebene	82
Abbildung 15:	Beispielhafte Darstellung einer einfachen dimensionierten Informationsbereitstellung	89
Abbildung 16:	Beispielhafte Darstellung einer multidimensionalen Informationsbereitstellung	89
Abbildung 17:	Wechsel der Betrachtungsebene bei Betrachtung eines hierarchisch organisierten Sachverhalts	92
Abbildung 18:	Idealtypischer Entscheidungsprozess nach Simon	96
Abbildung 19:	Integrierte Lernprozesse im Rahmen der Managementunterstützung	107
Abbildung 20:	BI-Ordnungsrahmen in Anlehnung an Kemper et al.	113
Abbildung 21:	Data-Warehouse-Architektur	122
Abbildung 22:	Modellbasierte Data-Warehouse-Architektur	125
Abbildung 23:	Analyseorientierte Systeme für das Management	128
Abbildung 24:	OLAP Würfelstruktur	130
Abbildung 25:	Slice-Operationen	132
Abbildung 26:	Dice-Operation	133
Abbildung 27:	Drill-down- und Roll-up-Operation	134

Abbildung 28: Beispielhafte Darstellung eines konzeptionellen multidimensionalen Datenmodells ... 136
Abbildung 29: Beispielhafte Darstellung eines Star- und Snowflakeschemas ... 138
Abbildung 30: Einordnung analytischer Modelle in eine integrierte Architektur für BI-Modelle ... 142
Abbildung 31: Entscheidungen, Entscheidungssysteme und Rückkopplung ... 148
Abbildung 32: Entscheidungsprozess des SD-Ansatzes ... 161
Abbildung 33: Strukturelle Aufbau der Modelle des System-Dynamics-Ansatzes und Modellierungsvorgehen ... 163
Abbildung 34: Konkrete Syntax und Beispiel eines Kausalkettenmodells ... 166
Abbildung 35: Konkrete Syntax und Beispiel eines Flussdiagramms ... 169
Abbildung 36: Flussmodell und entsprechendes Simulationsmodell eines Sachverhalts ... 170
Abbildung 37: Beispielhafte Darstellung einer Hierarchie auf Ausprägungsebene ... 187
Abbildung 38: Assoziierende Abstraktion innerhalb einer Hierarchie auf Ausprägungsebene ... 190
Abbildung 39: Klassifizierende Abstraktion von einer Hierarchie auf Ausprägungsebene zu einer Hierarchie auf Typebene ... 192
Abbildung 40: Metamodell des qualifizierenden Aspekts multidimensionaler Datenmodelle ... 195
Abbildung 41: Metamodell multidimensionaler Datenmodelle nach Goeken ... 198
Abbildung 42: Beziehungen von Bestandsvariablen ... 201
Abbildung 43: Beziehungen von Flusssteuerungen ... 202
Abbildung 44: Beziehungen von Hilfsvariablen und Konstanten ... 204
Abbildung 45: Beziehungen von Quellen und Senken ... 205
Abbildung 46: Metamodell systemdynamischer Flussmodelle ... 206
Abbildung 47: Gegenüberstellung multidimensionaler Datenmodelle und systemdynamischer Flussmodelle auf unterschiedlichen Sprachstufen ... 208
Abbildung 48: Zuordnung von Konstrukten der Flussmodellierung zu Konstrukten multidimensionaler Datenmodellierung (Metaebene) ... 225
Abbildung 49: Multidimensional repräsentiertes Flussmodell als abstrakter Würfel und ME/RM ... 230
Abbildung 50: Multidimensionale Repräsentation der Ergebnisse simulierter Flussmodelle ... 231
Abbildung 51: Multidimensionale Repräsentation wiederholt simulierter Flussmodelle ... 233
Abbildung 52: Multidimensionale Repräsentation systemdynamischer Flussmodelle auf Typ- und Ausprägungsebene ... 234

Abbildungsverzeichnis XVII

Abbildung 53: Beispielhaftes Flussmodell eines Diffusionsprozesses 237
Abbildung 54: Multidimensional repräsentiertes System-Dynamics-Modell des
Fallbeispiels 238
Abbildung 55: Beispielhafte hierarchische Organisation einer Parameterdimension 239
Abbildung 56: Ausgangsmodelle der Integration 241
Abbildung 57: Abstimmungsbedarf zwischen Ist- und Soll-Datenmodellen und
integriertes Datenmodell 244
Abbildung 58: Aufzeigen der Konkretisierungs- und Abstimmungsbeziehungen
zwischen den Ausgangsmodellen 245
Abbildung 59: Integriertes multidimensionales Datenmodell der Flussmodelle 247
Abbildung 60: Einordnung des integrierten Datenmodells in die integrierte
Architektur für BI-Modelle 249
Abbildung 61: Überführung konzeptioneller multidimensionaler Datenmodelle in
logische Datenmodelle 250
Abbildung 62: Generisches logisches Modell integrierter Ist- und Soll-Datenmodelle .. 252
Abbildung 63: Logisches Modell des integrierten Datenmodells des Fallbeispiels 253
Abbildung 64: Datenflüsse zwischen Modellen der Lernunterstützung des
Managements in der integrierten Architektur für
Business-Intelligence-Modelle 255
Abbildung 65: Integriertes Modell der Lernunterstützung des Managements 261
Abbildung 66: EPK des Lernimpuls 263
Abbildung 67: FZD Zuordnungsversuch auf Typebene (kognitions- und
lerntheoretische Perspektive) 264
Abbildung 68: FZD Zuordnungsversuch auf Typebene
(Business-Intelligence-Perspektive) 266
Abbildung 69: FZD Zuordnungsversuch auf Ausprägungsebene (kognitions- und
lerntheoretische Perspektive) 267
Abbildung 70: FZD Zuordnungsversuch auf Ausprägungsebene (Business-
Intelligence-Perspektive) 268
Abbildung 71: FZD Assimilation (kognitions- und lerntheoretische Perspektive) 269
Abbildung 72: FZD Assimilation (Business-Intelligence-Perspektive) 270
Abbildung 73: FZD Akkommodation (kognitions- und lerntheoretische Perspektive) . 271
Abbildung 74: FZD Akkommodation (Business-Intelligence-Perspektive) 272
Abbildung 75: EPK Habitualisierung (lern- und kognitionstheoretische Perspektive)... 274
Abbildung 76: EPK Habitualisierung (Business-Intelligence-Perspektive) 276
Abbildung 77: Gegenüberstellung von geplanten und tatsächlichen Absatzdaten im
Rahmen einer Produktdiffusion 278
Abbildung 78: Verändertes Flussmodell des Diffusionsprozesses 280

Abbildung 79: Angepasste integrierte Datenmodelle als Ergebnis einer Akkommodation 282
Abbildung 80: Beispielhaftes multidimensionales Datenmodell eines OLAP-Datenwürfels für das Vertriebsreporting 288
Abbildung 81: Kausalkettendiagramm des System-Dynamics-Fallbeispiels 289
Abbildung 82: Flussmodell des System-Dynamics-Fallbeispiels 291

Tabellenverzeichnis

Tabelle 1:	Kategorien erkenntnistheoretischer Annahmen und charakteristische Leitfragen	7
Tabelle 2:	Anforderungen an die Informationsunterstützung des Managements	93
Tabelle 3:	Anforderungen an die Entscheidungsunterstützung des Managements	100
Tabelle 4:	Zusammenfassung der ontologischen Annahmen des System-Dynamics-Ansatzes	153
Tabelle 5:	Zusammenfassung der Anforderungen an die Lernunterstützung des Managements sowie denkbare Umsetzung durch Business Intelligence und System Dynamics	179
Tabelle 6:	Existenzregel für Bestands- und Hilfsvariablen eines Flussdiagramms	207
Tabelle 7:	Denkbare Ergebnisse einer Repräsentationsanalyse	212
Tabelle 8:	Konstruktzuordnung bei der Repräsentation multidimensionaler Datenmodelle durch Flussmodelle des System-Dynamics-Ansatzes	218
Tabelle 9:	Konstruktzuordnung bei der Repräsentation von Flussmodellen des System-Dynamics-Ansatzes durch multidimensionale Datenmodelle	223
Tabelle 10:	Modellelemente des System-Dynamics-Fallbeispiels	290
Tabelle 11:	Gleichungen des System-Dynamics-Fallbeispiels	292
Tabelle 12:	Kausalmodelle und Verhaltensgraphen von Systemarchetypen	293

Abkürzungsverzeichnis

ADAPT	Application Design for Analytical Processing Technologies
ARIS	Architektur integrierter Informationssysteme
BI	Business Intelligence
Ders.	Derselbe
DSS	Decision Support Systems
E/RM	Entity/Relationship-Modell
EIS	Executive Information Systems
EPK	Ereignisgesteuerte Prozesskette
ETL	Extraktion, Transformation, Laden
EU	Entscheidungsunterstützung
FZD	Funktionszuordnungsdiagramm
Hrsg.	Herausgeber
IS	Informationssysteme
IU	Informationsunterstützung
LEU	Anforderung an die Lernunterstützung durch Entscheidungsunterstützung
LIU	Anforderung an die Lernunterstützung durch Informationsunterstützung
MDX	Multidimensional Expressions
ME/RM	Multidimensionales Entity/Relationship-Modell
MIS	Management Information Systems
OLAP	Online Analytical Processing
OLTP	Online Transactional Processing

SD	System Dynamics
SQL	Structured Query Language
WKWI	Wissenschaftliche Kommission Wirtschaftsinformatik

> # Teil I: Exposition und Grundlegung

1 Exposition

1.1 Problemstellung und Ziele der Untersuchung

Unternehmen sind seit jeher Veränderungen ausgesetzt, welche der unmittelbaren Mikroumwelt (bspw. Kunden, Lieferanten oder Wettbewerbern), der Makroumwelt (bspw. gesamtwirtschaftlichen, politischen oder gesellschaftlichen Rahmenbedingungen) oder aus dem Unternehmen selbst entspringen.[1] Es findet sich regelmäßig der Hinweis darauf, dass diese Veränderungen „komplex" oder „dynamisch" seien und ein erheblicher Anpassungsdruck auf Unternehmen lastete.[2] Dieser Umstand ist nicht neu, genauso wie Maßnahmen, mit denen ihm begegnet werden kann: ein Unternehmen muss mit Veränderungen umgehen.[3] Eine passive Anpassung der Verhaltensweisen des Unternehmens an die sich wandelnden Umstände und sich daraus ergebende Erfordernisse zieht in der Regel keine Wettbewerbsvorteile nach sich, da kein Alleinstellungsmerkmal gegenüber den Wettbewerbern erzeugt werden kann.[4] Daher erscheint es vielmehr erforderlich, einerseits die Ursachen, Natur und Auswirkungen von Veränderungen zu verstehen und zu reflektieren, d.h. zu lernen, statt sich aus reiner Notwendigkeit heraus an Sachzwänge anzupassen.[5] Andererseits können durch ein beschleunigtes Lernen zumindest temporäre Wettbewerbsvorteile gegenüber den Wettbewerbern erzielt werden.

In den letzten Jahren etablierte sich mit Business Intelligence ein IS-basierter Ansatz der Managementunterstützung, welcher verspricht, den Umgang mit Veränderung zu erleichtern und zu beschleunigen. Die informationstechnischen Mittel hierfür haben sich in ihrer technischen Leistungsfähigkeit, Reife und Verfügbarkeit erheblich weiterentwickelt, sodass die technische Umsetzbarkeit von Konzepten als Engpassfaktor an Bedeutung für die Unterstützung des Managements abnimmt. Zunehmend werden Kapazitäten für eine fachbezogene Weiterentwicklung der Business Intelligence frei, welche sich theoretisch überwiegend an klassischen Ansätzen der Informations- und Entscheidungsunterstützung

---

[1] Vgl. Ulrich u. Fluri (1995), S. 45 f.; Courtney (2001), S. 20; Heylighen (2005), S. 1; Kemper et al. (2006), S. 5 ff. Knöll et al. (2006), S. 63 ff.

[2] Vgl. Malik (1986), S. 184.

[3] Vgl. Reither (1997), S. 19.

[4] Vgl. Schwaninger (2006), S. 4 f.

[5] Vgl. Reither (1997), S. 25 f.; Gabriel u. Dittmar (2001), S. 18.

orientieren.[6] Es finden sich daher Bestrebungen, das Wissensmanagement als ein angrenzendes Forschungsgebiet mit der IS-basierten Managementunterstützung zu integrieren und so die theoretische Basis der Business Intelligence zu erweitern.[7] Gegenstand dieser Integrationsbemühungen sind die Explikation, Verteilung und Nutzung vorhandenen, wenngleich nicht direkt zugänglichen Wissens sowie – darauf aufbauend – die Schaffung neuen Wissens durch Wissenskombination.[8] Eine integrierte Betrachtung des Prozesses der Wissensgenerierung durch Erlernen neuartiger Sachverhalte, Routinisierung des Erlernten oder systematischen Reflexion vorhandenen Wissens, d.h. eine Lernunterstützung des Managements, ist nicht anzutreffen.[9] Aus diesem Umstand folgt die erste Forschungsfrage der vorliegenden Arbeit:[10]

> Inwieweit berücksichtigt eine der Managementunterstützung zu Grunde gelegte theoretische Basis das Lernen und wie werden diese – theoretische Basis und Lernen – durch Business Intelligence technisch umgesetzt?

Den bei der Beantwortung der ersten Forschungsfrage identifizierten Defiziten soll im Rahmen dieser Arbeit mit dem Entwurf eines Lösungsvorschlags begegnet werden. Eine Voraussetzung für die Lernunterstützung des Managements durch Business Intelligence stellt die Erfassung sich verändernder Sachverhalte dar. Dabei ist unter Erfassung nicht erst die explizite Darstellung eines Sachverhalts, bspw. in Schrift- oder Diagrammform, zu verstehen, sondern diese beginnt bereits mit der Wahrnehmung und geistigen Verarbeitung. Die Erfassung, sei es nun im impliziten mentalen oder expliziten Sinne, erfordert daher zunächst eine Repräsentation des Erfassten durch Mittel, die dem Lernenden sprachlich gerecht werden. Die Ergebnisse der sprachlichen Erfassung werden in Form

---

[6] Vgl. Kemper et al. (2006). S. 8. Chuang und Yadav kritisieren die monotheoretische Fokussierung auf klassische Ansätze der behavioristischen Organisations- und Entscheidungstheorie (vgl. Berger u. Bernhard-Mehlich (1999), S. 140 ff.) Eine Ausweitung des theoretischen Kerns erscheint zur Weiterentwicklung von Systemen zur Managementunterstützung in Theorie und Praxis zwingend erforderlich. Die Einbeziehung angrenzender Gebiete der Organisationsforschung, wie bspw. des Wissensmanagements oder des Organisationalen Lernens, kann daher als ein erster Schritt hierfür verstanden werden. Vgl. Chuang u. Yadav (1998), S. 75.

[7] Vgl. Rieger et al. (2000), S. 99 f., 102 ff.; Gabriel u. Dittmar (2001), S. 23 ff.; Hannig (2002), S. 6 ff.

[8] Vgl. Nonaka u. Takeuchi (1997), S. 68 ff.; Nonaka et al. (2001), S. 493 ff. Vgl. für Integrationsansätze des Wissensmanagements mit Business Intelligence bspw. Gabriel u. Dittmar (2001), S. 24 ff.; Hannig (2002), S. 15 ff.; Gluchowski u. Dittmar (2002), S. 37 ff.; Gluchowski et al. (2008), S. 320 ff.

[9] Vgl. bspw. Argyris u. Schön (2006), S. 11.

[10] Hierbei wird, in Anlehnung an Osterloh und Grand, zwischen dem Analyseproblem und dem Entwurfsproblem eines Forschungskomplexes unterschieden. Das Analyseproblem hat die Herstellung eines theoretischen Bezugs zur Erklärung von Tatbeständen und Problemen zum Gegenstand, während das Entwurfsproblem sich auf die Bereitstellung von Werkzeugen zur praktischen Lösung identifizierter Probleme bezieht. Vgl. Osterloh u. Grand (1998), S. 6 f. Die erste Forschungsfrage ist dabei dem Analyseproblem zuzurechnen, während die zweite Forschungsfrage das Entwurfsproblem adressiert.

von Modellen in die Entwicklung IS-basierter Managementunterstützung eingebracht und unterliegen im Verlauf der Realisierung formalen Veränderungen.

Weiterhin bedarf es nicht nur einer Sprache zur Repräsentation, sondern auch eines Denkmusters, welches hilft, einen zu erlernenden Sachverhalt zu strukturieren und im Rahmen dieser Struktur zu reflektieren und zu verstehen.[11] In dieser Arbeit wird hierfür mit System Dynamics ein systemtheoretisch motivierter Ansatz herangezogen.[12] Neben der Bereitstellung von sprachlichen Beschreibungsmitteln weist System Dynamics einen expliziten fachlichen und methodischen Bezug zum Lernen auf (bspw. durch Berücksichtigung von Rückkopplungsmechanismen bzw. experimentellem Lernen durch Simulation).[13] System Dynamics hat als Disziplin einen hohen Reifegrad erreicht und kann hinsichtlich des Anwendungsbereichs als interdisziplinär bezeichnet werden.[14] Eine Integration in moderne Ansätze der Managementunterstützung durch Business Intelligence ist jedoch nur vereinzelt anzutreffen.[15] Aus den vorangehend dargestellten Aspekten ergibt sich die zweite Forschungsfrage der Arbeit.

> Wie kann eine Lernunterstützung des Managements unter Rückgriff auf bestehende theoretische Ansätze erfolgen und wie kann dies unter Zuhilfenahme von Modellen der Business Intelligence und des System-Dynamics-Ansatzes umgesetzt werden?

Die genannten Forschungsfragen werden im weiteren Verlauf der Arbeit weiter expliziert und detailliert. Der Rest des Kapitels gliedert sich wie folgt: In Abschnitt 1.2 werden die grundlegenden erkenntnistheoretischen Annahmen der vorliegenden Arbeit expliziert. Im Anschluss werden die der Arbeit zu Grunde liegende Forschungsmethode und der Aufbau der Arbeit begründet.

---

[11] Vgl. Richmond (1991), S. 3; Schmidt (1992), S. 37; Schwaninger (2006), S. 2 f.; Senge (2008), S. 89. Zu den Funktionen von Sprache siehe ausführlich Abschnitt 3.1.

[12] System Dynamics wird im Rahmen dieser Arbeit als eine Spezialisierung einer allgemeinen Systemtheorie verstanden. Siehe die Darstellung eines allgemeinen systemtheoretischen Verständnisses in Abschnitt 2.1 sowie Kapitel 6.

[13] Vgl. Sterman (2000), S. 14 ff.; Senge (2008), S. 405 ff.

[14] System Dynamics wurde auf eine Reihe ökonomischer und anderer sozialwissenschaftlicher Sachverhalte angewandt, bspw. Branchen (vgl. Forrester (1961)), die Städteplanung (vgl. Forrester (1969); Dörner (1999), S. 32 ff.), Erklärungsversuche der Weltentwicklung (vgl. Meadows (1972)), Entwicklungshilfe oder zur Begründung menschlicher Reaktionen in Ausnahmesituationen (vgl. Dörner (1999), S. 22 ff. bzw. 47 ff.).

[15] Vgl. Grothe u. Gentsch (2000), S. 157 ff.; Meier et al. (2003), S. 59 f.

1.2 Erkenntnistheoretische Annahmen und Forschungsmethode

In den vergangenen Jahren waren Forschungsparadigmen, Forschungstradition sowie Forschungsmethoden national und international Gegenstand einer Reihe von Diskussionen in der Disziplin Wirtschaftsinformatik und dem englischsprachigen Pendant Information Systems.[16] Die Vielzahl existierender Forschungsansätze erscheint Fachfremden und Angehörigen der Disziplin selbst oftmals unverständlich.[17] Ein Hauptgrund hierfür ist, dass die angestrebten Forschungsziele, die verwendeten Methoden und die grundlegenden Annahmen oftmals nicht explizit formuliert oder begründet werden. Eine nachträgliche Rekonstruktion erweist sich nicht nur als mühselig, sondern ist auch mit einer Deutungsleistung verbunden, die Spielräume für verzerrte Interpretationen sowie nachträgliche Exhaustion oder Immunisierung gegen Kritik eröffnen.[18] Es werden daher die Annahmen der vorliegenden Forschungsarbeit offengelegt.

Die Darstellung der Annahmen erfolgt zunächst auf einer abstrakten erkenntnistheoretischen Ebene. Hierfür werden grundsätzliche Fragestellungen und denkbare Positionen des Erlangens von Erkenntnis erläutert. Darüber hinaus werden auf einer konkreten Ebene Annahmen bezüglich der Forschungsmethode der vorliegenden Arbeit offengelegt. Die strukturierte Darstellung dieser Annahmen erfolgt auf Grundlage mehrerer Frameworks.[19] Die grundlegenden erkenntnistheoretischen Annahmen werden in ein von Becker et al. vorgeschlagenes erkenntnistheoretisches Framework eingeordnet (1.2.1). Die Forschungsmethode wird im von Frank vorgeschlagenen Framework zur Konfiguration von Forschungsmethoden hergeleitet (1.2.2).

---

[16] Exemplarisch seien an dieser Stelle Diskussionen über Stringenz und Relevanz der Forschung („Rigour vs. Relevance"), die Eigenständigkeit der Disziplin sowie das Aufkommen entwurfswissenschaftlicher Forschung („Design Science") als Komplement zu behavioristischer Forschung genannt. Diese Diskussionen können und sollen an dieser Stelle nicht im Detail nachvollzogen werden. Es wird daher auf Überblicke bei Frank (2006), S. 1 ff.; Becker et al. (2007), S. 127 ff.; Zelewski (2007), S. 76 sowie die dort angegebene Literatur verwiesen.

[17] Vgl. Becker et al. (2003), S. 3.

[18] Vgl. Frank (1998), S. 111; Schütte (1998), S. 13; Schütte (1999), S.216; Becker et al. (2003), S. 5.

[19] Frameworks haben die Aufgabe Bezüge zwischen parallel existierenden wissenschaftlichen Partiallösungen aufzuzeigen, um durch Berücksichtigung alternativer Sichtweisen eine gesamtheitliche Darstellung eines wissenschaftlichen Sachverhalts zu fördern. Vgl. Porter (1991), S. 97; Lehner (1995a), S. 12. Osterloh u. Grand (1995), S. 5 f., 18; Osterloh u. Grand (1998), S. 7.

1.2.1 Erkenntnistheoretische Annahmen

Die Annahmen der vorliegenden Arbeit werden auf Grundlage des erkenntnistheoretischen Frameworks von Becker et al. geordnet dargestellt.[20] Dieses gliedert sich in fünf Kategorien, die durch Leitfragen zur Erkenntnistheorie beschrieben werden. Die denkbaren Positionen werden dann als Antworten auf die Leitfragen dargestellt. Eine Übersicht über die Kategorien, Leitfragen sowie die Abschnitte, in denen diese und die mit ihnen korrespondierenden denkbaren Erkenntnispositionen erläutert werden, kann Tabelle 1 entnommen werden. Im Folgenden werden diese Positionen, geordnet nach den Kategorien, dargestellt, sowie – im Anschluss daran – die im Rahmen der Arbeit eingenommene Position erläutert.

Tabelle 1: Kategorien erkenntnistheoretischer Annahmen und charakteristische Leitfragen

Kategorie erkenntnistheoretischer Annahmen	Leitfrage	Korrespondierender Abschnitt
Ontologische Position	Was ist Gegenstand der Erkenntnis?	Abschnitt 1.2.1.1
Epistemologische Position	Welche Beziehung besteht zwischen einem erkennenden Subjekt und dem Gegenstand der Erkenntnis?	Abschnitt 1.2.1.1
Wahrheitstheoretische Position	Was ist „wahre" Erkenntnis?	Abschnitt 1.2.1.2
Ursprung der Erkenntnis	Aus welchen Quellen entspringt Erkenntnis?	Abschnitt 1.2.1.3
Methodische Position	Durch welche Mittel kann Erkenntnis erzielt werden?	Abschnitt 1.2.1.3

Quelle: In Anlehnung an (Becker u. Niehaves 2007), S. 202.

---

[20] Vgl. Becker et al. (2005), Absatz 4.1 ff.; Becker u. Niehaves (2007), S. 201 ff. Ähnliche Ansätze finden sich in älteren Publikationen, wobei diese nicht dezidiert als Framework aufgebaut sind. Siehe Schütte (1998), S. 14 f., Schütte (1999), S. 219 ff., Becker et al. (2003), S. 2 ff.

Der Begriff der Erkenntnistheorie wird von Becker et al. als „… the science of analyzing the way human beings comprehend knowledge about what is perceived to exist […]. It adresses the question how a person can arrive at true cognition" gegenüber anderen Aspekten der Wissenschaftstheorie abgegrenzt. Vgl. Becker u. Niehaves (2007), S. 201. Ähnlich: vgl. Becker et al. (2003), S. 6; Becker et al. (2005), Absatz 3.1.

1.2.1.1 Realitätsverständnis

In diesem Abschnitt wird die Frage nach dem Gegenstand der Erkenntnis (ontologische Position) und der Beziehung zwischen dem erkennenden Subjekt und diesem Gegenstand (epistemologische Position) betrachtet. Daran schließt sich eine Erläuterung des Realitätsverständnisses der vorliegenden Arbeit an.

Als *Ontologie* wird die Analyse des „Seienden" und von dessen Aufbau bezeichnet.[21] Im wissenschaftstheoretischen Kontext ergibt sich daraus die Frage nach der Existenz des Erkenntnisgegenstands und dessen Aufbau: Im Bezug auf die in einem Forschungsvorhaben zu treffenden Annahmen bedeutet dies, ob der Forscher von einer Realwelt ausgeht, die unabhängig von seiner Erkenntnis existiert, oder nicht. Eine hier denkbare Position ist ein *ontologischer Realismus*, welcher eine reale Welt annimmt, die unabhängig von der Wahrnehmung existiert.[22] Eine Gegenposition hierzu ist die eines *ontologischen Idealismus*. Hierbei wird angenommen, dass die „Welt" eines Individuums, im Sinne eines ultimativen Bezugspunkts jeglicher Sinneswahrnehmung, ein Konstrukt ist, welches ausschließlich vom menschlichen Geist, dem Denken und der Sprache abhängt.[23] Eine versöhnende Position nimmt *Kant* ein, indem er die Realwelt in das „Ding an sich" und in dessen Erscheinungsbild unterscheidet.[24] Eine existierende Realwelt ist unabhängig vom Bewusstsein eines nach Erkenntnis strebenden Individuums, während die Perzeption der Phänomene vom erkennenden Individuum abhängig ist. Wissen ist demnach auf Phänomene begrenzt, während die „Dinge an sich" nicht verstanden werden.[25]

Epistemologische Fragestellungen adressieren das Verhältnis zwischen dem wahrnehmenden Subjekt und einer Realwelt (vgl. ontologische Position).[26] Epistemologie, im Sinne der Erkenntnis des Subjekts, beschäftigt sich mit der Frage, ob realweltliche (sprachliche, nichtgedankliche) Objekte (vom Forscher) objektiv erfasst werden können. Die Position eines *epistemologischen Realismus* nimmt an, dass eine objektive Wahrnehmung einer von dieser Wahrnehmung unabhängigen Welt prinzipiell möglich ist. Das schließt die Existenz

---

[21] Becker et al. bezeichnen Ontologie als die Wissenschaft von dem „was ist" und „wie es ist". Vgl. im Folgenden Becker et al. (2003), S. 8; Becker et al. (2005), Absatz 4.1; Becker u. Pfeiffer (2006), S. 7; Becker u. Niehaves (2007), S. 202 f. Für eine Übersicht über ontologische Positionen vgl. Bunge (1977), S. 3 ff.

[22] Vgl. Frank (2006), S. 13.

[23] Vgl. Varela (1990), S. 97 f., 110, 116. Vgl. Becker et al. (2003), S. 338 f.; Becker u. Niehaves (2007), S. 203.

[24] Vgl. Wolters u. Schwemmer (1984), S. 346.

[25] Vgl. Frank (2006), S. 13.

[26] Vgl. im Folgenden Becker et al. (2005), Absatz 4.1. Becker u. Pfeiffer (2006), S. 7; Becker u. Niehaves (2007), S. 203.

subjektiver Verzerrungen nicht aus, welche allerdings durch den Einsatz methodischer Hilfsmittel eingeschränkt oder eliminiert werden können. Die alternative epistemologische Position ist die eines *epistemologischen Idealismus*. Dieser geht nicht von der objektiven Erkenntnis einer Realwelt aus, sondern als Gegenstand der Erkenntnis werden die subjektiven Vorstellungen einer Realwelt angesehen.[27] Eine entsprechend idealisierte Realwelt führt zu einer vom wahrnehmenden Subjekt konstruierten Realität, weshalb diese epistemologische Position oftmals synonym als Konstruktivismus bezeichnet wird.[28]

Die Kombination der vorgestellten Positionen bezüglich des Gegenstands der Erkenntnis (ontologische Position) und des Verhältnisses zum erkennenden Subjekt (epistemologische Position) ermöglicht die Formulierung des dem Forschungsvorhaben zu Grunde liegenden *Realitätsverständnisses*. Wird eine objektive Erkennbarkeit (epistemologischer Realismus) einer Realwelt angenommen, so erfordert dies zwingend die Annahme eines ontologischen Realismus.[29] Derartige Positionen werden oftmals, ohne eine Unterscheidung zwischen Ontologie und Epistemologie, als *Realismus* bezeichnet.[30] Im Gegensatz dazu betrachten idealistische Erkenntnispositionen ontologische und epistemologische Annahmen oftmals getrennt voneinander.[31] Das Verneinen einer objektiven Erkennbarkeit der Realwelt (epistemologischer Idealismus) determiniert nicht zwangsläufig die Annahmen bezüglich deren Existenz (ontologische Position). Eine denkbare Kombination ist die Annahme eines epistemologischen Idealismus und einer realistischen ontologischen Position. Eine Realwelt wäre demnach existent, allerdings kann diese durch ein Subjekt nicht objektiv erkannt werden (*gemäßigt-konstruktivistisches Realitätsverständnis*).[32] Wird jedoch bereits die Existenz einer objektiven Realwelt verneint (ontologischer Idealismus), zieht dies zwingend eine idealistische Erkenntnisposition nach sich. Etwas, was objektiv nicht existiert, kann als solches auch nicht objektiv erkannt werden.[33] Eine derartige Position

---

[27] Vgl. Schwemmer (1984), S. 167.

[28] Vgl. Lenzen (1980), S. 173; Lehner (1995a), S. 25; Schütte (1998), S. 22 f.; Schütte (1999), S. 222 f., 225; Riempp (2004), S. 59; Heinrich et al. (2007), S. 241.

[29] Vgl. Becker et al. (2005), Absatz 4.1; Becker u. Niehaves (2007), S. 203. Vgl. auch Gethmann (1995), S. 500 f.; Lehner (1995a), S. 24; Schütte (1998), S. 15; Schütte (1999), S. 219.

[30] Es werden verschiedene Formen eines Realismus, in Abhängigkeit vom Grad der kritischen Einstellung gegenüber der Erkenntnisfähigkeit des Subjekts, unterschieden. Vgl. Schütte (1999), S. 220 f. Frank unterscheidet die Extremposition eines naiven Realismus und aufgeklärtere Positionen, wie bspw. einen kritischen Realismus. Vgl. Frank (2006), S. 13. Vgl. auch Lenzen (1980), S. 174; Gethmann (1995), S. 501; Osterloh u. Grand (1998), S. 5 f.; Frank (2006), S. 13; Frank (2007), S. 170.

[31] Vgl. Gethmann (1995), S. 500 f.; Lehner (1995a), S. 25; Frank (2006), S. 13; Frank (2007), S. 170.

[32] Vgl. Schütte (1998), S. 15.; Schütte (1999), S. 219.

[33] Vgl. Schütte (1998), S. 15.

geht demnach von multipel existierenden, gedanklich konstruierten Realitäten aus (*radikalkonstruktivistisches Realitätsverständnis*).[34]

Der vorliegenden Arbeit liegt ein konstruktivistisches Realitätsverständnis zu Grunde. Hinsichtlich der ontologischen Annahmen wird dabei eine realistische Position eingenommen. Die Existenz einer Realwelt erscheint dem Verfasser zwar zwingend, da jegliche Wahrnehmung „etwas" als Gegenstand der Wahrnehmung voraussetzt.[35] In Bezug auf den Aufbau und die Struktur einer Realwelt sollen allerdings keine Vermutungen angestellt werden.[36] Weiterhin wird die Position eines epistemologischen Idealismus angenommen. Die Erkenntnis der wahrgenommenen Realwelt wird durch verschiedene Faktoren (bspw. sprachliche, berufliche, kulturelle Sozialisation) beeinflusst.[37] Diese prägen nicht nur die Wahrnehmung der Realwelt, sondern auch die mentale Verarbeitung. Es wird daher angenommen, dass ein Subjekt aufgrund derartig geprägter Wahrnehmungs- und Verarbeitungsprozesse eine individuelle, konstruierte Realität erfährt.[38] Vor dem Hintergrund eines allgemeinen Forschungsgegenstands der Wirtschaftsinformatik[39] bedeutet dies, dass Informationssysteme als gleichermaßen durch die individuellen wie die sozialen Realitäten der sie konstruierenden und nutzenden Akteure geprägt sind.[40]

---

[34] Vgl. Varela (1990), S. 116; Becker u. Pfeiffer (2006), S. 7 f.

[35] Vgl. Schütte (1998), S. 26 f. für eine ähnliche Position. Ein Gegenstand kann verstanden werden als etwas „dem Menschen ‚Entgegenstehendes', das einen Namen hat, eindeutig identifizierbar ist und durch Beschreibungen mit anderen ‚Entgegenstehendem' gleichgesetzt oder von anderem unterschieden […] werden kann." Unter einem Sachverhalt kann der „Zustand eines oder mehrerer Gegenstände in ihren Eigenschaften und Beziehungen zueinander" verstanden werden. Vgl. Hesse et al. (1994), S. 42.; Hesse u. Mayr (2008), S. 377.

[36] Für eine ähnliche Position vgl. Becker et al. (2004), S. 339; Becker u. Pfeiffer (2006), S. 7. Dies schließt auch die Annahme der Position von Kant aus, da keine Aussagen darüber getroffen werden sollen, ob es „Dinge an sich" gibt und ob diese über Phänomene erfahren werden können.

[37] Habermas bezeichnet diese Faktoren als kognitive Schemata, welche das Resultat „einer aktiven Auseinandersetzung des Persönlichkeits- und Gesellschaftssystems mit der Natur [sind und] sich in Assimilations- und gleichzeitigen Akkommodationsprozessen [ausbilden]" und den kognitiven Apparat einer Person formen. Vgl. Habermas (1973), S. 246. Zu einer differenzierten Betrachtung kognitiver Schemata siehe Abschnitt 4.2.1.1.

[38] Vgl. Frank (1998), S. 99 f.

[39] Vgl. WKWI (1994), S. 81 f.

[40] Gerade die Konfrontation mit diesen Realitäten ist in der Praxis der Wirtschaftsinformatik als relevanter Faktor anzusehen, bspw. die differierenden Realitäten von Softwareentwickler und Anwender sowie die daraus resultierenden Probleme. Heinrich et al. weisen darauf hin, dass die Einbeziehung der „Realitäten" der am Entwicklungsprozess beteiligten Nutzer die Erfolgsaussichten von Entwicklungsvorhaben steigern. Vgl. Heinrich et al. (2007), S. 241.

Nach Ansicht des Verfassers wird Wahrnehmung und Erkenntnis und eine sich hierdurch ergebende individuelle und soziale Realität erheblich durch Sprache beeinflusst.[41] In dieser Arbeit wird daher Sprache als realitätskonstituierendes Element betrachtet, ohne dass andere Faktoren in Abrede gestellt werden.[42] In Bezug auf Informationssysteme und deren Entwicklung bedeutet dies, dass Sprachen und Sprachprodukte (hier: Modellierungssprachen und Modelle) zur Erfassung der Realitäten beteiligter Akteure herangezogen werden. Die Informationssystementwicklung durch Modellierung wird demzufolge als Realitätsrekonstruktion mit sprachlichen Mitteln verstanden.[43]

Im Anschluss an die Vorstellung des Realitätsverständnisses werden mit Wahrheitstheorien Maßstäbe und Mittel für die Überprüfung des Wahrheitsgehalts von Erkenntnis vorgestellt.

1.2.1.2 Wahrheitstheorien und Wahrheitskriterien

Eine Wahrheitstheorie gibt Antworten auf die Fragen, wie und zu welchem Grad „wahres Wissen" erlangt und wie dessen „Korrektheit" überprüft werden kann und muss (Begründungsprozedur).[44] Eine Wahrheitstheorie beinhaltet neben einer Wahrheitskonzeption ein Begründungskriterium, anhand dessen der Wahrheitswert einer Aussage durch die Begründungsprozedur geprüft werden kann.[45] Im weiteren Verlauf werden mit der Korrespondenztheorie, der Kohärenztheorie, der semantische Theorie und der Konsenstheorie der Wahrheit gängige Wahrheitstheorien vorgestellt und deren Eignung für das Forschungsvorhaben überprüft.[46]

- Eine allgemeine *Korrespondenztheorie der Wahrheit* versteht Wahrheit als das Resultat einer Korrespondenzbeziehung, im Sinne einer Äquivalenz oder Analogie, zwischen zwei Bezugspunkten.[47] Die erste Klasse von Bezugspunkten sind dabei wissenschaftli-

---

[41] Vgl. Osterloh u. Grand (1998), S. 3.

[42] Vgl. Lorenzen (1987). Eine ähnliche Position findet sich bei Becker et al. (2003), S. 8 ff.; Becker u. Niehaves (2007), S. 207 f.

[43] Vgl. Hesse u. Mayr (2008), S. 381 f., 391 für eine ähnliche Position. Eine entsprechend ausführliche Betrachtung von Sprache, Modellen als Sprachprodukte sowie Metamodellen als sprachliche Analysewerkzeuge findet sich in Abschnitt 3.

[44] Vgl. im Folgenden Becker et al. (2005), Absatz 4.1; Becker u. Niehaves (2007), S. 203 f. Vgl. auch Lenzen (1980), S. 173.

[45] Vgl. Lorenz (1996e), S. 595.

[46] Die Kohärenztheorie der Wahrheit findet sich nicht im Konzept des Frameworks von Becker et al. Sie soll der Vollständigkeit halber mit aufgenommen werden, da sie in anderen, ähnlichen Kontexten angewandt wird und auch für die Gestaltung des Forschungsansatzes von Relevanz ist. Vgl. Schütte (1998), S. 29; Frank (2006), S. 14.

[47] Vgl. Prior (1972), S. 224 ff.

che Aussagen, deren Wahrheitsgehalt durch die Korrespondenzbeziehung zur zweiten Klasse von Bezugspunkten, meist gegebenen oder ermittelten Fakten, überprüft wird. Ist eine solche Korrespondenz im Sinne einer Äquivalenz oder Analogie gegeben, so ist eine Aussage als wahr einzustufen.[48] Bezieht man dies auf Fakten, induzieren diese Wahrheit, was die Annahme einer objektiven Erkenntnis der Realität und somit auch eine objektiv existente Realwelt nahe legt.[49] Dies erscheint unvereinbar mit idealistischen Erkenntnispositionen: eine nicht objektiv zu erkennende Realwelt kann auch nicht absolut korrespondierend dargestellt werden.[50]

- Die *Kohärenztheorie der Wahrheit* stuft eine Aussage als wahr ein, wenn Sie konsistent mit bereits als wahr akzeptierten Aussagen in Beziehung gebracht werden kann.[51] Eine ausschließlich kohärenztheoretische Positionierung zur Wahrheitsprüfung erscheint nicht angebracht.[52] Einerseits finden neue, den bestehenden Erkenntnissen ggf. überlegene Aussagen unter Umständen keinen Bezugspunkt in bestehenden Aussagensystemen, was eine Wahrheitsprüfung verhindert. Andererseits kann selbst eine kohärenztheoretisch als wahr eingestufte Aussage immer nur den Wahrheitsanspruch erheben, welcher den Aussagen, auf die sie sich bezieht, zugerechnet wird (Wahrheit ist *relativ zu einem Wissenspool*).

- Einer *semantischen Wahrheitskonzeption* folgend ist die Beurteilung des sprachlichen Wahrheitsgehalts von Aussagen unmöglich, solange die Aussage und ihre Beurteilung in ein und derselben Sprache erfolgen.[53] Aussagen über die Realwelt werden daher in einer Objektsprache formuliert und deren sprachlicher Wahrheitsgehalt in einer Metasprache analysiert und diskutiert.[54] Der Begriff der Wahrheit an sich wird nicht definiert, aber eine Bedingung hierfür: Wahrheit bezieht sich nur auf Formulierungen in der Objektsprache, was zu einer *relativen sprachlichen Wahrheit* durch Aussagenkorrespondenz zwischen Objekt- und Metasprache führt.[55]

---

[48] Vgl. Lorenz (1996e), S. 595.
[49] Vgl. Frank (2006), S. 14.
[50] Vgl. Schütte (1998), S. 22.
[51] Vgl. White (1972), S. 130; Lorenz (1996e), S. 595.
[52] Vgl. Frank (2007), S. 173.
[53] Vgl. Prior (1972), S. 230; Lorenz (1996d), S. 592 f. Die semantische Wahrheitstheorie wird den Korrespondenztheorien der Wahrheit zugeordnet und im Rahmen dieser erläutert. Vgl. Prior (1972), S. 230 f.
[54] Siehe die Ausführungen zu Sprache in Abschnitt 3.1 und die Ausführungen zu Metamodellen in Abschnitt 3.3.
[55] Vgl. Becker et al. (2005), Absatz 4.1; Becker u. Niehaves (2007), S. 204.

- Einer *Konsenstheorie der Wahrheit* folgend wird eine Aussage als „wahr" eingestuft, wenn sie für jeden, der einem unter idealen und optimalen Bedingungen[56] erfolgenden Diskurs beitritt, akzeptabel ist.[57] Die Konsenstheorie der Wahrheit betont den diskursiven Prozess als Schlüssel zu akzeptablen Wahrheitsurteilen.[58] Wenn ein Personenkreis nach Diskurs zu einer Aussage zum begründeten Konsens gelangt, dass eine Aussage wahr ist, dann wird diese Aussage als wahr angenommen.[59] Eine derartige *Wahrheit* ist dann als *relativ zu einer Gruppe* anzusehen.[60]

Grundsätzlich sind Wahrheitstheorien, denen eine relative Wahrheitsdefinition zu Grunde liegt (Kohärenz-, Konsens- und semantische Theorie), vereinbar mit dem in 1.2.1.1 definierten Realitätsverständnis. Dem Verfasser erscheint allerdings keine Wahrheitstheorie zweifelsfrei geeignet, um durchgängig als generelles Begründungskriterium und als Begründungsprozedur herangezogen zu werden. Es wird daher einem Vorschlag von Frank gefolgt, welcher anregt, die Entscheidung über die Wahl einer Wahrheitstheorie auf die Ebene der konkreten Forschungsmethode zu verlagern (1.2.2.1).[61]

Im folgenden Abschnitt werden einerseits der Ursprung der Erkenntnis und andererseits generelle Vorgehensrichtungen der Erkenntnisgewinnung betrachtet.

1.2.1.3 Erkenntnisquellen und Erkenntnismethoden

Wird das Erkenntnisstreben als ein Vorgang verstanden, so müssen der Ausgangspunkt dieses Vorgangs definiert und Annahmen hinsichtlich der Frage, aus welchen Quellen Erkenntnis erwachsen kann, getroffen werden.[62] Eine mögliche Quelle der Erkenntnis kann das direkte Erfahren des Erkenntnisgegenstands durch die Sinne des Forschers sein

---

[56] Die ideale Sprechsituation zeichnet sich dadurch aus, dass sie nicht durch äußere kontingente Einwirkungen sowie kommunikationsbedingte Zwänge behindert wird. Vgl. Habermas (1973), S. 252 ff. Für einen idealen Diskurs (ideale Sprechsituation) werden von Habermas daher vier Bedingungen formuliert: (1) Eine Gleichverteilung der Chancen sich überhaupt zu äußern, (2) die Chance jede Vormeinung frei äußern zu dürfen, um diese der kritischen Betrachtung zugänglich zu machen, (3) die Zulassung von Personen zum Diskurs, welche die Chance haben bezüglich des Diskursobjekts repräsentative Äußerungen zu formulieren sowie (4) die Zulassung von Personen zum Diskurs, welche die gleichen Chancen haben gesprächsregulierende Äußerungen (bspw. das Ablegen und Einfordern von Rechenschaft) zu formulieren. Vgl. Habermas (1973), S. 255 f. Ähnlich: Frank (2007), S. 170.

[57] Vgl. Habermas (1973), S. 219; Lorenz (1996e), S. 595.

[58] Vgl. Frank (2006), S. 18 ff.; Frank (2007), S. 170.

[59] Vgl. Frank (2006), S. 14.

[60] Vgl. Lehner (1995a), S. 25.

[61] Vgl. Frank (2006), S. 14 f.

[62] Vgl. im Folgenden Becker et al. (2003), S. 6; Becker et al. (2005), Absatz 4.1; Becker u. Niehaves (2007), S. 205.

(*a-posteriori* oder *empirisches Wissen*). Dominant ist diese in empirischen Forschungspositionen, welche Wissen als durchweg erfahrungsabhängig ansehen.[63] Als weitere Quelle der Erkenntnis kommen geistige Vorgänge in Frage, welche einer eventuellen Erfahrung vorangehen und diese nicht zwangsläufig erforderlich machen (*Apriorismus* oder *Rationalismus*). Erkenntnis erfordert demnach nicht unbedingt eine direkte sinnliche Erfahrung.[64] Eine versöhnende Position wird von *Kant* eingenommen, indem sowohl die direkte sinnliche Erfahrung als auch geistige Bemühungen als Quelle der Erkenntnis anerkannt werden, da sie voneinander abhängig sind[65]: ohne sinnliche Wahrnehmung könnten keine geistigen Objekte existieren und ohne den Intellekt fehlen Kategorien der Wahrnehmung.[66]

Im Rahmen dieser Arbeit wird der vorgeschlagenen Position von Kant gefolgt. Sinnliche Erfahrung und mentale Verarbeitungsprozesse bedingen sich nach Ansicht des Verfassers gegenseitig. Eine sinnliche Wahrnehmung zur Erzielung von Erkenntnis scheint dabei zwar nicht zwingend notwendig, dennoch erfordert die Entwicklung der Fähigkeit, geistige Erkenntnis zu erzielen, sinnliche Erfahrungen.[67] Die Annahmen hinsichtlich der Quelle der Erkenntnis gewinnen vor dem Hintergrund des Lernens im Kontext der Managementunterstützung an Relevanz. Es ergeben sich daraus einerseits der Auslöser für das Lernen (bspw. die Konfrontation mit nicht kategorisierbaren Wahrnehmungen) und andererseits Differenzierungskriterien zwischen erlernten und nicht erlernten Sachverhalten (siehe ausführlich Abschnitte 2.3 und 4.2.1.1).

Hinsichtlich der in einem Forschungsvorhaben verwendeten Forschungsmethoden wird zwischen induktiven, deduktiven und hermeneutischen Forschungsmethoden unterschieden. *Induktive Forschungsmethoden* zeichnen sich durch eine Generalisierung von speziellen Erkenntnissen zu allgemeinen Aussagen aus. Hierfür müssen zunächst spezielle Erkenntnisse gesammelt werden, was meist unter Anwendung empirischer Erhebungsmethoden

---

[63] Vgl. Lehner (1995a), S. 24. Unter Empirizismus versteht man eine erkenntnistheoretische Position, in welcher die reine und unverfälschte Erfahrung der Ursprung jedes Wissens ist und ausschließlich durch Erfahrungen erweitert wird. Vgl. Kambartel (1980), S. 542 f.; Lenzen (1980), S. 173.

[64] Die Position des Apriorismus oder Rationalismus sieht Sinneswahrnehmung als nicht verlässlich zur wahren Erkenntnis an, sodass vielmehr auf den Verstand des Erkennenden als Erkenntnisquelle zurückgegriffen wird. Vgl. Lenzen (1980), S. 173.

[65] Vgl. Wolters u. Schwemmer (1984), S. 346 f.

[66] Vgl. Schwemmer (1984), S. 168.

[67] Bezogen auf kognitive Schemata charakterisiert Habermas dies wie folgt: „Auf der einen Seite selber Resultate von erfahrungsabhängigen Bildungsprozessen, haben diese Schemata andererseits gegenüber den Erfahrungen, die unter ihnen als Erfahrungen organisiert werden, gleichsam apriorische Geltung", Habermas (1973), S. 246. Siehe ausführlich 2.3.

geschieht.⁶⁸ *Deduktive Forschungsmethoden* leiten wissenschaftliche Aussagen logisch aus allgemeinen Aussagen ab und prüfen diese abgeleiteten Aussagen hinsichtlich ihres Wahrheitsgehalts.⁶⁹ *Hermeneutische Forschungsmethoden* können „als die Praxis der Auslegung, die zum Verstehen führt [… und] für die Theorie der Auslegung als eine Reflexion auf Bedingungen des Verstehens und seiner sprachlichen Kundgabe" verstanden werden.⁷⁰ Hermeneutische Forschung ist durch ein zyklisches Vorgehen gekennzeichnet, wobei hier (subjektiv) interpretierte alltagssprachliche Einzelerfahrungen und Vorurteile im Lichte eines Gesamtbildes interpretiert werden. Das Ergebnis der Anwendung sind Erkenntnisse sowohl über das Spezielle als auch das Allgemeine. Die Wahl einer derart subjektiven Position erfolgt bewusst, um eine höhere „Realitätsverbundenheit" und Authentizität der Forschung zu gewährleisten.⁷¹

Im Rahmen dieser Arbeit werden sowohl *induktive* als auch *deduktive Methoden* angewandt. Einerseits werden Aussagen von Individuen, bspw. im Rahmen der Realisierung von Informationssystemen, verallgemeinert und so auf einen größeren Geltungsbereich, bspw. ein organisationsweites Informationssystem, übertragen. Andererseits werden spezielle Erkenntnisse aus existierenden allgemeinen Theorien, bspw. der Systemtheorie, der Lerntheorie Piagets, der Sprachstufentheorie oder der Kognitionstheorie, abgeleitet und auf den von den Forschungsfragen adressierten, speziellen Gegenstandsbereich bezogen. Hermeneutische Forschungsmethoden finden hingegen keine Anwendung; eine bewusste Subjektivierung des Forschungsvorhabens wird hier nicht angestrebt.

Abbildung 1 stellt die Kategorien entscheidungstheoretischer Annahmen (linke Seite der Abbildung) und die denkmöglichen Ausprägungen (rechte Seite der Abbildung) übersichtsartig dar. Die im Rahmen dieser Arbeit eingenommenen Positionen sind jeweils grau hinterlegt.

---

⁶⁸ Vgl. im Folgenden Becker et al. (2003), S. 7; Becker u. Niehaves (2007), S. 205. Zur Anwendbarkeit empirischer Forschungsmethoden in der Wirtschaftsinformatik, vgl. Frank (1998), S. 97 ff.

⁶⁹ Lorenz definiert Deduktion als die „Ableitung einer Aussage […] aus anderen Aussagen […] kraft logischer Schlussregeln […]." Lorenz (1980), S. 434. Vgl. auch Gethmann (1980), S. 436.

⁷⁰ Veraart u. Wimmer (1984), S. 85. Zur Anwendbarkeit hermeneutischer Forschungsmethoden in der Wirtschaftsinformatik, vgl. Frank (1998), S. 98 f.

⁷¹ Vgl. Frank (1998), S. 99.

Abbildung 1: Kategorien erkenntnistheoretischer Annahmen, denkmögliche Ausprägungen und eingenommene Position

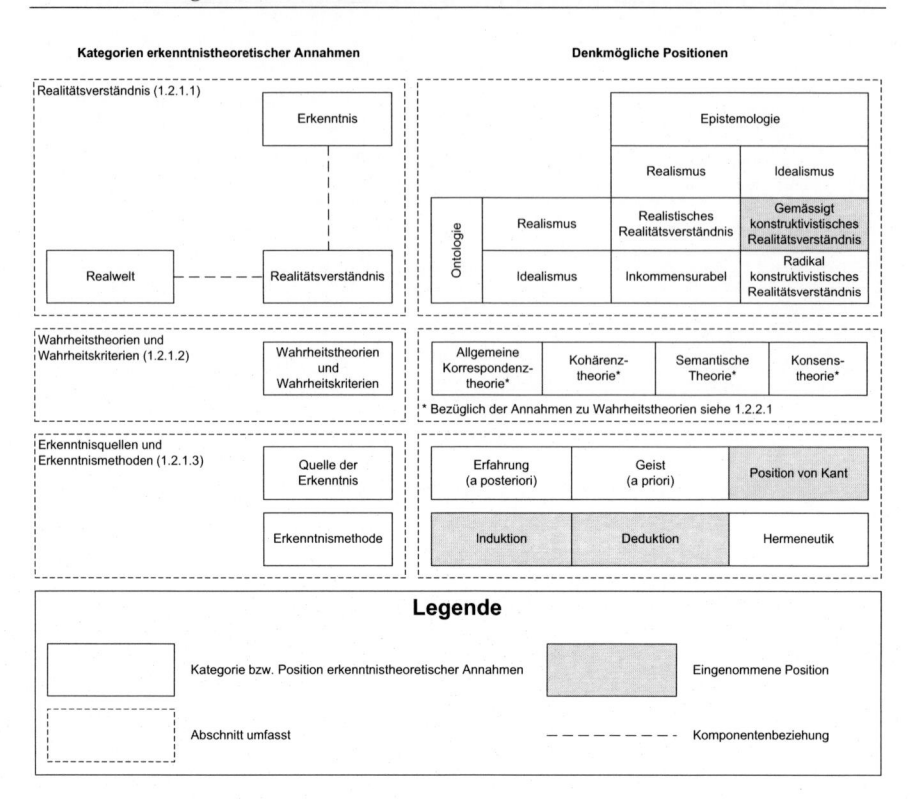

Kategorien erkenntnistheoretischer Annahmen	Denkmögliche Positionen
Realitätsverständnis (1.2.1.1)	
Erkenntnis	Epistemologie
	Realismus / Idealismus
Realwelt — Realitätsverständnis	Ontologie: Realismus / Realistisches Realitätsverständnis / **Gemässigt konstruktivistisches Realitätsverständnis**; Idealismus / Inkommensurabel / Radikal konstruktivistisches Realitätsverständnis
Wahrheitstheorien und Wahrheitskriterien (1.2.1.2)	
Wahrheitstheorien und Wahrheitskriterien	Allgemeine Korrespondenztheorie* / Kohärenztheorie* / Semantische Theorie* / Konsenstheorie*
	* Bezüglich der Annahmen zu Wahrheitstheorien siehe 1.2.2.1
Erkenntnisquellen und Erkenntnismethoden (1.2.1.3)	
Quelle der Erkenntnis	Erfahrung (a posteriori) / **Geist (a priori)** / Position von Kant
Erkenntnismethode	**Induktion** / **Deduktion** / Hermeneutik

Legende

☐ Kategorie bzw. Position erkenntnistheoretischer Annahmen   ▓ Eingenommene Position

⎡⎦ Abschnitt umfasst   − − − Komponentenbeziehung

Quelle: Eigene Darstellung in Anlehnung an (Becker u. Niehaves 2007), S. 202.

1.2.2 Forschungsmethode

Im Anschluss an die erkenntnistheoretische Positionierung wird die der vorliegenden Arbeit zu Grunde liegende Forschungsmethode auf Grundlage des Frameworks von Frank dargestellt. Eine Forschungsmethode besteht aus einer (sprachlichen) Struktur und einer darauf bezogenen Vorgehensweise.[72] Die sprachliche Struktur dient der zielgerichteten Strukturierung des Forschungsvorhabens sowie der Unterstützung der Konstruktion einer Lösung (*Forschungsansatz*). Die Vorgehensweise zeigt auf, in welchen Schritten eine Problemlösung erfolgt (*Gang der Untersuchung*). Es soll zunächst der Forschungsansatz der Ar-

---
[72] Vgl. Frank (2006), S. 22; Frank (2007), S. 161 f.

beit vorgestellt werden (1.2.2.1). Die Umsetzung des Forschungsansatzes im Gang der Untersuchung wird anschließend in Abschnitt 1.2.2.2 erläutert.

1.2.2.1 Forschungsansatz

In der Wirtschaftsinformatik und ihrem angelsächsischen Pendant „Information Systems" sind mit behavioristischen und entwurfswissenschaftlichen Ansätzen zwei grundsätzliche Forschungsparadigmen anzutreffen. Während sich behavioristische Ansätze an der klassischen naturwissenschaftlichen Forschung orientieren, korrespondiert entwurfswissenschaftliche Forschung mit einer „Wissenschaft des Künstlichen".[73] Die vorliegende Arbeit ist durch ein deutliches Gestaltungsinteresse geprägt. Den in Abschnitt 1.1 formulierten Forschungsfragen wird nicht primär durch ein deskriptiv-erklärendes Forschen, sondern durch einen gestalterisch-problemlösenden Forschungsansatz begegnet. Der populär gewordene Ansatz zur entwurfswissenschaftlichen Forschung (Design Science Research) von Hevner et al. bietet mit der Vorstellung eines Frameworks und Richtlinien zur entwurfswissenschaftlichen Forschung einige Anhaltspunkte für den Entwurf eines konkreten Forschungsvorhabens.[74] So stellt das Framework bspw. eine Terminologie bereit, welche einerseits den Vergleich entwurfsorientierter Forschungsarbeiten untereinander ermöglicht und andererseits die Beziehung zu behavioristischen Forschungsansätzen aufzeigt. Diese Terminologie, insbesondere das zentrale Konzept der Konstruktion eines problemlösenden Artefakts, wird für das vorliegende Forschungsvorhaben übernommen.[75] Allerdings weist der Ansatz von Hevner et al. auch erhebliche Defizite auf. Hier sind bspw. die unklare erkenntnistheoretische Ausrichtung, die mangelnde Operationalität sowie die geringe Reife der Forschungsrichtlinien anzuführen.[76]

---

[73] Vgl. March u. Smith (1995), S. 252 ff. passim; Hevner et al. (2004), S. 72, 76. Entwurfswissenschaftliche Forschung wird als Problemlösungsparadigma, mit der Betonung auf Lösung, verstanden. Im Gegensatz dazu wird ein an den Naturwissenschaften orientierter Ansatz als Problemverständnisparadigma, mit der Betonung auf Verständnis, verstanden. Vgl. Niehaves u. Becker (2006), S. 9.; Becker et al. (2007), S. 130.

[74] Vgl. Hevner et al. (2004). Vorüberlegungen zu einem entwurfswissenschaftlichen Framework finden sich bei March u. Smith (1995). Die Autoren beziehen sich hierbei auf die Idee der von Simon propagierten „Sciences of the Artificial", vgl. Simon (1996). Vgl. Frank (2006), S. 29; Niehaves u. Becker (2006), S. 9 f.; Becker et al. (2007), S. 130.

[75] Als denkbare Artefakte werden Sprachkonstrukte (Begriffe und Symbole zur Problemdefinition und Problemlösung), Modelle (Abstraktionen und Repräsentationen realweltlicher Situationen), Methoden (Algorithmen und Praktiken zur Problemlösung) sowie Instanzen (implementierte und prototypische Konstrukte, Modelle und Methoden) vorgeschlagen. Vgl. March u. Smith (1995), S. 253 f., 256 ff.; Hevner et al. (2004), S. 77, 78 f.

[76] Vgl. Frank (2006), S. 30 f.; Frank (2007), S. 168 f. Zu einer detaillierten kritischen Würdigung der Vorschläge für entwurfswissenschaftliche Forschung, vgl. Frank (2006), S. 30 f.; Zelewski (2007), S. 84 ff.

Die Begründung und Darstellung des Forschungsansatzes erfolgt daher anhand des von Frank vorgeschlagenen Frameworks, welches von anzutreffenden Forschungsparadigmen abstrahiert und sich an einer generellen Auffassung von Wissenschaft orientiert.[77] Die Aufstellung des Frameworks wird mit den Eigenheiten des Forschungsgegenstands der Wirtschaftsinformatik gerechtfertigt, welcher keine uneingeschränkte Übertragung und Adaption gängiger wissenschaftlichen Paradigmen zulässt. Das von Frank vorgeschlagene Framework besteht aus einer Reihe von Komponenten und deren Beziehungen untereinander, anhand welcher sich Forschungsansätze generell strukturieren lassen.[78] Dies ermöglicht es zunächst, verschiedene existierende Forschungsansätze vor einem gemeinsamen Hintergrund zu ordnen (Ordnungsaspekt des Frameworks).[79] Die Strukturgebung und Ordnung verschiedener Forschungsansätze führt zu einer Übersicht faktisch anzutreffender Ausprägungen einer Komponente, welche als Konfigurationsoptionen für konkrete Forschungsansätze verstanden werden können (Gestaltungsaspekt des Frameworks). Zur Konfiguration eines Forschungsansatzes werden dann die bislang abstrakten Komponenten vor dem Hintergrund des Forschungsgegenstands, der Forschungsziele sowie der erkenntnistheoretischen Annahmen konkretisiert.[80]

Die Komponenten des Frameworks von Frank sowie deren Beziehungen untereinander sind in Abbildung 2 übersichtsartig dargestellt. Im Anschluss werden die Komponenten, einige mögliche sowie die für die vorliegende Forschungsarbeit gewählten Ausprägungsformen vorgestellt und erläutert.

---

[77] Vgl. Frank (2006), S. 31 ff.; Frank (2007), S. 161. Eine auf Grundlage des Frameworks erstellte Beispielkonfiguration für einen entwurfswissenschaftlichen Forschungsansatz kann Frank (2006), S. 53 ff. entnommen werden.

[78] Vgl. Frank (2007), S. 175 ff. für eine ähnliche, aber weniger umfangreiche Version des Frameworks sowie leicht veränderte Benennung der Komponenten.

[79] Frank vergleicht die Forschungsansätze der Schulen des Logischen Positivismus, des Kritischen Rationalismus, der Kritischen Theorie sowie des Erlanger Konstruktivismus. Vgl. Frank (2006), S. 15 ff. Zudem werden Forschungsmethoden einzelner Paradigmen (behavioristisches Paradigma, Hermeneutik, entwurfswissenschaftliches Paradigma) analysiert, vgl. Frank (2006), S. 22 ff.

[80] Eine Darstellung denkbarer Ausprägungen der Komponenten einer Forschungsmethode findet sich bei Frank (2006), S. 40 ff., insbesondere in einer Abbildung dort auf S. 43. Ein Vorschlag für das Vorgehen zur Konfiguration von Forschungsmethoden findet sich bei Frank (2006), S. 48 ff., 56.

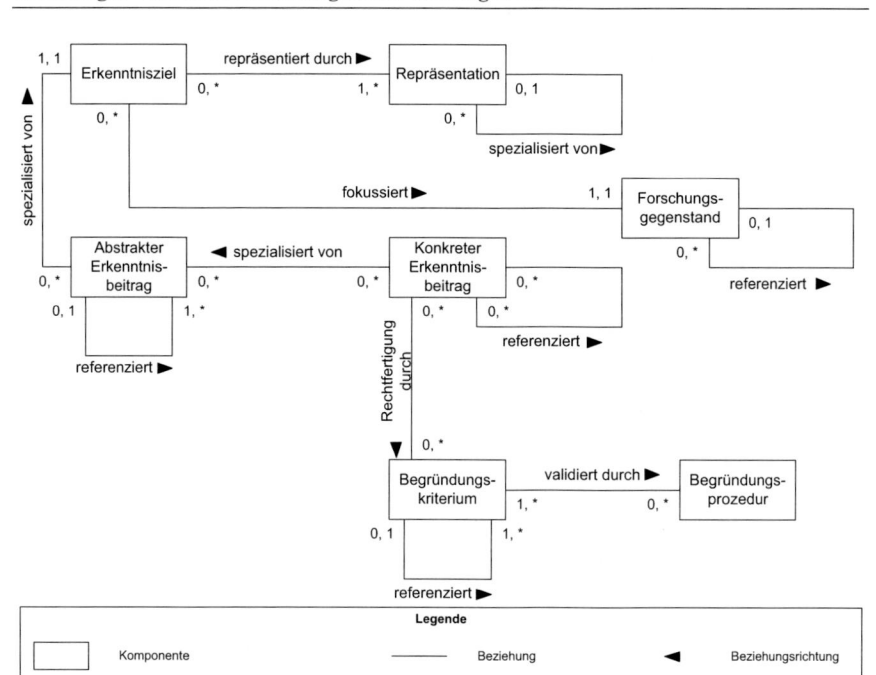

Abbildung 2: Abstrakte Darstellung eines Forschungsansatzes

Quelle: Leicht verändert übernommen aus (Frank 2006), S. 42.

Forschungsgegenstand. Forschungsgegenstände der Wirtschaftsinformatik sind soziotechnische Systeme, welche sich aus einem Handlungssystem und einem IS-Artefakt zusammensetzen und sich auf eine bestimmte Anwendungsdomäne beziehen. Das IS-Artefakt dient der technischen Unterstützung des Handlungssystems in einer Anwendungsdomäne.

In der vorliegenden Arbeit stellt das Leitungshandeln (Management) in wirtschaftlichen und verwaltenden Organisationen das betrachtete *Handlungssystem* dar. An dieser Stelle soll das *IS-Artefakt* Informationen und Werkzeuge zur Unterstützung des Leitungshandelns in Organisationen bereitstellen (Business Intelligence). Handlungssystem und IS-Artefakt werden Anwendungsdomänen übergreifend dargestellt (Kapitel 4 und 5).

Erkenntnisziel. Hinsichtlich des Erkenntnisziels wird zwischen Konstruktion neuen Wissens und Kritik an bestehendem Wissen unterschieden.[81] Unter Konstruktion wird eine hinreichend abstrakte Beschreibung faktischer und möglicher Gegebenheiten (siehe unten) verstanden. Kritikorientierte Forschung evaluiert und hinterfragt bestehendes Wissen.

Der Fokus der Arbeit liegt auf der *Konstruktion* neuen Wissens (Kapitel 7, 8 und 9). Das schließt eine kritische Betrachtung bestehenden Wissens nicht aus. Explizite Kritik an bestehendem Wissen wird im Rahmen der Arbeit zur Formulierung von Anforderungen an neu zu konstruierendes Wissen herangezogen (Kapitel 4, 5 und 6).

Abstrakter Erkenntnisbeitrag. Der abstrakte Wissensbeitrag einer Forschungsarbeit kann sich auf faktische Gegebenheiten oder auf denkmögliche Zustände beziehen.[82]

Der abstrakte Wissensbeitrag der vorliegenden Arbeit ist die Konstruktion eines Konzepts, welches den Entwurf von IS-Artefakten unterstützt. Die Gestaltung dieses Konzepts stützt sich zwar auf faktisch bestehende Ansätze (bspw. Theorien), seine Konstruktion hingegen erfordert einen intentionalen Akt; eine Ableitung aus originären Konzepten ist nicht möglich. Im Rahmen der vorliegenden Arbeit wird demnach sowohl über *faktische* als auch über *mögliche Gegebenheiten* abstrahiert.[83]

Konkreter Erkenntnisbeitrag. Der konkrete Erkenntnisbeitrag umfasst denkbare Ergebnisse eines Forschungsvorhabens, bspw. empirische Hypothesen, Interpretationen von Gegebenheiten, (terminologische) Bezugsrahmen, Artefakte etc.[84]

Der konkrete Erkenntnisbeitrag der vorliegenden Arbeit ist der *Entwurf eines Artefakts*. Die fachliche Struktur des Artefakts, einem Ansatz zur Lernunterstützung des Managements, wird aus bestehenden theoretischen Ansätzen der Managementunterstützung und des

---

[81] Vgl. Frank (2006), S. 40 f.

[82] Becker et al. charakterisieren diesen Umstand wie folgt. „Gestaltungsziele betreffen die Gestaltung bzw. Veränderung bestehender Sachverhalte zur Schaffung neuer Sachverhalte [Abstraktion über Mögliches; LB], wobei auf die Ergebnisse der erkenntnisgeleiteten Forschung zurückgegriffen werden kann [Abstraktion über Faktisches; LB]." Becker et al. (2003), S. 12. Ähnlich: Heinrich (2000), S. 8.

Als Beispiel für faktische Gegebenheiten, über die in der Wissenschaft abstrahiert werden kann, nennt Frank Technologien, Theorien, Ergebnisse empirischer Forschung oder Fallstudien. Vgl. Frank (1998). S. 104.

[83] Als Beispiel für gleichzeitige Abstraktionen über faktische und mögliche Gegenstände werden von Frank Metakonstruktionen, wie bspw. die auch im Rahmen dieser Arbeit vorkommenden Metamodelle, genannt. Diese sind in der Lage, durch Instanzierung einerseits bestehende (faktische), andererseits auch zukünftige, denkbare Verhältnisse darzustellen. Vgl. Frank (2007), S. 172.

[84] Vgl. Frank (2006), S. 43; Frank (2007), S. 175 ff.

Lernens hergeleitet. Zur technischen Umsetzung der fachlichen Überlegungen werden ein Architektur von Business-Intelligence-Modellen, eine integrierte Sprachdefinition zur Repräsentation von Gegenständen des Lernens sowie Prozesse des Lernens konstruiert.

Die Arbeit greift auf bestehende Theorien zurück (Systemtheorie, Piagets Lerntheorie, Sprachstufentheorie, Kognitionstheorie). Die genannten Theorien stellen zwar bekannte Mittel dar und sind kein originärer Wissensbeitrag. Jedoch stellt die *Anwendung der Theorien* auf neue Sachverhalte einen weiteren Beitrag zu deren Stützung und den darauf basierenden Weiterentwicklungen Tatbestände mit originärem Charakter dar.

Repräsentation. Die Repräsentation der Forschungsergebnisse kann auf verschiedenen sprachlichen Formalisierungsniveaus (natürlichsprachlich, formal, semi-formal) erfolgen.

Die Darstellung der Ergebnisse erfolgt in *natürlicher* und *semi-formaler* Sprache. Eine semi-formale Darstellung der Ergebnisse erscheint einerseits als geeigneter Weg, die Präzision der Aussagen zu erhöhen und eine Überführung der Ergebnisse in implementierbare Informationssysteme zu erleichtern. Die semi-formale Darstellung erlaubt andererseits die Vermittlung der Ergebnisse an ein breites Publikum, d.h. auch an Beteiligte einer Anwendungsdomäne.

Begründungskriterium. Zur Begründung der Forschungsergebnisse können einerseits die Kriterien der vorgestellten Wahrheitstheorien (vgl. 1.2.1.2) herangezogen werden. Andererseits, insbesondere bei entwurfsorientierter Forschung, können Forschungsergebnisse vor dem Hintergrund von Anforderungen als adäquat gerechtfertigt werden.[85]

In Abschnitt 1.2.1.2 wurde herausgestellt, dass keine der Wahrheitstheorien uneingeschränkt anwendbar erscheint.[86] Es werden daher Begründungsversuche vor dem Hintergrund einzelner Wahrheitskriterien unternommen, um Argumente für eine gesamtheitliche Begründung der Forschungsergebnisse zu liefern.

Eine Begründung aus *kohärenztheoretischer Sicht* wird in dieser Arbeit verwendet, um die Originalität der Erkenntnisse gegenüber bestehendem Wissen darzustellen. Die ausschließliche Begründung eines Artefakts aus kohärenztheoretischer Sicht erscheint allerdings ausgeschlossen. Konstruierte Artefakte erheben den Anspruch, durch Überlegenheit gegenüber bekanntem Wissen ein Problem zu lösen, was eine gewisse Neuartigkeit und Inkohärenz zu bestehendem Wissen impliziert.[87]

---

[85] Vgl. Frank (2006), S. 41.
[86] Vgl. Frank (2006), S. 14 f.; Frank (2007), S. 172 f.
[87] Vgl. Frank (2007), S. 172.

Ein *semantisches Begründungskriterium* wird bei der Konstruktion der integrierten Sprachdefinition (s.o.) herangezogen, um die Korrektheit der Ergebnisse auf metasprachlicher Ebene überprüfen zu können. Eine Begründung der sprachlichen Beziehungen und Umformungen erfolgt entsprechend der gewählten sprachlichen Darstellung natürlichsprachlich, also durch entsprechende Argumentation innerhalb anderer Begründungsprozeduren, und durch stringente Anwendung der Regeln der gewählten semi-formalen Sprachen.

Weiterhin wird der *Zweck des Artefakts* als Begründungskriterium herangezogen. Artefakte dienen der Lösung von Problemen, welche sich als mehr oder weniger konkrete Anforderungen formulieren lassen.[88] Die Begründung eines Zwecks selbst kann sich auf Abstraktionen faktischer Gegebenheiten stützen, welche auf Grundlage der genannten Wahrheitskriterien gerechtfertigt wurden. In der vorliegenden Arbeit werden die vor dem Hintergrund der Forschungsfragen identifizierten Defizite und nicht ausgefüllten Gestaltungsspielräume als Anforderungen an ein zu konstruierendes Artefakt formuliert (Kapitel 4, 5, 6).

Begründungsprozedur. Die Begründungsprozedur folgt den gewählten Begründungskriterien und stellt eine Handlungsanweisung für die Durchführung einer kriteriengemäßen Begründung bereit.[89]

Die Kohärenz des Forschungsvorhabens zu bestehenden Forschungsergebnissen wird in dieser Arbeit durch das umfassende *Studium verfügbarer Literatur* nachgewiesen. Die Zweckerfüllung des konstruierten Artefakts wird durch *Überprüfung der Konformität* der Merkmale des Artefakts mit den aufgestellten Anforderungen ermittelt (Kapitel 7, 8, 9). Die technische Machbarkeit des entworfenen Artefakts wird durch ein die Ausführungen begleitendes (prototypisches) Fallbeispiel demonstriert. Einem semantischen Wahrheitskriterium wird bei der Artefaktkonstruktion (Kapitel, 7, 8, 9) durch stringente Anwendung der Regeln der Metamodellierung (Kapitel 3) genüge getan. Eine übersichtsartige Darstellung des Forschungsansatzes kann Abbildung 3 entnommen werden.

---

[88] Zum Problembegriff siehe 3.2.2.2.
[89] Vgl. Frank (2006), S. 41.

Erkenntnistheoretische Annahmen und Forschungsmethode 23

Abbildung 3: Forschungsansatz der Arbeit

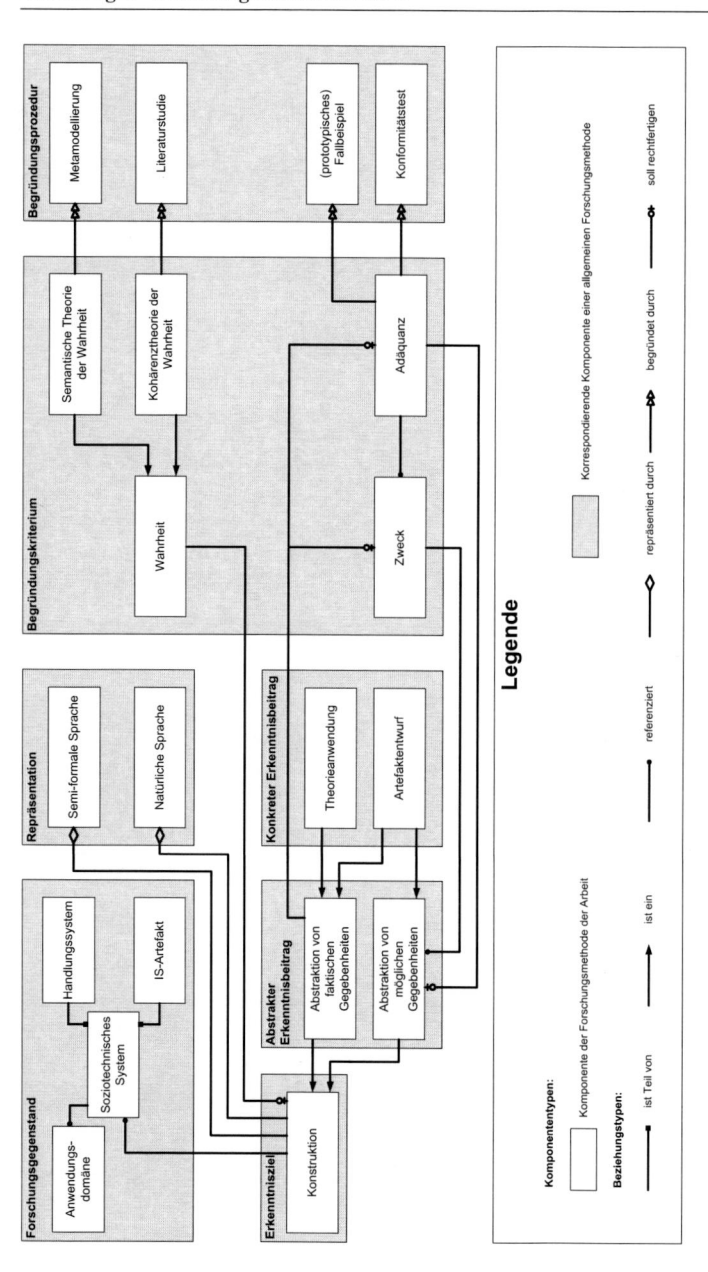

1.2.2.2 Forschungsvorgehen und Aufbau der Arbeit

Nachdem mit dem Forschungsansatz die Struktur der Forschungsmethode definiert wurde, werden das Forschungsvorgehen der Arbeit sowie deren Aufbau vorgestellt.

Teil I: *Exposition und Grundlegung*

Im Anschluss an die Exposition werden grundlegende Termini definiert (*Kapitel 2*). Daran schließt sich eine ebenfalls grundlegende Betrachtung von Sprache im Allgemeinen, Modellen als Sprachprodukte sowie Metamodellierung als sprachliches Analyseinstrument an (*Kapitel 3*).

Teil II: *Managementunterstützung und System Dynamics*

Zunächst wird das Management als adressiertes Handlungssystem sowie die Möglichkeiten zu dessen Unterstützung aus einer theoretischen Sicht untersucht. Hierbei erfolgt eine Analyse der Möglichkeiten der Unterstützung des Lernens durch bestehende Ansätze der Managementunterstützung (*Kapitel 4*). *Kapitel 5* hat mit Business Intelligence den State of the Art IS-basierter Managementunterstützung zum Gegenstand. Hierbei werden verschiedene Systemklassen der Business Intelligence, die Modellierung dieser Systeme sowie deren Zusammenwirken dargestellt. Im Verlauf des Kapitels wird eine integrierte Architektur für Business-Intelligence-Modelle abgeleitet, welcher im späteren Verlauf die Datenkomponente einer Lernunterstützung des Managements darstellt. In *Kapitel 6* wird mit System Dynamics ein Denkmuster zur Strukturierung und Erforschung komplexer Sachverhalte vorgestellt. Teil II schließt mit einem Zwischenfazit, welches die ermittelten Defizite als Anforderungen sowie Schlussfolgerungen für den weiteren Verlauf darstellt.

Teil III: *Konstruktion eines modellbasierten Ansatzes zur Lernunterstützung des Managements durch Business Intelligence*

In Teil III werden die formulierten Anforderungen aufgegriffen und diesen wird durch die Konstruktion eines Artefakts begegnet. Zunächst werden hierfür die sprachlichen Mittel geschaffen, indem die Modellierungssprachen multidimensionaler Datenmodelle und systemdynamischer Flussmodelle abstrakt beschrieben und analysiert werden (*Kapitel 7*). Auf Grundlage der Analyseergebnisse werden dann multidimensionale Datenmodelle und systemdynamische Flussmodelle in *Kapitel 8* integriert. Die funktionalen Teilkomponenten des Lernens und sowie die in 8 konstruierte Datengrundlage werden in *Kapitel 9* zu einem Gesamtansatz der Lernunterstützung des Managements integriert. Die Arbeit schließt mit einem Fazit (*Kapitel 10).*

2 Terminologische Grundlegung

In den folgenden Abschnitten werden zentrale Termini der Arbeit definiert. Zunächst erfolgt eine allgemeine systemtheoretische Grundlegung (2.1). Im Anschluss daran werden die Begriffe Wissen, Daten und Informationen definiert (2.2). Wissen wird dabei als Bestandsgröße verstanden, dessen Bestandsveränderung Gegenstand des Lernens ist, was in Abschnitt 2.3 betrachtet wird.

2.1 Systemtheoretische Grundlegung

2.1.1 Systembegriff

Systemtheorien haben die Beschreibung, das Verständnis sowie die Gestaltung des Aufbaus und Verhaltens von Systemen zum Gegenstand.[90] Der Begriff des Systems wird häufig durch seine Bestandteile sowie die Abgrenzung gegenüber einer Umwelt definiert.[91] Ein System soll daher in einem allgemeinen Sinne wie folgt verstanden werden:

> Ein System ist eine sich gegenüber einer Umwelt abgrenzende Menge von Elementen, welche durch Beziehungen untereinander verknüpft sind.

Die vorangehende Definition ist die eines allgemeinen Systems. Die Art der Elemente, deren Eigenschaften und Beziehungen innerhalb oder außerhalb des Systems, die Anordnung sowie Grenzen und Zweck des Systems werden hier nicht festgelegt.[92] Dies erfolgt vor dem Hintergrund spezieller Systemtheorien[93] oder vor einem Anwendungshintergrund. Zunächst soll die vorliegende allgemeine Definition vor dem Hintergrund struktureller, hierarchischer und funktionaler Aspekte erläutert werden.[94]

Struktureller Aspekt. Bei den Komponenten eines Systems (*Systemkomponenten*) kann es sich um elementare, d.h. nicht zerlegbare, *Systemelemente* oder weitere Teilsysteme han-

---

[90] Vgl. Rosemann (1996), S. 14; Schwaninger (2006), S. 3. Zur Entstehung einer allgemeinen Systemtheorie vgl. Ulrich (1968), S. 102 ff.; Schmidt (1992), S. 66 f.; Sommerlatte (2002b), S. 7 ff.

[91] Vgl. bspw. Ulrich (1968), S. 105; Ackoff (1971), S. 662; Forrester (1972), S. 9; Haberfellner (1975), S. 6; Ulrich (1975), S. 33; Niemeyer (1977), S. 2; Hanssmann (1993), S. 9; Hesse et al. (1994), S. 42; Hill et al. (1994), S. 20 f.; Rosemann (1996), S. 14; Dörner (1999), S. 109; Sommerlatte (2002a), S. 1; Klein u. Scholl (2004), S. 29; Turban et al. (2005), S. 41.

[92] Vgl. Ulrich (1968), S. 106; Haberfellner (1975), S. 6

[93] Für einen Überblick über spezielle Ansätze der Systemforschung vgl. bspw. Ropohl (1979), S. 75 ff.; Simon (2002), S. 48 ff.

[94] Vgl. Ropohl (1979), S. 54 ff.

deln.⁹⁵ Systemelemente weisen *Attribute* auf, welche Eigenschaften der Systemelemente widerspiegeln sollen.⁹⁶ Die Ausprägung der Attribute aller Systemelemente zu einem Zeitpunkt wird als *Systemzustand* bezeichnet.⁹⁷ Verändert sich ein Systemzustand im Zeitablauf, so wird ein System als *dynamisch* bezeichnet. Ist dies nicht der Fall, wird es als *statisch* bezeichnet.⁹⁸

Beziehungen verknüpfen Systemelemente, wobei hier zwischen Anordnungs- und Kausalbeziehungen unterschieden wird. Eine *Anordnungsbeziehung* stellt eine Zusammengehörigkeit von Elementen dar, in welcher keine Wirkpotenziale über die Beziehung zwischen Elementen weitergegeben werden. Bei einer Interaktionsbeziehung hingegen ist die Weitergabe von Wirkpotenzialen in einem bestimmten Umfang der Fall.⁹⁹ Interaktionsbeziehungen sind für die Veränderung von Systemzuständen im Zeitablauf ursächlich verantwortlich, sodass diese im Folgenden als *Kausalbeziehungen* bezeichnet werden sollen.¹⁰⁰

Werden Komponenten eines Systems als Knoten sowie die zwischen ihnen bestehenden Beziehungen als Kanten visualisiert, „so stellt die Abbildung eines Systems in einem gegebenen Augenblick ein Netzwerk dar, das auch als ‚Anordnungsmuster', ‚Struktur', ‚Gefüge' oder ‚Ordnung' bezeichnet werden kann. [...] Wir verwenden im Folgenden [vorwiegend] den Ausdruck „*Struktur*"."¹⁰¹

Hierarchischer Aspekt. Unter Anwendung des Rekursionsprinzips¹⁰² kann auch ein untergeordnetes Teilsystem (*Subsystem*) als Komponente eines Systems verstanden werden.¹⁰³ Durch Subsysteme können Systeme hierarchisch organisiert werden, d.h. ein System kann

---

⁹⁵ Vgl. Ulrich (1968), S. 107; Haberfellner (1975), S. 8; Ulrich (1975), S. 36; Niemeyer (1977), S. 2; Hesse et al. (1994), S. 42.

⁹⁶ Vgl. Klein u. Scholl (2004), S. 29.

⁹⁷ Vgl. Ackoff (1971), S. 662; Niemeyer (1977), S. 3 f.; Rosemann (1996), S. 14.

⁹⁸ Vgl. Ulrich (1968), S. 113.

⁹⁹ Vgl. Ulrich (1975), S. 37; Niemeyer (1977), S. 2, 4.

¹⁰⁰ Vgl. Dörner (1999), S. 109.

¹⁰¹ Ulrich (1975), S. 38. Vgl. auch Ulrich (1968), S. 109; Haberfellner (1975), S. 13; Hill et al. (1994), S. 22; Sommerlatte (2002a), S. 1; Klein u. Scholl (2004), S. 29.

¹⁰² „Ein Objekt heißt rekursiv, wenn es sich selbst als Teil enthält oder mit Hilfe von sich selbst definiert ist." Vgl. Schiemenz (2002), S. 45.

¹⁰³ Vgl. Niemeyer (1977), S. 2.

einerseits anderen Systemen übergeordnet (*Supersystem*), andererseits selbst einem umfassenden System als Subsystem untergeordnet sein.[104]

Funktionaler Aspekt. Ein System grenzt sich gegenüber seiner Umgebung (*Umsystem*) ab und kann hinsichtlich der Interaktionsbeziehung mit dieser in offene oder geschlossene Systeme unterteilt werden.[105] Ein *offenes System* tritt in Interaktion mit seiner Umwelt, d.h. es reagiert auf Inputsignale aus der Umwelt durch Outputsignale an die Umwelt. Die Umwandlungsleistung zwischen Inputs in und Outputs aus einem System (dem Systemverhalten) beschreibt die *Funktion* des Systems.[106] Ein *geschlossenes System* tritt nicht in Interaktion mit seiner Umwelt, d.h. es verschließt sich gegenüber Signalen aus der Umwelt.

Abbildung 4: Struktureller, hierarchischer und funktionaler Aspekt einer allgemeinen Systemdefinition

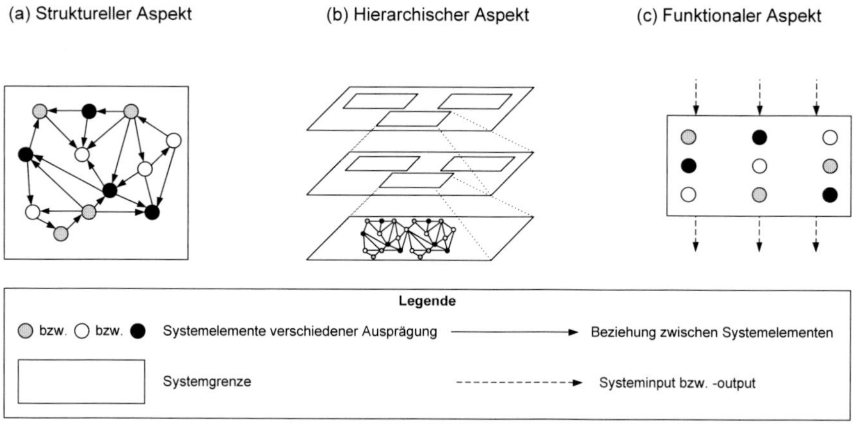

(a) Struktureller Aspekt   (b) Hierarchischer Aspekt   (c) Funktionaler Aspekt

Legende

○ bzw. ○ bzw. ● Systemelemente verschiedener Ausprägung ⟶ Beziehung zwischen Systemelementen

☐ Systemgrenze --------▶ Systeminput bzw. -output

Quelle: In Anlehnung an (Ropohl 1979), S. 55.

In Hinblick auf Anwendung einer Systemtheorie bleibt festzuhalten, dass an dieser Stelle keine systemische Beschaffenheit der Realwelt (Ontologische Position) angenommen wird. Vielmehr wird die Wahrnehmung bewusst einer systemischen Strukturierung unter-

---

[104] Vgl. Haberfellner (1975), S. 7; Niemeyer (1977), S. 2; Rosemann (1996), S. 14; Turban et al. (2005), S 42. Für eine ausführliche Erläuterung von Konzept und Wirkung von Hierarchien siehe Abschnitt 4.2.2.2.2.

[105] Vgl. Ulrich (1968), S. 112 f.; Forrester (1972), S. 15; Hill et al. (1994), S. 22; Rosemann (1996), S. 14; Sommerlatte (2002a), S. 1.

[106] Vgl. Ackoff (1971), S. 663; Ropohl (1979), S. 55.

worfen, sodass Systemtheorien als Konzeptionalisierungsmuster zu verstehen sind, welche die Erkenntnis der Realwelt formen.[107]

2.1.2 Komplexitätsbegriff

Zur Beschreibung von Komplexität existiert eine Vielzahl umfangreicher, teilweise überlappender Definitionen, welche an dieser Stelle nicht wiedergegeben werden sollen.[108] Vielmehr sollen Faktoren aufgezeigt werden, deren Auftreten Komplexität nach sich ziehen kann (*Komplexitätsfaktoren*).

Die Komplexität eines Sachverhalts wird zum einen durch strukturelle zum anderen durch dynamische Komplexitätsfaktoren beeinflusst.[109] Die *strukturelle Komplexität* eines Sachverhalts leitet sich aus den Komplexitätsfaktoren Anzahl und Verschiedenheit der Komponenten (*Unüberschaubarkeit*) und ihrer Beziehungen untereinander (*Vernetztheit*) ab.[110]

Dynamische Komplexitätsfaktoren können in Veränderung von Ausprägungen in gegebenen Strukturen (*strukturelle Dynamik*) oder Veränderung der Struktur selbst unterteilt werden (*dynamische Struktur*).[111] Merkmale einer dynamischen Struktur sind Veränderungen struktureller Komplexitätsfaktoren in Art und Existenz sowie ggf. in deren Ausprägung.[112]

---

[107] Vgl. Ulrich (1968), S. 107 f.; Ackoff (1971), S. 663; Ulrich (1975), S. 35; Gomez (1981), S. 40 ff; Vom Brocke (2003), S. 41. Vgl. die Ausführungen zur ontologischen und epistemologischen Position in Abschnitt 1.2.1.1.

[108] Vgl. Ulrich u. Fluri (1995), S. 46; Reither (1997), S. 13 f.; Schiemenz (2002), S. 44. Ähnlich: Dörner (1999), S. 59, welcher Komplexität, Dynamik und Intransparenz einer Handlungssituation unterscheidet. Reither unterscheidet Situationsfaktoren in Unüberschaubarkeit, Vernetztheit, Eigendynamik, Undurchsichtigkeit, Wahrscheinlichkeitsabhängigkeit und Stabilität. Vgl. Reither (1997), S. 14 ff.

[109] Vgl. Gorry u. Scott Morton (1971), S. 60; Riveira et al. (1981), S. 120 f.; Holten (1999a), S. 37; Eom (1995), S. 514; Senge (2008), S. 91 f.

[110] Vgl. Ulrich (1968), S. 109; Haberfellner (1975), S. 13, 16; Ulrich (1975), S. 36 f.; Malik (1986), S. 37; Willke (1987), S. 12; Picot u. Franck (1988b), S. 548; Hill et al. (1994), S. 22 f.; Eom (1995), S. 512; Ulrich u. Fluri (1995), S. 46; Reither (1997), S. 15; Dörner (1999), S. 59 ff.; Sterman (2000), S. 21; Schiemenz (2002), S. 45; Bennet u. Bennet (2008), S. 4.

Ulrich weist darauf hin, dass die Anzahl der Beziehungen eines Systems auch als Varietät bezeichnet wird. Vgl. Ulrich (1968), S. 116. Gleichzeitig findet sich eine synonyme Begriffsverwendung, welche die Anzahl der Systemzustände bezeichnet. Daher sollen die Zusammenhänge der Elemente untereinander sowie deren wechselseitige und selbstbezogene Beeinflussung im Folgenden als Vernetztheit bezeichnet werden. Vgl. Reither (1997), S. 15.

[111] Niemeyer (1977), S. 5. Durch Dynamisierung eines Systems nimmt die Komplexität eines Systems weiter zu (dynamische Komplexität). Hierauf soll in Abschnitt 6.1.3 im Rahmen von System Dynamics gesondert eingegangen werden.

[112] Vgl. Ulrich (1968), S. 110 f. Eine weitreichende, unantizipierte Veränderung der Struktur eines Gegenstands wird als Strukturbruch bezeichnet.

Strukturelle Dynamik kann in eine inhaltliche und eine temporale Dynamik unterschieden werden. Die inhaltliche Dynamik (*Varietät*) beschreibt die Anzahl der Zustände sowie die Richtung, Stärke und Konstanz der Zustandsveränderung von Systemelementen.[113] Die temporale Dynamik beschreibt einerseits die Frequenz, mit der forcierte oder eigenständige inhaltliche Veränderungen ablaufen.[114] Andererseits ist auch das Auftreten eines vollständig neuartigen Sachverhalts oder dessen wiederholtes Auftreten einer temporalen Dynamik zuzurechnen.[115]

Die Auswirkungen eines komplexen Sachverhalts auf das Handeln sind abhängig davon, wie dieser wahrgenommen und verarbeitet wird (Beobachterbezug).[116] Komplexität ist daher nicht als absolut, sondern als relativ zu der Person zu sehen, welche sich mit einem Sachverhalt konfrontiert sieht.

- Die Wahrnehmung und Verarbeitung struktureller Komplexität wird in Abschnitt 4.2.1.1 erläutert und im weiteren Verlauf zur Herleitung der multidimensionalen Informationsbereitstellung im Rahmen der Managementunterstützung herangezogen.

- Die Entstehung und Verarbeitung dynamischer Komplexität ist Gegenstand des System-Dynamics-Ansatzes, welcher in Kapitel 6 erläutert wird.

2.2 Wissen, Daten, Informationen

Im Folgenden werden die für die vorliegende Arbeit zentralen Begriffe Wissen, Informationen und Daten definiert. Der Begriff Wissen stellt hierbei den Ausgangspunkt für die Definition der Begriffe Daten und Informationen dar.

---

[113] Vgl. Ulrich (1968), S. 116; Haberfellner (1975), S. 13; Riveira et al. (1981), S. 121; Malik (1986), S. 186; Schmidt (1992), S. 9; Hill et al. (1994), S. 23; Ulrich u. Fluri (1995), S. 24; Dörner (1999), S. 62 f. Unter Veränderungsrichtung kann bspw. die Absenkung oder das Ansteigen einer wertmäßigen Ausprägung verstanden werden. Die inhaltliche Konstanz einer Veränderung kann einerseits in einem wertmäßigen Sinne, andererseits im Sinne der Veränderungsrichtung (monoton steigend, monoton fallend) verstanden werden.

[114] Vgl. Riveira et al. (1981), S. 121; Picot u. Franck (1988b), S. 548; Ulrich u. Fluri (1995), S. 24, 46; Reither (1997), S. 16.

[115] Vgl. Simon (1960), S. 5 f.; Ulrich u. Fluri (1995), S. 24; Staehle et al. (1999), S. 53.

[116] Vgl. Schiemenz (2002), S. 45.

Wissen wird im Allgemeinen als der Bestand an Vorstellungen über die Realität verstanden.[117] Mit deklarativem und prozeduralem Wissen werden zwei *Arten* des Wissens unterschieden, die unterschiedliche Realitätsvorstellungen beinhalten.[118]

- *Deklaratives Wissen* beinhaltet Vorstellungen zu Struktur und Zuständen der Realität („Ideen" bzw. „Fakten").[119] Unter der Annahme, dass die Realitätskonstruktion eines Subjekts wesentlich durch Sprache beeinflusst wird, kann deklaratives Wissen weiter in konzeptionelles Wissen und Faktenwissen unterteilt werden.[120] *Konzeptionelles Wissen* repräsentiert die ideelle Struktur der Realität eines Subjekts in Form von Begriffen („Konzepten"). Das *Faktenwissen* repräsentiert die zu den Begriffen gehörenden Ausprägungen.

- Während deklaratives Wissen struktur- und zustandsorientiert ist, umfasst *prozedurales Wissen* Kenntnisse über die zielorientierte Beeinflussung von Strukturen und Zuständen durch Handlungen eines Subjekts („knowing how"; Fähigkeiten).[121] Hierbei kann zwischen algorithmischem und heuristischem prozeduralen Wissen unterschieden werden. Algorithmisches Wissen wird mechanistisch auf bekannte Sachverhalte der Realität angewandt.[122] Heuristisches Wissen hingegen beinhaltet Vorgehensweisen zur Bearbeitung unbekannter Sachverhalte. Aufgrund des Handlungsbezugs prozeduraler Wissensarten werden diese im Folgenden zusammenfassend durch den Begriff *Handlungswissen* bezeichnet.

Wissen kann verschiedene *Formen* annehmen.[123] Die grundsätzliche Vorstellung ist hierbei, dass Wissen *implizit*, d.h. im Menschen als Wissensträger, tief verankert und subjektiv

---

[117] Diese Vorstellungen können sich bspw. auf Sachverhalte, Personen, Werte, Normen oder Handlungen beziehen. Vgl. Streubel (1996), S. 22; Alpar et al. (2008), S. 7.

[118] Vgl. Maier et al. (2001), S. 21.

[119] Deklaratives Wissen wird auch als „knowing what" oder „Wissen was ist" bezeichnet. Vgl. Barsalou (1992), S. 149 f.; Vgl. Greschner (1996), S. 20, 23, 77, 85; Miner u. Mezias (1996), S. 92; Solso u. Reiss (2005), S. 216, 260.

[120] Vgl. das in 1.2.1.1 dargestellte Realitätsverständnis der Arbeit.

[121] Vgl. Barsalou (1992), S. 149 f.; Greschner (1996), S. 20, 23, 85; Miner u. Mezias (1996), S. 92; Courtney (2001), S. 23; Maier et al. (2001), S. 21; Solso u. Reiss (2005), S. 216, 260.

[122] Vgl. Fink (2000), S. 18.

[123] Vgl. Hasenkamp u. Roßbach (1998), S. 957; uit Beijerse (1999), S. 99; Riempp (2004), S. 61 f.

ist.[124] Implizites Wissen wird in Strukturen vorgehalten, die – annahmegemäß – Vorstellungsinhalte über die Wissensarten in einer sprachlichen Form beinhalten.

- Die Merkmale und Funktionen dieser sprachlichen Formen werden in den folgenden Abschnitten zum Lernen (2.3) sowie bei der Herleitung der Managementunterstützung (4.2.1) erneut aufgegriffen.

- Die Funktion des impliziten Wissens in Wahrnehmungs-, Verarbeitungs- und Handlungsprozessen eines Subjekts wird, differenziert nach den genannten Wissensarten (Begriffs-, Fakten- und Handlungswissen), in 4.2.1.1 erläutert.

Neben dem impliziten gibt es das *explizite* Wissen. Dieses unterscheidet sich vom impliziten Wissen dadurch, dass es aus dem Wissensspeicher des Wissensträgers entkoppelt werden kann.[125] Die Externalisierung von Wissen kann aus verschiedenen Gründen erfolgen, z. B. zur externen Aufbewahrung, Verarbeitung oder Weitergabe.[126] Bei Daten und Informationen handelt es sich um von einem (menschlichen) Wissensträger entkoppeltes Wissen.[127] Daten und Informationen können durch ein anderes, nicht menschliches Trägermedium transportiert werden und sind dementsprechend als Bewegungsgrößen zu verstehen.[128]

Wissen ist zeitlich stabil, d.h. es ist nicht flüchtig und speichert die genannten Wissensarten (deklaratives und prozedurales Wissen), sodass im Zeitverlauf auf fest stehende Wissensbestände zurückgegriffen werden kann (*Persistenzmerkmal* bzw. *Speicherfunktion*). Für den Begriff des Wissens soll Folgendes festgehalten werden.[129]

> Als Wissen werden subjektgebundene, persistente Vorstellungen über Sachverhalte der Realität verstanden.

---

[124] Ein derartiges Wissen wird als schwer formalisierbar, unvollkommen beschreib- und dokumentierbar sowie kommunizierbar beschrieben. Vgl. Bode (1997), S. 460; Romhardt (1998), S. 64 f.; Gabriel u. Dittmar (2001), S. 19; Gluchowski u. Dittmar (2002), S. 78; Hannig (2002), S. 15 f.; Akbar (2003), S. 1999; Riempp (2004), S. 60 f.; Probst et al. (2006), S. 22; Heinrich et al. (2007), S. 138.

[125] Vgl. Gabriel u. Dittmar (2001), S. 19.

[126] Vgl. Hannig (2002), S. 16; Heinrich et al. (2007), S. 139.

[127] Vgl. Gluchowski u. Dittmar (2002), S. 28.

[128] Vgl. Streubel (1996), S. 23; Alpar et al. (2008), S. 7.

[129] Vgl. uit Beijerse (1999), S. 101; Gluchowski u. Dittmar (2002), S. 28; Riempp (2004), S. 61.

Mit Wissen ist, zumindest subjektiv, ein Anspruch auf Wahrheit verbunden, sodass es auf Grundlage des Wissens möglich erscheint, Wahres von Unwahrem zu unterscheiden.[130] Aufgrund der Persistenz und des erläuterten Wahrheitsanspruchs eignet sich Wissen als Referenz für wahrgenommene Sachverhalte (*Referenzfunktion*).[131] Diese Referenzfunktion wird im Folgenden zunächst speziell bei der Erläuterung des Daten- und Informationsbegriffs, im weiteren Verlauf dann bei der Erläuterung des Lernens (2.3) und der Wahrnehmung herangezogen (4.2.1.1).

Auf Grundlage der vorgestellten Wissensdefinition werden nun die Begriffe Daten und Information erläutert.[132] Daten und Informationen als explizites Wissen können durch Sprache in Form von Zeichen aufbewahrt oder – im Sinne einer Nachricht[133] – durch Zeichen übermittelt werden.[134] Zeichen sind Gegenstand der Zeichenlehre (*Semiotik*), wobei die Analyse in syntaktische, semantische und pragmatische Aspekte zerfällt.[135] Der *syntaktische Aspekt* hat die Strukturierung und Anordnung von Zeichenmengen zum Gegenstand und stellt eine diesbezügliche Verabredung der Zeichenverwender untereinander dar.[136] Wird explizites Wissen syntaktisch korrekt formuliert, so kann dieses durch Menschen und Maschinen kommuniziert, d.h. gesendet und empfangen sowie gespeichert und wieder abgerufen werden. Der *semantische Aspekt* der Zeichenlehre hat die durch Zeichen zu vermittelnde Bedeutung, d.h. die Beziehung eines Zeichens zu einem Sachverhalt der Realität, zum Gegenstand. Entsprechend der Annahmen in Abschnitt 1.2.1 geht der Verfasser davon aus, dass die Realität von Menschen subjektiv konstruiert wird. Die Zuord-

---

[130] Wittmann definiert Wissen als „Vorstellungsinhalte, [...] die [...] Überzeugungen über die Wahrheit von Feststellungen (Aussagen, Sätze, Behauptungen) zum Inhalt haben." Wittmann (1979), Sp. 2263.

[131] Vgl. Schwaninger (2000), S. 6.

[132] Eine ausführliche Analyse des Informationsbegriffs sowie dessen Abgrenzung zu Daten und Wissen findet sich bei Bode. Dieser betrachtet Informationsbegriffe auf Grundlage der semiotischen Reichweite eines Informationsverständnisses, des Informationsträgers, des Neuigkeitsgrads, Wahrheitsgehalts und Zeitbezugs von Informationen. Vgl. Bode (1997), S. 451 ff. Für einen speziellen Informationsbegriff der Managementunterstützung auf dieser Grundlage, vgl. Holten (1999a), S. 71 ff. Weitere Eigenschaften von Informationen finden sich bei Alpar et al. (2008), S. 9 f.

[133] Vgl. Picot et al. (1998), S. 69. Eine „Nachricht [...] ist eine zur Weitergabe bestimmte Zeichenfolge mit Bedeutung für den Empfänger." Heinrich et al. (2007), S. 133. Vgl. auch Riempp (2004), S. 66; Hansen u. Neumann (2005), S. 83; Ferstl u. Sinz (2006), S. 257.

[134] Vgl. Bode (1997), S. 459. Dies beruht auf einem weiten Verständnis von Sprache sowie den ihr zu Grunde liegenden Zeichenarten. Ein Zeichen muss nicht zwingend die Form von Buchstaben, Zahlen oder sonstigen Symbolen annehmen. Auch nonverbale Zeichen (bspw. Gesten oder Fahnenzeichen) genügen den Anforderungen an eine Informationsübermittlung. Für eine ausführliche Erläuterung des Zeichenbegriffs, der Semiotik sowie der zugehörigen Teildisziplinen siehe Abschnitt 3.1.

[135] Vgl. Maier u. Lehner (1995), S. 172 ff.; Greschner (1996), S. 19; Streubel (1996), S. 17; Bode (1997), S. 451 f.; Hasenkamp u. Roßbach (1998), S. 956 f.; Picot et al. (1998), S. 67 f.; Gabriel u. Dittmar (2001), S. 18; Heinrich et al. (2007), S. 136 ff.

[136] Vgl. Hansen u. Neumann (2005), S. 6; Stahlknecht u. Hasenkamp (2005), S. 10; Felden (2006), S. 54.

nung von Bedeutung zu einem Zeichen erfolgt demnach durch ein das Zeichen wahrnehmendes Subjekt und wird dementsprechend als relativ verstanden. Der *pragmatische Aspekt* der Zeichenlehre bezieht schließlich die Situation oder den Kontext der Zeichenverwendung in die Betrachtung ein und analysiert die Auswirkungen auf die mit Zeichen vermittelte Bedeutung.[137] Die Interpretation einer Situation oder eines Kontexts wird ebenfalls als subjektiv und personenabhängig verstanden.[138]

Legt man die vorgestellten semiotischen Teildisziplinen zu Grunde, unterscheiden sich Daten und Informationen hinsichtlich der semiotischen Reichweite. Zeichenmengen qualifizieren sich als Daten, wenn sie einer vereinbarten Syntax zwischen Menschen und/oder Maschinen entsprechen.[139] Werden Daten in Verbindung mit einem Subjekt gebracht, <u>können</u> daraus Informationen entstehen, wenn ein Subjekt in der Lage ist, diesen Daten in einem Kontext (pragmatischer Aspekt) eine Bedeutung beizumessen (semantischer Aspekt).[140] Hierbei werden wahrgenommene Daten in Beziehung zum Wissen, d.h. den Realitätsvorstellungen eines Subjekts, gesetzt und hinsichtlich ihrer Bedeutung im Kontext interpretiert. Informationen stellen demnach keine Bestandsgröße dar, sondern werden erst im Zuge von Wahrnehmungsprozessen konkretisiert.

Zusammenfassend lassen sich für Daten und Informationen folgende Definitionen festhalten:

> *Daten* sind durch eine vereinbarte Syntax strukturierte und geordnete Zeichenmengen, die explizites Wissen repräsentieren. *Informationen* entstehen dann, wenn ein Subjekt wahrgenommenen Zeichen potenziell eine Bedeutung in einem wissentlich bekannten Kontext beimessen kann.

---

[137] Hierbei kann in einem kommunikativen Kontext u.a. die soziale Situation (bspw. die Machtverteilung der Sprechenden), die räumliche oder zeitliche Situation die Bedeutung von Aussagen beeinflussen.

[138] Ein Beispiel hierfür ist das Entstehen kommunikativer Missverständnisse durch unterschiedliche Interpretationen der sozialen Situation, in der die Kommunikation stattfindet.

[139] Vgl. Teubner (1999). S. 18; Gabriel u. Dittmar (2001), S. 18 f.; Gluchowski u. Dittmar (2002), S. 27; Riempp (2004), S. 62; Heinrich et al. (2007), S. 133 f.

[140] Vgl. Romhardt (1998), S. 63; Gabriel u. Dittmar (2001), S. 19; Gluchowski u. Dittmar (2002), S. 27 f.; Akbar (2003), S. 1999; Hansen u. Neumann (2005), S. 83; Felden (2006), S. 54; Heinrich et al. (2007), S. 134; Alpar et al. (2008), S. 7 f.

Hinsichtlich eines allgemeinen Zweckbezugs werden an dieser Stelle keine Annahmen getroffen. Bei Informationen in einem speziellen betriebswirtschaftlichen Kontext wird jedoch zumindest ein potenzieller Zweckbezug von Informationen unterstellt. Vgl. Streubel (1996), S. 24; Bode (1997), S. 455 f.; Holten (1999a), S. 74.

Auf Grundlage dieser Definition wird der Begriff des (betrieblichen) Informationssystems interpretiert. *Betriebliche Informationssysteme* bestehen aus technischen und menschlichen Systemkomponenten und sind einem betrieblichen Umsystem untergeordnet (struktureller und hierarchischer Aspekt).[141] Betriebliche Informationssysteme stellen Daten zu Sachverhalten der betrieblichen Realität in einem betriebswirtschaftlichen Kontext bereit.[142] Dieser Kontext wird einerseits durch die Beziehung der Daten zu dem von ihnen bezeichneten Sachverhalt der betrieblichen Realität gebildet.[143] Andererseits wird ein Kontext durch verfügbare Funktionen zur betriebswirtschaftlich orientierten Erfassung, Verarbeitung, Transformation, Übertragung, Speicherung und Bereitstellung der Daten gebildet (funktionaler Aspekt).[144] Es wird davon ausgegangen, dass derart bereitgestellte Daten von Mitgliedern einer betriebswirtschaftlichen Organisation im Kontext interpretiert werden können, sodass diese Daten Informationscharakter aufweisen.[145] Zusammenfassend kann also festgehalten werden:

> *Betriebliche Informationssysteme* bestehen aus technischen und menschlichen Komponenten und stellen Daten in einem betrieblichen Kontext zur Verfügung, sodass diese für Mitglieder des betrieblichen Systems einen Informationscharakter aufweisen.

Nachdem Wissen als Bestandsgröße, Informationen und Daten als Übergangsgrößen definiert wurden, wird im folgenden Abschnitt das Lernen als Bestandsveränderung des Wissens dargestellt.

2.3 Lernen

Lernen ist Gegenstand einer Reihe von Disziplinen, wobei insbesondere die Psychologie von größerer Relevanz ist. Psychologische Theorien des Lernens werden in behavioristische und kognitive Theorien unterschieden.[146] *Behavioristische Theorien* des Lernens werden aus beobachtetem Verhalten abgeleitet, das ein Subjekt in Reaktion auf bestimmte Reize zeigt (Reiz/Reaktions- bzw. Stimulus-Response-Theorien). Versuche, die Vorgänge in-

---

[141] Vgl. Voß u. Gutenschwager (2001), S. 6.; Hansen u. Neumann (2005), S. 84; Alpar et al. (2008), S. 26.

[142] Vgl. Hansen u. Neumann (2005), S. 84.

[143] Siehe hierzu ausführlich die Erläuterung zum semantischen und pragmatischen Aspekt von Sprache in 3.1.2 bzw. 3.1.3.

[144] Vgl. Voß u. Gutenschwager (2001), S. 86; Ferstl u. Sinz (2006)S. 2 ff.; Alpar et al. (2008), S. 26.

[145] Vgl. Riempp (2004), S. 62 f.

[146] Vgl. Shrivastava (1983), S. 8; Klimecki et al. (1991), S. 91, 128; Probst u. Büchel (1994), S. 17; Greschner (1996), S. 50 ff.; Güldenberg (1999), S. 78 ff.; Staehle et al. (1999), S. 208 ff.; Klimecki et al. (2000), S. 67 f.; Schreyögg u. Noss (2000), S. 47; Maier et al. (2001), S. 17 ff.; Akbar (2003), S. 2001 f.

nerhalb eines lernenden Subjekts zu erklären, werden nicht unternommen. *Kognitive Lerntheorien* hingegen versuchen zu erklären, welche Strukturen und Vorgänge in einem Subjekt für ein beobachtetes Verhalten verantwortlich sind (Stimulus-Organismus-Response-Ansatz).[147]

Der Gegenstand des Lernens ist das Wissen eines Subjekts.[148] Das Lernen bezieht sich dabei auf alle Wissensarten, d.h. durch Lernen kann konzeptionelles oder Faktenwissen sowie Handlungswissen entstehen oder verändert werden.[149]

Lernen kann hiernach einerseits als Produkt und andererseits als Prozess verstanden werden.[150] Lernen als *Produkt* bezeichnet die Differenz zwischen Wissensbeständen vor und nach dem Lernen („das Erlernte"). Eine explizite Betrachtung des Zustandsübergangs des Wissens findet in der *Prozess*perspektive des Lernens statt. In Anlehnung an ein allgemeines Prozessverständnis[151] bestehen Lernprozesse aus Ausgangs- und Endpunkten sowie dem eigentlichen Prozessverlauf, der das Prozessobjekt Wissen verändert. Im Folgenden werden Anfangs- und Endpunkte sowie denkbare Prozessverläufe allgemeiner Lernprozesse erläutert.

2.3.1 Allgemeine Struktur von Lernprozessen

Dem Lernen liegen zwei zentrale Annahmen zu Grunde, die zur Erklärung von Lernprozessen herangezogen werden. Es wird zunächst angenommen, dass Subjekte in direkter Interaktion mit der Umwelt stehen, d.h. Reize aus der Umwelt empfangen, wahrnehmen, verarbeiten und auf die empfangenen Reize durch Handlungen reagieren.[152] Die zweite Annahme bezieht sich auf das Verhältnis zwischen der wahrgenommenen Umwelt und dem Wissen eines Subjekts. Es wird unterstellt, dass ein Subjekt ein Gleichgewicht zwischen den Wahrnehmungen seiner Umwelt und seinem Wissen über die Umwelt anstrebt.[153]

---

[147] Vgl. Greschner (1996), S. 53 ff.; Güldenberg (1999), S. 81 ff.

[148] Dies wird u.a. auch als Revision kognitiver Muster (Schreyögg u. Noss (2000), S. 47) oder Revision des Bezugsrahmens bezeichnet (Akbar (2003), S. 2002).

[149] Vgl. Fiol u. Lyles (1985), S. 805 f.; Wahren (1996), S. 17, 26; Dittmar (2004), S. 10.

[150] Vgl. Schreyögg u. Noss (2000), S. 45; Dittmar (2004), S. 9 f; Argyris u. Schön (2006). 19.

[151] Ein Prozess kann allgemein als Abfolge von Handlungen bezüglich eines Gegenstands verstanden werden, die einen definierten Anfangs- und Endpunkt hat. Vgl. bspw. Scheer (1998), S. 3; Teubner (1999), S. 38; Becker u. Schütte (2004), S. 107 f.

[152] Vgl. Klimecki et al. (1991), S. 128, 134; Greschner (1996), S. 53 f.; Klimecki et al. (2000), S. 67; Akbar (2003), S. 2001; Dittmar (2004), S. 10.

[153] Vgl. Greschner (1996), S. 57, 84; Wahren (1996), S. 17 f., 26.

Die Verarbeitung erfolgt durch die Interpretation von Informationen mit bestehendem Wissen als Referenz (vgl. die Referenzfunktion von Wissen; 2.2).[154] Lernimpulse entstehen, wenn Reize aus der Umwelt nicht den durch Wissen formulierten Erwartungen des wahrnehmenden Subjekts entsprechen.[155] Die sich ergebende Diskrepanz, verbunden mit dem skizzierten Gleichgewichtsstreben, löst Lernprozesse aus, welche diese Diskrepanz beseitigen sollen.[156] Das Ziel eines Lernprozesses ist es demnach, Wissen zu schaffen, welches die entstandene Diskrepanz beseitigt. Der Ausgangspunkt von Lernprozessen wird im Folgenden als *Lernimpuls* bezeichnet.[157]

Lernprozesse können auf Grundlage des Ausmaßes der Veränderung (Reichweite des Lernens) verschiedene Prozessverläufe annehmen. Hierbei wird zwischen inkrementellen und fundamentalen Lernprozessen unterschieden.[158]

- Ein *inkrementeller Lernprozess* findet innerhalb gegebener konzeptioneller und handlungsbezogener Wissensstrukturen statt, ohne diese zu verändern. Hierbei wird das Faktenwissen des Lernenden verändert.

- Ein *fundamentales Lernen* hingegen verändert die strukturellen Erwartungen an Wissenselemente und deren Beziehungen zueinander. Hierbei werden konzeptionelles, Handlungswissen sowie Faktenwissen angepasst.

Wird das erworbene Wissen durch Erfahrungen der Umwelt bestätigt, geht es in den routinemäßigen Gebrauch bei Wahrnehmung und Verarbeitung von Reizen aus der Umwelt über (*Habitualisierung*).[159] Ein Erfahren der Umwelt ist hierfür zwingend erforderlich, um herauszufinden, ob das veränderte Wissen in der Lage ist, die diskrepanzauslösenden Sig-

---

[154] Vgl. Wahren (1996), S. 18, 26; Maier et al. (2001), S. 16; Dittmar (2004), S. 10.

[155] Vgl. Argyris u. Schön (2006), S. 31 f. Scharlau bezeichnet dies als „kognitiven Konflikt", vgl. Scharlau (2007), S. 96.

[156] Scharlau bezeichnet dies in Anlehnung an Piaget als „Ungleichgewichte innerhalb oder zwischen Strukturen" sowie dem Wunsch des Menschen, dieses Ungleichgewicht zu beseitigen. Vgl. Scharlau (2007), S. 96. Klimecki et al. unterscheiden das Entstehen dieser Spannungszustände in Differenzen zwischen (a) Erwartungshaltung und Ergebnis, (b) Idee und Wirklichkeit, (c) eigenem und fremdem Wissen sowie (d) Differenzen zwischen zwei Vorstellungen. Vgl. Klimecki et al. (2000), S. 69 f. Akbar zählt zu diesen Diskrepanzen Fehler, Probleme, kreative Spannungen, Konflikte, Widersprüche, Turbulenzen, Krisen und Revolutionen. Vgl. Akbar (2003), S. 2002. Ähnlich: Probst u. Büchel (1994), S. 49 f.

[157] Vgl. Akbar (2003), S. 2002 („Learning Trigger").

[158] Vgl. Miner u. Mezias (1996), S. 88 f.; Klimecki et al. (2000), S. 72 f.; Akbar (2003), S. 2002, 2003 f. Beispiel für ein inkrementelles Lernen ist das Erfahrungskurvenkonzept. Hierbei werden Produktionsprozesse inkrementell weiterentwickelt, um einen höheren Zielerreichungsgrad in Bezug auf Kosten, Qualität etc. zu erreichen.

[159] Vgl. Klimecki et al. (1991), S. 122; Scharlau (2007), S. 89, 94.

nale aus der Umwelt zu interpretieren und die Umwelt zielorientiert zu beeinflussen. Mit der beschriebenen Verstetigung des Wissens im Gebrauch endet der Prozess des Spannungsausgleichs.[160]

Zusammenfassend wird Lernen wie folgt verstanden.[161]

> Unter Lernen versteht man den erfahrungsinduzierten nachhaltigen Wandel des Wissens.

Lernprozesse können auf verschiedenen *Ebenen* stattfinden, einerseits der individuellen, persönlichen Ebene, andererseits auf der kollektiven, sozialen Ebene.[162] Auf einer kollektiven Ebene können ebenfalls der Gegenstand, die Auslöser und die Prozesse des Lernens unterschieden werden.

Wird Lernen auf einer kollektiven Ebene betrachtet, so ändert sich der Gegenstand des Lernens. Obwohl das Individuum weiterhin den Wissensträger darstellt, wird durch ein kollektives Lernen zusätzlich Wissen beeinflusst, welches nur im kollektiven Kontext von Relevanz ist.[163] Dies wird am Beispiel betriebswirtschaftlicher Untersuchungen kollektiven Lernens deutlich, die unter dem Stichwort des Organisationalen Lernens diskutiert werden.[164] Der Gegenstand des Lernens ist hier, obwohl eine Organisation durch Individuen konstituiert wird, eine kollektive organisatorische Wissensbasis.[165] Diese Wissensbasis einer Organisation umfasst neben der Summe des individuellen Wissens ihrer Mitglieder auch organisationsspezifisches Wissen, u.a. Wissen über die Kommunikation, Machtverteilung oder Normen und Werte in einer Organisation. Dieses kollektive Wissen übt dieselben Funktionen in kognitiven Prozessen aus wie das individuelle Wissen.[166]

---

[160] Vgl. Klimecki et al. (2000), S. 207.

[161] Vgl. Greschner (1996), S. 64; Staehle et al. (1999), S. 207; Schreyögg u. Noss (2000), S. 45 f.; Maier et al. (2001), S. 15 ff.; Dittmar (2004), S. 10; Argyris u. Schön (2006), S. 19

[162] Für eine weitere Differenzierung des Lernens auf kollektiver Ebene vgl. Probst u. Büchel (1994), S. 18 f.; Greschner (1996), S. 95 ff.; Miner u. Mezias (1996), S. 91 f.; Riempp (2004), S. 62.

[163] Vgl. Probst u. Büchel (1994), S. 63 f.; Maier et al. (2001), S. 14 f.; 25; Argyris u. Schön (2006), S. 20.

[164] Für einen Überblick über den Gegenstand des Organisationalen Lernens vgl. Klimecki et al. (1991), S. 139 ff.; Greschner (1996), S. 102 ff.; Wahren (1996), S. 6 f.

[165] Vgl. Walsh u. Ungson (1991), S. 62 ff.

[166] Vgl. Klimecki et al. (2000), S. 66, 68. Das kollektive Wissen kann bspw. als ein gemeinsames, geteiltes Bezugssystem für die Wahrnehmung und Verarbeitung von Sachverhalten dienen Ein Beispiel hierfür ist die Organisationskultur. Vgl. Schein (1995), S. 29 ff. Hier wird explizites (Zeichensystem) oder implizites (Wertesystem) Wissen bereitgestellt, das einen Bezugsrahmen für das Verhalten in Organisationen bildet.

Aufgrund des veränderten Gegenstands des Lernens werden Lernprozesse nicht mehr nur alleine durch Konflikte des bestehenden Wissens mit der erfahrenen Umwelt ausgelöst, sondern können ihren Ursprung auch in der Organisation, bspw. in Form kommunikativer, macht- oder wertbezogener Konflikte haben.[167] Das Resultat sind Lernprozesse mit unterschiedlichen, organisationsspezifischen Gegenständen. Die Komplexität organisatorischen Lernens wird weiterhin durch die Tatsache gesteigert, dass organisatorische Lernprozesse nicht isoliert stattfinden.[168] So sind bspw. Lernprozesse in Bezug auf Sachverhalte der Umwelt zusätzlich durch kommunikative Aspekte oder Aspekte der Machtverteilung in einer Organisation geprägt.

In der vorliegenden Arbeit wird angenommen, dass individuelle und kollektive Lernprozesse sich hinsichtlich der Aufteilung in die Komponenten, Lernimpuls, Reichweite der Lernprozesse sowie Habitualisierung gleichen.[169] Um die Komplexität der folgenden Betrachtung zu beherrschen, werden spezifische kollektive Aspekte des Lernens, z.B. kommunikative, macht-, normen- und wertbezogene Aspekte, ausgeblendet.[170] Es wird sich auf das Erlernen von Sachverhalten aus der Umwelt konzentriert, wobei sich die Analyse an Piagets Theorie individuellen Lernens orientiert.

2.3.2 Die Lerntheorie Piagets

Bei der Theorie Piagets zur geistigen Entwicklung des Kindes handelt es sich um eine individuelle Lerntheorie, welche in den Disziplinen Biologie, Psychologie und Erkenntnistheorie verankert ist und demnach eine entsprechend hohe Erklärungsreichweite aufweist.[171] Die wesentlichen Strukturen dieser Theorie sind allgemein formuliert, sodass sie einerseits auf das Lernen Erwachsener sowie andererseits potenziell auch auf das Lernen von Kollektiven übertragen werden kann.[172] Piaget legt seiner Lerntheorie eine Reihe allgemeiner Annahmen zu Grunde, die im Folgenden erläutert werden.

Zunächst wird angenommen, dass Wissen in Strukturen organisiert ist, durch die der Mensch seine Umwelt wahrnimmt, verarbeitet und durch Handlungen beeinflusst. Diese Strukturen werden von Piaget als *Schemata* bezeichnet und in sensomotorische, kognitive

---

[167] Vgl. Fiol u. Lyles (1985), S. 804.

[168] Vgl. Fiol u. Lyles (1985), S. 804 f.; Klimecki et al. (1991), S. 129; Probst u. Büchel (1994), S. 19 f.; Pawlowsky (2001), S. 69 ff.

[169] Vgl. Fiol u. Lyles (1985), S. 807 f., 810.; Maier et al. (2001), S. 14. 25 ff.; Argyris u. Schön (2006), S. 20 ff.

[170] Vgl. Shrivastava (1983), S. 9 ff.; Huber (1991); Nonaka u. Takeuchi (1997); Nonaka et al. (2001).

[171] Vgl. Piaget et al. (2003), S. 10 f.; Scharlau (2007), S. 10 f.

[172] Vgl. Greschner (1996), S. 56 f.

und evaluative (wertende) Schemata unterschieden.[173] Im weiteren Verlauf sollen kognitive Schemata den Gegenstand der Betrachtung bilden.[174] Kognitive Schemata werden von Piaget in Vorstellungs- und Handlungsschemata unterschieden. Diese entsprechen den Wissensarten des deklarativen (Vorstellungsschemata) und prozeduralen (Handlungsschemata) Wissens sowie ihrer Unterarten.[175] Im Folgenden werden statt des allgemeinen Begriffs Schema die speziellen Wissensarten zur Bezeichnung des Lerngegenstands verwendet.

Weiterhin wird angenommen, dass ein Subjekt durch Kognition und Handlungen im aktiven Austausch mit seiner Umwelt steht.[176] Es empfängt Reize aus der Umwelt (Wahrnehmung), interpretiert diese vor dem Hintergrund des konzeptionellen Wissens (Verarbeitung) und manipuliert die Umwelt zielgerichtet durch Anwendung des Handlungswissens (Handlung).[177] Können die beschriebenen Operationen durchgeführt werden, d.h. erweist sich das existierende Wissen als geeignet für den Austausch mit der Umwelt, so wird dies als ein Zustand des Gleichgewichts zwischen Wissen und Umwelt verstanden.

Kommt es hingegen zu Diskrepanzen zwischen Reizen aus der Umwelt und dem Wissen, so ist ein Subjekt bestrebt, diese Diskrepanzen auszugleichen (Äquilibration).[178] Das hier zu Grunde gelegte Gleichgewichtsstreben findet sich in ähnlicher Form auch in anderen Disziplinen, bspw. der Biologie (Homöostase) oder der Psychologie (Dissonanz- oder Bedürfnis-/Spannungstheorien) wieder.[179] Die Beseitigung des entstandenen Ungleichgewichts erfolgt durch die Lernprozesse Assimilation und Akkommodation.[180]

---

[173] Vgl. Montada (1970), S. 20; Greschner (1996), S. 56; Solso u. Reiss (2005), S. 348.

[174] Die sensomotorische Entwicklung von Managern ist nicht Gegenstand dieser Arbeit. Für die Ausbildung und Anwendung evaluativ-wertender Schemata wird auf die Literatur der Wirtschaftsethik verwiesen. Vgl. bspw. Küpper (2006), S. 63 ff.

[175] Vgl. Greschner (1996), S. 56; Scharlau (2007), S. 82 f. Für eine Erläuterung kognitiver Prozesse und der Funktion kognitiver Schemata bzw. der entsprechenden Wissensarten siehe 4.2.1.1.

[176] Unter Kognition kann die Aktivität des Wissens in Erwerb, Organisation und Gebrauch verstanden werden. Vgl. Wahren (1996), S. 133. Kognitive Prozesse sind Wahrnehmung und Verarbeitung sowie das Einleiten von Handlungen.

[177] Piagets Verständnis von Erkenntnisquellen ähnelt dem Kants (1.2.1.3). Subjekt und Objekt sind demnach zwingend notwendige Komponenten der Erkenntnis eines Sachverhalts. Vgl. Piaget et al. (2003), S. 44 f.; Scharlau (2007), S. 103, 124.

[178] Vgl. Montada (1970), S. 22; Greschner (1996), S. 57; Scharlau (2007), S. 84 f.

[179] Vgl. Montada (1970), S. 21 f.; Piaget et al. (2003), S. 48 ff.; Scharlau (2007), S. 84 f. Scharlau weist hier zudem auf die Parallelen zu Regelkreisen der Kybernetik hin, welche durch Regulierung von Steuergrößen einen erwünschten (Gleichgewichts-)Zustand wiederherstellen. Vgl. Scharlau (2007), S. 98 sowie Kapitel 6.1.

[180] Vgl. Piaget et al. (2003), S. 56 f.; Solso u. Reiss (2005), S. 348.

Unter *Assimilation* wird die Aufnahme und Verarbeitung von Elementen der Umwelt verstanden.[181] Dies umfasst im kognitiven System des Menschen die Fähigkeit, einem Reiz aus der Umwelt vor dem Hintergrund des konzeptionellen Wissens eine Bedeutung zuzuordnen oder durch Anwendung von Handlungswissen auf ein Objekt der Umwelt einzuwirken.[182] Die Assimilation wird dadurch ausgelöst, dass eine wahrgenommene Information aus der Umwelt zwar konzeptionell bekannt ist, deren faktische Ausprägungen jedoch nicht. Es wird nun versucht, die entstandene Diskrepanz (fehlendes Faktenwissen) durch Anwendung des Handlungswissens auf den wahrgenommenen Sachverhalt der Umwelt zu schließen. Gelingt dies, d.h. ist ein Subjekt durch Anwendung des bestehenden Handlungswissens in der Lage, mit dem neuen Umweltzustand umzugehen, werden die neuartigen Informationen dem Faktenwissen hinzugefügt.[183] Das Lernprodukt ist demnach ein Zuwachs an Faktenwissen; das Handlungspotenzial des bestehenden Handlungswissens wird auf weitere, konzeptionell strukturgleiche, Sachverhalte ausgeweitet.[184] Scheitert die beschriebene Assimilation von Informationen hingegen, so wird der Lernprozess der Akkommodation ausgelöst.

Unter *Akkommodation* wird die Veränderung eines Organismus an sich verstanden. Sie wird ausgelöst, wenn die Assimilation von Umweltinformationen mit dem vorhandenen konzeptionellen und / oder Handlungswissen scheitert.[185] Dies zieht eine Veränderung des konzeptionellen Wissens und des Handlungswissens nach sich, welches dann aktiv angewandt (getestet) wird, bis eine Assimilation erfolgreich ist. Hierzu ist es erforderlich, aktiv mit der Umwelt zu interagieren, um den Erfolg der Wissensanpassung zu kontrollieren. Eine wiederholte positive Bestätigung des neugebildeten Wissens durch erfolgreiche Assimilation beseitigt die empfundene Diskrepanz und stellt das Ende der Akkommodation dar (Habitualisierung). Die Lernprodukte der Akkommodation sind einerseits das neu entstandene oder veränderte konzeptionelle Wissen und Handlungswissen. Andererseits entsteht im Zuge des Testens des Wissens konzeptionelles Wissen und Handlungswissen sowie durch spätere Assimilation neues Faktenwissen.

Akkommodation entspricht demnach dem Strukturen verändernden, fundamentalen Lernen. Assimilation hingegen entspricht dem in gegebenen Strukturen des konzeptionellen Wissens und des Handlungswissens stattfindenden inkrementellen Lernen.[186] Abbildung 5

---

[181] Vgl. Piaget et al. (2003), S. 53 ff.; Scharlau (2007), S. 88.
[182] Vgl. Montada (1970), S. 46.
[183] Vgl. Greschner (1996), S. 57.
[184] Vgl. Greschner (1996), S. 57.
[185] Vgl. Montada (1970), S. 47; Piaget et al. (2003), S. 53 ff.; Scharlau (2007), S. 88.
[186] Vgl. Montada (1970), S. 45 f.

stellt die erläuterten Lernprozesse in Form einer ereignisgesteuerten Prozesskette übersichtsartig dar.

Abbildung 5: Lernprozesse nach Piaget

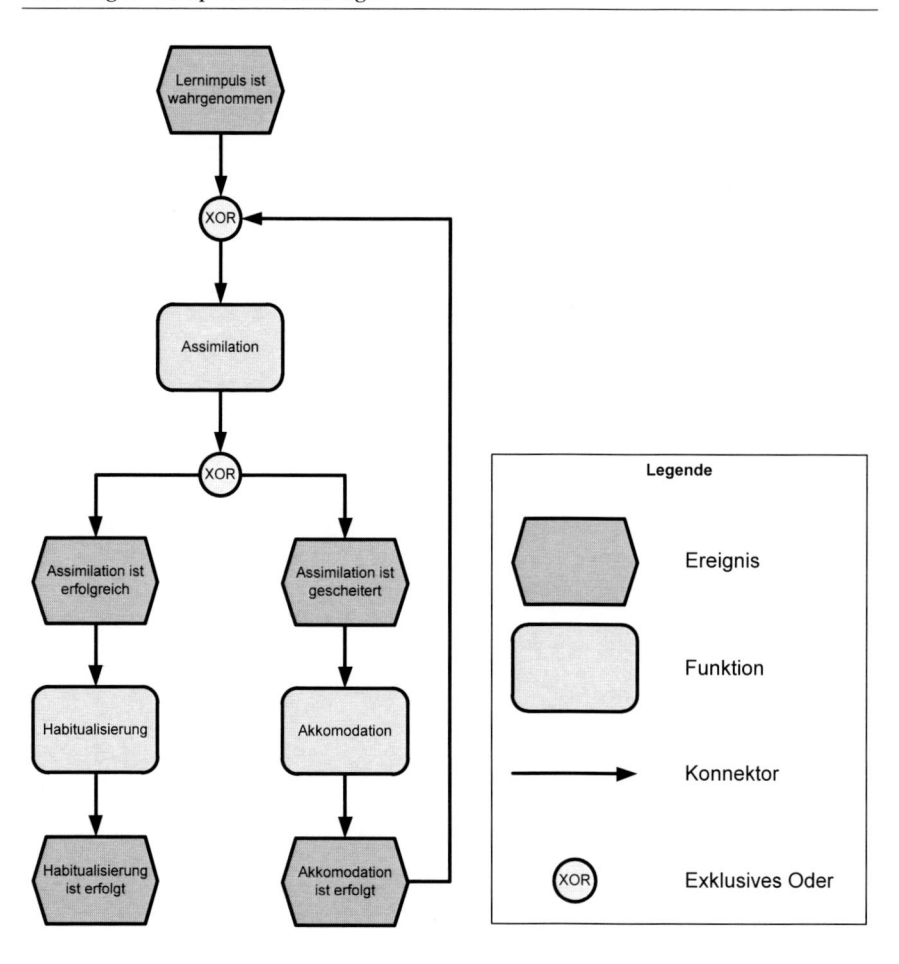

Die dargestellte Lerntheorie Piagets wird in den folgenden Kapiteln wiederholt aufgegriffen.

- Die Gegenstände von Lernprozessen sind bei Piaget Wissensstrukturen, welche er als Schemata bezeichnet. Im Rahmen dieser Arbeit werden geistige Strukturen sprachlich interpretiert, sodass in Kapitel 3 eine Betrachtung von Sprache im Allgemeinen und Modellen als sprachliche Strukturen im Besonderen erfolgt. Darüber hinaus üben sprachliche Strukturen Funktionen in kognitiven Prozessen aus. In Kapitel 4.2.1.1 erfolgt eine Betrachtung der Anordnung und des Zusammenwirkens dieser Strukturen sowie der Ablauf kognitiver Prozesse in ihnen, um eine theoretische Grundlage für die Managementunterstützung im Allgemeinen und eine Lernunterstützung des Managements im Besonderen bereitzustellen.

- Das in Kapitel 4.2 betrachtete theoretische Konzept einer Lernunterstützung des Managements wird in Kapitel 5 auf seine technische Umsetzbarkeit durch Business-Intelligence-Systeme hin untersucht. Hierbei wird Business Intelligence als ein Pendant zu den sprachlichen Strukturen der Kognition interpretiert und es wird überprüft, inwiefern das erarbeitete Konzept der Lernunterstützung des Managements hierauf übertragen werden kann.

- In Kapitel 6 werden mit dem Lernen in Mikrowelten und dem Modellieren als Lernen zwei Ansätze des Lernens vorgestellt und vor dem Hintergrund der vorgestellten Lerntheorie als assimilierendes bzw. akkommodierendes Lernen interpretiert.

- In Kapitel 9 werden die funktionalen Komponenten und Prozesse des Lernens, gemeinsam mit einer modellbasierten BI-Architektur zu einem Gesamtansatz der Lernunterstützung des Managements integriert.

3 Sprache, Modelle, Metamodelle

In diesem Kapitel werden die Grundlagen für eine sprachbezogene Betrachtung mentaler Größen und Vorgänge, wie Wissen bzw. Erkennen, Denken, Lernen, erläutert (vgl. 1.2.1). Es erfolgt daher zunächst eine allgemeine Betrachtung von *Sprache* in Bezug auf deren Aufbau und Funktionen. Die Darstellung bezieht sich speziell auf Modellierungssprachen und deren Verwendung in der vorliegenden Arbeit (3.1). Das Ergebnis der Verwendung einer Sprache wird als Sprachprodukt bezeichnet. An die vorangehende Betrachtung von Modellierungssprachen soll sich daher die Darstellung und Erläuterung von Modellen anschließen. In diesem Kontext wird jedoch nicht nur auf das Sprachprodukt *Modell* eingegangen, sondern auch auf dessen Erstellung (3.2). Stellen Sprachen selbst den Gegenstand von Analysen dar, so erfolgt dies nicht in der analysierten Sprache selbst, sondern in einer Metasprache (vgl. 1.2.1.2). Im letzten Abschnitt des Kapitels werden mit metasprachlichen Betrachtungen sowie den sich daraus ergebenden Sprachprodukten, den Metamodellen, Mittel für eine spätere Sprachanalyse und Sprachintegration dargestellt (3.3).

3.1 Sprache

Dieser Abschnitt beginnt mit einer allgemeinen Definition von Sprache, die im Weiteren aus der speziellen Sicht der Zeichenlehre betrachtet wird. Abschließend finden sich Schlussfolgerungen für die im Rahmen dieser Arbeit verwendeten Modellierungssprachen.

Das Phänomen Sprache ist Untersuchungsgegenstand einer Vielzahl von Disziplinen, wie etwa der Linguistik, Philosophie, Psychologie, Soziologie oder Neurologie etc.[187] Hesse und Mayr weisen darauf hin, dass wissenschaftliche Betrachtungen von Sprache einer systemischen Prägung unterliegen, weshalb im Folgenden eine systemorientierte Definition von Sprache herangezogen wird.[188] Eine Definition in diesem Sinne findet sich bei Carnap, der Sprache als System von Zeichen und Regeln zur Verwendung dieser Zeichen definiert (*struktureller Aspekt*).[189] In diesem System stellen Zeichen die *Elemente* dar, wobei

---

[187] Vgl. Rosenkranz u. Holten (2007), S. 1228. Für eine Übersicht vgl. Frank u. Prasse (1997), S. 15 f.

[188] Vgl. Hesse u. Mayr (2008), S. 386. Den terminologischen Rahmen der folgenden Definition bildet die allgemeine Systemdefinition aus Abschnitt 2.1.1.

[189] Vgl. Carnap (1958); Vgl. auch Alston (1972), S. 384; Petöfi (1980), S. 599; Strahringer (1996), S. 17; Strahringer (1998); Holten (1999a), S. 11; Vom Brocke (2003), S. 64.

diese als Stellvertreter für etwas (konkrete oder abstrakte Gegenstände) stehen können.[190] Zwischen den Zeichen bestehen *Beziehungen*, durch die mehrere Zeichen zu einem Sprachprodukt kombiniert werden können.[191] Diese Beziehungen sind rekursiv, sodass Sprachprodukte wiederum mit anderen Sprachprodukten zu neuen Sprachprodukten kombiniert werden können (*hierarchischer Aspekt*).[192]

Aus der Stellvertretereigenschaft von Zeichen und deren Kombination zu übergeordneten Sprachprodukten kann der *funktionale Aspekt* von Sprache hergeleitet werden. Durch Verwendung von Zeichen und deren Kombination werden Sachverhalte über die von diesen Zeichen vertretenen Gegenständen formuliert.[193] Diese allgemeine Stellvertreterfunktion kann vor dem Hintergrund eines speziellen Verwendungszwecks spezialisiert werden.[194] Als Verwendungszweck einer Sprache werden regelmäßig die Darstellung, die Kommunikation sowie der Ausdruck und Appell genannt, sodass Sprache stellvertretend (funktional) für diese Zwecke eingesetzt werden.[195]

Aufgrund der hervorgehobenen Rolle von Zeichen und deren Merkmalen werden Sprachen im Folgenden unter den Gesichtspunkten der Semiotik (der Wissenschaft von den Zeichen) und deren Subdisziplinen Syntaktik (3.1.1), Semantik (3.1.2) und Pragmatik (3.1.3) analysiert werden.[196]

---

[190] Hierbei ist zwischen der Manifestation eines Zeichens und dessen Bedeutung zu unterscheiden. Zeichen können verschiedene physische Manifestationsformen annehmen, bspw. in Form von Symbolen, ikonischen Zeichen, Signalen oder lautsprachlichen Zeichen der menschlichen Kommunikation. Vgl. Petöfi (1980), S. 599. Die Bedeutung eines Zeichens kann direkt mit einer physischen Manifestation verknüpft sein, bspw. bei ikonischen Sprachen. Oftmals ergibt sich die Bedeutung erst aus der Kombination mehrerer Zeichen untereinander, bspw. der Zeichen des Alphabets.

[191] Vgl. Harel u. Rumpe (2000), S. 4.

[192] Schütte und Zelewski führen hier bspw. die Kombination von Wörtern zu Sätzen an. Vgl. Zelewski u. Schütte (1999), S. 3

[193] Vgl. Essler (1980), S. 428.

[194] Vgl. Frank u. van Laak (2003), S. 17.

[195] Vgl. Petöfi (1980), S. 599; Lorenz (1996a), S. 49; Strahringer (1996), S. 17; Zelewski u. Schütte (1999), S. 3; Goeken (2006), S. 73; Lorenz (1996b), S. 69.

[196] Vgl. Kalish (1972), S. 348; Morris (1966); Stalnaker (1980), S. 501; Lorenz (1995b), S. 781; Hesse u. Mayr (2008), S. 383.

3.1.1 Syntaktische Betrachtung von Sprache

Der Untersuchungsgegenstand der semiotischen Teildisziplin der Syntaktik ist die Beziehung von Zeichen untereinander.[197] Eine syntaktische Betrachtung von Sprache unterscheidet zwischen dem konzeptionellen und dem repräsentationalen Aspekt einer Sprache.[198]

Der *konzeptionelle Aspekt* einer Sprache umfasst die Menge und Bedeutung der zur Verfügung stehenden generischen Zeichen sowie deren logische Anordnungsregeln.[199] Das *Zeichenrepertoire* einer Sprache definiert die zur Verfügung stehende Menge an Zeichentypen, bspw. in Form eines Alphabets.[200] Die *Gegenstandseinteilung* strukturiert den Gegenstandsbereich, der stellvertretend durch eine Sprache repräsentiert werden soll, nach Maßgabe der Sprache. [201] Dabei wird die abstrakte Bedeutung eines Zeichentyps, d.h. die angenommene (ontologische) Struktur des durch den Zeichentyp zu repräsentierenden Gegenstandsbereichs, definiert.[202] Die (logischen) *Anordnungsregeln* einer Sprache setzen an dieser Gegenstandseinteilung an und definieren, wie Zeichentypen anzuordnen und „wohlgeformte" Sprachprodukte aufzubauen sind.[203] Aus den verfügbaren Zeichen und den zulässigen Beziehungen zueinander lässt sich eine kombinatorisch mögliche Maximalmenge an Aussagen generieren. Die Menge zulässiger Aussagen wird dabei als Sprachumfang bezeichnet und kann mittels der (hypothetischen) Maßzahl Sprachmächtigkeit quantifiziert werden.[204] Der konzeptionelle Aspekt einer Sprache und die sich daraus ergebende Sprachmächtigkeit sind bei einer Sprachverwendung zwingend zu akzeptie-

---

[197] Die Syntaktik befasst sich „… mit der (Re-)Konstruktion von Zeichenrepertoires und der generativen Regeln, vermittels derer eine Zeichenverbindung als wohlgeformt (in einer bestimmten Sprache) identifiziert werden kann." Pogge (1980), S. 580. Vgl. auch Kalish (1972), S. 348; Petöfi (1980), S. 599; Kambartel (1995), S. 323.; Lorenz (1996c), S. 176.

[198] Vgl. Becker et al. (2001), S. 8 f.; Vom Brocke (2003), S. 64; Goeken (2006), S. 74 ff.; Delfmann (2006), S. 48 f.; ter Hofstede u. Verhoef (1997), S. 405.

Andere Autoren unterteilen die Syntax einer Sprache in eine abstrakte und eine konkrete Syntax. Beide Unterscheidungen adressieren dabei ähnliche Aspekte, sodass im Folgenden einerseits der konzeptionelle Aspekt und die abstrakte Syntax einer Sprache, andererseits der repräsentationale Aspekt und die konkrete Syntax einer Sprache gemeinsam betrachtet werden sollen. Vgl. Frank u. Prasse (1997), S. 18 f.; Frank u. van Laak (2003), S. 20; Harvey (2005), S. 671.

[199] Vgl. Becker et al. (2001), S. 9; Vom Brocke (2003), S. 64; Delfmann (2006), S. 48.

[200] Vgl. Harel u. Rumpe (2000), S. 13 f.

[201] Vgl. Ortner (1998), o.S. Synonym zum Gegenstandsbereich werden auch die Begriffe Untersuchungsbereich, Diskurswelt, Miniwelt oder Universe of Discourse genannt. Vgl. Goeken (2006), S. 78 sowie die dort angegebenen Literaturquellen.

[202] Vgl. Goeken (2006), S. 74.

[203] Vgl. Follesdal (1980), S. 568; Harel u. Rumpe (2000), S. 14.

[204] Vgl. Vom Brocke (2003), S. 65.

ren.[205] Die Gegenstandseinteilung einer Modellierungssprache kann bspw. anhand des E/R-Ansatzes nach Chen erläutert werden. Dieser unterteilt den durch die Sprache zu repräsentierenden Gegenstandsbereich in die Zeichentypen Entitätstyp, Beziehungstyp sowie Attribute.[206]

Der *repräsentationale Aspekt* einer Sprache legt auf Grundlage eines bestehenden konzeptionellen Aspekts das Aussehen von Zeichen sowie deren räumlich-visuelle Anordnungsregeln fest.[207] Für eine konzeptionell festgelegte Sprache können eine oder mehrere Repräsentationsformen definiert werden.[208] Diese Entkopplung von Repräsentation und Konzept führt dazu, dass eine Sprache bzw. eine Aussage in mehreren Repräsentationsformen dargestellt werden kann.[209] Als vorteilhaft erweist sich dies, wenn eine Notation separat entwickelt oder Teile der Notation im Rahmen der Verwendung ausgetauscht werden sollen.[210]

Die Betrachtung der Syntax einer Sprache erfolgt ohne Bezug auf den mit der Sprache zu repräsentierenden Inhalt. Die Bedeutung von Zeichen wird im Folgenden im Rahmen des semantischen Aspekts von Sprache erläutert.

3.1.2 Semantische Betrachtung von Sprache

Die semiotische Teildisziplin der Semantik thematisiert die Beziehung von Zeichen zu einem stellvertretenen Gegenstand.[211] Sprache erfüllt eine inhaltliche Stellvertreterfunktion, indem mittels Zeichen die Bedeutung eines Gegenstands vermittelt wird.[212] Der Mechanismus der Bedeutungsvermittlung durch Zeichen wird regelmäßig durch die Metapher des semiotischen Dreiecks erklärt werden.[213] Eine übersichtsartige Darstellung des

---

[205] Vgl. Harvey (2005), S. 671.

[206] Vgl. Chen (1976); Mylopoulos (1998), S. 136 f.; Für weitere Beispiele zur Gegenstandseinteilung der Realwelt durch Sprachen, vgl. Ortner (1995), S. 151 f.; Goeken (2006), S. 74 f.

[207] Vgl. Frank u. Prasse (1997), S. 19. Vgl. Becker et al. (2001), S. 9; Vom Brocke (2003), Delfmann (2006), S. 49. Synonym zum Begriff des repräsentationalen Aspekts oder der konkreten Syntax einer Sprache wird auch der Begriff Notation verwendet. Vgl. Frank u. Prasse (1997), S. 19.

[208] Vgl. Frank (2000), S. 345; Becker et al. (2001), S. 9; Frank u. van Laak (2003), S. 20; Vom Brocke (2003), S. 64.

[209] So können bspw. eine textuelle und eine grafische Syntax zur Repräsentation ein und derselben abstrakten Struktur definiert werden. Vgl. Harvey (2005), S. 671.

[210] Vgl. Frank u. Prasse (1997), S. 20.

[211] Vgl. Lorenz (1995a), S. 768, 781; Kalish (1972), S. 348.

[212] Vgl. Ortner (1994), S. 141.

[213] Vgl. Lorenz (1995a), S. 769.

semantischen Dreiecks kann Abbildung 6 entnommen werden. Die Komponenten des Dreiecks und die Beziehungen zwischen ihnen werden nachstehend erläutert.

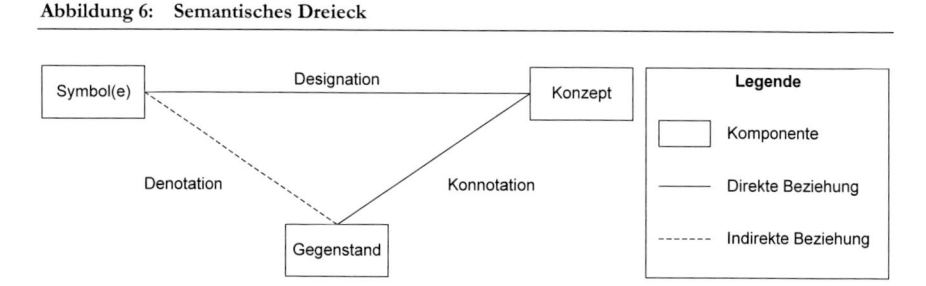

Abbildung 6: Semantisches Dreieck

```
    Symbol(e) ----Designation---- Konzept           Legende
         \                       /                  ▢ Komponente
          \                     /
       Denotation         Konnotation               ──── Direkte Beziehung
            \               /
             \             /                        ----- Indirekte Beziehung
              Gegenstand
```

Quelle: Eigene Darstellung in Anlehnung an (Lorenz 1995a), S. 769; (Lorenz 1995b), S. 781, 782; (Hesse et al. 1994), S. 40; (Rosemann u. Wyssusek 2005), S. 2805.

Das semiotische Dreieck besteht aus drei Komponenten: einem (physischen) Symbol, einem Konzept sowie dem referenzierten Gegenstand.[214] Die physische *Symbolkomponente* des semiotischen Dreiecks entspricht dem repräsentationalen Aspekt einer Sprache (vgl. Abschnitt 3.1.1).[215] *Konzepte* sind ideelle, d.h. immaterielle Repräsentationen von Gegenständen der Realität. Die Bildung dieser mentalen Repräsentationen wird maßgeblich von unbewussten (bspw. der Sozialisation) oder bewussten Konzeptionalisierungsmustern (bspw. Theorien) beeinflusst.[216] Der referenzierte *Gegenstand* sowie Sachverhalte von diesem entstammen der Realität des Sprachverwenders.[217]

Durch die Verbindung der Komponenten untereinander ergeben sich drei Beziehungen entlang der Strecken (a) Symbol – Konzept, (b) Konzept – Gegenstand sowie (c) Symbol – Gegenstand.

---

[214] Vgl. Rosemann u. Wyssusek (2005), S. 2805; Hesse et al. (1994), S. 40 f.; Leppänen (1994), S. 127 f.

[215] Vgl. Rosemann u. Wyssusek (2005), S. 2805. Die Anforderung an physische Zeichen und Symbole wird hier verkürzt als „anything which can stand for something else." Leppänen (1994), S. 128.

[216] Vgl. Rosemann u. Wyssusek (2005), S. 2805. Vgl. zur Konzeptionalisierung auch die Ausführungen zur Erkenntnistheorie in Abschnitt 1.2.1.1 sowie zur Systemtheorie als Konzeptionalisierungsmuster die Ausführungen in Abschnitt 2.1.1. Betriebswirtschaftliche Ansätze, wie bspw. die Balanced Scorecard oder das Wertorientierte Management, werden häufig als Konzept bezeichnet, obwohl es sich hierbei um ein Gefüge mehrerer Konzepte handelt. Derartige Gefüge sollen im Folgenden als betriebswirtschaftliche Konzeptionen bezeichnet werden.

[217] Vgl. Rosemann u. Wyssusek (2005), S. 2805.

Zu (a): Physische Symbole bezeichnen immaterielle Konzepte.[218] Ein Zeichenrezipient wird bei Wahrnehmung des Zeichens das bezeichnete Konzept mit dem Zeichen verbinden. Die beschriebene Beziehung wird auch als *Designation* bezeichnet.

Zu (b): Konzepte referenzieren Objekte der Realität des Sprachverwenders.[219] Ein Konzept benennt einen realweltlichen oder ideellen, abstrakten Gegenstand und mit ihm wird mindestens ein Merkmal des Gegenstands assoziiert.[220] Der Aufruf eines Konzepts ruft dann eine Assoziation der mit dem Konzept verbundenen Merkmale des referenzierten Gegenstands hervor und führt zu dessen Erkenntnis.[221] Die beschriebene Beziehung wird auch *Konnotation* genannt.

Zu (c): Sind sowohl die Designationsbeziehung als auch die Konnotationsbeziehung gegeben, kann eine *Denotationsbeziehung* als Verhältnisprodukt von Designation und Konnotation konstruiert werden.[222] Die Denotationsbeziehung assoziiert ein physisches Zeichen mit dem referenzierten Gegenstand der Realität, wobei diese Assoziation indirekt über ein Konzept erfolgt. Die Rezeption eines Symbols aktiviert im wahrnehmenden Subjekt ein damit verbundenes Konzept eines Gegenstands.[223]

Auch bei Vollständigkeit der Komponenten und Beziehungen des semiotischen Dreiecks ist nicht gewährleistet, dass die Bedeutung eines Zeichens eindeutig vermittelt wird. Hesse et al. weisen darauf hin, dass bei der Begriffsbildung die Zuordnung von Symbol, Konzept und Gegenstand immer durch den Sprachverwender und den Sprachinterpreten, d.h. subjektiv, erfolgt.[224] Individuelle Konzepte prägen die Realität eines Subjekts (vgl. 1.2.1.1). Durch Herstellung und Explizierung interpersonell korrespondierender Konzepte kann jedoch eine Kommunikationsgrundlage über Gegenstände der Realitäten der Beteiligten etabliert werden. Soll eine derartige Grundlage in Form eines Modells erschaffen werden, so werden hierfür konzeptionelle Modellierungssprachen verwendet.[225]

---

[218] Vgl. Rosemann u. Wyssusek (2005), S. 2805; Leppänen (1994), S. 128.

[219] Vgl. Leppänen (1994), S. 128; Rosemann u. Wyssusek (2005), S. 2805.

[220] Vgl. Leppänen (1994), S. 128; Rosemann u. Wyssusek (2005), S. 2805 f.; Goeken (2006), S.78.

[221] Siehe die Ausführungen zu Wahrnehmung und Wahrnehmungsverarbeitung in 4.2.1.1.

[222] Vgl. Rosemann u. Wyssusek (2005), S. 2805.

[223] Vgl. Stachowiak (1980), S. 59; Leppänen (1994), S. 128.

[224] Vgl. Hesse et al. (1994), S. 41; Hesse u. Mayr (2008), S. 314.

[225] „[Eine konzeptionelle Modellierungssprache] stellt die Konzeptionalisierung von Dingen und Vorgängen in den Vordergrund und arbeitet daher mit Modellierungs[konzepten], denen eine [im Sinne der Gegenstandseinteilung] vereinbarte Semantik zu Grunde liegt.", Hesse u. Mayr (2008), S. 384.

Eine semantische Betrachtung von Zeichen erfolgt unabhängig vom Kontext der Zeichenverwendung. Eine kontextabhängige Betrachtung der Bedeutung von Zeichen im Rahmen der Pragmatik ist Gegenstand des folgenden Abschnitts.

3.1.3 Pragmatische Betrachtung von Sprache

Die Beziehung „zwischen den Zeichen, dem Bezeichneten und dem Verwender der Zeichen (dem Kontext der Zeichenverwendung)"[226] wird im Rahmen der semiotischen Teildisziplin der Pragmatik untersucht.[227] Die Art des Kontexts ist dabei nicht festgelegt, sodass unter Pragmatik u.a. der kommunikative Kontext (bspw. in der Sprechakttheorie), der Diskurskontext (bspw. die Machtverteilung der Sprechenden) oder der semantische Kontext diskutiert werden.[228] Im Folgenden beschränkt sich die Betrachtung auf den semantischen Kontext einer Aussage.

Die Bedeutung einer Aussage kann selten auf Grundlage einer starren, universell festgelegten Semantik (buchstäbliche oder konventionelle Bedeutung) ermittelt werden.[229] Aussagen sind in der Regel mehrdeutig, d.h. sie können mit mehreren Sachverhalten der Realität korrespondieren. Zur Konkretisierung des durch eine Aussage referenzierten Sachverhalts kann eine Aussage in eine Kontextbeziehung zu anderen Aussagen (*Bezugsaussagen*) gesetzt werden (*semantischer Kontext*). Bei Bezugsaussagen kann es sich bspw. um Zeitpunkte und -räume oder die Person handeln, die eine Aussage tätigt. Die Konkretisierung einer Aussage ermöglicht es, den dieser Aussage zu Grunde liegenden Sachverhalt genauer zu bestimmen und so Mehrdeutigkeit zu reduzieren.[230] Eine Aussage kann dabei mit mehreren Bezugsaussagen in Beziehung gesetzt werden, sodass der zu Grunde liegende Sachverhalt sukzessive eingeengt und genauer bestimmt (*qualifiziert*) wird. Eine Beispielhafte Darstellung der Qualifikation einer Aussage durch Bezugnahme auf andere Aussagen und die daraus folgende Einengung des Interpretationsspielraums kann Abbildung 7 entnommen werden.

---

[226] Petöfi (1980), S. 599. Vgl. auch Frank u. van Laak (2003), S. 20. Pogge (1980), S. 580; Kalish (1972), S. 348.

[227] Vgl. Goeken (2006), S. 81.

[228] Vgl. Stalnaker (1980), S. 502 ff.; Lorenz (1995a), S. 772; Lorenz (1996b), S. 68 ff.
Vgl. zu einer Umsetzung der Sprechakttheorie im Rahmen der Wirtschaftsinformatik Flores et al. (1988) und Winograd u. Flores (1992). Für die Auswirkungen des syntaktischen Kontextes im Rahmen der Systementwicklung vgl. Nordbotten u. Crosby (1999).

[229] Vgl. Allwood (1981), S. 182.

[230] Vgl. Kambartel (1995), S. 323.

Abbildung 7:	Qualifikation einer Aussage durch Bezugnahme und sukzessive Einengung des Interpretationsspielraums

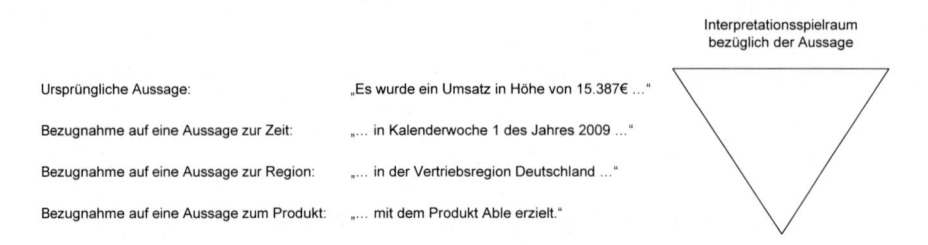

		Interpretationsspielraum bezüglich der Aussage
Ursprüngliche Aussage:	„Es wurde ein Umsatz in Höhe von 15.387€ …"	
Bezugnahme auf eine Aussage zur Zeit:	„… in Kalenderwoche 1 des Jahres 2009 …"	
Bezugnahme auf eine Aussage zur Region:	„… in der Vertriebsregion Deutschland …"	
Bezugnahme auf eine Aussage zum Produkt:	„… mit dem Produkt Able erzielt."	

Als ein formaler Ansatz für die Beschreibung einer kontextabhängigen Semantik wird die Kennzeichnung von Bezugsaussagen mit einem Index vorgeschlagen.[231] So können bspw. Bezugsaussagen vom Typ Zeit durch einen Index gekennzeichnet werden, der sich auf bestimmte Zeitpunkte (bspw. Tage, Wochen, Monate, Jahre) bezieht. Durch Angabe eines Indexwerts kann dann ein konkreter Zeitpunkt abgerufen werden. Fließen mehrere Bezugsaussagen in eine Betrachtung ein und werden diese ebenfalls durch Indizes gekennzeichnet, so kann die Bedeutung einer Aussage durch einen Vektor der Indexwerte der Bezugsaussagen bestimmt werden. Wird das Beispiel aus Abbildung 7 wieder aufgegriffen, so kann eine Aussage zum Umsatz durch Bezugsaussagen der Typen Zeit, Region und Produkt qualifiziert werden. Es liegt somit ein Vektor vom Typ Umsatz {Zeit; Region; Produkt} vor, bzw. die konkrete Aussage als Vektor Umsatz {Kalenderwoche 1 / 2009; Deutschland; Able}.

Können Bezugsaussagen eines Typs untereinander klar abgegrenzt werden, d.h. sind diese diskret verteilt, kann die Indexmenge (alle Bezugsaussagen eines Typs) ermittelt werden. Durch Kombination der Mächtigkeit der Indexmengen aller in eine Betrachtung einfließenden Bezugsaussagen kann das kartesische Produkt gebildet werden, das den durch alle Bezugsaussagen aufgespannten Bedeutungsraum von Aussagen darstellt. Durch Konkretisierung der Bezugsaussagen können dann Punkte bestimmter Bedeutung in diesem Raum adressiert werden; konkrete Bezugsaussagen stellen somit Koordinaten zur Navigation in einem Bedeutungsraum dar. Bezogen auf das Beispiel in Abbildung 7 können für Aussagen vom Typ Zeit die Kalenderwochen eines Jahres mit Indexwerten aus dem Intervall 1 bis 52 gekennzeichnet werden (die Indexmenge enthält somit 52 Elemente). Nimmt man darüber hinaus an, dass 10 Vertriebsregionen sowie 5 Produkte existieren, so umfasst der Bedeutungsraum 2600 denkbare Positionen, an denen sich quantifizierende

---

[231] Vgl. Montague (1970), S. 68 ff. Vgl. auch Stalnaker (1980), S. 501 f.; Ortner (1995).

Aussagen zum Umsatz befinden können. Durch Angabe konkreter Indexwerte kann dann zu einer genauen Position in diesem Bedeutungsraum navigiert werden.

3.1.4 Zusammenfassung und Schlussfolgerungen

Die semiotische Betrachtung von Sprache kann wie folgt zusammengefasst und es können folgende Schlussfolgerungen gezogen werden.

- Das Zeichenrepertoire und die Gegenstandseinteilung einer Sprache legt deren Ausdrucksmittel fest. Gemeinsam mit den logischen Anordnungsregeln einer Sprache (konzeptioneller Aspekt) determinieren sie deren Ausdrucksmächtigkeit. Das Aussehen der Symbole und die visuellen Anordnungsregeln bilden den repräsentationalen Aspekt einer Sprache und sind – bei gleich bleibendem konzeptionellem Aspekt – austauschbar. Der konzeptionelle Aspekt von Modellierungssprachen im Allgemeinen ist im weiteren Verlauf Gegenstand der Metamodellbildung (3.3). Im weiteren Verlauf werden die Syntaxen der multidimensionalen Datenmodellierung (5, 7, 8) und der Flussmodellierung des System-Dynamics-Ansatzes (6, 7, 8) betrachtet.

- Ausgehend vom semantischen Aspekt von Sprache kann für das Realitätsverständnis eines Konstruktivismus festgehalten werden, dass es sich bei den einem Sprachprodukt zu Grunde liegenden Konzepten um ideelle Repräsentationen der Realität handelt (vgl. 1.2.1.1). Die Konzeptbildung wird durch den konzeptionellen Aspekt einer Sprache angeleitet, sodass Konzepte gemäß der verwendeten Gegenstandseinteilung gebildet werden. Ein Subjekt entwickelt somit Vorstellungen über Gegenstände, welche durch die Gegenstandseinteilung der Syntax strukturiert und mit einem physischen Symbol assoziiert werden. Die Gegenstandseinteilung einer Sprache hat demnach die Funktion eines Konzeptionalisierungsmusters, welches bei der Wahl einer konzeptionellen Modellierungssprache zwingend zu akzeptieren ist. Die Gegenstandseinteilung einer Sprache oder einer Theorie spiegelt somit die ihr zu Grunde gelegten ontologischen Annahmen wieder. Dies wird im Rahmen der Erläuterung der ontologischen Annahmen des System-Dynamics-Ansatzes in Kapitel 6 wieder aufgegriffen.

- Die pragmatische Konkretisierung einer Aussage im semantischen Kontext präzisiert den durch eine Aussage referenzierten Sachverhalt. Die vorangehenden Aussagen zur pragmatischen Konkretisierung von Aussagen durch Aufbau eines semantischen Kontextes werden in Abschnitt 4.2.2.2.1 bei der Erläuterung multidimensionaler Informationsbereitstellung im Rahmen der Managementunterstützung sowie in 5.2.2.1 bei der Erläuterung des Online Analytical Processing wieder aufgegriffen. Die formale Darstellung der Indexierung von Bezugsaussagen wird in Kapitel 8 bei der multidimensionalen Darstellung systemdynamischer Flussmodelle herangezogen.

3.2 Modelle

Im Folgenden werden Modelle als Sprachprodukte vorgestellt. Eine etymologische Betrachtung des Begriffs Modell offenbart, dass diesem in einer alltagssprachlichen, intuitiven Verwendung mehrere Bedeutungen zugemessen werden.[232] Auch in der Wissenschaft haben sich verschiedene Verständnisse des Modellbegriffs etabliert.[233] In der Wirtschaftsinformatik war der Modellbegriff in jüngerer Zeit vermehrt Gegenstand intensiver Diskussionen, wobei zwei konkurrierende Modellverständnisse, das abbildungsorientierte und das konstruktivistische Modellverständnis, diskutiert wurden.[234] Diese werden im Folgenden erläutert. Den Rahmen hierfür bildet ein allgemeiner Modellbegriff (3.2.1).[235] Im Anschluss daran werden die genannten speziellen Modell- und Modellierungsverständnisse vorgestellt (3.2.2).

3.2.1 Allgemeiner Modellbegriff

In diesem Abschnitt werden die Komponenten eines allgemeinen Modellbegriffs, deren Beziehungen untereinander sowie daraus resultierende Funktionen eines Modells auf Grundlage der allgemeinen Modelltheorie nach Stachowiak dargestellt werden.[236] Ein Modell wird dort allgemein als „die vereinfachte, zweckorientierte Darstellung eines Sachverhalts" definiert.[237] Modelle lassen sich durch drei wesentliche Merkmale – das Abbildungsmerkmal, das Verkürzungsmerkmal und das pragmatische Merkmal – charakterisieren.[238]

---

[232] Vgl. Stachowiak (1973), S. 129 FN 2; Goorhuis (1994), S. 13; Schütte (1998), S. 40; Thomas (2005), S. 6; Heinrich et al. (2007), S. 241.

Ein Modell wird als ein Muster oder eine Form, ein Vorbild, ein Entwurf oder eine Person als Gegenstand bildnerischer oder fotografischer Darstellung angesehen. Modelle können verschiedene Eigenschaften aufweisen. Einerseits können sie einen Vorbild- oder Abbildcharakter besitzen. Andererseits müssen Modelle nicht zwingend materiell manifestiert sein, sodass zwischen materiellen und immateriellen (gedanklichen) Modellen unterschieden werden kann. Bereits durch Kombination dieser Merkmale ergibt sich ein großes Spektrum an denkbaren Modellausprägungen, die durch ein intuitives Begriffsverständnis abgedeckt werden und bspw. von einer Modelleisenbahn (Abbild, materiell) bis zu einem Pensionsplan (Vorbild, immateriell) reichen können.

[233] Vgl. Hammel et al. (1998), S. 22. Thomas (2005), S. 7. Für eine umfangreiche Auflistung ausgewählter Modellbegriffe der Betriebswirtschaftslehre und der Wirtschaftsinformatik, vgl. Thomas (2005), S. 29 ff. Für eine Betrachtung der Disziplin Informatik, vgl. Goorhuis (1994), S. 14 f.

[234] Die wesentlichen Grundlagen und Diskussionsbeiträge zum Modellbegriff der Wirtschaftsinformatik sieht Thomas bei Schütte (1998), Dresbach (1999), Wyssusek et al. (2002), Vom Brocke (2003), vgl. Thomas (2005), S. 7.

[235] Vgl. Vom Brocke (2003), S. 9 f.

[236] Vgl. Stachowiak (1973), S. 128 ff.; Stachowiak (1980), S. 53.

[237] Vgl. Wyssusek et al. (2002), S. 241.

[238] Vgl. Stachowiak (1973), S. 131 ff.

Modelle

Das *Abbildungsmerkmal* ist modellkonstituierend, da es die Beziehung eines Modells zu seinem Original widerspiegelt.[239] Die Darstellung des allgemeinen Modellbegriffs geht zunächst von einem strukturell-formalen Abbildungszusammenhang im Sinne einer mengentheoretischen Abbildungsfunktion aus.[240] In diesem Sinne kann Abbildung als eine Zuordnung von Attributen eines Originals zu Attributen eines Modells verstanden werden.[241] Der Abbildungsvorbereich umfasst die Menge der als relevant erachteten Attribute eines Originals, der Abbildungsnachbereich die Menge der durch eine Abbildungsfunktion in einem Modell abgebildeten Attribute.[242] Diese Bereiche sind nicht zwingend deckungsgleich. Vielmehr werden nicht alle Attribute eines Originals in einem Modell abgebildet (Verkürzungsmerkmal, s.u.)[243], sondern nur diejenigen, die einem Modellverwender zum Modellzweck genügen (pragmatisches Merkmal, s.u.).[244] Darüber hinaus können in einem Modell auch Attribute vorhanden sein, die in keinem Bezug zum Original stehen, aber dem Modellnutzer dennoch zweckdienlich sind.[245] Zwischen Original und Modell (bzw. Abbildungsvorbereich und Abbildungsnachbereich) bestehen, je nach erfolgter Verkürzung, bestimmte Ähnlichkeiten.[246] Ein Modell ist isomorph (strukturgleich), wenn alle Attribute des Abbildungsvorbereichs eine Entsprechung im Modell haben und diese Beziehung umkehrbar ist, d.h. alle Attribute des Modells eine Entsprechung im Original haben.[247] Ist dies nicht der Fall, so gilt ein Modell als homomorph (strukturähnlich).[248]

---

[239] „Modelle sind stets Modelle von etwas, nämlich Abbildungen, Repräsentationen natürlicher oder künstlicher Originale, die selbst wieder Modelle sein können.", Stachowiak (1973), S. 131. Vgl. Goorhuis (1994), S. 23; Schütte (1998), S. 41; Vom Brocke (2003), S. 9; Thomas (2005), S. 8 f.; Hesse u. Mayr (2008), S. 380.

[240] Vgl. Stachowiak (1973), S. 132. Vgl. Thomas (2005), S. 9 FN 9.

[241] Vgl. Schütte (1998), S. 41; Vom Brocke (2003), S. 9; Thomas (2005), S. 8.

[242] Vgl. Wyssusek et al. (2002), S. 241, Thomas (2005), S. 10 f.

[243] Eine verkürzende Abbildungsfunktion hat somit einen abstrahierenden Charakter, d.h. es werden unwesentliche Eigenschaften eines Originals vernachlässigt, während die wesentlichen Eigenschaften hervorgehoben werden. Vgl. Wyssusek et al. (2002), S. 242.

[244] Vgl. Strahringer (1996), S. 20; Schütte (1998), S. 42 f.; Wyssusek et al. (2002), S. 242; Thomas (2005), S. 9 f.

[245] Attribute des Abbildungsvorbereichs ohne Entsprechung im Abbildungsnachbereich werden als präterierte Attribute bezeichnet. Attribute des Abbildungsnachbereichs ohne Entsprechung im Abbildungsvorbereich werden abundante Attribute genannt. Vgl. Stachowiak (1973), S. 155 f. Vgl. auch Goorhuis (1994), S. 23 f.; Schütte (1998), S. 43; Wyssusek et al. (2002), S. 241; Thomas (2005), S. 11. Abundante Attribute können bspw. Artefakte der Sprachverwendung sein, die den Gegenstandsbereich zwar nicht strukturieren, daher keinen Realweltbezug haben, aber die Darstellung organisieren. Vgl. Goorhuis (1994), S. 24; Nordbotten u. Crosby (1999), S. 381.

[246] Stachowiak unterscheidet zudem noch materiell-inhaltliche Ähnlichkeit und naturalistische Ähnlichkeit. Vgl. Heinrich et al. (2007), S. 245 f. An dieser Stelle soll nur auf die strukturellen Ähnlichkeiten eingegangen werden.

[247] Vgl. Stachowiak (1973), S. 141 ff.

Das *Verkürzungsmerkmal* besagt, dass nicht alle Aspekte eines Originals in einem Modell abgebildet werden, sondern nur diejenigen, die einen Modellnutzer bei der Verfolgung seines Modellierungszwecks interessieren.[249] Ziel dieser Verkürzung ist es, das Modell eines Originals derart zu vereinfachen, „dass sich das resultierende Modell noch mit den beschränkten kognitiven Kapazitäten des Menschen handhaben lässt."[250] Die Reduzierung von Komplexität ist eine originäre Funktion von Modellen.[251] Steinmüller beschreibt die Funktion wie folgt: „Man schafft vereinfachte Modelle [...], um mit ihnen etwas zu machen, was mit dem Original zu tun (jetzt und überhaupt) unmöglich, verboten, zu aufwändig oder unzweckmäßig ist."[252] Dieser Beschreibung kann weiterhin entnommen werden, dass Modelle nicht alleine eine komplexitätsreduzierende Darstellungsfunktion erfüllen, sondern vielmehr auch Ausgangspunkt für weiterführende Manipulationen, etwa durch formale Verfahren, sind.[253]

Das *pragmatische Merkmal* eines Modells wird vom Modellnutzer, dem Verwendungszweck und dem Zeitbezug eines Modells bestimmt und beschreibt die situativen Umstände eines Modells.[254] Der Modellnutzer sowie der von ihm verfolgte Verwendungszweck haben für die Modellbildung eine hervorgehobene Bedeutung, da sie sowohl den Modellierungsgegenstand (Original, Abbildungsvorbereich) als auch die Abbildung und die in diesem Zusammenhang erfolgende Verkürzung bestimmen bzw. anleiten.[255] Der Zeitbezug eines Modells gibt an, in welchem Zeitraum Modelle ihre Funktion erfüllen.[256]

---

[248] Vgl. Schütte (1998), S. 43; Wyssusek et al. (2002), S. 242.; Vom Brocke (2003), S. 11; Thomas (2005), S. 16; Heinrich et al. (2007), S. 245.

[249] „Modelle erfassen im Allgemeinen *nicht alle* Attribute des durch sie repräsentierten Originals, sondern nur solche, die den jeweiligen Modellerschaffern und / oder Modellnutzern relevant erscheinen." Stachowiak (1973), S. 132. Vgl. auch Hammel et al. (1998), S. 23; Zelewski (1999), S. 45.

[250] Zelewski (1999), S. 45.

[251] Vgl. Goeken (2006), S. 85 f. sowie die Ausführungen zu Komplexität in 2.1.2.

[252] Steinmüller (1993), S. 178. Ähnlich, vgl. Jablonski et al. (1997), S. 35; Stachowiak (1973), S. 139; Haberfellner (1975), S. 21; Nordbotten u. Crosby (1999), S. 377.

[253] Vgl. Zelewski (1999), S. 47; Goeken (2006), S. 86. Siehe die Ausführungen zu Simulation und Simulationsmodellen in 6.1.3.2, deren Hauptfunktion in der skizzierten Manipulierbarkeit liegt.

[254] „Modelle sind ihren Originalen per se nicht eindeutig zugeordnet. Sie erfüllen ihre Ersetzungsfunktion a) für *bestimmte* – erkennende und / oder handelnde, modellbenutzende – *Subjekte*, b) innerhalb *bestimmter Zeitintervalle*, und c) unter Einschränkung auf *bestimmte gedankliche oder tatsächliche Operationen*.", Stachowiak (1973), S. 132 f.; Vgl. auch Stachowiak (1980), S. 62; Strahringer (1996), S. 20; Wyssusek et al. (2002), S. 242; Thomas (2005), S. 9 f.

[255] Vgl. Wyssusek et al. (2002), S. 242. Stachowiak hebt hervor, dass in die Modellbildung „dezidiert aktive Entscheidungen [...] eingehen", Stachowiak (1980), S. 57.

[256] Vgl. Stachowiak (1973), S. 133; Goorhuis (1994), S. 24.

3.2.2 Spezielle Modellbegriffe

Im Folgenden sollen die speziellen Modell- und Modellierungsverständnisse des abbildungsorientierten und des konstruktivistischen Modellbegriffs erläutert werden (3.2.2.1 bzw. 3.2.2.2). Daran schließt sich der Modellbegriff und das Modellierungsverständnis der vorliegenden Arbeit an (3.2.2.3).

3.2.2.1 Abbildungsorientierter Modellbegriff

Schütte und Thomas betonen, dass in der Betriebswirtschaftslehre und Informatik ein abbildungsorientiertes Modellverständnis vorherrscht, welches vor allem durch Teildisziplinen wie die quantitative Entscheidungslehre und das Operations Research geprägt wurde.[257] Die Wirtschaftsinformatik als derivative Disziplin der Betriebswirtschaftslehre und der Informatik hat sich diesem Begriffsverständnis weitestgehend angeschlossen und dieses zunächst unkritisch übernommen.[258] Ältere Definitionen verstehen ein Modell daher bspw. als die Abbildung der Realwelt und den Vorgang der Modellbildung als sukzessive Annäherung an die Realität.[259] In neueren Schriften findet hingegen zumeist eine Reflexion und Relativierung des Modellverständnisses statt.[260]

Das Augenmerk eines abbildungsorientierten Modellverständnisses liegt auf der Abbildungsbeziehung zwischen Original und Modell.[261] Den Ausgangspunkt der Modellbildung stellen Sachverhalte der betrieblichen Realität[262] oder Ausschnitte aus diesen dar.[263] Die Modellierung versteht sich als Überführung (im Sinne einer Abbildung) eines „realen Problems" in ein Modell.[264] Einem abbildungsorientierten Modellverständnis liegt demnach implizit die Annahme einer realistischen Erkenntnisposition zu Grunde, welche eine Realwelt als unabhängig existent und unverfälscht wahrzunehmen (und abzubilden) annimmt.[265] Eine aufgeklärt-realistische Erkenntnisposition erkennt Wahrnehmung als eine konstruktive Erkenntnisleistung und räumt entsprechende Verzerrungen im Erkenntnisprozess ein, denen durch objektivierende Methoden entgegen gewirkt würde.[266] Zusam-

---

[257] Vgl. Schütte (1998), S. 46; Thomas (2005), S. 7, 13 f.

[258] Vgl. Schütte u. Becker (1998), S. 52 ff.; Vom Brocke (2003), S. 10; Thomas (2005), S. 14; Goeken (2006), S. 86;

[259] Vgl. Lehner (1995b), S. 26, 79. Ähnlich: Heinrich u. Roithmayr (1998), S. 359.

[260] Vgl. Ferstl u. Sinz (2006), S. 20 f. sowie S. 122 ff.; Heinrich et al. (2007), S. 240 ff.

[261] Vgl. Vom Brocke (2003), S. 10 f.; Thomas (2005), S. 14.

[262] Vgl. Wyssusek et al. (2002), S. 243; Thomas (2005), S. 15.

[263] Vgl. Thomas (2005), S. 15.

[264] Vgl. Schütte (1998), S. 47.

[265] Vgl. Zelewski (1999), S. 46; Vom Brocke (2003), S. 11 sowie vgl. 1.2.1.1

[266] Vgl. Lenzen (1980), S. 174; Zelewski (1999), S. 46; Vom Brocke (2003), S. 11.

menfassend kann festgestellt werden, dass ein abbildungsorientiertes Modellverständnis den Annahmen der Arbeit widerspricht (vgl. 1.2.1.1) und daher nicht weiter verfolgt wird.

3.2.2.2 Konstruktivistischer Modellbegriff

Anknüpfend an die Kritik am abbildungsorientierten Modellverständnis wird im Folgenden ein konstruktivistisches Modellverständnis dargestellt.[267] Hierbei wird zunächst auf die Rolle von Problemen als „Original" in einer Modellbeziehung eingegangen. Daran schließt sich eine Betrachtung der Modellierung aus konstruktivistischer Perspektive an.

Der Gegenstand von Modellen der Wirtschaftsinformatik sind fachliche Problemstellungen, die gleichsam den Ausgangspunkt der Modellierung darstellen.[268] Ein Problem kann als „subjektiv wahrgenommene Abweichung zwischen Erreichtem und Erwünschtem, verbunden mit einem ursprünglichen Mangel an Wissen über die Möglichkeiten diese Lücke zu schließen"[269] verstanden werden.[270] Die Subjektivität eines Problems steht dabei im Mittelpunkt der Betrachtung, da Probleme sich durchaus auf realweltliche Sachverhalte beziehen können[271], der Ort des Problems jedoch das Bewusstsein eines Subjekts ist.[272] Das Wesen eines Problems ist dessen Mangel an Struktur, welche durch das problemtragende Subjekt und dessen mangelnde Fähigkeit zur Strukturierung bedingt ist.[273] Eine Abbildung des Problems im strukturell-formalen Sinne scheitert daher am nicht vorhandenen Original, welches über keine Strukturen verfügen kann, die einer Abbildung zugänglich sind.[274] Die Schaffung derartiger Strukturen durch Strukturierung eines problematischen Sachverhalts stellt die eigentliche Leistung eines Modellierers dar.[275]

---

[267] Im Rahmen der Betriebswirtschaftslehre, vgl. Gaitanides (1979), insb. S. 22 ff., 79 ff.; Bretzke (1980), S. 33 ff.; Zelewski (1999), S. 44 ff.

[268] Vgl. Goeken (2006), S. 89.

[269] Bretzke (1980), S. 34.

[270] Dresbach charakterisiert ein Problem als „Zustand […] oder Situation der ‚Spannung', ‚Diskrepanz', ‚Ungleichheit', ‚mangelnden Kontinuität', ‚Reibung', ‚Desorientierung' oder ‚Dissonanz', einer Differenz zwischen etwas Erreichtem (Ist) und etwas Angestrebtem (Soll)." Dresbach (1999), S. 76; Vgl. auch Newell u. Simon (1972), 72 f.; Zelewski (1999), S. 41; Voß u. Gutenschwager (2001), S. 4.

[271] Vgl. Delfmann (2006), S. 40.

[272] Vgl. Bretzke (1980), S. 34; Schütte (1998), S. 49; Wyssusek et al. (2002), S. 243; Thomas (2005), S. 18. Dresbach zählt Bewusstsein, Unerwünschtheit, Schwierigkeit und Lösbarkeit als konstitutive Merkmale eines Problems auf. Vgl. Dresbach (1999), S. 76 ff.

[273] Vgl. Bretzke (1980), S. 34.

[274] Vgl. Dresbach (1999), S. 75.

[275] Vgl. Bretzke (1980), S. 28, 36; Dresbach (1999), S. 75; Goeken (2006), S. 89; Voß u. Gutenschwager (2001), S. 7.

Dabei müssen Modelle nicht zwingend expliziert werden, sondern nur dann, wenn „es erforderlich ist, über ein Modell zu reden, oder wenn die Untersuchung auf der rein geistigen Ebene scheitert."[276] Die (physische) Repräsentation eines Problems ist demnach nicht zwingend erforderlich, sodass bereits der mentalen Repräsentation eines Problems ein Modellcharakter zugesprochen werden kann.[277] Die Explikation eines derartigen (mentalen) Modells erfolgt durch Zuordnung von Bezeichnern zu den Konzepten (Designation).[278]

Sowohl die Erstellung eines mentalen Modells als auch die Repräsentation in einer Sprache hängen von der Erfahrung des Modellierers und den angewandten, durch sprachliche, berufliche oder sonstige Sozialisation vermittelten, Deutungsmustern ab und unterliegen somit ebenfalls subjektiven Einflüssen.[279] In der betrieblichen Modellierungspraxis werden Modelle überwiegend arbeitsteilig erstellt, wobei Modellnutzer Modellierer mit der Modellierung beauftragen. Der Modellierer verfügt über die Sprachkompetenz, die ein Modellnutzer nicht besitzt.[280] Das Auseinanderfallen der beschriebenen Rollen führt sowohl zu einer Erhöhung der Komplexität als auch zu einer weiteren Subjektivierung der Modellierung.[281]

Die *Modellierung* nach konstruktivistischem Verständnis nimmt ihren Anfang in der Vermittlung des Problems des Modellnutzers an den Modellierer. Die Darstellung des Problems geschieht dabei meist unter Verwendung einer natürlichen Sprache, womit ggf. bereits erste Strukturierungsversuche verbunden sind.[282] Der Modellierer perzipiert die Schilderung des Problems und bildet sich aufgrund dieser, durch die oben genannten Größen beeinflussten Wahrnehmung und unter Zuhilfenahme seiner Sprachkenntnisse

---

[276] Jablonski et al. (1997), S. 35. Ausführliche Beispiele für das Scheitern von Untersuchungen an mentalen Modellen finden sich in Abschnitt 6.1.3.2 im Rahmen der Erläuterungen zu System Dynamics und hier speziell zum kontraintuitiven Systemverhalten (Counterintuitive Behaviour), nicht-beabsichtigten Handlungswirkungen (Not intended Consequences) und Richtlinien-Resistenz von Systemen (Policy Resistance).

[277] Vgl. Jablonski et al. (1997), S. 35. Wyssusek et al. unterscheiden explizit zwischen Modell und Modellrepräsentation, vgl. Wyssusek et al. (2002), S. 243. Zelewski charakterisiert mentale Modelle als Modelle, die nicht ausgesprochen oder niedergeschrieben werden, vgl. Zelewski (1999), S. 46 f.

[278] Vgl. Jablonski et al. (1997), S. 35. Vgl. 3.1.2.

[279] Vgl. Bretzke (1980), S. 41 ff.; Goorhuis (1994), S. 41 ff.; Dresbach (1999), S. 73 ff.; Wyssusek et al. (2002), S. 243; Goeken (2006), S. 89; Ferstl u. Sinz (2006), S. 123; Nordbotten u. Crosby (1999), S. 380.

[280] Vgl. Hammel et al. (1998), S. 24.

[281] Vgl. Schütte (1998), S. 60 f.; Wyssusek et al. (2002), S. 243, 245; Vom Brocke (2003), S. 11 f.

[282] Vgl. die Ausführungen zur Strukturierung des Gegenstandsbereichs durch eine Sprache in Abschnitt 3.1.1; Vgl. Zelewski (1999), S. 41.

ein mentales Modell des Problems.[283] Hierbei ist zu betonen, dass die Erstellung des mentalen Modells keine passive, sondern eine aktive Erkenntnisleistung ist. Die Wahrnehmung des geschilderten Problemkontextes führt zur Konstruktion einer Realität des Modellierers auf Grundlage der Perzeption der geschilderten Realität des Modellnutzers und mittels der dem Modellierer eigenen Interpretations- und Konzeptionalisierungsmuster.[284] Das mentale Modell des Modellierers kann dann wiederum durch eine Modellierungssprache expliziert werden. Im weiteren Verlauf eines Problemlösungsprozesses werden natürlichsprachlich explizierte Modelle oftmals in formalere Modelle umgewandelt. Dies geschieht, um entsprechende Verfahren, bspw. Simulation, anwenden zu können oder die Modelle, bspw. im Rahmen eines Systementwicklungsprozesses, in eine maschinenlesbare Form zu überführen.[285]

3.2.2.3 Modellverständnis der Arbeit

Ausgehend von den vorangegangenen Erläuterungen des konstruktivistischen Modellverständnisses und den zu Grunde liegenden erkenntnistheoretischen Annahmen der Arbeit (vgl. 1.2.1.1) wird im Folgenden das Modellverständnis dieser Arbeit dargestellt. Die Argumentation lehnt sich dabei an die jüngere Diskussion eines Modellbegriffs der Wirtschaftsinformatik an.[286] Den Ausgangspunkt bildet die Definition Schüttes, welcher ein Modell als „das Ergebnis einer Konstruktion eines Modellierers, der für Modellnutzer eine Repräsentation eines Originals zu einer Zeit als relevant mit Hilfe einer Sprache deklariert [...]"[287] definiert. „Ein Modell setzt sich somit aus der Konstruktion des Modellierers, dem Modellnutzer, einem Original, der Zeit und einer Sprache zusammen."[288]

---

[283] Vgl. Hammel et al. (1998), S. 24; Riempp (2004), S. 66; Goeken (2006), S. 89.

[284] Vgl. Floyd u. Klischewski (1998), o.S.; Hammel et al. (1998), S. 25. Zur Abgrenzung zwischen Abbildung und Konstruktion der Realität bemüht Dresbach hier analog den Unterschied zwischen Fotografie und Gemälde. Vgl. Dresbach (1999), S. 73.

[285] Vgl. Zelewski (1999), S. 47. Diese Umwandlung entspricht am ehesten einem abbildungsorientieren Modellverständnis und der in dessen Rahmen geforderten strukturell-formal ähnlichen Angleichung. Jedoch kann aufgrund des subjektiv erstellten Ausgangsmodells eines solchen Problemlösungsmodells auch für formale Modelle keine Objektivität im Sinne eines korrespondenz eines formalen Endmodells mit der Realwelt erzielt werden. Es kann vielmehr nur eine relative sprachliche Wahrheit im Sinne einer Korrespondenz zwischen zwei formalen Sprachprodukten durch einhalten formaler Transformationsvorschriften gewährleistet werden. Vgl. Ferstl u. Sinz (2006), S. 20 f.; Nordbotten u. Crosby (1999), S. 380.

[286] Vgl. Schütte (1998), S. 40 ff.; Vom Brocke (2003), S. 12 ff.; Thomas (2005), S. 20 ff.; Goeken (2006), S. 88 ff.; sowie die Literaturangaben in FN 234.

[287] Schütte (1998), S. 59.

[288] Schütte (1998), S. 59.

Die *Konstruktion eines Modellierers* wird hier als Konstruktion der Realität im Sinne der skizzierten erkenntnistheoretischen Auffassung eines gemäßigten Konstruktivismus begriffen (1.2.1.1).[289]

Bezüglich der Definition von Schütte wird angemerkt, dass der Begriff des *Originals* gewählt wurde, um Begriffe wie Realität, Objekt etc. zu vermeiden und keine Aussagen und Annahmen über die Eigenarten des Modellierungsgegenstands treffen zu müssen.[290] Der Begriff des Originals scheint, ausgehend von dem Problembezug eines Modells, unglücklich gewählt, da ein Original aufgrund der Merkmale eines Problems nicht gegeben ist.[291] Zudem können neuartige Konzepte, wie bspw. Sollzustände, die faktisch noch nicht existieren, nicht als Original im Sinne einer allgemeinen Modellrelation herangezogen werden.[292] Es wird stattdessen der allgemeine Begriff Sachverhalt als Ausgangspunkt eines Modells verwendet. An einen Sachverhalt im Sinne des Modells werden keine Anforderungen hinsichtlich Materialität oder realweltliche Entsprechung erhoben.[293]

Das Merkmal der *sprachlichen Explikation* wird hier nicht als Muss-Kriterium, sondern als Kann-Kriterium begriffen (s.o.). Vor dem Hintergrund der Betrachtung mentaler Modelle erscheint es erforderlich, die zwingende Formulierung eines Modells in einer Sprache fallen zu lassen.[294] Für die vorliegende Arbeit ergibt sich hieraus folgendes Modellverständnis:

> Ein Modell ist eine im Rahmen eines Modellierungsprozesses konstruierte Repräsentation eines Sachverhalts, die mittels einer Sprache expliziert werden kann.

---

[289] Vgl. die Ausführungen zur Erkenntnistheorie in Abschnitt 1.2 sowie die in diesem Rahmen erfolgt Positionierung der Arbeit.

[290] Vgl. Vom Brocke (2003), S. 14; Goeken (2006), S. 89 f.

[291] Vgl. Goeken (2006), S. 91; Delfmann (2006), S. 40.

[292] Vgl. Goeken (2006), S. 91. Frank hebt hervor, dass es sich bei derartigen (Soll-)Modellen um keine vollkommen willkürlichen Szenarien handelt, sondern dass diese mit einem gewissen Machbarkeitsanspruch verbunden sind und daher dennoch einen gewissen Realweltbezug aufweisen. Vgl. Frank (2000), S. 342 f.

[293] Vgl. Goeken (2006), S. 92; Hesse u. Mayr (2008), S. 377, 380. Vgl. die ontologischen Annahmen der Arbeit in 1.2.1.1.

[294] Vgl. Thomas (2005), S.27.

Modelle werden durch Modellierungsprozesse konstruiert, woran im zeitlichen Verlauf des Prozesses mehrere *Modellierer* und *Modellnutzer* beteiligt sein können.[295] Daraus eröffnen sich weitere Spielräume für das Einfließen von Subjektivität in den Modellierungsprozess, bspw. durch Gruppenprozesse, die zu einer zusätzlichen Beeinflussung der Wahrnehmung Einzelner führen.[296] Die *Rolle des Modellnutzers* wird von einem reinen Mitwirken an der Explikation erweitert auf ein Mitwirken an anderen Tätigkeiten der Modellierung (bspw. bei der Bildung mentaler Modelle, der Problemstrukturierung etc.). In Anlehnung an vom Brocke und Thomas wird ein Modellierungsprozess wie folgt definiert.[297]

> Ein Modellierungsprozess ist ein Prozess, in dessen Verlauf ein Modell als Prozessobjekt, durch Modellierer und unter Mitwirkung von Modellnutzern, konstruiert oder verändert wird.

Das dargestellte Modell- und Modellierungsverständnis findet sich wie folgt im Rahmen der Arbeit wieder:

- Modelle sind ein zentrales Konzept dieser Arbeit. Sie werden in allen folgenden Abschnitten und Kapiteln als Gegenstand der Analyse (3.3, 7, 8), zur Erläuterung und Repräsentation von Sachverhalten (4, 5, 6) oder als Entwurfsprodukte (7, 8, 9) herangezogen.

- Zudem weisen Modellierungsprozesse eine starke Ähnlichkeit mit akkommodierendem Lernen auf (vgl. 2.3.2). Als Auslöser eines Modellierungsprozess wurden in 3.2.2.2 mit Problemen Sachverhalte der Realität vorgestellt, denen es an Struktur mangelt und welche daher als unerwünscht empfunden werden (Lernimpuls). Der Wunsch nach Beseitigung dieses Spannungszustands löst dann Modellierungsprozesse aus, die einen Gegenstand durch Sprachanwendung strukturieren, d.h. ein Modell bilden. Wird dieses Modell expliziert, so kann es weiterhin Gegenstand von Verfahren sein, die bei der Bildung von Erwartungen an das Verhalten eines Modells unterstützen. Die Beziehung eines Modellierers zum Modellnutzer kann dann als gemeinsames Reflektieren eines Sachverhalts durch die strukturierende Eigenschaft einer Sprache verstanden werden. Dieser Gedankengang des „Modellierens als Lernen" wird später, in Kapitel 6

---

[295] Die dem Modellbegriff zu Grunde gelegte Definition Schüttes wird für die Betrachtung derartiger Modellierungsprozessen als nicht hinreichend kritisiert. Die einer arbeitsteiligen Modellierung zu Grunde gelegte Konstruktionssituation, die einer sprachlichen Explizierung vorausgehen Aktivitäten sowie Interaktionsbeziehungen zwischen Modellierer und Modellnutzer werden stark vereinfacht dargestellt. Die Rolle des Modellnutzers wird auf die Vorgaben eines Modellzwecks und Mitwirkung bei der Explikation reduziert. Vgl. Vom Brocke (2003), S. 13 ff.; Goeken (2006), S. 91 f.

[296] Vgl. Floyd u. Klischewski (1998), o.S.; Schütte (1998), S. 61 f.

[297] Vgl. Vom Brocke (2003), S. 15 ff.; Thomas (2005), S. 25 f.

im Rahmen des System-Dynamics-Ansatzes erneut aufgegriffen und vor dem Hintergrund eines Modellierungsansatzes konkretisiert.

3.3 Metamodelle

In den folgenden Abschnitten wird mit Metamodellierung ein Mittel zur Sprachanalyse vorgestellt. Zunächst wird hierfür das Verhältnis von Sprache und Metasprache (3.3.1) sowie, im Anschluss daran, das Verhältnis von Modell und Metamodell sowie Wege der Metamodellierung erläutert (3.3.2).

3.3.1 Sprache und Metasprache

Der Zweck einer Sprachanwendung ist es, Aussagen über einen Sachverhalt zu machen. Eine Aussage kann einerseits einen außersprachlichen Sachverhalt der Realität des Sprachanwenders referenzieren, andererseits aber auch die Sprache selbst zum Gegenstand haben. Wird eine Sprache Gegenstand einer sprachlichen Darstellung, bspw. eine künstliche Modellierungssprache, so findet dies in einer Metasprache statt.[298] Eine durch eine Metasprache beschriebene Sprache wird auch als Objektsprache bezeichnet.[299] Handelt es sich bei der Metasprache um eine Modellierungssprache, so ist das Ergebnis einer Sprachanwendung ein Modell der referenzierten Objektsprache, ein Metamodell.[300]

Ein Metamodell ist ein Modell einer Modellierungssprache.[301]

Die metasprachliche Darstellung von Sprachen ist rekursiv anwendbar, sodass bspw. eine Metasprache wiederum selbst zum Objekt einer metasprachlichen Darstellung wird.[302] Die wiederholte metasprachliche Darstellung einer Sprache führt zu einer Hierarchie von Sprachen, Metasprachen usf.[303] Die unterste Ebene und somit den Ausgangspunkt der Hierarchie stellt die zur Darstellung eines Sachverhalts verwendete Sprache (Objektspra-

---

[298] Vgl. Essler (1980), S. 428; Strahringer (1996), S. 17 f.; Strahringer (1998), o.S.; Goeken (2006), S. 42; Holten (1999a), S. 11.

[299] Der Begriff Objekt ist in diesem Zusammenhang nicht im Sinne der objektorientierten Programmierung zu verstehen, sondern als Gegenstand einer sprachlichen Beschreibung. „Objektsprache ist die Sprache, in der über die Objekte der Wissenschaft gesprochen wird, während Metasprache dazu dient, über die Termini einer Wissenschaft zu sprechen.", Petöfi (1980), S. 600. Vgl. Strahringer (1996), S. 18.

[300] Vgl. Frank u. Prasse (1997), S. 18; Strahringer (1996), S. 18; Goeken (2006), S. 75. Häufig wird ein Metamodell als Modell eines Modells definiert. Diese Definition wird als zu ungenau kritisiert, da das Modell eines Modells denselben Gegenstand hätte wie das Modell selbst. Vgl. Delfmann (2006), S. 50 FN 196; Vom Brocke (2003), S. 82; Strahringer (1998), o.S.

[301] Vgl. Strahringer (1996), S. 23; Karagiannis u. Kühn (2002), S. 2.

[302] Vgl. Strahringer (1996), S. 18, 23 f.; Strahringer (1998), o.S.; Vom Brocke (2003), S. 82.

[303] Vgl. Strahringer (1996), S. 22; Karagiannis u. Kühn (2002), S. 2. Vgl. zur Sprachstufentheorie Schütte (1998), S. 43 ff.

che) sowie die mit ihr erstellten Modelle („Objektmodelle", im Folgenden Modelle ohne den Zusatz „Objekt") dar.[304]

Die Eigenschaft einer Sprache als Objekt- und Metasprache ist nicht absolut, sondern ergibt sich aus der mit einer sprachlichen Darstellung referenzierten Sprache.[305] Ist eine Metasprache Gegenstand einer sprachlichen Darstellung, so nimmt sie im Kontext dieser Darstellung die Rolle einer Objektsprache ein, während sie hinsichtlich der von ihr dargestellten Objektsprachen die Rolle einer Metasprache einnimmt.[306] Eine metasprachlich modellhafte Darstellung einer zur Metamodellierung herangezogenen Modellierungssprache führt demnach zu einem Meta-Metamodell.[307] Für eine Darstellung des Verhältnisses zwischen Sprachen und Metasprachen sowie die Bildung von Sprachebenen siehe Abbildung 8.

---

[304] Vgl. Strahringer (1996), S. 23.

[305] Vgl. Leppänen (1994), S. 132; Strahringer (1998), o.S.; Holten (1999a), S. 11; Vom Brocke (2003), S. 82.

[306] Vgl. Essler (1980), S. 428; Petöfi (1980), S. 600; Strahringer (1996), S. 18, 23.

[307] Vgl. Karagiannis u. Kühn (2002), S. 3. Als Namenskonvention für die Angabe der Metaebene findet sich oftmals, beginnend ab der zweiten Metaebene, eine hochgestellte Ziffer nach dem Begriffsbestandteil „Meta". Ein Meta-Metamodell wird demnach als Meta²Modell bezeichnet. Vgl. Strahringer (1998), o.S. Vgl. Essler (1980), S. 428 f.

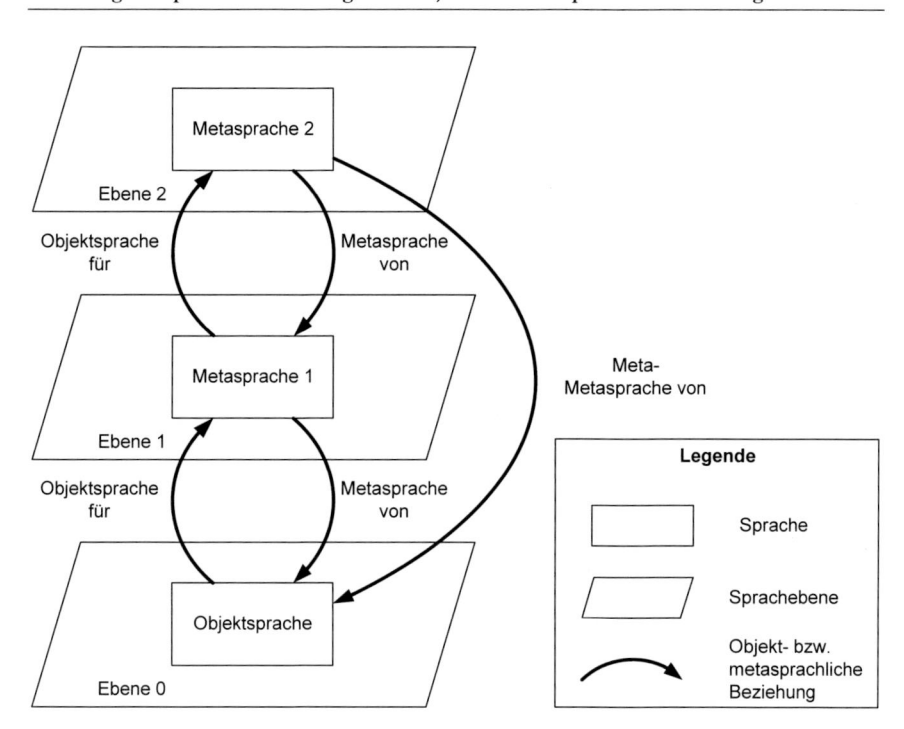

Abbildung 8: Sprachebenenbildung sowie objekt- und metasprachliche Beziehungen

Quelle: In Anlehnung an (Holten 1999a), S. 12.

3.3.2 Metaisierung, Metaebenen und Metamodellierung

Die Definition eines Metamodells als Modell einer Sprache ist vage, da eine Sprache einerseits aus der Definition der Sprache an sich (konzeptioneller und repräsentationaler syntaktischer Aspekt) und andererseits aus der Handlungsanleitung zur Verwendung der Sprache besteht. Eine metasprachliche Darstellung kann sich daher entweder auf die Sprachdefinition oder auf die Handlungsanleitung beziehen.[308] Der Vorgang der Modellbildung von Sprachdefinition oder Handlungsanleitung einer Modellierungssprache wird als *Metaisierung* bezeichnet.[309] *Das Metaisierungsprinzip* kennzeichnet den Aspekt einer Sprache, der in einem Metamodell repräsentiert werden soll.[310] Ist die Sprachdefinition Gegenstand der Metaisierung, so liegt der Metamodellbildung das *Metaisierungsprinzip Sprache*

---
[308] Vgl. Strahringer (1996), S. 25 FN 49; Strahringer (1998), o.S. FN 12; Heinrich et al. (2007), S. 245.
[309] Vgl. Strahringer (1998), o.S.; Delfmann (2006), S. 51; Hesse u. Mayr (2008), S. 389.
[310] Vgl. Strahringer (1998), o.S.

zu Grunde. Wird ein Metamodell der Handlungsanleitung gebildet, so liegt der Metamodellbildung das *Metaisierungsprinzip Prozess* zu Grunde. Aufgrund des unterschiedlichen Gegenstands der Metamodellbildung ist es erforderlich, das einem Metamodell zu Grunde liegende Metaisierungsprinzip offenzulegen und die resultierenden Metamodelle entsprechend als sprachorientiertes oder prozessorientiertes Metamodell zu kennzeichnen.[311] Im weiteren Verlauf wird ausschließlich das Metaisierungsprinzip Sprache betrachtet.[312]

Entsprechend der vorgestellten Hierarchisierung von Sprachen und Metasprache sind Metamodelle den Modellen und den dazugehörigen Modellierungssprachen hierarchisch übergeordnet. Dies kann durch die Bildung einer Ebenenhierarchie illustriert werden. Die Basis dieser Ebenenhierarchie bilden Sachverhalte der Realität, von denen unter Anwendung einer Modellierungssprache und durch Abstraktion zu Typen von Sachverhalten ein Modell gebildet wird.[313] Die Ebene des Modells wird daher als *Typebene* (Ebene 1) bezeichnet. Da für die Typen eines Modells unterschiedliche reale Ausprägungen existieren, wird die untergeordnete Realität als *Ausprägungsebene* (Ebene 0) bezeichnet. Stellt eine Modellierungssprache den Gegenstand der Modellbildung dar, so finden sich deren Ausprägungen, von denen zu einem Metamodell abstrahiert werden soll, in Form von Modellen auf Typebene wieder. Bei der Metamodellbildung werden die zulässigen Begriffstypen einer Modellierungssprache, deren Beziehungen untereinander sowie deren Anordnungsregeln (konzeptioneller Aspekt) durch die Begriffstypen der gewählten Metamodellierungssprache repräsentiert.[314] Die Metaisierung bezeichnet demnach die Typbildung von Typen. Das Modell einer Modellierungssprache ist den Ausprägungen einer Modellierungssprache (den Modellen) somit – analog zur Modellbildung von Sachverhalten der Realität – logisch überzuordnen. Die Ebene der Metamodelle wird dann als *Metaebene* (Ebene 2) bezeichnet. Abbildung 9 stellt die geschilderte sprachorientierte Metaisierung übersichtsartig dar.[315]

---

[311] Vgl. Strahringer (1996), S. 26, 28; Strahringer (1998), o.S.

[312] Auf eine ausführliche Darstellung prozessorientierter Metamodelle soll in diesem Zusammenhang verzichtet werden, da im Rahmen dieser Arbeit hauptsächlich Beziehungen zwischen sprachorientierten Metamodellen thematisiert werden. Die Ausführungen können analog auf prozessorientierte Metamodelle angewendet werden.

[313] Vgl. Hesse u. Mayr (2008), S. 378, 385. Abstraktion wird als mentaler Prozess verstanden, in dem Elemente aufgrund ähnlicher Merkmale, durch Bildung eines neuen, abstrakten Elements gemeinsam, als Ganzes betrachtet werden; dabei werden als nicht relevant erachtete Merkmale von der Betrachtung ausgeschlossen. Ein Abstraktionsprinzip leitet den Abstraktionsprozess im Hinblick auf die Bildung des abstrakten Elements an. Der Umkehrprozess der Abstraktion wird als Konkretisierung bezeichnet.

[314] Vgl. Hesse u. Mayr (2008), S. 389.

[315] Vgl. Holten (1999a), S. 11. Vgl. ähnlich Hesse u. Mayr (2008), S. 390.

Metamodelle

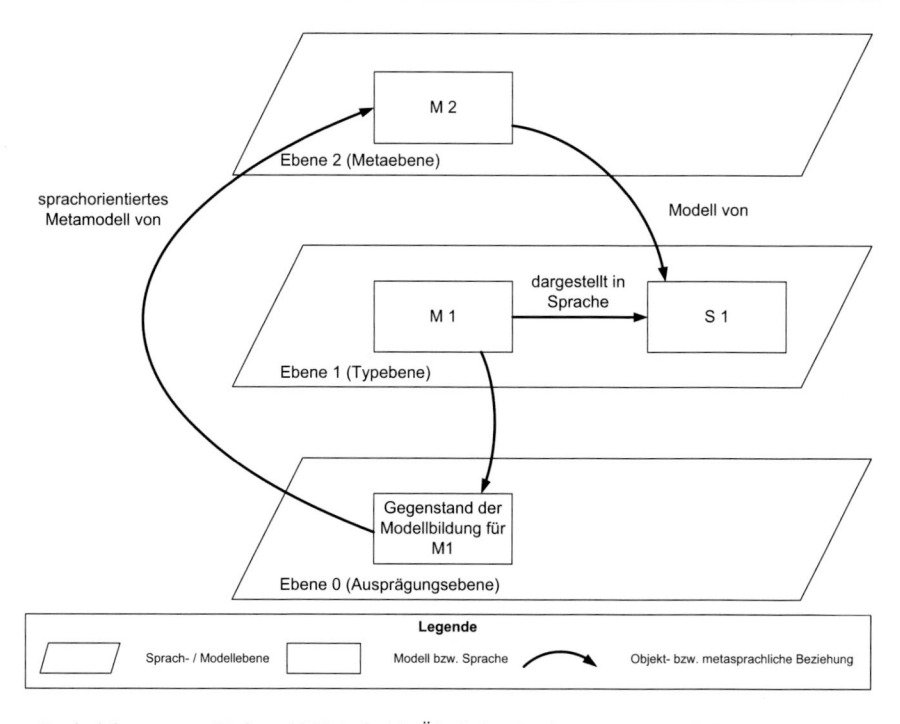

Abbildung 9: Sprachorientierter Metamodellbegriff

```
                    ┌─────────────┐
                    │     M 2     │
                    └─────────────┘
            Ebene 2 (Metaebene)

sprachorientiertes                          Modell von
Metamodell von
                              dargestellt in
                    ┌─────┐   Sprache      ┌─────┐
                    │ M 1 │ ───────────→   │ S 1 │
                    └─────┘                └─────┘
            Ebene 1 (Typebene)

                    ┌──────────────┐
                    │ Gegenstand der│
                    │ Modellbildung für│
                    │      M1       │
                    └──────────────┘
            Ebene 0 (Ausprägungsebene)
```

Legende

| ▱ Sprach- / Modellebene | ▭ Modell bzw. Sprache | ⤴ Objekt- bzw. metasprachliche Beziehung |

In Anlehnung an (Holten 1999a), S. 11. Ähnlich: (Strahringer 1996), S. 24; (Strahringer 1998), o.S.

Zwischen den vorangehend beschriebenen Ebenen existieren Beziehungen (*Inter-Ebenen-Beziehung*), die auf den zur Modellbildung angewandten Abstraktionsprinzipien beruhen. Hierbei wird regelmäßig eine Klassifikations- bzw. Instanzierungsbeziehung angenommen.[316] Strahringer erklärt die Instanzierung sprachphilosophisch als Differenzierung zwischen einem universellen und einem singulären Aspekt (Typ vs. Ausprägung). Unter Ty-

---

[316] Vgl. Leppänen (1994), S. 128 f. Das Abstraktionsprinzip der Klassifikation beschreibt den Übergang von Ausprägungen zu Typen durch die Berücksichtigung klassenbildender Merkmale und unter gleichzeitiger Vernachlässigung anderer Merkmale. Wird von bereits bestehenden Klassen durch das beschriebene Abstraktionsprinzip abstrahiert, so wird dies als Generalisierung bezeichnet. Die Konkretisierungsmechanismen der Klassifizierung und Generalisierung werden als Instanzierung bzw. Spezialisierung bezeichnet. Im Folgenden werden Klassifikationsbeziehungen zwischen Ausprägung und Klasse als „*Instance-of*" und zwischen Klassen als „*Subclass-of*" bezeichnet. Vgl. Mattos u. Michels (1989); Porac u. Thomas (1990) S. 228; Winter (1991), S. 26; Wand et al. (1995), S. 290; Schütte (1998), S. 97; Goeken (2006), S. 154. Zu weiteren Abstraktionsmechanismen vgl. Batini et al. (1998), S. 15 ff.; Mylopoulos (1998), S. 140 ff.; Hesse u. Mayr (2008), S. 385 f., 389.

pen sind „... sprachliche Formen oder Handlungsformen zu verstehen, die sich abgrenzen lassen von konkreten Realisierungen oder [...Ausprägungen] dieser Formen."[317] Ausprägungen „... sind charakterisiert durch einen konkreten Platz im Raum-Zeit-Gefüge."[318] Wenn Ausprägungen Realisierungen von Typen sind, dann wird von Instanzierungen gesprochen.[319] Modelle untergeordneter Ebenen stellen demnach eine Instanz eines übergeordneten Metamodells dar bzw. ein Metamodell gilt für eine Klasse von Modellen (siehe Abbildung 10).[320] Entsprechend gelten Modelle auf Typebene für eine Reihe von Sachverhalten.

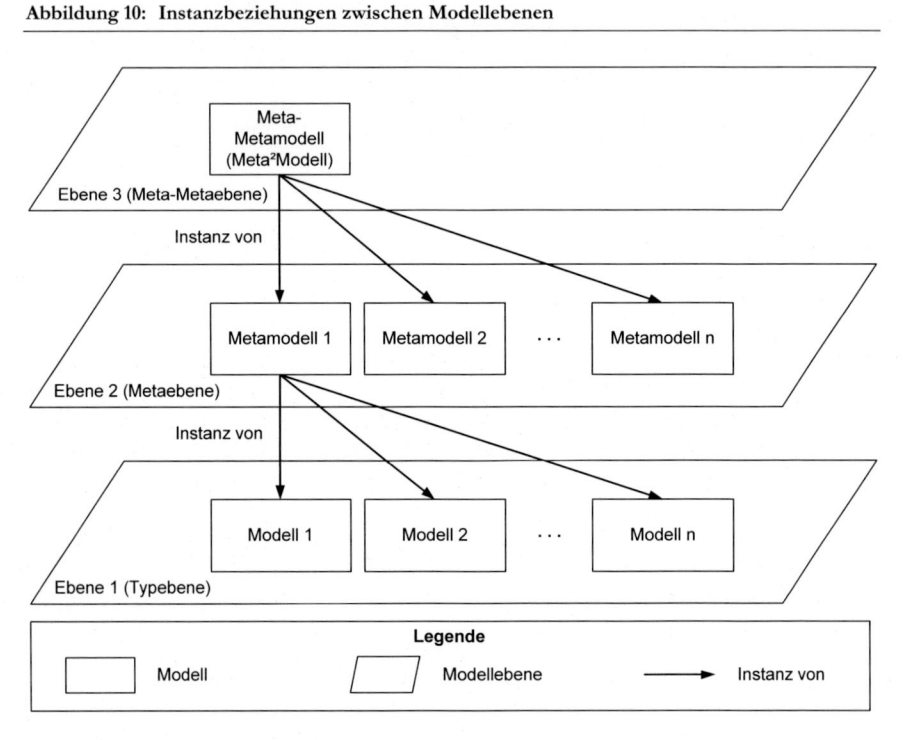

Abbildung 10: Instanzbeziehungen zwischen Modellebenen

Quelle: In Anlehnung an (Strahringer 1996), S. 37.

---

[317] Strahringer (1996), S. 42.
[318] Strahringer (1996), S. 42.
[319] Vgl. Strahringer (1996), S. 42. Vgl. Leppänen (1994), S. 128 f.
[320] Vgl. Sinz (1996), S. 126; Strahringer (1996), S. 42; Leppänen (1994), S. 131.

Metamodelle

Während zur Bildung einer homogenen Hierarchie von Modellebenen ein durchgängiges Abstraktionsprinzip zwischen ihnen notwendig ist, können Abstraktionsbeziehungen innerhalb einer Ebene (*Intra-Ebenen-Beziehung*) durchaus verschieden sein. So ist bspw. denkbar, dass Generalisierung/Spezialisierung, Assoziation oder Aggregation als Intra-Ebenen-Beziehungen und Klassifikation/Instanzierung als Inter-Ebenen-Beziehung vorliegen.[321]

Die Konstruktion von Metamodellen (*Metamodellierung*) kann innerhalb der beschriebenen Ebenenhierarchie auf verschiedenen Wegen erfolgen. Ebenenübergreifend kann ein Metamodell einerseits durch klassifizierende Abstraktion der in Modellen auf Typebene anzutreffenden Sprachkonstrukte und deren Beziehungen erfolgen (*Metamodellierung als Abstraktion*).[322] Andererseits können die Konstrukte und Beziehungen eines Meta-Metamodells in ein Metamodell spezialisiert und so der konzeptionelle Aspekt einer speziellen Sprache gebildet werden. (*Metamodellierung als Konkretisierung*). Innerhalb der Metaebene kann ein Metamodell in eine andere Metasprache übersetzt werden, indem die sprachliche Beschreibung von bspw. einer natürlichsprachlichen Beschreibung in die stringentere Darstellung einer semi-formalen Modellierungssprache übersetzt wird (*Metamodellierung als Übersetzung*).[323]

Metamodelle und Metamodellierung werden in der vorliegenden Arbeit wie folgt angewandt:

- Metamodelle werden in den Kapitel 7 und 8 zur Integration von Modellierungssprachen zur multidimensionalen Datenmodellierung und systemdynamischen Flussmodellierung verwendet. Das Ergebnis der Integration wird dann im weiteren Verlauf einerseits zur Repräsentation von Lernergebnissen und andererseits als Gegenstand von Lernprozessen des Managements verwendet.

- Als Ansätze der Metamodellierung werden dabei Metamodellierung als Abstraktion (multidimensionale Datenmodellierung) und Metamodellierung als Übersetzung (systemdynamisches Flussmodell) verwendet.

- Es werden ausschließlich sprachorientierte Metamodelle verwendet, d.h. Handlungsanleitungen zur Verwendung einer Sprache sind nicht Gegenstand der Metamodellbildung. Zur Darstellung sprachorientierter Metamodelle wird mit dem

---

[321] Vgl. Strahringer (1996), S. 35. Für Beispiele vgl. Goeken (2006), S. 186; Ferstl u. Sinz (2006), S. 159.

[322] Vgl. Leppänen (1994), S. 132, 135. Ein derartiges Vorgehen findet sich bspw. bei Goeken (2006), S. 149 ff.

[323] Vgl. Leppänen (1994), S. 132.

E/R-Modell (*E/RM*) eine Metasprache verwendet, welche Typen, Beziehungen und Regeln repräsentieren kann.[324]

---

[324] Zum E/RM vgl. Chen (1976); Scheer (1995), S. 31 ff.; Batini et al. (1998), S. 30 ff.; Stahlknecht u. Hasenkamp (2005), S. 162 ff.; Ferstl u. Sinz (2006), S. 132 ff. Zu Erweiterungen des E/RM vgl. Scheer (1995), S. 35 ff.; Batini et al. (1998), S. 35 ff.; Ferstl u. Sinz (2006), S. 140 ff. Eine Art Meta²Modell des E/RM findet sich bei Ferstl u. Sinz (2006), S. 126.

Teil II: Managementunterstützung und System Dynamics

In Teil II wird der Forschungsgegenstand und seine Komponenten, das Handlungssystem und ein unterstützendes Artefakt, vorgestellt. Ziel der Darstellung ist es einerseits, herauszustellen, inwiefern eine Lernunterstützung des Managements in der Managementunterstützung zu Grunde liegenden theoretischen Basis berücksichtigt wird. Andererseits wird untersucht, wie Business Intelligence diese theoretische Grundlage umsetzt und wie eine Lernunterstützung ggf. umgesetzt werden kann.

Hierzu werden mit *Management und Managementunterstützung* (Kapitel 4) zunächst das Handlungssystem des Forschungsgegenstands und ihm zu Grunde gelegte Theorien erläutert. Es wird dabei in Informationsunterstützung und Entscheidungsunterstützung bezüglich des einer Aufgabe zu Grunde liegenden Sachverhalts unterschieden. Zur Erläuterung der genannten Unterstützungsangebote wird auf Erkenntnisse der Kognitionstheorie zurückgegriffen, um einen Brückenschlag zu den in 2.3 vorgestellten Lerntheorien zu vollziehen. Abschließend wird überprüft, inwiefern eine Lernunterstützung in der dargestellten theoretischen Grundlage berücksichtigt wird und inwiefern diese ggf. um eine Lernunterstützung erweitert werden kann.

Die theoretischen Anforderungen an die Informations- und Entscheidungsunterstützung des Managements werden durch *Business Intelligence* in IS-Artefakte umgesetzt (Kapitel 5). Gleichzeitig sollen mit bestehenden Systemen der Business Intelligence auch neue Anforderungen der Lernunterstützung des Managements umgesetzt werden. Es werden daher Systemklassen dargestellt, welche die ermittelten Anforderungen umsetzen können. Zur integrierten Darstellung der vorhandenen Systeme sowie zur Aufnahme von Erweiterungen der Lernunterstützung wird im Zuge der Darstellung eine integrierte Architektur für BI-Modelle hergeleitet. Abschließend wird überprüft, inwiefern Business Intelligence in der Lage ist, die ermittelten Anforderungen an eine Lernunterstützung des Managements durch Informationssysteme umzusetzen und welche Defizite diesbezüglich bestehen.

In Kapitel 6 wird mit *System Dynamics* ein spezieller Ansatz der Entscheidungsunterstützung vorgestellt, dessen Modellierungssprache und methodische Unterstützung durch Simulation für eine Lernunterstützung des Managements herangezogen werden soll. System Dynamics wird dabei hinsichtlich der Eignung zur Lernunterstützung des Managements untersucht. Auch hier werden abschließend ggf. identifizierte Defizite aufgezeigt.

Ein Zwischenfazit fasst die Schlussfolgerungen der Kapitel 4, 5 und 6 zusammen und leitet daraus die notwendigen Maßnahmen zur Umsetzung der Lernunterstützung des Managements durch Business Intelligence ab.

4 Management und Managementunterstützung

Im folgenden Kapitel wird mit Management und Managementunterstützung das Handlungssystem des Forschungsgegenstands der vorliegenden Arbeit betrachtet (vgl. 1.2.2). Die Darstellung abstrahiert von einer technischen Umsetzung, um technologieinvariante theoretische Anforderungen an die Managementunterstützung im Allgemeinen und an die Lernunterstützung des Managements im Besonderen herauszuarbeiten.[325] Zunächst werden dafür theoretische Ansätze des Managements an sich betrachtet und hinsichtlich der Eignung für die Ableitung von Anforderungen untersucht (4.1). Im Anschluss daran werden auf Grundlage kognitionstheoretischer Überlegungen allgemeine Potenziale der Managementunterstützung hergeleitet. Darauf aufbauend werden dann speziell die Informations- und Entscheidungsunterstützung betrachtet und aus ihnen theoretische Anforderungen an die Gestaltung von Managementunterstützungssystemen abgeleitet (4.2). Abschließend werden diese theoretischen Anforderungen zusammengefasst und vor dem Hintergrund einer Unterstützung des Lernens betrachtet. Es werden dann Schlussfolgerungen für den weiteren Verlauf der Abhandlung gezogen (4.3).

4.1 Theoretische Ansätze des Managements

Zur Unterstützung eines Handlungssystems ist es erforderlich, ein umfassendes Verständnis für den Gegenstand der Unterstützung zu entwickeln.[326] Gerade die ersten Versuche, Management durch den Einsatz von Informations- und Kommunikationstechnologien zu unterstützen, trugen diesem Gedanken keine Rechnung, was zu einem Scheitern und – damit verbunden – zu einer negativen Belegung derartiger Systeme und Begriffe

---

[325] Im Folgenden sollen die deutschen Begriffe für Management Support (Managementunterstützung) und Decision Support (Entscheidungsunterstützung) verwendet werden. Der Data Support wird mit Informationsunterstützung übersetzt. Die Informationsunterstützung orientiert sich am Informationsbedarf des Managements, sodass angenommen wird, dass die bereitgestellten Daten potenziellen Informationscharakter aufweisen. Vgl. die Ausführungen zum Informationsbegriff in Abschnitt 2.2.

Weiterhin soll Unterstützung im Sinne von Handreichung und keinesfalls als (Voll-)Automation, Ablösung oder gar Bevormundung des Managements verstanden werden. Vgl. Behme u. Schimmelpfeng (1993), S. 4.

[326] Gorry formuliert dies als „... we believe that an understanding of management activity is a prerequisite for effective systems design and implementation.", Gorry u. Scott Morton (1971), S. 56. Vgl. Eom (1995) S. 512; Oppelt (1995), S. 19; Eom (1998), S. 645; Turban et al. (2005), S. 6.

führte.[327] Im Folgenden wird daher der Begriff des Managements konkretisiert sowie ausgewählte, für die Gestaltung von Unterstützungssystemen potenziell relevante Theorieansätze betrachtet und beurteilt.[328]

Management kann einerseits als Institution (institutioneller Ansatz), andererseits als Tätigkeitskomplex (funktionaler Ansatz) begriffen werden.[329] Die Zuordnung einer Person zum Management geht mit der Gewährung formaler Autorität über eine Organisationseinheit einher (*Führungskräfte*) und bezeichnet demnach den aus der formalen Organisationsstruktur ermittelbaren Personenkreis, der mit Managementtätigkeiten betraut ist (*Management als Institution*).[330] Eine Betrachtung des *Managements als Funktion* hat die Tätigkeiten (Managementfunktionen, -aktivitäten oder -tätigkeiten), welche für die Steuerung von Leistungserstellungs- und Unterstützungsprozessen notwendig sind, zum Gegenstand.[331] Diese stehen in einem Komplementärverhältnis zu anderen betrieblichen Prozessen, d.h. sie stellen eine Querschnittfunktion zu diesen dar.[332]

Theoretische Betrachtungen des Managements können in die präskriptive Managementlehre einerseits und die deskriptive Managementforschung andererseits unterteilt werden.[333] Historisch wurde Management zunächst als eine rein „künstlerische", kreative Tätigkeit angesehen, welche später, durch ein *präskriptives* Erkenntnisinteresse geleitet, erforscht und durch Ausbildung[334] vermittelt wurde.[335] Vielfach wird die Funktion des Ma-

---

[327] Vgl. Ackoff (1967), S. B-147 ff. Vgl. auch Behme u. Schimmelpfeng (1993), S. 4; Holten (1999a), S. 32; Wall (1999), S. 312; Chamoni u. Gluchowski (2006), S. 6; Gluchowski et al. (2008), S. 55, 57 sowie dort FN 143, 61 f.

[328] Vgl. Koontz (1980), S. 183; Oppelt (1995), S. 19 sowie S. 20 ff.

[329] Vgl. Ulrich u. Fluri (1995), S. 13; Staehle et al. (1999), S. 71; Steinmann u. Schreyögg (2005), S. 6.

[330] Vgl. Mintzberg (1973), S. 56; Mintzberg (1975), S. 54; Ulrich u. Fluri (1995), S. 13; Staehle et al. (1999), S. 71, 89; Voß u. Gutenschwager (2001), S. 8.

[331] Vgl. Oppelt (1995), S. 20 f.; Staehle et al. (1999), S. 71; Steinmann u. Schreyögg (2005), S. 6 ff.; Gluchowski et al. (2008), S. 13 f.

[332] Vgl. Steinmann u. Schreyögg (2005), S. 6 f.

[333] Vgl. Rieger (1994), S. 21. Für eine Übersicht über verschiedene Ansätze der Managementforschung vgl. Mintzberg (1973), S. 7 ff.; Koontz (1980), S. 177 ff.; Steinmann u. Schreyögg (2005), S. 43 ff. Vgl. Staehle et al. (1999), S. 80 f. sowie für eine historische Übersicht der Entwicklung der Forschungsansätze S. 22 ff.

[334] Ausbildung in Management kann als die Vermittlung von mentalen Selektions-, Begriffs- und Handlungsmodellen oder Schemata verstanden werden. Vgl. für eine Erläuterung der Modelle und deren Zusammenwirken 4.2.1.1. Vgl. Mintzberg (1975), S. 61; Riveira et al. (1981), S. 123 f.; Staehle et al. (1999), S. 101 ff.

[335] Vgl. Mintzberg (1973), S. 8 ff.; Mintzberg (1975), S. 53 f.; Koontz (1980), S. 176; Oppelt (1995), S. 32; Staehle et al. (1999), S. 71 ff.; Steinmann u. Schreyögg (2005), S. 33 ff.

nagements prozessual, als eine Folge geordneter Tätigkeiten begriffen.[336] Ansätze der präskriptiven Managementforschung eignen sich für die Kategorisierung des Untersuchungs- oder Systemfelds von Managementunterstützungssystemen.[337] Für die Ableitung von Unterstützungspotenzialen für konkrete Tätigkeiten sind die erläuterten Ansätze hingegen nicht hinreichend detailliert und daher für Gestaltungsfragen nicht geeignet.[338]

Die *deskriptive* Managementforschung hat die tatsächlich beobachtbaren Tätigkeiten von Managern, d.h. deren Arbeitsalltag und Arbeitsinhalt zum Gegenstand.[339] Die Ergebnisse von Untersuchungen legen nahe, dass Managerarbeit keinesfalls selbstreflexiv, systematisch vorausplanend ist, sondern vielfach fragmentiert, variierend, diskontinuierlich und stark handlungs- und sachzwangorientiert.[340] Managerarbeit kann hinsichtlich attributiver und inhaltlicher Aspekte betrachtet werden. *Attributive Aspekte der Managerarbeit* betreffen „Art, Anzahl, Dauer und eingesetzte Hilfsmittel der Aktivitäten"[341] und werden im Umfeld der Arbeitsplatzgestaltung, bspw. im Hinblick auf Kommunikationsmöglichkeiten oder Zugang zu Informationen, berücksichtigt.[342] Weiterhin können bestimmte *inhaltliche* Rollen unterschieden werden, welche eine Führungskraft in Bezug auf seine Tätigkeit einnehmen kann (interpersonelle, informatorische und entscheidungsbezogene Rollen).[343] Die identifizierten Rollenklassen korrespondieren mit bestehenden Ansätzen der Managementunterstützung (Informationsunterstützung, Entscheidungsunterstützung und Kommunikationsunterstützung).[344] Interpersonelle Rollen können mit Kommunikations-

---

[336] Vgl. Rieger (1994), S. 21 f.; Ulrich u. Fluri (1995), S. 16 f.; Staehle et al. (1999), S. 81 f.; Steinmann u. Schreyögg (2005), S. 8 ff.

[337] Vgl. Gluchowski et al. (2008), S. 15, 20, 21 ff., 53. Bspw. liegt der Unterscheidung in Planungs- und Kontrollsysteme, Controllingsysteme etc. ein prozessual-funktionales Verständnis des Managements zu Grunde.

[338] Vgl. Oppelt (1995), S. 32 f.

[339] Rieger formuliert die der deskriptiven Managementforschung zu Grunde liegende Leitfrage als „Was tut Management?". Vgl. Rieger (1994), S. 23. Vgl. Mintzberg (1975), S. 49 ff.; Koontz (1980), S. 181; Turban et al. (2005), S. 6.

[340] Vgl. Mintzberg (1973), S. 28 ff.; Mintzberg (1975), S. 50; Oppelt (1995), S. 53 ff.; Ulrich u. Fluri (1995), S. 15; Kuo (1998), S. 94; Staehle et al. (1999), S. 84; Steinmann u. Schreyögg (2005), S. 14 ff.

[341] Rieger (1994), S. 23.

[342] Vgl. Mintzberg (1973), S. 38 ff.; Rockart u. Treacy (1982), S. 82; Rieger (1994), S. 23; Rosenhagen (1994), S. 277 f.; Oppelt (1995), S. 54; Picot et al. (1998), S. 94 ff.; Voß u. Gutenschwager (2001), S. 326; Horváth (2006), S. 318; Gluchowski et al. (2008), S. 14.

[343] Vgl. Mintzberg (1973), S. 58 ff.; Mintzberg (1975), S. 54 ff.; Staehle et al. (1999), S. 83 f.; Steinmann u. Schreyögg (2005), S. 19 ff.; Turban et al. (2005), S. 6.

[344] Vgl. Holsapple (2008), S. 25.

unterstützung in Verbindung gebracht werden.[345] Informatorische Rollen haben die Aufbereitung und Verteilung von Informationen zum Gegenstand, sodass diese durch die Bereitstellung von Informationen unterstützt werden können. Entscheidungsbezogene Managerrollen können durch die Strukturierung unstrukturierter Entscheidungssituationen und Entscheidungsgegenstände unterstützt werden. Eine Ableitung von Unterstützungspotenzialen im Sinne konkret zu unterstützender Tätigkeiten ist auch auf Grundlage der deskriptiven Managementforschung kaum möglich.[346] Sie kann jedoch zur Strukturierung des Untersuchungsfelds der Managementunterstützung herangezogen werden.

Zusammenfassend können theoretische Ansätze des Managements als zu allgemein für die Ableitung konkreter Unterstützungsmaßnahmen des Managements bezeichnet und lediglich als erste Annäherung an die Managementunterstützung verstanden werden. Jedoch kann durch die Einteilung in attributive und inhaltliche Aspekte einerseits sowie Informations-, Entscheidungs- und Kommunikationsunterstützung andererseits ein Raster gebildet werden, in welches die vorliegende Arbeit eingeordnet werden kann. Im Folgenden konzentriert sich die Darstellung auf inhaltliche Aspekte der Managementunterstützung und hierbei insbesondere auf die Informations- und Entscheidungsunterstützung. Da sich sowohl präskriptive als auch deskriptive theoretische Ansätze der Managementforschung als zu allgemein für die Ableitung theoretischer Anforderungen an die Managementunterstützung erweisen, wird im weiteren Verlauf der Gegenstand der Managementarbeit zur Ableitung von Anforderungen herangezogen.

4.2 Managementunterstützung

Die Tätigkeiten des Managements beziehen sich auf wahrgenommene Sachverhalte der betrieblichen Realität. Ansätze der Managementunterstützung setzen oftmals am Strukturierungsgrad eines Sachverhalts an, auf den sich die Tätigkeit des Managements bezieht. Der Strukturierungsgrad einer Tätigkeit ist jedoch eine subjektive Größe, welche von den Wahrnehmungs- und Verarbeitungskapazitäten eines Individuums abhängt. Im Folgenden werden daher zunächst grundlegende Komponenten und Prozesse des Umgangs mit Sachverhalten der Realität erläutert werden, um aus diesen Unterstützungspotenziale für das Management abzuleiten (4.2.1). Diese werden in der Darstellung der Informations-

---

[345] Die Rolle von elektronischen Kommunikationswerkzeugen (bspw. E-Mail, Videokonferenz) soll hier nicht nachvollzogen werden. Derartige Technologien werden als Basistechnologien für den betrieblichen Einsatz von Informations- und Kommunikationssystemen betrachtet und nicht als ein Spezifikum der Managementunterstützung. Vgl. Oppelt (1995), S. 141 ff.; Gluchowski et al. (2008), S. 54, 70 f.

[346] Vgl. Oppelt (1995), S. 64.

und Entscheidungsunterstützung aufgegriffen und es werden Anforderungen an eine spätere Umsetzung durch Informationssysteme formuliert (4.2.2 bzw. 4.2.3).

4.2.1 Identifikation von Unterstützungspotenzialen des Managements

In den folgenden Abschnitten wird der Strukturierungsgrad einer Tätigkeit für die Erläuterung der Informations- und Entscheidungsunterstützung herangezogen. Der Strukturierungsgrad einer Tätigkeit wird von der Komplexität des Sachverhalts beeinflusst, auf den sich diese Tätigkeit bezieht. Eine Betrachtung von generischen Komplexitätsfaktoren allein (vgl. 2.1.2) bietet allerdings wenig direkte Anknüpfungspunkte für die Managementunterstützung, da Komplexität individuell unterschiedlich wahrgenommen und verarbeitet wird.[347] In den folgenden Abschnitten werden daher die Wahrnehmung und Verarbeitung eines Sachverhalts sowie die Auswirkungen auf den Strukturierungsgrad einer Tätigkeit auf kognitionstheoretischer Grundlage dargestellt (4.2.1.1). Im Anschluss daran werden daraus Potenziale für die Managementunterstützung abgeleitet (4.2.1.2).

4.2.1.1 Kognition

Die Grundlage für die theoretische Erläuterung der Managementunterstützung bildet ein einfaches Strukturmodell menschlicher Kognition (Abbildung 11).[348] Die Komponenten des Strukturmodells werden in diesem Abschnitt vorgestellt und hinsichtlich ihrer Funktion erläutert. In den folgenden Abschnitten wird für die Erläuterung kognitiver Prozesse auf die vorgestellten Komponenten und deren Funktion zurückgegriffen.

---

[347] Vgl. Greschner (1996), S. 22.
[348] Vgl. Lee u. Chen (1997), S. 154 ff. Chen und Lee bedienen sich dieses Modells, um kognitive Ansatzpunkte für die Entscheidungsunterstützung abzuleiten (Vgl. Chen u. Lee (2003), S. 151 ff.). Dieses Modell erscheint in seiner Struktur grundsätzlich geeignet, um auch andere Aspekte der Managementunterstützung zu erläutern. Ähnliche Modelle finden sich bspw. bei Newell u. Simon (1972), S. 86 ff.; Staehle et al. (1999), S. 207; Ashcraft (2002), S. 43.

Abbildung 11: Strukturmodell menschlicher Kognition

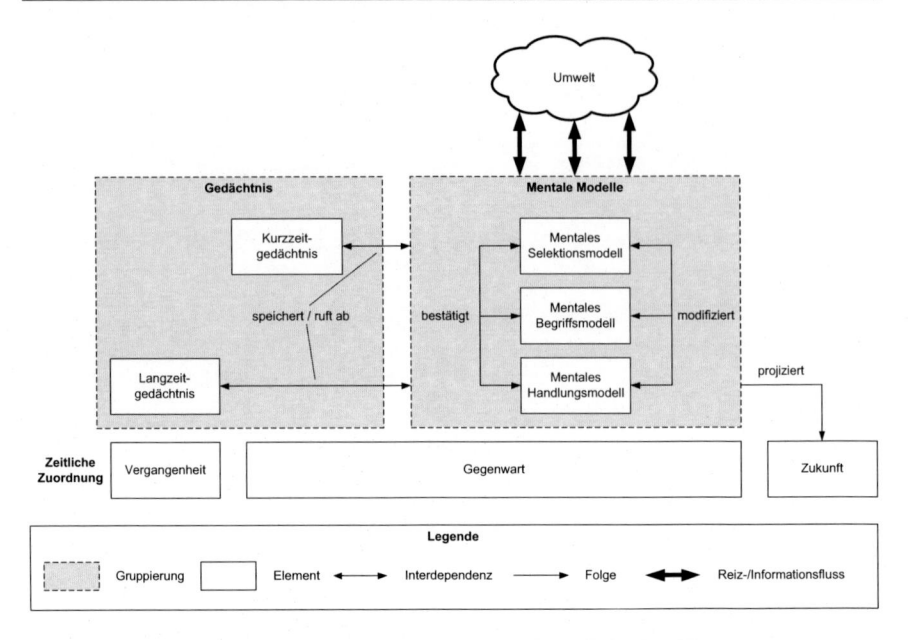

Quelle: In Anlehnung an (Lee u. Chen 1997), S. 155.

Die Komponenten des Strukturmodells können einerseits in mentale Modelle, andererseits in Gedächtniskomponenten unterschieden werden.

Mentale Modelle beinhalten die in Abschnitt 2.2 vorgestellten Wissensarten bzw. entsprechen den von Piaget vorgeschlagenen Schemata (vgl. 2.3.2).[349] In den zu Grunde gelegten kognitiven Strukturen werden mit Selektionsmodellen, Begriffsmodellen und Handlungsmodellen drei Arten mentaler Modelle unterschieden, welche jeweils eine Funktion in den kognitiven Prozessen ausüben.

- *Selektionsmodelle* leiten die Wahrnehmung von Reizen an und dienen der Ausblendung bestimmter Reize, die nicht wahrgenommen werden können oder sollen.

---

[349] Hierfür existiert eine Reihe von Konzepten und Benennungen, bspw. mentale Bilder, Schemata, Karten oder Modelle. Vgl. Wahren (1996), S. 34 ff. Aufgrund des sprachlichen Schwerpunkts der Arbeit werden diese Wissensarten im Folgenden als mentale Modelle im Sinne von Modellen als Sprachprodukte bezeichnet. Vgl. Johnson-Laird (1983), S. 205 ff. Vgl. auch Greschner (1996), S. 70; Kuo (1998), S. 91; Picot et al. (1998), S. 479; Chen u. Lee (2003), S. 147; Riempp (2004), S. 63; Felden (2006), S. 59; Niu et al. (2007), S. 923; Zhu u. Chen (2008), S. 701 f.

- *Begriffsmodelle* formulieren Erwartungen an wahrgenommene Reize in Form von Begriffen und Ausprägungen dieser Begriffe. Dies entspricht der Unterteilung des deklarativen Wissens in das konzeptionelle Wissen einerseits und das Faktenwissen andererseits.[350] Mentale Begriffsmodelle ermöglichen es, bekannte von unbekannten Sachverhalten durch Zuordnung von empfangenen und erwarteten Reizen zu unterscheiden.

- Hinsichtlich der Struktur von konzeptionellen Begriffsmodellen wird angenommen, dass diese aus Konzepten bestehen, welche über qualifizierte Beziehungen miteinander verbunden sind.[351] Grafische Darstellungen von Begriffsmodellen tragen Konzepte als Knoten und Beziehungen zwischen diesen als Kanten ab, sodass hierarchische oder netzartige Gebilde entstehen (Taxonomien bzw. Semantische Netze).[352] Die in der Wirtschaftsinformatik verwendeten konzeptionellen Modellierungssprachen sind diesen Darstellungsformen und den dort wirkenden Mechanismen, wie bspw. der Vererbung von Merkmalen zwischen Klassen[353], nachempfunden, sodass die Wahrnehmung und Verarbeitung der repräsentierten Inhalte erleichtert wird. Für die Darstellung kognitiver Prozesse wird in diesem und den folgenden Abschnitten auf eine einfache Darstellung begrifflicher Modelle durch Knoten und verbindende Kanten zurückgegriffen. Im weiteren Verlauf werden hierfür spezielle konzeptionelle Modellierungssprachen verwendet.

- *Handlungsmodelle* entsprechen dem prozeduralen Wissen eines Subjekts und enthalten Sequenzen von Handlungen, mit denen ein Sachverhalt der Realität zielgerichtet beeinflusst werden kann.[354]

---

[350] In der Kognitionspsychologie werden konzeptionelles Wissen und Faktenwissen als semantisches Wissen bzw. episodisches Wissen bezeichnet. Semantisches Wissen beinhaltet die Worte, Konzepte, Merkmale sowie deren Beziehungen untereinander. Episodisches Wissen bezieht sich auf das semantische Wissen und stellt dessen Ausprägungen in einen Kontext. Vgl. Tulving (1972), S. 383 f.; Tulving u. Thomson (1973), S. 354; Smith et al. (1974), S. 2314; Tulving u. Schacter (1990), S. 301.

[351] Vgl. Ashcraft (2002), S. 252.

[352] Vgl. zur Organisation sprachlicher mentaler Modelle in semantische Netze Smith et al. (1974), S. 214 ff.; Johnson-Laird (1983), S. 211 ff. Vgl. auch Hussy (1984), S. 78 ff, 100 ff. und speziell zu semantischen Netzen S. 103, 113 sowie Barsalou (1992), S. 78 ff.; Riempp (2004), S. 65.

[353] Vgl. Smith et al. (1974), S. 214; Barsalou (1992), S. 177 ff.; Parsons u. Wand (2008), S. 842 ff.

[354] Vgl. Kleindorfer et al. (1993), S.68 f.; Tulving u. Schacter (1990), S. 301; Barthélemy et al. (2002), S. 237. Diese Handlungsmodelle werden auch als Programme bezeichnet und können als detaillierte Vorschriften verstanden werden, welche die Reihenfolge der Schritte angeben, mit denen auf einen (mehr oder weniger) komplexen Sachverhalt reagiert wird. Vgl. Simon (1960), S. 5; Ulrich u. Fluri (1995), S. 24.

Das *Gedächtnis* eines Subjekts kann auf Grundlage der Speicherdauer von Inhalten grob in Kurzzeitgedächtnis und Langzeitgedächtnis unterschieden werden.[355]

- Das *Kurzzeitgedächtnis* steht dabei im Verhältnis zum direkten, bewussten „Jetzt" und speichert Inhalte im Verlauf kognitiver Prozesse.[356]

- Das *Langzeitgedächtnis* beinhaltet sowohl Inhalte als auch mentale Modelle selbst, die längere Zeit aus dem Kurzzeitgedächtnis verschwunden sind und der Vergangenheit angehören, die aber jederzeit wieder abgerufen werden können.[357]

Innerhalb der vorgestellten kognitiven Strukturen werden mit Wahrnehmung und Verarbeitung im nächsten Abschnitt zwei für die Managementunterstützung relevante kognitive Prozesse erläutert. Die Unterstützung von Handlungen des Managements, im Sinne der Übernahme oder Erleichterung der unmittelbar handelnden Umweltbeeinflussung durch Informationssysteme, ist nicht Gegenstand dieser Arbeit (vgl. FN 325).[358] Die Unterstützung des Managements durch Informationssysteme zielt vielmehr darauf ab, die Wahrnehmung und die Verarbeitung von Informationen über Sachverhalte der betrieblichen Realität zu unterstützen.

4.2.1.1.1 Wahrnehmung

Unter *Wahrnehmung* kann der Prozess des Umwandelns empfangener Sinnesreize in mentale Repräsentationen verstanden werden, die den Verarbeitungsprozessen des menschlichen Gehirns zugänglich sind.[359] Die Wahrnehmung bildet die Schnittstelle des Subjekts zur Umwelt. Die Kapazität der menschlichen Wahrnehmung ist beschränkt, d.h. es kann nur eine bestimmte Menge von Reizen im Kurzzeitgedächtnis vorgehalten und der Verarbeitung zugeführt werden.[360] Übersteigt die empfangene Reizmenge diese Kapazität, zieht

---

[355] Vgl. Tulving (1972), S. 382.

[356] Vgl. Barsalou (1992), S. 93 ff.; Staehle et al. (1999), S. 208; Solso u. Reiss (2005), S. 181 ff.

[357] Vgl. Barsalou (1992), S. 116 ff.; Kleindorfer et al. (1993), S. 32; Staehle et al. (1999), S. 208; Solso u. Reiss (2005), S. 194 ff.

[358] Vgl. Bucklin et al. (1998), S. 226 ff.;

[359] Vgl. Yadav u. Khazanchi (1992), S. 57; Kleindorfer et al. (1993), S. 29; Meyer (1999), S. 90; Staehle et al. (1999), S. 197 f.; Barthélemy et al. (2002), S. 238; Niu et al. (2007), S. 93; Solso u. Reiss (2005), S. 70, 82 ff.

[360] Vgl. Heylighen (2005), S. 12. Hier werden bspw. die Begrenzung des Kurzzeitgedächtnisses auf sieben Informationseinheiten angeführt. Vgl. Miller (1956). Vgl. auch Wetherbe (1991), S. 52; Kleindorfer et al. (1993), S. 31; Rosenhagen (1994), S. 275; Reither (1997), S. 14; Picot et al. (1998), S. 87; Barsalou (1992), S. 94 ff.; Meyer (1999), S. 24 ff. Heylighen (2005), S. 13; Solso u. Reiss (2005), S. 185 f.; Zhu u. Chen (2008), S. 703.

dies eine Überlastung des Wahrnehmenden nach sich (*Reizüberflutung*).[361] Die Folge einer Reizüberflutung ist, dass eine geringere Kapazität des Kurzzeitgedächtnis für weitere kognitive Prozesse wie Verarbeitung oder das Handeln zur Verfügung steht. Dies kann bspw. eine fehlerhafte Verarbeitung von Reizen aus der Umwelt nach sich ziehen oder die Verarbeitungs- und Handlungsdauer erheblich erhöhen. Da die von einem Sachverhalt ausgehende Reizmenge an sich nicht reduziert werden kann, kommen Mechanismen zur Anwendung, welche die Reizmenge im Zuge der Wahrnehmung reduzieren (*selektive Wahrnehmung*, Abbildung 12).[362]

Abbildung 12: Selektive Wahrnehmung

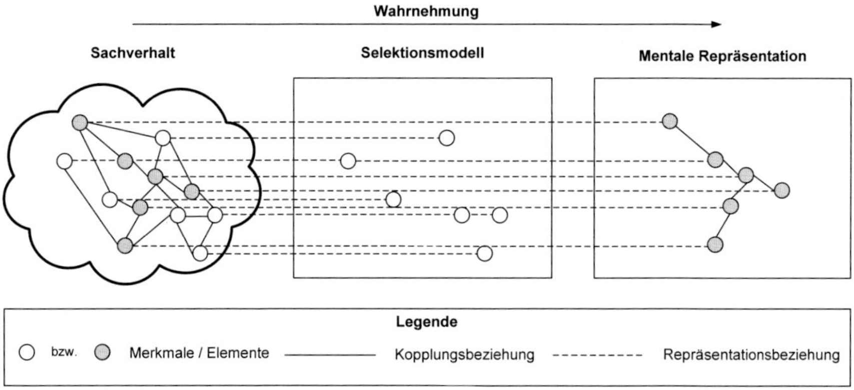

Die selektive Wahrnehmung eines komplexen Sachverhalts erfolgt durch die, bewusste oder unbewusste, Anwendung *mentaler Selektionsmodelle*.[363] Die empfangene Reizmenge wird gefiltert, sodass lediglich eine Auswahl bestimmter Reize mental repräsentiert wird.

---

[361] Vgl. Huber (1991), S. 104; Picot et al. (1998), S. 87; Meyer (1999), S. 93; Heylighen (2005), S. 13.
[362] Yadav und Khazanchi bezeichnen dies auch als kognitive Linse („cognitive lens"), durch welche die Welt betrachtet wird. Vgl. Yadav u. Khazanchi (1992), S. 59 ff.
[363] Vgl. Yadav u. Khazanchi (1992), S. 59. Chen und Lee skizzieren dies wie folgt „... corporate executives are constrained not only by objective financial goals and constituent demands, but also by an elusive set of psychological constructs of their own beliefs [...] these interrelated beliefs act as a filter through which management perceives the reality facing ist firm." Chen u. Lee (2003), S. 147. Vgl. auch Porac u. Thomas (1990), S. 234; Kuo (1998), S. 91; Riempp (2004), S. 70; Bennet u. Bennet (2008), S. 9.

Das Ergebnis der Wahrnehmung ist eine mentale Repräsentation der Reizmenge im Kurzzeitgedächtnis. Diese ist Ausgangspunkt von Verarbeitungsprozessen, die im folgenden Abschnitt dargestellt werden.

4.2.1.1.2 Verarbeitung und das Entstehen von Ungewissheit

Die Verarbeitung eines wahrgenommenen Sachverhalts besteht aus zwei Teilschritten, einerseits der Identifikation des wahrgenommenen Sachverhalts durch Zuordnung von mental repräsentierten Reizen zu Begriffsmodellen und andererseits der Zuordnung von Handlungsmodellen zu einem identifizierten Sachverhalt.

Die Verarbeitung des Wahrgenommenen beginnt zunächst mit der Erkenntnis dessen, was wahrgenommen wird. Die mentale Repräsentation des Wahrgenommenen wird dabei mit Erwartungshaltungen konfrontiert, die in Form *mentaler Begriffsmodelle* im Langzeitgedächtnis gespeichert sind.[364]

Mentale Begriffsmodelle werden durch miteinander verbundene Konzepte gebildet und formulieren insofern eine Erwartungshaltung an die Merkmale eines Sachverhalts, als dass wahrgenommene Reize konzeptbildenden Merkmalen des Begriffsmodells entsprechen. Darüber hinaus finden sich in Begriffsmodellen auch Erwartungen an die Ausprägungen konzeptbildender Merkmale.[365] Bei der Verarbeitung eines wahrgenommenen Sachverhalts werden die mental repräsentierten Reize den Konzepten eines Begriffsmodells zugeordnet.[366] Entsprechend der Aufteilung in Konzepte und Fakten kann geprüft werden, ob ein Sachverhalt zunächst konzeptionell erkannt wird. Ist dies der Fall, kann geprüft werden, ob ein konzeptionell bekannter Sachverhalt auch faktisch, d.h. hinsichtlich der Ausprägung der konzeptbildenden Merkmale bekannt ist. Werden mentale Begriffsmodelle vor dem Hintergrund der in Abschnitt 3.3.1 vorgestellten Sprach- und Modellebenen betrachtet, so handelt es sich im ersten Fall um die Erkenntnis eines Sachverhalts durch *Zuordnung auf Typebene* und im zweiten Fall um die Erkenntnis eines Sachverhalts durch *Zuordnung auf Ausprägungsebene*. Eine Zuordnung auf Ausprägungsebene setzt dabei eine erfolgreiche Zuordnung auf Typebene zwingend voraus: An einen Gegenstand, der nicht erkannt wird, bspw. weil er bislang unbekannt ist, können auch keine Erwartungen hinsichtlich dessen Ausprägungen bestehen. Der Umkehrschluss hierfür gilt jedoch nicht, denn für einen bekannten Gegenstand können durchaus unbekannte Ausprägungen existieren (siehe unten). Abbildung 13 stellt denkbare Zuordnungen wahrgenommener Merkmale zu Begriffsmodellen auf Typebene dar.

---

[364] Vgl. Kleindorfer et al. (1993), S. 30; Zhu u. Chen (2008), S. 702.
[365] Vgl. Kuo (1998), S. 93.
[366] Vgl. Chen u. Lee (2003), S. 148; Niu et al. (2007), S. 923; Zhu u. Chen (2008), S. 702.

Managementunterstützung 81

Abbildung 13: Zuordnung wahrgenommener Merkmale zu Begriffsmodellen auf Typebene

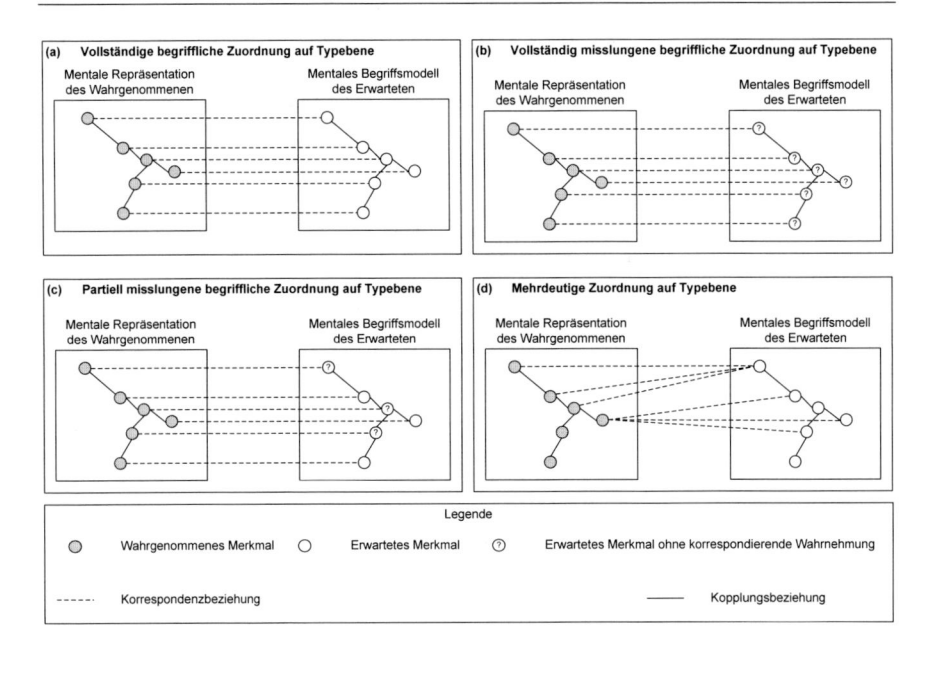

Abbildung 13a beschreibt den Idealtypus einer konzeptionellen Zuordnung auf Typebene, bei welchem alle wahrgenommenen Merkmale eines Sachverhalts bekannten Konzepten zugeordnet werden können. Der extreme Gegensatz dazu findet sich in Abbildung 13b, bei dem keines der wahrgenommenen Merkmale eines Sachverhalts einem Konzept zugeordnet werden kann. Dies ist der Fall, wenn ein Sachverhalt gänzlich unbekannt, d.h. neuartig ist. Zwischen diesen Extremen finden sich Tatbestände, in denen einige Merkmale eines Sachverhalts bekannten Konzepten zugeordnet werden können, andere hingegen nicht (Abbildung 13c). Abschließend kann der Fall auftreten, dass wahrgenommen Merkmale eines Sachverhalts einem Konzept nicht eindeutig zugeordnet werden können (Abbildung 13d).[367]

Wird ein Sachverhalt auf Typebene zumindest partiell erkannt, so wird im Folgenden geprüft, ob die Ausprägungen der wahrgenommenen konzeptionellen Merkmale den Erwar-

---

[367] Vgl. Schwenk (1984), S. 111; Daft u. Lengel (1986), S. 556 f.; Eom (1995), S. 512; Ulrich u. Fluri (1995), S. 46; Reither (1997), S. 17; Dörner (1999), S. 63 f.; Meyer (1999), S. 27; Heylighen (2005), S. 13; Turban et al. (2005), S. 8; Gluchowski et al. (2008), S. 20.

tungen entsprechen. Abbildung 14 stellt denkbare Vorkommnisse bei der Zuordnung wahrgenommener Merkmale zu Begriffsmodellen auf Ausprägungsebene übersichtsartig dar.

Abbildung 14: Zuordnung wahrgenommener Merkmale zu Begriffsmodellen auf Ausprägungsebene

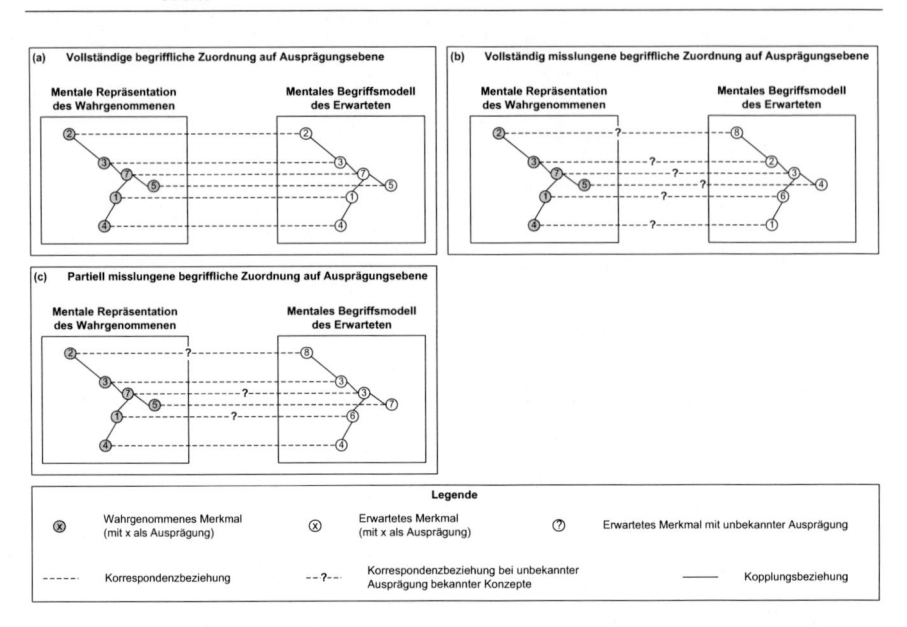

Analog zur konzeptionellen Zuordnung auf Typebene wird auch auf Ausprägungsebene eine konzeptionelle Zuordnung hinsichtlich der Vollständigkeit unterschieden. Der Idealtypus tritt hierbei auf, wenn alle wahrgenommenen Merkmalsausprägungen eines Sachverhalts den Erwartungen entsprechen (Abbildung 14a). Den Gegensatz stellen Sachverhalte dar, deren wahrgenommene Merkmale vollständig nicht den Erwartungen entsprechen (Abbildung 14b). Zwischen diesen Extrempunkten können wiederum Sachverhalte eingeordnet werden, deren wahrgenommene Merkmalsausprägungen nur zum Teil den Erwartungen entsprechen (Abbildung 14c).

Entsprechen die wahrgenommen Merkmale eines Sachverhalts den erwarteten Merkmalen eines Konzepts oder dessen Ausprägungen, zieht dies *Gewissheit* hinsichtlich des wahrgenommenen Sachverhalts nach sich.[368] Das partielle oder vollkommene Misslingen der begrifflichen Zuordnung auf Typ- oder Ausprägungsebene sowie Mehrdeutigkeit (*Zuord-*

---

[368] Vgl. Kleindorfer et al. (1993), S. 30.

nungsdefekte) ziehen dann entsprechend *Ungewissheit* nach sich.[369] Besteht bezüglich eines Sachverhalts Ungewissheit, so werden dieser sowie darauf aufbauende Tätigkeiten als *unstrukturiert* bezeichnet. Im umgekehrten Fall, d.h. bei Gewissheit bezüglich eines Sachverhalts, werden dieser sowie sich auf ihn beziehende Tätigkeiten als *strukturiert* bezeichnet.[370] Der Strukturierungsgrad einer Tätigkeit kann als Kontinuum verstanden werden, wobei der Umfang auftretender Zuordnungsdefekte während der Verarbeitung den Strukturierungsgrad einer Tätigkeit bestimmt.[371] Die Endpunkte des Kontinuums bilden gänzlich strukturierte bzw. gänzlich unstrukturierte Tätigkeiten. Die Benennung einer Tätigkeit als *semistrukturiert* bezeichnet einen Punkt zwischen den Endpunkten dieses Kontinuums.

Relative Gewissheit bezüglich eines Sachverhalts führt zu einem Abruf erlernter Handlungsmuster (*mentale Handlungsmodelle*) aus dem Langzeitgedächtnis. Diese werden auf die mentale Repräsentation des Sachverhalts im Kurzzeitgedächtnis angewandt, um Handlungsempfehlungen bezüglich eines wahrgenommenen Sachverhalts zu generieren. Hierbei wird der zukünftige Zustand eines Sachverhalts bei Anwendung eines Handlungsmodells projiziert. Die Erfolgsaussichten einer Handlung in Bezug auf eine zielgerichtete Umweltbeeinflussung werden auf Grundlage der Gewissheit bezüglich des wahrgenommenen Sachverhalts bewertet.

Die erläuterten kognitiven Prozesse der Wahrnehmung und Verarbeitung werden im Folgenden zur Herleitung von Unterstützungspotenzialen des Managements herangezogen.

4.2.1.2 Unterstützungspotenziale

Auf Grundlage der beschriebenen Wahrnehmungs- und Verarbeitungsprozesse werden mit Informations- und Entscheidungsunterstützung zwei Ansatzpunkte für die Unterstützung des Managements unterschieden. Der Hauptansatzpunkt bei den genannten Unterstützungsarten ist die Reduzierung von Ungewissheit, wobei die Unterstützungsarten an unterschiedlichen Quellen der Ungewissheit ansetzen.

---

[369] Ein Problem ist demnach ein Sachverhalt, zu dem aufgrund des Fehlens von Begriffsmodellen keine Zuordnungsbeziehungen aufgebaut werden können. Vgl. die Erläuterung des Problembegriffs in Abschnitt 3.2.2.2. Vgl. Ulrich u. Fluri (1995), S. 39; Voß u. Gutenschwager (2001), S. 4 sowie für eine differenzierte Betrachtung von Problemarten S. 4 ff., 324.

[370] Vgl. Simon (1960), S. 6; Gorry u. Scott Morton (1971), S. 60; Keen u. Scott Morton (1978), S. 11, 93 ff.; Riveira et al. (1981), S. 120 f.; Rosenhagen (1994), S. 275; Eom (1995), S. 514; Ulrich u. Fluri (1995), S. 24; Holten (1999a), S. 37; Staehle et al. (1999), S. 3; Shim et al. (2002), S. 112; Gluchowski et al. (2008), S. 62 f. Eine Gegenüberstellung von Merkmalen strukturierter und unstrukturierter Entscheidungen findet sich bei Holsapple (2008), S. 30.

[371] Vgl. Daft u. Lengel (1986), S. 557 ff.

Informationsunterstützung zielt auf die Reduzierung von Ungewissheit durch Bereitstellung von Informationen als Ausprägungen bestehender mentaler Begriffsmodelle ab. Durch die Bereitstellung vollständiger und eindeutiger Informationen zu den Konzepten eines Begriffsmodells wird der Aufwand für die Wahrnehmung und Verarbeitung von bekannten Sachverhalten verringert und das Handeln des Managements, d.h. der sichere Abruf von Handlungsmodellen, erleichtert.[372] Die ausschließliche Informationsbereitstellung erscheint allerdings nicht ausreichend, da ein Überangebot an Informationen zum Entstehen von ebenso handlungshemmender Informationsüberflutung führen kann. Konzepte der Informationsorganisation können die handlungsbezogene Verwendung bereitgestellter Informationen fördern.[373] Ansätze, die den genannten Überlegungen folgen, werden im Rahmen der Informationsunterstützung vorgestellt (4.2.2).

Entscheidungsunterstützung bezieht sich auf Situationen, in denen ein Sachverhalt einem mentalen Begriffsmodell nur teilweise oder gar nicht zugeordnet werden kann. Eine Unterstützung des Managements zielt dann zunächst auf den Aufbau von (mentalen) Begriffsmodellen eines Sachverhalts ab. Im Anschluss daran ist es einerseits erforderlich, Handlungsmodelle zu schaffen, die eine zielgerichtete Beeinflussung des Sachverhalts ermöglichen. Andererseits müssen Erwartungen an die Ausprägungen von Begriffen, d.h. die zu erwartenden Fakten gebildet werden. Ansätze der Entscheidungsunterstützung strukturieren vollständig oder teilweise unbekannte Sachverhalt durch Konstruktion von Begriffsmodellen und generieren, durch Anwendung von Methoden, Handlungsmodelle und Erwartungen an Ausprägungen von Begriffsmodellen.[374] Ansätze der Entscheidungsunterstützung werden im Rahmen der Entscheidungsunterstützung vorgestellt (4.2.3).

4.2.2 Informationsunterstützung

Die Informationsunterstützung des Managements hat das Ziel, Ungewissheit bezüglich wahrgenommener Sachverhalte zu reduzieren und so den Abruf bestehender Handlungsmuster zu erleichtern. Diese geschieht durch eine den Begriffsmodellen des Managements entsprechende Informationsversorgung, welche in einer Form erfolgt, die gleichzeitig einer eventuellen Informationsüberflutung entgegenwirkt.[375] Die inhaltliche Gestaltung einer Informationsunterstützung des Managements erfordert eine Konkretisierung des Informationsbedarfs, um ein dementsprechendes Informationsangebot zu gestalten

---

[372] Vgl. Wahren (1996), S. 120; Reither (1997), S. 17; Felden (2006) S. 60.

[373] Vgl. Dörner (1999), S. 144 ff.; Voß u. Gutenschwager (2001), S. 31.

[374] Vgl. Dörner (1999), S. 64.

[375] Vgl. Keen u. Scott Morton (1978), S. 1; Sprague u. Carlson (1982), S. 7; Picot u. Franck (1988b), S. 547 f.; Streubel (1996), S. 34.

(4.2.2.1).[376] Neben der inhaltlichen Gestaltung muss Informationsunterstützung weiterhin Anforderungen an die Repräsentation der zu liefernden Informationen genügen (4.2.2.2).[377]

4.2.2.1 Inhaltliche Anforderungen an die Informationsunterstützung

Die inhaltlichen Anforderungen an die Informationsunterstützung werden durch den Informationsbedarf des Managements bestimmt. Eine gängige Definition des theoretischen Begriffs des *Informationsbedarfs* ist „die Art, Menge und Beschaffenheit von Informationen, die jemand zur Erfüllung einer Aufgabe benötigt".[378] Der Informationsbedarf kann als Erwartungshaltung an die Konzepte eines mentalen Begriffsmodells verstanden werden. Dementsprechende Informationen beinhalten dann faktische Ausprägungen der erwarteten Konzepte (vgl. 4.2.1.1.2). Der Informationsbedarf muss eindeutig expliziert und spezifiziert sein (*Informationsnachfrage*), um ein – gemessen an der Spezifikation – möglichst vollständiges *Informationsangebot* bereitzustellen.[379] Die Ermittlung und Spezifikation des Informationsbedarfs wird daher als erfolgskritisch bei der Entwicklung der Informationsunterstützung des Managements angesehen.[380]

Der Informationsbedarf von Führungskräften wird hier als *subjektive* Größe angenommen, d.h. es handelt sich um die Art, Menge und Beschaffenheit von Informationen, welche für die Ausübung einer Tätigkeit für erforderlich gehalten wird.[381] Die Akquisition und explizite Darstellung des Informationsbedarfs kann demnach als Rekonstruktion mentaler Begriffsmodelle und Explizierung im Sinne des beschriebenen Modellverständnisses ver-

---

[376] Zur Definition und Abgrenzung der Termini Informationsbedarf, Informationsnachfrage, Informationsangebot und Informationsstand vgl. Picot u. Franck (1988a), S. 609; Rosenhagen (1994), S. 274; Holten (1999a), S. 119 f.; Felden (2006), S. 57 f.; Horváth (2006), S. 332 ff.

[377] Vgl. Rosenhagen (1994), S. 274; Wall (1999), S. 121 f.

[378] Vgl. Picot u. Franck (1988a), S. 609. Weitere theoretische Ausführungen zum Informationsbedarf finden sich bei Rosenhagen (1994), S. 273 f.; Holten (1999a), S. 119; Wall (1999), S. 33 ff.

[379] Vgl. Byrd et al. (1992), S. 119 f.; Holten (1999a), S. 119 f.

[380] Vgl. Holten (1999a). S. 61 ff., 125; Burmester u. Goeken (2005), S. 1421 f.; Goeken (2006).

[381] Es findet sich oftmals die Unterscheidung in einen objektiven und einem subjektiven Informationsbedarf. Vgl. bspw. Oppelt (1995), S. 203 ff.; Struckmeier (1997), S. 21; Holten (1999a), S. 119; Wall (1999), S. 33. Das Konzept eines objektiven Informationsbedarfs sieht diesen als allein durch die zu lösende Aufgabe determiniert, ist generell personenunabhängig und von unbeteiligten Dritten überprüfbar und nachvollziehbar. Vgl. Picot u. Franck (1988a), S. 609.
Ein derartiges Verständnis des Informationsbedarfs widerspricht einerseits empirischen Erkenntnissen über den Strukturierungsgrad einer Reihe von Managementtätigkeiten. Vgl. Rosenhagen (1994), S. 275. Andererseits widerspricht es den Annahmen der vorliegenden Arbeit (vgl. Abschnitt 1.2.1 sowie die Ausführungen zum Informationsbegriff (2.2) und Modellverständnis (3.2.2.3)). Vgl. Streubel (1996), S. 28 f.; Wall (1999), S. 40; Horváth (2006), S. 334.

standen werden (vgl. 3.2.2.3).[382] Aus den Begriffsmodellen des Gegenstands der Tätigkeit eines Bedarfsträgers, können die Konzepte abgeleitet werden, zu denen Informationen erwünscht sind.[383] Mentale Begriffsmodelle sind nicht immer bewusst und explizierbar, d.h. der Informationsbedarf kann (und wird) vom Wissensträger nicht oder nur unvollständig geäußert werden.[384] Der Spezifikation eines Informationsbedarfs müssen daher gegebenenfalls Bemühungen vorausgehen, derartige *implizite* Informationsbedarfe zu erheben.[385] Des Weiteren ist der Informationsbedarf in seiner Beschaffenheit oftmals *ungeordnet*, d.h. das Verhältnis der Konzepte in Über-, Unter- oder Gleichordnung ist nicht oder nicht eindeutig erkennbar. Die Ermittlung des Informationsbedarfs von Führungskräften kann sich daher an ordnenden Ansätzen orientieren.[386] Diese können sich auf einige wenige Konzepte konzentrieren, wie bspw. der Ansatz der Kritischen Erfolgsfaktoren. Hierbei wird sich auf die Ermittlung als dominanter, repräsentativer und kritischer, im Sinne von über Erfolg oder Misserfolg entscheidender, empfundener Elemente eines Sachverhalts konzentriert.[387] Weiterhin können bestimmte Arten von Informationsbedarfen durch betriebswirtschaftliche Konzeptionen, wie bspw. generische Kennzahlensysteme, spezielle Performance-Measurement-Ansätze oder andere betriebswirtschaftliche Ansätze geordnet werden.[388] Die rekonstruierten und ggf. geordneten mentalen Begriffsmodelle können mittels einer konzeptionellen Modellierungssprache konkret dargestellt werden, um die fachlichen Anforderungen an ein zu implementierendes System zur Informationsunterstützung hinreichend zu spezifizieren.[389]

---

[382] Vgl. Byrd et al. (1992), S. 119 sowie die Ausführungen zum Modellbegriff (vgl. 3.2.2.3) und zum Verständnis der Softwareentwicklung als Realitätsrekonstruktion (vgl. 1.2.1.1).

[383] Vgl. Struckmeier (1997), S. 21.

[384] Es handelt sich hierbei demnach um implizites Wissen. Vgl. die Ausführungen zu Informationen, Daten und Wissen in Abschnitt 2.2. Vgl. zu Hindernissen der Anforderungserhebung bspw. Valusek u. Fryback (1985), S. 104 ff.; Wetherbe (1991), S. 52; Byrd et al. (1992), S. 125 ff.; Groffmann (1992), S. 3; Rosenhagen (1994), S. 278, 280; Goeken (2006), S. 115 ff.

[385] Hierfür bieten sich Verfahren der Wissensakquisition an. Vgl. Goeken (2005b); Goeken (2006), S. 126 ff.

[386] Vgl. Holten (1999a), S. 36. Bei der Anwendung derartiger Verfahren wird meist von den kausalen Beziehungen zwischen den Faktoren abstrahiert, d.h. eine spätere Informationsunterstützung umfasst lediglich die wertmäßigen Ausprägungen der Faktoren; die Kenntnis kausaler Zusammenhänge wird implizit unterstellt.

[387] Vgl. Rockart (1979), S. 85; Horváth (2006), S, 342 ff. Vgl. auch Picot u. Franck (1988a), S. 609 ff.; Rosenhagen (1994), S. 275 f.; Holten (1999a), S. 123 f.; Voß u. Gutenschwager (2001), S. 148.

[388] Derartige Ansätze können auch im Rahmen der Wissensakquisition verwendet werden, um bspw. Artikulationsbarrieren zu überwinden. Vgl. Rockart (1979), S. 90.

[389] Vgl. Rockart (1979), S. 90.

Zusammenfassend kann festgehalten werden, dass der Informationsbedarf ein Soll-Modell des Managements in Bezug auf den einer Aufgabe zu Grunde liegenden Sachverhalt darstellt. Diesem Bedarf ist durch Informationen über Ist-Zustände (Fakten) zu begegnen, welche im Rahmen einer informationsunterstützenden Lösung bereitzustellen sind. Über die inhaltlichen Anforderungen hinaus bestehen weiterhin Anforderungen an die Repräsentation der Informationen, welche im folgenden Abschnitt erläutert werden.

4.2.2.2 Repräsentationsanforderungen an die Informationsunterstützung

Gemäß der Definition des Informationsbedarfs muss ein Informationsangebot nicht nur Anforderungen hinsichtlich der Art, sondern auch der Beschaffenheit und Menge der Informationen genügen. Ein Informationsangebots sollte einerseits derart gestaltet werden, dass Informationen in einem semantischen Kontext präsentiert werden und so die Informationswahrnehmung und -verarbeitung erleichtert wird.[390] Mit multidimensionaler Informationsorganisation wird in Abschnitt 4.2.2.2.1 ein dementsprechendes Konzept vorgestellt. Andererseits steht die Informationsunterstützung in einem Spannungsverhältnis zwischen der Bereitstellung inhaltlich umfangreicher, gemessen am Informationsbedarf vollständiger Informationen und einer Reduzierung der wahrgenommenen Informationsmenge.[391] Mit hierarchischer Informationsorganisation wird in Abschnitt 4.2.2.2.2 ein Ansatz vorgestellt, welcher eine anforderungsgerechte Anpassung der Informationsmenge ermöglicht.

4.2.2.2.1 Multidimensionale Informationsorganisation

Die multidimensionale Informationsorganisation stellt Informationen in einem semantischen Kontext dar (vgl. 3.1.3). Durch die Qualifikation einer Information im semantischen Kontext wird die Mehrdeutigkeit von Informationen reduziert, was einen Abbau von Ungewissheit nach sich zieht. In der Betriebswirtschaftslehre werden oftmals Gefüge von Aussagen und Bezugsaussagen vorgeschlagen, um eine eindeutige Informationsbe-

---

[390] Vgl. Meredith et al. (2008), S. 215.

[391] Vgl. hierzu Ulrich und Fluri: „ ... Informationen liefern, die seinen tatsächlichen Informationsbedürfnissen entsprechen. Das ist keineswegs eine banale Forderung, geht es doch darum, mit einem Minimum an verdichteten Daten eine optimale Aussagekraft zu erreichen und der Gefahr unverdaulicher ‚Zahlenfriedhöfe' zu entgehen." Ulrich u. Fluri (1995), S. 41. Vgl. Rieger (1994), S. 35, 43, 66; Gluchowski et al. (2008), S. 50, 53. Im Rahmen der Kognitionspsychologie wird angenommen, dass episodisches Wissen, d.h. der Kontext von Begriffen des semantischen Wissens, eine „multidimensional collection of elements, features and attributes" ist. Vgl. Tulving u. Thomson (1973), S. 354.

reitstellung zu Sachverhalten der Realität zu gewährleisten.[392] Unter *dimensionaler Informationsorganisation* kann das In-Beziehung-setzen von Begriffen mit einem oder mehreren Bezugsaussagen verstanden werden. Diese Bezugnahme bildet den semantischen Kontext einer Information.[393] Bezugsaussagen zu gleichen Begriffen mit unterschiedlichen Ausprägungen bilden eine *Dimension* (bspw. Produkte, Zeitpunkte, Regionen, Kunden etc.).[394] Eine beispielhafte Darstellung einer dimensionierten Begriffsbeschreibung kann Abbildung 15 entnommen werden. Hierbei werden Aussagen zu einem Sachverhalt (Umsatz in €)[395] durch Bezugsaussagen einer Dimension (Produkt) qualifiziert, sodass die Bedeutung einer Aussage im semantischen Kontext variiert.

Eine Information kann durch Hinzunahme zusätzlicher Dimensionen weiter qualifiziert werden (*Multidimensionalität*). Abbildung 16 stellt die Beschreibung eines Begriffs (Umsatz in €) durch mehrere Dimensionen (Zeit, Produkt, Region) dar.

---

[392] Gluchowski et al. verweisen darauf, dass sich „[l]ogische Sichten auf entscheidungsrelevante Zahlengößen[...] am mentalen Unternehmensbild betrieblicher Fach- und Führungskräfte orientieren [sollten] und damit multidimensionaler Natur sein [sollten]." Gluchowski et al. (2008), S. 145. Vgl. auch Rao (2000), S. 517. Eine auf betriebswirtschaftlichen Begriffsnetzen aufbauende Herleitung von Multidimensionalität findet sich bei Holten, der sich dabei auf den Ansatz der Einzelkosten- und Deckungsbeitragsrechnung nach Riebel bezieht. Vgl. Holten (1999a), S. 75 ff.; Groffmann (1992), S. 22 ff. Zum Ansatz der Einzelkosten- und Deckungsbeitragsrecragung vgl. Riebel (1979a), Riebel (1979b) sowie Riebel (1992).

[393] Vgl. Holten (1999b), S. 9 f.; Goeken (2003), S. 143.

[394] Vgl. Holten (1999a), S. 82 f. Gluchowski et al. sprechen von Dimensionen als begrifflicher Klammer, welche die konstituierenden Begriffe und deren Beziehungen untereinander zusammenfasst. Vgl. Gluchowski et al. (2008), S. 151. Das Vorhandensein eines gemeinsamen Merkmals ist dabei die Mitgliedschaftsbedingung für eine Dimension. Vgl. Holten (1999a), S. 82.

[395] Bereits der Ausweis eines Umsatzes ist, streng genommen, eine dimensionierte Begriffsbetrachtung, da dieser durch eine Währung qualifiziert wird. Vgl. Totok (2000), S. 91. Da für den Begriff des Umsatzes als eine Wertgröße, eine Wertqualifikation begriffskonstituierend ist, soll an dieser Stelle mit der Produktdimension eine weitere, nicht begriffskonstituierende Dimension hinzugezogen werden.

Managementunterstützung 89

Abbildung 15: Beispielhafte Darstellung einer einfachen dimensionierten Informationsbereitstellung

Aussage: Umsatz in €

| | 4711 € | 3105 € | 56304 € | 125734 € |

Bezugsaussagen zum Produkt: Produkt A, Produkt B, Produkt C, Produkt D
Dimension: Produkt

Legende
- Aussagen
- Zusammenfassung von Bezugsaussagen zu einer Dimension

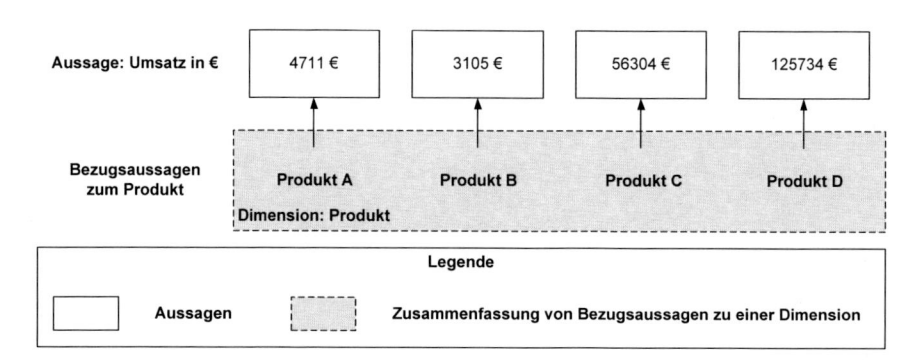

Abbildung 16: Beispielhafte Darstellung einer multidimensionalen Informationsbereitstellung

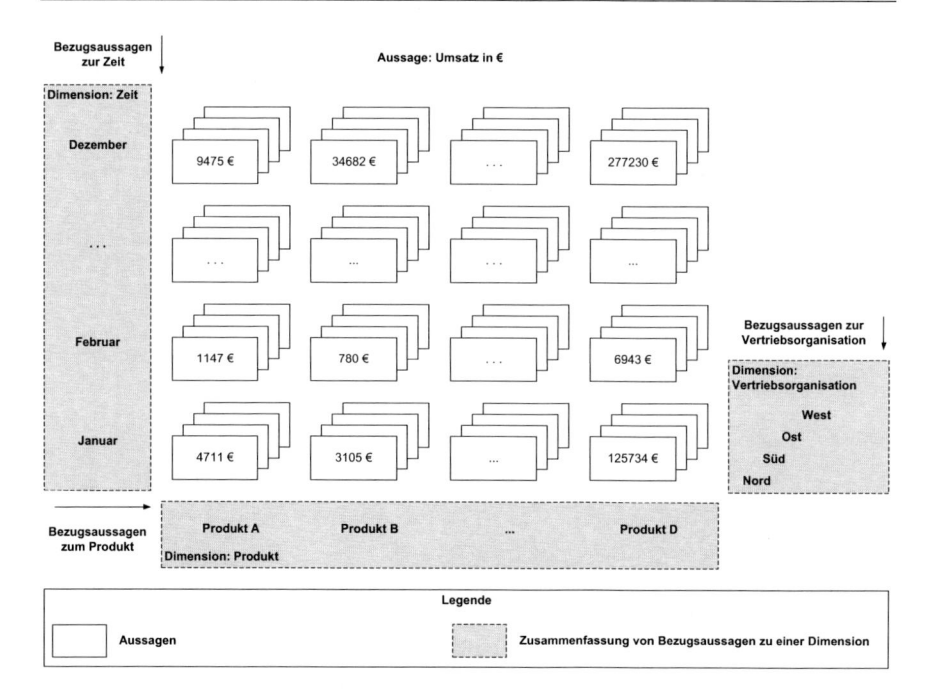

Bezugsaussagen zur Zeit
Aussage: Umsatz in €

Dimension: Zeit

Dezember: 9475 €, 34682 €, ..., 277230 €

...: ..., ..., ..., ...

Februar: 1147 €, 780 €, ..., 6943 €

Januar: 4711 €, 3105 €, ..., 125734 €

Bezugsaussagen zur Vertriebsorganisation
Dimension: Vertriebsorganisation
- West
- Ost
- Süd
- Nord

Bezugsaussagen zum Produkt: Produkt A, Produkt B, ..., Produkt D
Dimension: Produkt

Legende
- Aussagen
- Zusammenfassung von Bezugsaussagen zu einer Dimension

Die denkbare Anzahl der Dimensionen einer Information erscheint potenziell unbegrenzt.[396] Jedoch steht die Hinzunahme von Dimensionen im Zielkonflikt zu der durch Modellbildung angestrebten Komplexitätsreduktion gegenüber einem Sachverhalt der Realität.[397] Die Anzahl der Bezugsaussagen innerhalb einer Dimension ist ebenfalls potenziell unbeschränkt, sodass bei steigender Elementanzahl die Gefahr der Unübersichtlichkeit besteht. Um dieser entgegenzuwirken, kann der Ansatz hierarchischer Informationsorganisation angewandt werden, der in Abschnitt 4.2.2.2.2 beschrieben wird.

Zusammenfassend kann festgehalten werden, dass eine multidimensionale Informationsorganisation die Qualifizierung von Aussagen durch Schaffung eines semantischen Kontexts ermöglicht. Dabei werden Bezugsaussagen bezüglich eines gemeinsamen Begriffs zu Dimensionen zusammengefasst, welche die bereitgestellte Information qualifizieren. Eine Aussage kann durch mehrere Dimensionen gleichzeitig qualifiziert werden, um die Präzision von bereitgestellten Informationen weiter zu erhöhen. Für die Unterstützung des Managements bedeutet dies, dass der Ungewissheit aufgrund von Mehrdeutigkeit entgegengewirkt werden kann.

4.2.2.2.2 Hierarchische Informationsorganisation

Es existiert eine Reihe von Ansätzen zur Informationsrepräsentation, die den Umfang der wahrgenommenen Informationsmenge senken und so der Bewältigung von Unübersichtlichkeit dienen. Die Reduzierung der Informationsmenge kann einerseits vor der Informationsbereitstellung, durch Selektion relevanter und Unterdrückung irrelevanter Informationen, erfolgen.[398] Andererseits kann in einem bereitgestellten Informationsangebot der Ansatz der hierarchischen Informationsorganisation (*Hierarchisierung*) als Mechanismus zur Bewältigung großer Informationsmengen herangezogen werden.

Eine Hierarchie kann im systemtheoretischen Sinne als eine Ordnung einer Menge von Elementen durch Über- bzw. Unterordnungsbeziehungen verstanden werden.[399] Für die

---

[396] Vgl. Holthuis (1999), S. 42, 53.

[397] Die Angaben für die in der praktischen Anwendung im Rahmen der Informationsbereitstellung anzutreffende Anzahl von Dimensionen schwankt zwischen 7 (Groffmann (1992), S. 24) bis hin zu 12 bis 15 Dimensionen (Gluchowski et al. (2008), S. 144). Für eine Auswahl typischer Dimensionen vgl. Totok (2000), S. 87 ff.

[398] Vgl. die Ausführungen zur selektiven Wahrnehmung in 4.2.1.1.1

[399] Vgl. die Ausführungen zur Systemtheorie in Abschnitt 2.1.

hierarchische Ordnung werden zusätzliche Elemente geschaffen, denen die Elemente der Ausgangsmenge untergeordnet werden (*Hierarchieknoten*). Weiterhin kann die Rolle eines Hierarchieknotens in Eltern- und Kind-Knoten unterschieden werden, wobei die letztgenannten den erstgenannten untergeordnet sind.[400] Ein derartiger Über- bzw. Unterordnungsmechanismus ist rekursiv, d.h. selbstbezogen anwendbar, sodass Hierarchieknoten auch die Rolle eines Kind-Knotens annehmen können. Hierdurch können Mehrebenenhierarchien gebildet werden, wobei drei Arten von Ebenen unterschieden werden können.[401] Die *Wurzelebene* einer Hierarchie enthält einen (oder mehrere) Hierarchieknoten, denen keine weiteren Hierarchieknoten übergeordnet sind. Die *Elementarebene* enthält mindestens zwei Hierarchieknoten, denen keine Hierarchieknoten untergeordnet sind und mindestens ein Hierarchieknoten übergeordnet ist.[402] Zudem kann eine optionale Anzahl von *Zwischenebenen* gebildet werden, welche zwischen Elementar- und Wurzelebene angesiedelt sind.

Die Betrachtung eines hierarchisch organisierten Sachverhalts kann – je nach Interessensgegenstand – auf verschiedenen Hierarchieebenen erfolgen. Die Betrachtung auf Elementarebene offenbart dabei mehr Elemente eines Sachverhalts und somit einen höheren Detaillierungsgrad als auf übergeordneten Hierarchieebenen. Im Gegenzug steigt allerdings zwangsläufig, durch den Wegfall verkürzender Hierarchieknoten, die Elementmenge des betrachteten Ausschnitts und damit die Gefahr der Unübersichtlichkeit.[403] Abbildung 17 stellt das Geschilderte übersichtsartig dar.[404]

---

[400] Vgl. Malinowski u. Zimányi (2004), S. 479; Malinowski u. Zimányi (2006), S. 350.
[401] Vgl. Porac u. Thomas (1990), S. 228; Simon (1996), S. 184 f.
[402] Vgl. Malinowski u. Zimányi (2004), S. 479; Malinowski u. Zimányi (2006), S. 350.
[403] Vgl. Dörner (1999), S. 115 f.
[404] Die für Hierarchien übliche Darstellungsform ist die eines Baumes. Vgl. Holten (1999a), S. 85.

Abbildung 17: Wechsel der Betrachtungsebene bei Betrachtung eines hierarchisch organisierten Sachverhalts

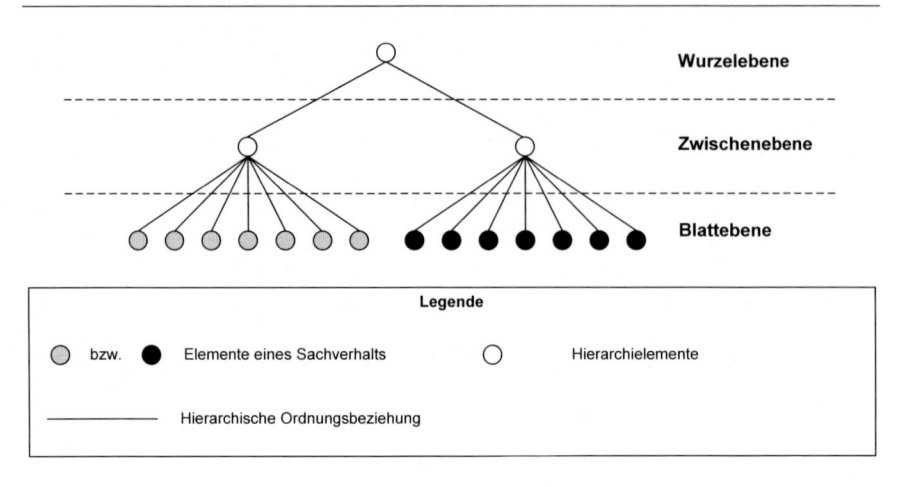

4.2.2.3 Zusammenfassung der Anforderungen an die Informationsunterstützung

Zusammenfassend kann festgehalten werden, dass die Informationsunterstützung dem Informationsbedarf in Art, Beschaffenheit und Menge zu genügen hat. Die Bereitstellung von Informationen muss sich hinsichtlich der Art von Informationen an bekannten mentalen Begriffsmodellen orientieren, welche ggf. im Rahmen der Informationsbedarfsermittlung rekonstruiert und expliziert werden. Die vorgestellten Ansätze zur Informationsdimensionierung und -hierarchisierung erlauben es, die Beschaffenheit und Menge von Informationen im Rahmen der Informationsunterstützung an die Anforderungen des Informationsbedarfs anzupassen. Die Hinzunahme oder Unterdrückung von Dimensionen erlaubt hierbei eine Anreicherung bzw. Verkürzung der Informationen um den semantischen Kontext. Die Nutzung von Hierarchien erlaubt einen Wechsel des Detaillierungsgrads einer Betrachtung, sodass auf eine Informationsüberflutung oder auf das Erfordernis detaillierter Information bedarfsgerecht reagiert werden kann.

Tabelle 2 zeigt eine Übersicht über die Anforderungen an die Informationsunterstützung des Managements. Die Anforderungen sind zur Referenzierung im Verlauf der Argumentation mit Kürzeln versehen, die nach der jeweiligen Anforderung benannt werden. IU steht dabei für eine Anforderung an die Informationsunterstützung, die folgende Zahl für den Aspekt der Informationsunterstützung, dem die Anforderung entstammt, sowie im Anschluss ein Buchstabe zur Nummerierung der konkreten Anforderung.

Tabelle 2: Anforderungen an die Informationsunterstützung des Managements

Aspekt der Informationsunterstützung	Theoretische Anforderungen an die Informationsunterstützung
Inhaltliche Anforderungen an die Informationsunterstützung	▪ Bereitstellung von Informationen zu explizit formulierten Begriffsmodellen des Managements. [IU-1a] ▪ Ordnung der Begriffsmodelle des Managements durch betriebswirtschaftliche Konzeptionen und Ansätze. [IU-1b]
Repräsentationsanforderungen an die Informationsunterstützung	▪ Bereitstellung multidimensional organisierter Informationen. [IU-2a] ▪ Bereitstellung hierarchisch organisierter Informationen. [IU-2b]

Die hergeleiteten Anforderungen an die Informationsunterstützung werden in den folgenden Abschnitten und Kapiteln aufgegriffen, um einerseits einen Bezug zur Umsetzung durch Informationssysteme und andererseits ggf. existierende Defizite aufzuzeigen.

4.2.3 Entscheidungsunterstützung

Nachdem im vorangegangenen Abschnitt strukturierte Tätigkeiten Gegenstand der Betrachtung waren, hat die in diesem Abschnitt behandelte Entscheidungsunterstützung unstrukturierte oder semistrukturierte Managementtätigkeiten zum Gegenstand.[405] Gemäß dem in Abschnitt 4.2.1.1.2 vorgestellten Verarbeitungsprozess handelt es sich hierbei um wahrgenommene Sachverhalte, die den Konzepten eines mentalen Begriffsmodells nicht oder diesen lediglich teilweise zugeordnet werden können und daher Ungewissheit hinsichtlich des wahrgenommenen Sachverhalts nach sich ziehen. Das Leitmotiv der Entscheidungsunterstützung ist daher die Reduzierung von Ungewissheit durch den Aufbau von mentalen Begriffs- und Handlungsmodellen mit dem Ziel, „... das Urteilsvermögen des Anwenders und dadurch die Entscheidungsqualität zu verbessern."[406] Dies impliziert die Strukturierung eines semi- oder unstrukturierten Sachverhalts, welche hier durch Modellierungssprachen und den ihnen zu Grunde liegenden konzeptionellen Aspekt erfolgt.

---

[405] Vgl. Keen u. Scott Morton (1978), S. 11; Sprague u. Carlson (1982), S. 6; Holten u. Knackstedt (1997), S. 7; Voß u. Gutenschwager (2001), S. 335; Back (2002), Sp. 370; Shim et al. (2002), S. 112; Turban et al. (2005), S. 103, 108.

[406] Chamoni u. Gluchowski (2006), S. 7. Ähnlich: Holten (1999a), S. 37; Schelp (2000), S. 108; Voß u. Gutenschwager (2001), S. 337; Back (2002), Sp. 370; Turban et al. (2005), S. 108; Clark et al. (2007), S. 580; Gluchowski et al. (2008), S. 63.

Erwartungen an die Merkmale eines Sachverhalts werden demnach im Rahmen der Modellbildung auf Typebene, Erwartungen an die Ausprägungen gegebener Strukturen werden durch Anwendung an diese Modelle anknüpfender Methoden gebildet.[407] Im Folgenden wird die Rolle derartiger Modelle und Methoden im Rahmen der Entscheidungsunterstützung betrachtet.

Die Literatur zur Entscheidungsunterstützung bezieht sich auf eine Reihe von Referenzdisziplinen[408], wobei an dieser Stelle die Erkenntnisse der Entscheidungstheorie zur Herleitung von Anforderungen herangezogen werden.[409] Diese werden zunächst grundlegend dargestellt (4.2.3.1). Auf dieser Grundlage erfolgt eine strukturierte Darstellung von Potenzialen zur Entscheidungsunterstützung sowie die Ableitung von Anforderungen an deren Umsetzung durch Informationssysteme (4.2.3.2).

4.2.3.1 Entscheidungstheoretische Grundlegung

In diesem Abschnitt erfolgt mit der Darstellung der präskriptiven und deskriptiven Entscheidungstheorie eine theoretische Grundlegung für Entscheidungsunterstützung und eine Ableitung von Anforderungen. Entscheidungstheoretische Forschung kann in präskriptive und deskriptive Ansätze unterschieden werden. *Präskriptive Ansätze* formulieren Verhaltensempfehlungen auf Grundlage formaler Entscheidungsmodelle. Derartige Entscheidungsmodelle unterliegen einer Reihe teilweise restriktiver Annahmen. Hervorzuheben sind unter anderem die Annahme eines rational handelnden Menschen[410], der voll-

---

[407] Vgl. Voß u. Gutenschwager (2001), S. 335; Shim et al. (2002), S. 111; Turban et al. (2005), S. 40, 104; Chamoni u. Gluchowski (2006), S. 7; Clark et al. (2007), S. 580; Gluchowski et al. (2008), S. 63.

[408] Vgl. Eom (1995), S. 512 ff.; Eom (1998), S. 641; Eom (2008), S. 143 ff.

[409] Vgl. Sprague u. Carlson (1982), S. 26 f.; Rieger (1994), S. 66; Eom (1995), S. 512; Chen u. Lee (2003), S. 147.

[410] Bamberg et al. differenzieren verschieden Formen der Rationalität. Einerseits wird zwischen einer formalen und einer substanziellen Rationalität unterschieden. Formale Rationalität bezieht sich auf das Verhalten in formalen Entscheidungsmodellen, d.h. die Alternativenwahl erfolgt vor dem Hintergrund eines explizierten und widerspruchsfreien Zielsystems. Eine substanzielle Rationalität orientiert sich nicht an einem formalisierten Zielsystem, sondern an anderen Referenzsystemen (bspw. Zielsystemen der Gesellschaft oder einer Organisation), sodass formal und substanziell rationales Verhalten nicht miteinander einhergehen muss. Anderseits wird zwischen objektiv und subjektiv rationalen Verhalten unterschieden. Objektiv rationales Verhalten ist dadurch gekennzeichnet, dass das Situationsbild des Entscheiders mit der Wirklichkeit übereinstimmt. Einer subjektiver Rationalität genügt die Korrespondenz mit den subjektiven Informationen des Entscheiders. Vgl. Bamberg et al. (2008), S. 3 f. Vgl. auch Simon (1955), S. 53 f.; Keen u. Scott Morton (1978), S. 64; Ulrich u. Fluri (1995), S. 22 f.; Voß u. Gutenschwager (2001), S. 32 ff.; Barthélemy et al. (2002), S. 234.

Die Annahme einer objektiven Rationalität widerspricht den Annahmen der vorliegenden Arbeit (vgl. 1.2.1). Bei der Verwendung der im Rahmen dieser Arbeit formulierten Modelle mit Entscheidungsbezug sowie auf diese anzuwendenden Methoden wird eine formale Rationalität unterstellt. Die Beurteilung der substanziellen Rationalität kann nur vor dem Hintergrund einer Anwendungsdomäne und einem daraus entstammenden Zielsystem formuliert werden.

ständigen Information hinsichtlich aller Handlungsalternativen und deren Konsequenzen sowie das Vorhandensein einer eindeutigen Präferenzfunktion, welche es ermöglicht, Handlungsalternativen in eine Rangfolge zu bringen.[411] Unter Berücksichtigung der genannten Annahmen werden formale, quantitative Modelle des einer Entscheidungssituation zu Grunde liegenden Sachverhalts aufgestellt. Darauf aufbauend wird dann die beweisbar beste Alternative, d.h. diejenige, die unter den gegebenen Bedingungen ein optimales Entscheidungsergebnis nach sich zieht, als Handlungsempfehlung vorgeschlagen.[412] Die erkenntnistheoretischen Annahmen der präskriptiven Entscheidungstheorie widersprechen denen der vorliegenden Arbeit. Das Instrumentarium der präskriptiven Entscheidungstheorie, die Modellbildung und Alternativengenerierung, zur Strukturierung eines unbekannten Sachverhalts sowie der Erarbeitung potenzieller Handlungsalternativen erscheint jedoch als geeignet, um Entscheidungen zu unterstützen.

Deskriptive Ansätze der Entscheidungstheorie stellen das beobachtbare Entscheidungsverhalten von Führungskräften dar und leiten daraus allgemeine Empfehlungen für das Entscheidungsverhalten ab. Als Handlungsempfehlung wird regelmäßig das Durchschreiten eines idealtypischen Entscheidungsprozesses gegeben, welcher den Weg von der Identifikation eines Problems bis zur Umsetzung einer Entscheidung schrittweise nachvollzieht.[413] Auch in deskriptiven Ansätzen der Entscheidungstheorie finden formale Entscheidungsmodelle und -methoden Anwendung. Jedoch werden hierbei die restriktiven Annahmen der präskriptiven Entscheidungstheorie fallengelassen.[414] Im Umfeld der Entscheidungsunterstützung durch Informationssysteme wird insbesondere der von Simon vorgeschlagene idealtypische Problemlösungs- und Entscheidungsprozess zur Strukturierung der Ent-

---

[411] Vgl. Simon (1983), S. 5 ff.; Turban et al. (2005), S. 62. Für einen Überblick über die präskriptive Entscheidungstheorie vgl. Laux (2005), S. 15 ff.; Bamberg et al. (2008), S. 3 f.

[412] Vgl. Keen u. Scott Morton (1978), S. 64; Turban et al. (2005), S. 61.

[413] Für eine Übersicht vgl. Schwenk (1984), S. 114 f.

[414] Vgl. Gluchowski et al. (2008), S. 62. Die Annahmen, die derartigen Entscheidungsprozessen zu Grunde liegen, stehen den Annahmen der präskriptiven Entscheidungstheorie teilweise konträr gegenüber. Unter anderem wird von keinem rationalen Auswahlverhalten, sondern von einer Form begrenzter („bounded") Rationalität ausgegangen. Vgl. Simon (1955), S. 56 ff.; Mintzberg (1973), S. 14; Keen u. Scott Morton (1978), S. 65 f.; Riveira et al. (1981), S. 121 f.; Simon (1996), S. 25 ff.; Meyer (1999), 103; Bamberg et al. (2008), S. 6; Holsapple (2008), S. 33.

scheidungsunterstützung herangezogen.[415] Simon gliedert diesen Prozess in die Phasen: Intelligence, Design, Choice und Implementation (Abbildung 18).[416]

Abbildung 18: Idealtypischer Entscheidungsprozess nach Simon

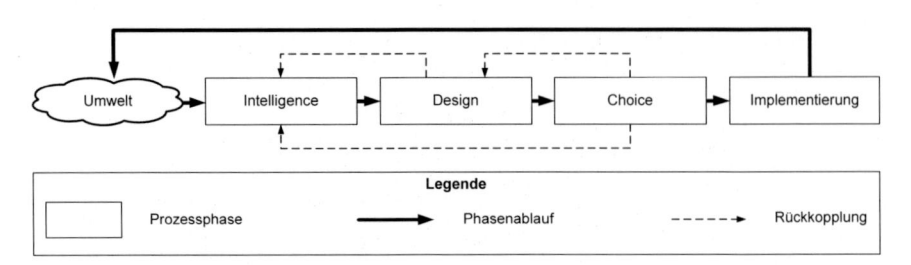

```
Umwelt → Intelligence → Design → Choice → Implementierung
```

Legende: ▢ Prozessphase ──▶ Phasenablauf ----▶ Rückkopplung

Quelle: In Anlehnung an (Turban et al. 2005), S. 50 sowie (Hall 2008), S. 87.

Unter *Intelligence* wird das Durchsuchen der wahrgenommenen internen und externen Unternehmensumwelt nach Umständen, welche eine Entscheidung verlangen (Probleme) sowie deren Identifikation und Definition verstanden.[417] Die *Design-Phase* umfasst die Formulierung und Analyse von Handlungsalternativen zur Lösung des Problems, d.h. dem Erreichen eines ebenso definierten Zielzustands.[418] Sollten die zur Verfügung stehenden Informationen über den als problematisch empfundenen Sachverhalt hierfür nicht ausreichen, kann die Intelligence-Phase erneut durchlaufen werden.[419] Die *Choice-Phase* besteht aus der Wahl einer der in der Design-Phase erarbeiteten Lösungsalternativen

---

[415] Vgl. Simon (1960), S. 1 f.; Keen u. Scott Morton (1978), S. 65; Shim et al. (2002), S. 111. Ähnliche Problemlösungsprozesse mit tw. anderer Phasenaufteilung und -benennung finden sich bei Dörner (1999), S. 67 ff.; Meyer (1999), S. 103; Courtney (2001), S. 19; Voß u. Gutenschwager (2001), S. 338; Felden (2006), S. 41 ff.

[416] Vgl. Simon (1960), S. 2 ff. Zunächst findet sich lediglich eine Aufgliederung in die Schritte Intelligence, Design und Choice. Später wurde die Implementierung explizit mit in den Entscheidungsprozess einbezogen.
Vgl. Gorry u. Scott Morton (1971), S. 60; Sprague u. Carlson (1982), S. 26 f.; Holten (1999a), S. 37; Shim et al. (2002), S. 112; Turban et al. (2005), S. 49 ff.

[417] Vgl. Gorry u. Scott Morton (1971), S. 60; Sprague u. Carlson (1982), S. 26; Kleindorfer et al. (1993), S. 24; Turban et al. (2005), S. 49, 53 f.; Hall (2008), S. 85; Holsapple (2008), S. 31. Simon lehnt die Bedeutung des Begriffs Intelligence an die Aufklärung im militärischen Sinne an („... borrowing the meaning of the military intelligence."), vgl. Simon (1960), S. 2. Eine sprachbezogene Interpretation der Intelligencephase versteht diese als die Suche nach nicht erwarteten Begriffsmerkmalen (Strukturelle Auffälligkeiten) und Merkmalsausprägungen (Verhaltensauffälligkeiten).

[418] Vgl. Hall (2008), S. 86; Holsapple (2008), S. 31.

[419] Vgl. Holsapple (2008), S. 31

sowie der Verifikation der Realisierbarkeit dieser Lösung.[420] Auch aus der Choice-Phase sind Rückschritte in vorgelagerte Phasen vorgesehen, bspw. um weitere Handlungsalternativen zu generieren (Rückschritt in die Design-Phase) oder zusätzliche Informationen zu sammeln (Rückschritt in die Intelligence-Phase).[421] Der Entscheidungsprozess wird durch die *Implementierung*, d.h. die Umsetzung der ausgewählten Handlungsalternative in konkrete Programme, abgeschlossen.[422] Die genannten Phasen laufen keineswegs linear ab, sondern sind durch Iterationen sowie Rückkopplungen zu früheren Phasen gekennzeichnet.[423] Die Aktivitäten in den Phasen sowie die zwischen den Phasen bestehenden Abfolgebeziehungen werden weiter unten erläutert.

Zusammenfassend kann festgehalten werden, dass sowohl die vorgeschlagenen Modelle und Methoden der präskriptiven Entscheidungstheorie als auch die prozessuale Gliederung auf Grundlage des Entscheidungsprozesses konstituierenden Charakter für die spätere IS-basierte Entscheidungsunterstützung haben.[424] Dabei bedingen sich diese Komponenten wechselseitig. Ohne die Ausrichtung an einem Entscheidungsprozess existieren mit Modellen und Methoden (bspw. der präskriptiven Entscheidungstheorie) sowie deren technischen Pendants nur isolierte Komponenten, die selbst keine Unterstützungsleistung erbringen.[425] Anderseits erscheint der Einsatz von Modellen und Modellierungssprachen zwingend erforderlich, um einen als problematisch empfundenen Sachverhalt im Prozessverlauf zu strukturieren und, darauf basierend, Handlungsempfehlungen zu generieren. Im Folgenden werden die Anforderungen an die Entscheidungsunterstützung, aufgegliedert am dargestellten idealtypischen Entscheidungsprozess, dargestellt.

---

[420] Vgl. Sprague u. Carlson (1982), S. 26; Turban et al. (2005), S. 50.; Gluchowski et al. (2008), S. 53; Holsapple (2008), S. 31.

[421] Ein Rückschritt in die Designphase ist denkbar, wenn keine der vorgeschlagenen Handlungsalternativen verfolgt werden kann oder soll. Ein Rückschritt in die Intelligencephase kann angebracht sein, wenn zur Auswahl zwischen mehreren positiv bewerteten Handlungsalternativen zusätzliche Informationen erforderlich sind. Weiterhin kann auch eine Veränderung der Entscheidungssituation an sich ein erneutes Durchlaufen der Intelligencephase notwendig machen. Holsapple (2008), S. 32.

[422] Vgl. Hall (2008), S. 87.

[423] Vgl. Simon (1960), S. 3.

[424] Vgl. Holten u. Knackstedt (1997), S. 7.

[425] Vgl. Krallmann u. Rieger (1987), S. 29. Ohne „Intelligence" werden Probleme nicht aktiv erkannt. Ohne „Design" wird ein Problem nicht strukturiert. Ohne begriffliche Struktur kann kein Substitut für fehlende Handlungsmodelle generiert werden. Eine Handlung, die nicht implementiert wird, löst wiederum keine Probleme.

4.2.3.2 Phasen des Entscheidungsprozesses und Anforderungen an deren Unterstützung

Die Entscheidungsunterstützung der *Intelligence-Phase* beruht auf der Schaffung der Fähigkeit zur Untersuchung der Umwelt nach Problem sowie deren Interpretation und Definition.[426] Für die Problemsuche sollte demnach eine Informationsbasis etabliert werden, welche Informationen über potenziell problembeladene Bereiche aus der Umwelt eines Entscheiders bereitstellt. Bezogen auf Entscheidungssituationen im Unternehmen sind dies unternehmensinterne und -externe Informationen. Eine Informationsbasis sollte zudem die Interpretation eines als problematisch empfundenen Sachverhalts ermöglichen: indem (begriffliche) Zusammenhänge zwischen Informationen aufgezeigt werden, kann ein Problem zumindest initial abgegrenzt werden. Abschließend soll eine Informationsbasis die Definition eines Problems ermöglichen, indem die Diskrepanz zwischen dem Sachverhalt und einem erwünschten Zustand präzise formuliert werden kann. Auf Grundlage einer derartigen Problemdefinition können dann spezifische Informationen für spätere Phasen des Entscheidungsprozesses beschafft werden.[427]

Die *Design-Phase* umfasst die Formulierung und Analyse von Handlungsalternativen zur Lösung des Problems, d.h. zum Erreichen eines ebenso definierten Zielzustands.[428] Die Formulierung von Handlungsalternativen setzt das Verständnis der einen Sachverhalt konstituierenden kausalen Zusammenhänge voraus, was bei problematischen Sachverhalten allerdings nicht der Fall ist.[429] Die Fähigkeit zur Formulierung eines Modells des als problematisch empfundenen Sachverhalts unter Verwendung einer den Sachverhalt strukturierenden und explizierenden Modellierungssprache erscheint daher zwingend erforderlich. Ein derartiges Modell erfüllt dann stellvertretend die Funktion eines mentalen Begriffsmodells der Wahrnehmungsverarbeitung, d.h. es spiegelt einen erkannten Sachverhalt wider. Im Anschluss an die Erkenntnis eines Sachverhalts sollten Handlungsmodelle abgerufen werden können, mit denen auf den Sachverhalt reagiert werden kann. Auf Grundlage des expliziten Modells sollten daher Methoden bereitgestellt werden, um Handlungsalternativen bezüglich des Sachverhalts zu generieren sowie diese im Hinblick auf das Ergebnis einer Umsetzung hin zu evaluieren.[430] Diese Handlungsalternativen er-

---

[426] Vgl. Voß u. Gutenschwager (2001), S. 338 f.; Turban et al. (2005), S. 73.

[427] Vgl. Hall (2008), S. 85 f.

[428] Vgl. Hall (2008), S. 86; Holsapple (2008), S. 31.

[429] Vgl. die Ausführungen zum Problembegriff in 3.2.2.2 sowie zur kognitiven Erklärung unstrukturierter und semistrukturierter Tätigkeiten in Abschnitt 4.2.1.1.2.

[430] Vgl. Sprague u. Carlson (1982), S. 26; Voß u. Gutenschwager (2001), S. 339; Turban et al. (2005), S. 49 f., 74; Gluchowski et al. (2008), S. 50, 53; Holsapple (2008), S. 31. Die Ermittlung von Handlungsempfehlungen zur Erreichung eines bestimmten Ziels kann bspw. durch How-to-achieve-Analysen oder Optimierungsverfahren unterstützt werden. Vgl. Voß u. Gutenschwager (2001), S. 338 f.

füllen hierbei die Funktion von Handlungsmodellen, d.h. sie projizieren einen zukünftigen Zustand auf Grundlage des identifizierten Sachverhalts.

Die *Choice-Phase* besteht aus der Wahl einer der in der Design-Phase erarbeiteten Lösungsalternativen sowie der Verifikation der Realisierbarkeit dieser Lösung.[431] Im Rahmen der Choice-Phase können, basierend auf den Ergebnissen der Design-Phase, Unterstützungsangebote angesiedelt werden, welche die geistige Vorwegnahme der Konsequenzen einer Handlungsalternative (denkbare Ausprägungen) ermöglichen.[432]

Eine zusammengefasste und nach unterstützter Phase gegliederte Übersicht der Anforderungen an die Entscheidungsunterstützung kann Tabelle 3 entnommen werden. Die Anforderungen sind zur Referenzierung im Verlauf der Argumentation mit Kürzeln versehen und nach der jeweiligen Anforderung benannt. EU steht dabei für eine Anforderung an die Entscheidungsunterstützung, die folgende Zahl für den Aspekt der Entscheidungsunterstützung, dem die Anforderung entstammt, sowie im Anschluss ein Buchstabe zur Nummerierung der konkreten Anforderung.

---

[431] Vgl. Sprague u. Carlson (1982), S. 26; Turban et al. (2005), S. 50.; Gluchowski et al. (2008), S. 53; Holsapple (2008), S. 31.

[432] Vgl. Turban et al. (2005), S. 76. Für die Bewertung der Auswirkungen der Alternativenwahl können bspw. What-if-Analysen oder Simulationen herangezogen werden. Vgl. Voß u. Gutenschwager (2001), S. 338 f. Für eine Darstellung von Simulation siehe Abschnitt 6.1.3.2 sowie 6.2.3.

Tabelle 3: Anforderungen an die Entscheidungsunterstützung des Managements

Unterstützte Phase	Anforderungen an die Entscheidungsunterstützung
Intelligence-Phase	Etablierung einer Informationsbasis, welche • potenziell problemrelevante, unternehmensinterne und externe Informationen bereitstellt. [EU-1a] • die Interpretation eines Problems durch Aufzeigen begrifflicher Zusammenhänge ermöglicht. [EU-1b] • die Definition eines Problems durch präzise Formulierung der Diskrepanz zwischen dem problematischen Sachverhalt und dem erwünschten Zustand ermöglicht. [EU-1c]
Design-Phase	• Bereitstellung einer Modellierungsumgebung, welche die explizite Formulierung von Entscheidungsmodellen ermöglicht. [EU-2a] • Bereitstellung von Methoden zur Generierung modellbezogener Handlungsempfehlungen. [EU-2b]
Choice-Phase	• Bereitstellung der Fähigkeit zur (geistigen) Vorwegnahme und Bewertung einer Handlungsalternative. [EU-3]

4.3 Zusammenfassung und Schlussfolgerungen

In diesem Abschnitt werden die Anforderungen an Managementunterstützungssysteme zusammengefasst und daraus Schlussfolgerungen für den weiteren Verlauf der Arbeit abgeleitet.

4.3.1 Zusammenfassung

Als Grundlage für die Managementunterstützung sollte eine Informationsbasis etabliert werden. Die Art der Informationen sollte einerseits den Informationsbedarf zu bekannten Sachverhalten decken. Andererseits sollten in ihr auch potenziell problemrelevante Informationen bereitgehalten werden, welche keiner Entscheidung direkt zugeordnet werden können. Die bereitgestellten Informationen sollten sich sowohl auf interne als auch auf externe Sachverhalte beziehen. Die Informationsbasis sollte eine Struktur aufweisen, die es ermöglicht, die Beschaffenheit der bereitgestellten Informationen an den erforderlichen semantischen Kontext anzupassen. Darüber hinaus sollte sie in der Lage sein, einer potenziellen Informationsüberflutung durch die Möglichkeit einer hierarchischen Informationsorganisation zu beggenen. Zur Strukturierung unbekannter Sachverhalte ist es erforderlich, einen Modellierungsansatz[433] bereitzustellen, welcher die explizite Formulierung von Modellen ermöglicht. Des Weiteren sollten an die erstellten Modelle anknüpfende *Methoden* zur Generierung von Handlungsalternativen bereitgestellt werden.

Die vorgestellten Unterstützungspotenziale und deren Merkmale korrespondieren mit dem einleitend vorgestellten Strukturmodell menschlicher Kognition. Die Speicherkomponenten des Kurz- und Langzeitgedächtnisses werden dabei durch eine Informationsbasis im skizzierten Sinne dargestellt. Diese wird durch mentale Begriffsmodelle gebildet und unter Anwendung von Selektionsmodellen mit Informationen (Fakten) gefüllt. Handlungsmodelle hingegen werden nicht oder nur zum Teil in der Informationsbasis vorgehalten. Bei strukturierten Managementtätigkeiten können Handlungsmodelle bei einem ausreichenden, d.h. den Informationsbedarf befriedigenden, Informationsstand abgerufen bzw. automatisiert werden. Bei semi- oder unstrukturierten Managementtätigkeiten liegen Begriffs- und Handlungsmodelle nicht oder nur teilweise vor. Diese können unter Anwendung eines Modellierungsansatzes bzw. von Methoden zur Generierung von Handlungsalternativen erstellt werden.

4.3.2 Schlussfolgerungen für eine Lernunterstützung des Managements

In den folgenden Abschnitten wird die Informations- und Entscheidungsunterstützung vor dem Hintergrund des Lernens untersucht. Die Betrachtung zerfällt zum Einen in die Komponenten eines idealtypischen Lernprozesseses (Lernimpuls, Reichweite des Lernens, Habitualisierung, vgl. 2.3.1); andererseits wird aufgezeigt, welchen Beitrag die erläuterten theoretischen Grundlagen der Managementunterstützung zum Lernen leisten können und welche Maßnahmen für eine explizite Lernunterstützung ergriffen werden müssen. Es wird zunächst auf die Informationsunterstützung und dann auf die Entscheidungsunterstützung eingegangen.

4.3.2.1 Betrachtung der Informationsunterstützung vor dem Hintergrund des Lernens

Ein *Lernimpuls* kann sich in der Informationsunterstützung ergeben, wenn bereitgestellte Ausprägungen von Begriffsmodellen (Informationen) von erwarteten Ausprägungen abweichen (totales oder partielles Scheitern begrifflicher Zuordnung auf Ausprägungsebene, vgl. 4.2.1.1.2).

---

[433] Unter Modellierungsansätzen sollen hier problemartbezogene Modellierungsmethoden (bestehend aus einer Sprachdefinition und einer Handlungsanleitung) sowie deren Umfeld (Techniken, Rollen und anknüpfende Methoden, bspw. zur Generierung von Handlungsempfehlungen) verstanden werden. Vgl. Stahlknecht u. Hasenkamp (2005), S. 212 f.; Goeken (2006) S. 55 ff.

Die Informationsunterstützung bedient zeitlich stabilere Begriffsmodelle; deren Veränderung ist nicht Gegenstand des Unterstützungsangebots. Daher bewegt sich ein Lernen im Umfeld der Informationsunterstützung in gegebenen Strukturen, was einem inkrementellen Lernen bzw. Piagets *Assimilation* entspricht. Gegenstand des Lernens sind dann bislang unbekannte Ausprägungen bekannter mentaler Begriffsmodelle, wobei das Lernergebnis neugebildete Erwartungshaltungen an das Ausprägungsspektrum dieser Begriffsmodelle darstellt.

Die Assimilation von Informationen erfolgt durch Handlungen zur zielgerichteten Anpassung der Umwelt und die Aufnahme der aus der Anpassung resultierenden neuen Informationen (vgl. 2.3.2). Ein derartiger Prozess ist ein Zyklus aus Wahrnehmung, Verarbeitung, Handlung und erneuter Wahrnehmung. Den größten Einfluss auf die Laufzeit des Prozesses hat hierbei der Zeitraum zwischen der Handlung und der Rückkopplung der Umwelt, d.h. der Wahrnehmung des Handlungsresultats. Zur Verkürzung dieses Zeitraums könnten Simulationsmethoden eingesetzt werden, welche es erlauben die Handlungskonsequenzen geistig vorwegzunehmen, sodass nicht unmittelbar auf eine direkte Erfahrung der Umwelt gewartet werden muss, um den Erfolg der Handlungen festzustellen. Hierbei werden unter Berücksichtigung der Annahmen eines bestehenden Modells artifizielle Erfahrungen in Form von Simulationsergebnissen produziert. Über die Produktion artifizieller Erfahrungen hinaus ist es erforderlich, diese im Rahmen einer Informationsunterstützung bereitzustellen, um einen Abgleich mit tatsächlichen Erfahrungen der Umwelt durchzuführen. Eine positive Bestätigung der artifiziellen Erfahrungen kann dann als gelungene Assimilation angesehen werden. Diese bestätigen die bestehenden Begriffs- und Handlungsmodelle in ihrer Gültigkeit, erweitern das Erwartungsspektrum bezüglich der Ausprägungen von Begriffsmodellen und werden zukünftigen Wahrnehmungs- und Verarbeitungsprozessen zu Grunde gelegt (*Habitualisierung*). Werden artifizielle Erfahrungen nicht bestätigt, so kann dies den Übergang zur Akkommodation einleiten (siehe unten).

An die Lernunterstützung des Managements im Rahmen der Informationsunterstützung können demnach folgende Anforderungen erhoben werden. Die Anforderungen sind zur Referenzierung im Verlauf der Argumentation mit Kürzeln versehen, die nach der jeweiligen Anforderung genannt werden. LIU steht dabei für eine Anforderung für an die Lernunterstützung durch Informationsunterstützung und die folgende Zahl dient der Nummerierung der konkreten Anforderung.

- Die Auslösung von Lernimpulsen muss im Rahmen der Informationsversorgung durch Gegenüberstellung von faktischen Ausprägungen und expliziten Erwartungen bezüglich begrifflicher Ausprägungen erfolgen. Dies impliziert, dass sowohl faktische

Ausprägungsarten als auch Erwartungen explizit und parallel bereitgestellt werden. [LIU-1]

- Für die geistige Vorwegnahme von Handlungskonsequenzen bei der Beeinflussung eines Sachverhalts müssen entsprechende Methoden der Simulation bereitgestellt werden. Diese Methoden müssen an bestehende Modelle der Informationsunterstützung anknüpfen, sodass der Informationsbestand von den Methoden verwendet werden kann. [LIU-2]

- Die durch den Methodeneinsatz generierten artifiziellen Erfahrungen müssen in der Informationsunterstützung bereitgestellt werden, da sie explizite Erwartungen an die zukünftige Entwicklung eines Sachverhalts darstellen. Hierdurch wird der zyklische Prozess der Assimilation geschlossen, da derart formulierte Erwartungen die Grundlage für das (erneute) Auslösen von Lernimpulsen bilden. [LIU-3]

Den erläuterten Anforderungen an die Unterstützung des Lernens im Umfeld der Informationsunterstützung wird im weiteren Verlauf der Arbeit wie folgt begegnet.

- In Abschnitt 5.2 wird mit dem Online Analytical Processing der State of the Art der Informationsunterstützung des Managements durch Informationssysteme dargestellt. Im Zuge dessen wird auf die Begriffsmodelle, die die Grundlage für die Informationsunterstützung bilden, eingegangen.

- In Abschnitt 6.2 wird mit System Dynamics ein Ansatz vorgestellt, der die Bildung von Begriffsmodellen sowie, daran anknüpfend, deren Simulation ermöglicht.

- In Kapitel 8 wird aufgezeigt, wie Simulationsergebnisse als Erwartungshaltungen an zukünftige Sachverhalte in Angeboten der Informationsunterstützung bereitgestellt werden können.

4.3.2.2 Betrachtung der Entscheidungsunterstützung vor dem Hintergrund des Lernens

Ein *Lernimpuls* der Entscheidungsunterstützung kann einerseits als logische Folge fehlgeschlagener Assimilationsversuche auftreten, wenn ein Sachverhalt auf Grundlage gegebener Begriffs- und Handlungsmodelle nicht zielgerichtet beeinflusst werden kann (vgl. 4.3.2.1). Andererseits besteht die Notwendigkeit zur Entscheidungsunterstützung dann, wenn teilweise oder vollständig neuartige Sachverhalte auftreten, die nicht mit mentalen Begriffsmodellen erfasst werden können (totales oder partielles Scheitern begrifflicher Zuordnung auf Typebene). Legt man einen idealtypischen Entscheidungsprozess zu Grunde, nimmt dieser seinen Ausgangspunkt in der aktiven Suche nach Abweichungen

(Intelligence-Phase) zwischen wahrgenommenen und erwarteten Merkmalen mentaler Begriffsmodelle, d.h. in diesem Fall wird ein *Lernimpuls* bewusst gesucht.

Der Entscheidungsunterstützung liegt der Umstand zu Grunde, dass mentale Begriffsmodelle teilweise oder gänzlich nicht vorhanden sind. Ebenso existieren im Verarbeitungsprozess nachgelagerte Handlungsmodelle sowie Erwartungen an Ausprägungen von Begriffsmodellen nur teilweise oder gar nicht. Das Ziel der Entscheidungsunterstützung ist es, diese Modelle aufzubauen oder zu verändern. Ein Lernen findet hier also durch Veränderung oder Aufbau von Strukturen statt, was als fundamentales Lernen verstanden werden kann. Auf Piaget bezogen handelt es sich bei der Entscheidungsunterstützung um den Prozess der *Akkommodation*.

Den Ausgangspunkt des Prozesses stellt hier die Notwendigkeit zur Bildung von Begriffsmodellen dar. Daran anknüpfend werden Handlungsmodelle gebildet, die eine zielgerichtet Beeinflussung von Sachverhalten ermöglichen sollen. Durch Anwendung dieser Begriffs- und Handlungsmodelle werden Erwartungen an den bislang teilweise oder gänzlich unbekannten Sachverhalt gebildet, die im Zuge von Erfahrungsprozessen bestätigt oder nicht bestätigt werden. Eine positive Bestätigung der gebildeten Begriffs- und Handlungsmodelle zieht deren Nutzung für zukünftige Verarbeitungsprozesse und Handlungen nach sich (*Habitualisierung*). Werden die Erwartungen nicht bestätigt, wird die Akkommodation erneut durchlaufen, bis eine positive Bestätigung der Erwartungen eintritt. Ebenso wie in der Assimilation stellt auch hier der Zeitraum zwischen der Bildung eines Handlungsmodells und der Wahrnehmung der Anwendungskonsequenzen den wesentlichen Faktor für die Durchlaufzeit der Akkommodation dar.

An die Lernunterstützung des Managements durch Entscheidungsunterstützung können demnach folgende Anforderungen erhoben werden. Die Anforderungen sind zur Referenzierung im Verlauf der Argumentation mit Kürzeln versehen, die nach der jeweiligen Anforderung benannt werden. LEU steht dabei für eine Anforderung an die Lernunterstützung durch Entscheidungsunterstützung und die folgende Zahl dient der Nummerierung der konkreten Anforderung.

- Es muss eine Möglichkeit zur expliziten Formulierung von Begriffsmodellen teilweise oder gänzlich unbekannter Sachverhalte bereitgestellt werden. Hierfür können Modellierungssprachen verwendet werden, deren konzeptioneller Aspekt (vgl. 3.1.1) den Sachverhalt derart strukturieren, dass eine spätere Anwendung von Methoden zur Bildung von Handlungsmodellen und Erwartungen an die Ausprägungen der Begriffsmodelle ermöglicht wird. [LEU-1]

- Darüber hinaus müssen Methoden bereitgestellt werden, die es erlauben, Handlungsmodelle zu bilden und gleichzeitig Erfahrungen über die Auswirkungen der Anwendung dieser Handlungsmodelle zu generieren, mit dem Ziel, die Laufzeit der Akkommodation zu verkürzen. Dies kann, ebenso wie bei der Assimilation von Informationen, durch Simulationsmethoden erfolgen. [LEU-2]

- Die durch Methodenanwendung generierten artifiziellen Erfahrungen müssen, wie bereits bei der Assimilation von Informationen erläutert, bereitgestellt werden, um Abweichungen zwischen gebildeten Erwartungen und tatsächlich eintretenden Sachverhalten zu identifizieren. [LEU-3]

- Die durch Akkommodation veränderten oder neu geschaffenen Begriffsmodelle und deren Ausprägungen müssen, in Analogie zu den erläuterten kognitiven Strukturen, (vgl. 4.2.1.1) in einem „Gedächtnis" persistent gespeichert werden. [LEU-4]

Den erläuterten Anforderungen an die Unterstützung des Lernens im Umfeld der Entscheidungsunterstützung wird im weiteren Verlauf der Arbeit wie folgt begegnet.

- In den Abschnitten 5.2.1.2.2 und 5.2.2.3 wird eine integrierte Architektur für Business-Intelligence-Modelle hergeleitet, die es ermöglicht, neu geschaffene oder veränderte Begriffsmodelle und ihre Ausprägungen als Lernergebnisse einer Akkommodation persistent zu speichern.

- In Abschnitt 6.2 wird mit System Dynamics ein Ansatz zur Entscheidungsunterstützung präsentiert, dessen Modellierungssprache zur Bildung von Begriffsmodellen herangezogen werden kann. Die gebildeten Modelle können zudem simuliert werden, sodass einerseits der Zeitraum zwischen der Bildung von Handlungsmodellen und der (artifiziellen) Erfahrung von deren Auswirkungen verkürzt werden kann. Andererseits werden Simulationsergebnisse produziert, die explizite Erwartungen an zukünftige Sachverhalte darstellen.

4.3.2.3 Betrachtung eines Gesamtansatzes der Lernunterstützung vor dem Hintergrund der Managementunterstützung

Die bislang vorgestellten Vorschläge zur Erweiterung der Informations- und Entscheidungsunterstützung im Hinblick auf eine Lernunterstützung des Managements ermöglichen eine Partikularunterstützung assimilierender bzw. akkommodierender Lernprozesse. Ein übergreifender Lernprozess hingegen ist integriert, d.h. eine misslungene Assimilation von Informationen zieht eine Akkommodation nach sich und auf eine Akkommodation erfolgt wiederum ein erneuter Assimilationsversuch (vgl. 2.3.2). Für ein derartiges Wechselspiel der Lernprozesse findet sich allerdings keine Entsprechung in den Ansätzen der

Informations- und Entscheidungsunterstützung. Dies liegt einerseits in der Spezialisierung der diesbezüglichen Forschung sowie der oftmals isolierten technischen Umsetzung begründet (5.2.2.2). Andererseits findet gerade in der Entscheidungsunterstützung oftmals nur eine episodenhafte Betrachtung problematischer Sachverhalte statt. Eine Überführung der Modellstrukturen, die ein Entscheidungsproblem lösen, in eine routinemäßige Nutzung im Rahmen der Informationsunterstützung ist in der zu Grunde liegenden theoretischen Basis nicht vorgesehen. Als Anforderung für eine umfassende Lernunterstützung des Managements wird daher die Integration isoliert unterstützter Lernprozesse zu einem übergreifenden Lernprozess formuliert.

Ein derartiger integrierter, übergreifender Lernprozess nimmt seinen Ausgangspunkt in der Wahrnehmung eines Lernimpulses. Hierbei ist nicht festgelegt, ob es sich um einen Lernprozess auf Ausprägungsebene oder auf Typebene handelt.[434] Lernprozesse auf Ausprägungsebene führen zur Assimilation, die durch die in 4.3.2.1 in Form von Anforderungen vorgeschlagenen Erweiterungen durch Ansätze der Informationsunterstützung unterstützt werden. Ein Scheitern der Assimilation oder ein Lernimpuls auf Typebene zieht eine Akkommodation nach sich. Diese wird durch Ansätze der Entscheidungsunterstützung begleitet, die gemäß der in 4.3.2.2 formulierten Anforderungen erweitert wurden. Nach Abschluss der Akkommodation erfolgt dann eine (erneute) Assimilation, welche bei Erfolg schließlich zu einer Habitualisierung der Verwendung der Lernergebnisse führt. Abbildung 19 stellt den einer umfassenden Lernunterstützung des Managements zu Grunde liegenden integrierten, übergreifenden Lernprozess übersichtsartig dar. Ein derartiger Lernprozess wird in Kapitel 9 auf Grundlage hinsichtlich einer Lernunterstützung erweiterter Ansätze der Informations- und Entscheidungsunterstützung durch Business Intelligence umgesetzt.

---

[434] Hieraus resultiert, dass Akkommodation durch Entscheidungsunterstützung direkt adressiert werden kann, ohne dass zuvor eine Assimilation durchlaufen wurde. Dies weicht von der Theorie Piagets ab, welche eine scheiternde Assimilation als einzigen Auslöser eines Akkommodation vorsieht. Im Rahmen der Managementunterstützung können vollkommen neuartige Sachverhalte direkt der Strukturierung durch Entscheidungsunterstützung zugeordnet werden, ohne dass zuvor Abweichungen im Rahmen der Informationsunterstützung identifiziert wurden.

Zusammenfassung und Schlussfolgerungen 107

Abbildung 19: Integrierte Lernprozesse im Rahmen der Managementunterstützung

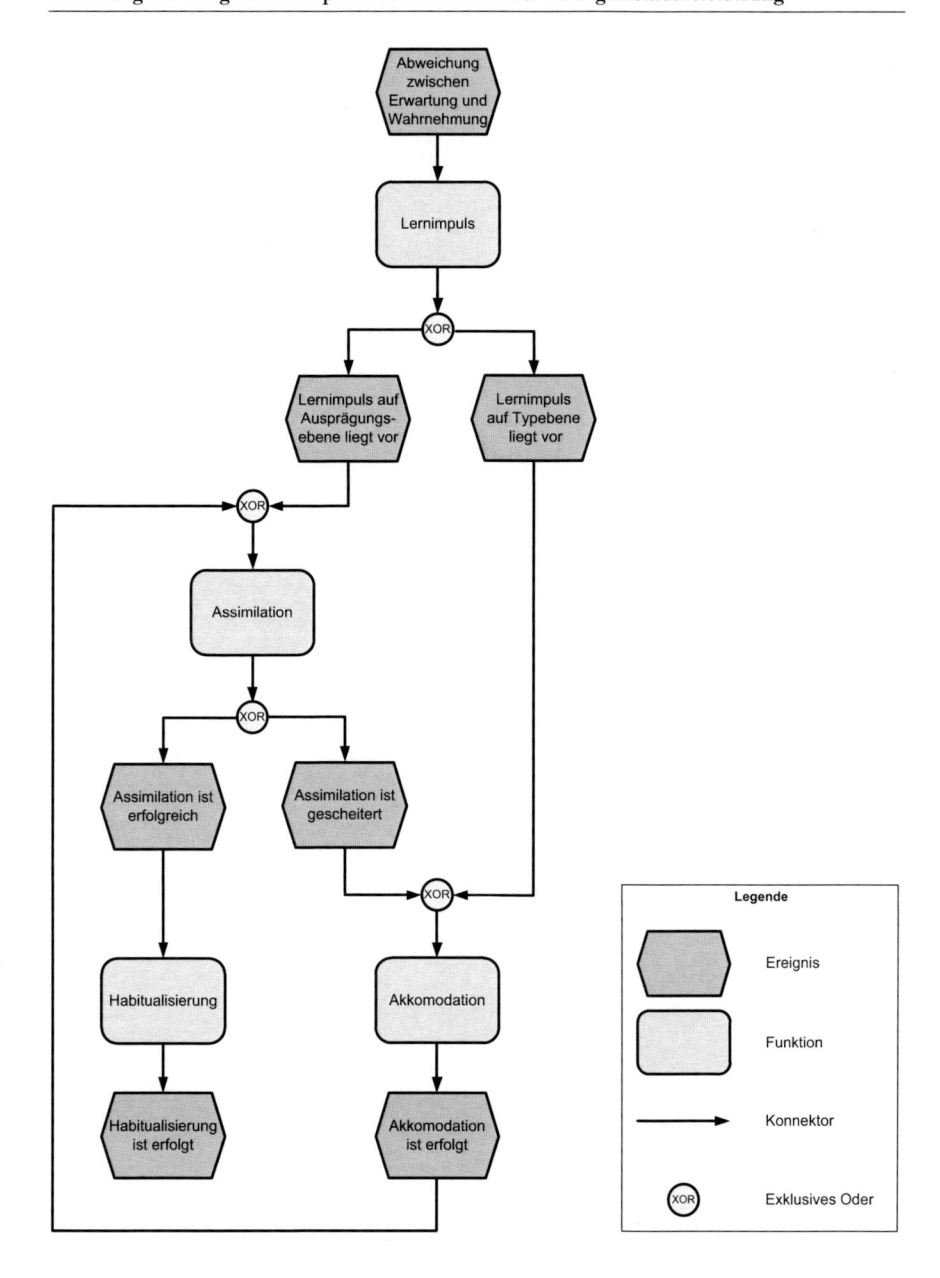

5 Business Intelligence

Im folgenden Kapitel wird mit Business Intelligence das IS-Artefakt des Forschungsgegenstands der Arbeit dargestellt und erläutert (vgl. 1.2.2). Ziel ist es hierbei einerseits zu zeigen, wie die Anforderungen an Informations- und Entscheidungsunterstützung (vgl. 4.2.2.3 bzw. 4.2.3.2) durch Informationssysteme umgesetzt werden. In Bezug auf die Umsetzung einer Lernunterstützung durch Business Intelligence wird andererseits die Repräsentation von Begriffsmodellen durch spezielle Modellierungssprachen der Informations- und Entscheidungsunterstützung betrachtet. Darüber hinaus wird eine integrierte Architektur für Business-Intelligence-Modelle hergeleitet, die die genannten Modelle aufnimmt, integriert sowie die Beziehungen zwischen den Modellen der Business Intelligence aufzeigt.

5.1 Begriffsabgrenzung und Begriffsverständnis

Der folgende Abschnitt hat die Abgrenzung verschiedener Verständnisse des Begriffs Business Intelligence (BI) sowie die Darstellung des dieser Arbeit zu Grunde liegenden Begriffsverständnisses zum Gegenstand. Die Definition und Verwendung des Begriffs BI erfolgt in der Literatur uneinheitlich. Eine Betrachtung der Begriffsentstehung legt nahe, dass der BI-Begriff als eine neue Bezeichnung für Systeme zur Unterstützung des Managements eingeführt wird.[435]

Betriebswirtschaftlich-fachliche Interpretationen des Begriffs BI nehmen ihren Ausgang meist am Begriffsbestandteil „Intelligence", da dieser auch in verwandten Begriffskombinationen vorzufinden ist.[436] Intelligence kann einerseits im Sinne militärischer Aufklärung verstanden werden, d.h. als eine gezielte „Sammlung und Weiterleitung von für bestimmte Zwecke wichtigen Informationen unter Inkaufnahme eines nicht unbeträchtlichen Aufwandes."[437] Andererseits kann „Intelligence" aus Sicht der Managementunterstützung als Intelligenz im Sinne der „Fähigkeit zum Auffinden von Ordnungen und Regelhaftigkeiten

---

[435] Vgl. Abschnitt 4.1. Durch das Scheitern früherer Ansätze der IS-basierten Managementunterstützung waren (und sind) Begriffe wie MIS, DSS oder EIS negativ belegt. Die Begriffseinführung erscheint primär durch Vertriebsinteresse motiviert. Vgl. Gluchowski (2001), S. 5; Mertens (2002), S. 65; Strauch u. Winter (2002), S. 440; Hansen u. Neumann (2005) 831; Gluchowski u. Kemper (2006), S. 12.

[436] Vgl. Mertens (2002), S. 65 f. Es finden sich bspw. Kompositionen zu den Begriffen Competitive, Corporate, Economic, Market oder Strategic Intelligence. Als etabliert kann lediglich das Gebiet der Competitive Intelligence angesehen werden, welches fachlich als Untermenge der BI verstanden werden kann. Differenzierungskriterium ist hierbei der explizite Fokus auf Wettbewerber und somit ein starker Außenbezug der Informations- und Entscheidungsunterstützung. Vgl. Meier (2004), S. 405; Kemper u. Baars (2006), S. 9 f.; Sauter (2008), S. 195.

[437] Mertens (2002), S. 66.

im Zusammentreffen, Neben- und Nacheinander von Ereignissen" begriffen werden.[438] Eine prozessorientierte Sichtweise auf BI ist dem in Abschnitt 4.2.3 dargestellten Entscheidungsprozess und den sich daraus ergebenden Anforderungen sehr ähnlich. So verstehen bspw. Grothe und Gentsch „Business Intelligence (BI) [als] den analytischen Prozess, der – fragmentierte – Unternehmens- und Wettbewerbsdaten in handlungsgerichtetes Wissen über Fähigkeiten, Positionen, Handlungen und Ziele der betrachteten internen oder externen Handlungsfelder (Akteure oder Prozesse) transformiert."[439] Ein derartiger Prozess wird von ihnen ergebnisoffen und problemlösend interpretiert.[440] Die betriebswirtschaftlich-fachliche Deutung des BI-Begriffs weist nach der dargestellten Interpretation große Ähnlichkeit mit dem theoretischen Hintergrund der Informations- und Entscheidungsunterstützung auf (vgl. Abschnitt 4.2) und wird ohne Ergänzungen als fachlicher Hintergrund verwendet.

Im Vergleich zu älteren Ansätzen der Managementunterstützung unterscheiden sich allerdings die informationstechnischen Mittel, mit denen das Management unterstützt wird.[441] Eine Reihe von Definitionen grenzt den Begriff BI daher über die mit ihm korrespondierenden Werkzeugklassen (*BI-Tools*) ab (*Werkzeug- oder Tool-orientiertes Verständnis*).[442] So führt bspw. Gluchowski BI-Verständnisse unterschiedlicher Reichweiten an. Eine weite Abgrenzung umfasst hierbei „alle Anwendungen mit entscheidungsunterstützenden Charakter […], die zur besseren Einsicht in das eigene Geschäft und damit zum besseren Verständnis in die Mechanismen relevanter Wirkungsketten führen"[443]. Enger gefasste Verständnisse beschränken sich auf „Tools und Anwendungen, die auf vorhandenem Datenmaterial aufsetzen und sich vor allem durch ausgefeilte Analysemethoden und Algorithmen auszeichnen"[444] (analyseorientiertes BI-Verständnis) oder umfassen nur die „Auswertung und Präsentation von multidimensional aufbereiteten Daten."[445] (enges BI-Verständnis). Definitionsversuche über die einem Begriff unterzuordnenden Soft-

---

[438] Mertens (2002), S. 65. Vgl. Strauch u. Winter (2002), S. 440.

[439] Grothe u. Gentsch (2000), S. 19. Vgl. Knöll et al. (2006), S. 82.

[440] Vgl. Grothe u. Gentsch (2000), S. 19 f.

[441] BI wird aus Sicht von Softwareherstellern als ein Sammelbegriff („Umbrella Term") verstanden, mit dem verschiedenste Systeme zur Managementunterstützung bezeichnet werden können. Vgl. Kemper u. Lee (2001), S. 54; Gluchowski u. Dittmar (2002), S. 32; Gluchowski u. Kemper (2006), S. 12; Kemper et al. (2006), S. 2; Gluchowski et al. (2008), S. 90.

[442] Vgl. Kemper et al. (2006), S. 3.

[443] Gluchowski (2001), S. 6. Vgl. Gluchowski u. Dittmar (2002), S. 32; Hannig (2002), S. 6; Strauch u. Winter (2002), S. 443 f., Kemper et al. (2006), S. 4; Gluchowski et al. (2008), S. 90 f.

[444] Gluchowski u. Dittmar (2002), S. 32.

[445] Gluchowski u. Dittmar (2002), S. 33.

warewerkzeuge bleiben angreifbar, da sie zu ungenau sind.[446] BI-Tools werden im Folgenden als Mittel für die Umsetzung betriebswirtschaftlich-fachlicher Anforderungen der Managementunterstützung verstanden werden.

Ein BI-Verständnis, welches die strukturelle Tool-Perspektive und ein fachbezogen motiviertes Verständnis der BI integriert, wird in Anlehnung an Kemper et al. wie folgt definiert

> „Unter Business Intelligence (BI) wird ein integrierter, unternehmensspezifischer, IS-basierter Gesamtansatz zur betrieblichen [Managementunterstützung] verstanden."[447]

Das Verständnis der Definitionsmerkmale wird im Folgenden dargestellt.

- *Unternehmensspezifität* wird dahingehend verstanden, dass der BI individuelle und kollektive Modelle zu Grunde gelegt werden, welche das explizierte Realitätsverständnis des Unternehmens darstellen. Diese Modelle erfüllen in der BI ähnlichen Funktionen für die individuelle und kollektive Wahrnehmung, Verarbeitung und das Handeln in einem Unternehmen wie die in Abschnitt 4.2.1.1 erläuterten mentalen Modelle. Die Parallelen zwischen BI-Modellen und -Systemen sowie deren Funktionen und den genannten kognitiven Prozessen werden in 5.3 aufgezeigt.

- BI-Modelle üben ihre Funktion in BI-Systemen nicht isoliert aus, sondern beziehen dabei BI-Modelle aus anderen BI-Systemen mit ein und nutzen deren Funktionalitäten. Ein Beispiel hierfür ist das Zusammenspiel von Datenbereitstellung durch Data Warehouses und die Datennutzung durch OLAP-Systeme. BI ist demnach einerseits als *Gesamtansatz* zu sehen, d.h. Partikularsysteme und -modelle sind selten in der Lage, die theoretischen Anforderungen an die Managementunterstützung technisch umfassend umzusetzen. Andererseits erfordert das Zusammenwirken von BI-Systemen deren *Integration*, was im Folgenden als Integration auf Ebene der BI-Modelle verstanden wird. Eine integrierte Architektur für BI-Modelle, die dem geschilderten Verständnis Rechnung trägt, wird im weiteren Verlauf der Darstellung hergeleitet (5.2.1.2.2 sowie 5.2.2.3)

Anknüpfend an die Definition werden im Anschluss Klassen von BI-Systemen dargestellt.

---

[446] Vgl. Kemper et al. (2006), S. 4 f.; Gluchowski et al. (2008), S. 90 f. So lassen sich mit den skizzierten Tools auch Systeme konstruieren, die nicht der Managementunterstützung zuzurechnen sind. Vgl. bspw. Zeh (2003), S. 32, 36 f. Weiterhin können BI-Technologien auch im operativen Kontext Anwendung finden („Operational BI"). Vgl. White (2005), S. 35 f.; Marjanovic (2007).

[447] Kemper et al. (2006), S. 8.

5.2 Klassen von Business-Intelligence-Systemen

In den folgenden Abschnitten werden bestehende BI-Systeme anhand eines Ordnungsrahmens der BI-Systeme dargestellt, wobei in Systeme zur Datenbereitstellung (5.2.1) und Datenanalyse (5.2.2) unterschieden wird. Im Verlauf der Darstellung wird auf die Modellierung von BI-Systemen der jeweiligen Klasse eingegangen. Darauf aufbauend wird eine integrierte Architektur für BI-Modelle hergeleitet, welche die Modelle der jeweiligen Systemklassen aufnimmt und integriert. Diese Architektur wird im weiteren Verlauf der Arbeit zudem als Datenkomponente einer Lernunterstützung des Managements herangezogen (Kapitel 9).

Kemper et al. formulieren einen Ordnungsrahmen für BI, um einerseits bestehende BI-Toolklassen zu ordnen und damit andererseits den Raum für eine Gestaltung des unternehmensindividuellen BI-Ansatzes abzugrenzen.[448] Der Ordnungsrahmen besteht aus drei aufeinander aufbauenden Schichten (Datenbereitstellung, Analyse, Präsentation), die technische Systeme zusammenfassen und als Ganzes Funktionen für die (fachliche) Unterstützung des Managements bereitstellen.[449]

Systeme der *Datenbereitstellungsschicht* stellen eine konsistente Datenbasis für die Managementunterstützung zur Verfügung. Die *Analyseschicht* beinhaltet Systeme, welche die bereitgestellten Daten zweckgeleitet aufbereiten und nutzen. Auf der *Präsentationsschicht* sind Systeme angesiedelt, welche es dem Nutzer ermöglichen, auf die Funktionen der Systeme der Analyseschicht zuzugreifen. Die vorgestellten Schichten werden für die zu entwickelnde intgerierte Architektur für BI-Modelle zur vertikalen Gliederung herangezogen. In den folgenden Abschnitten werden die der Datenhaltungs- und der Analyseschicht zugehörigen Systeme sowie deren Zusammenwirken erläutert.[450] Auf die Präsentationsschicht wird an dieser Stelle nicht gesondert eingegangen.[451]

---

[448] Vgl. im Folgenden Kemper u. Baars (2006), S. 10 ff., Kemper et al. (2006), S. 10 f.; Baars u. Kemper (2008), S. 135 f.; Gluchowski et al. (2008), S. 108.

[449] Vgl. Kemper u. Baars (2006), S. 10 ff.; Gluchowski u. Kemper (2006), S. 16; Kemper et al. (2006), S. 10 f.; Gluchowski et al. (2008), S. 108. Die Bezeichnungen für die genannten Schichten variieren zwischen den Publikationen. Die Datenbereitstellungsschicht wird auch als Datenschicht, die Analyseschicht als Logikschicht, Informationsgenerierung, -speicherung und -distribution oder Systeme zur Datennutzung sowie die Präsentationsschicht als Zugriffsschicht bezeichnet.

[450] Systeme zur Bereitstellung unstrukturierter Daten, wie bspw. Content-Management-Systeme, oder zur Wissensdistribution, bspw. Kollaborationssoftware, sollen an dieser Stelle nicht erläutert werden. Zur Integration derartiger Systeme in eine BI-Umgebung vgl. Gluchowski et al. (2008), S. 319 ff.

[451] Präsentations- und Zugangssysteme stellen die Funktionalitäten und Inhalte der untergeordneten Analyseschicht in integrierter und gegebenenfalls personalisierter Form aufbereitet zur Verfügung. Vgl. Gluchowski u. Kemper (2006), S. 17; Kemper et al. (2006), S. 136 f.; Kemper u. Baars (2006), S. 16; Baars u. Kemper (2008), S. 141. Dies kann bspw. innerhalb einer integrierten Benutzeroberfläche in

Klassen von Business-Intelligence-Systemen 113

Abbildung 20: BI-Ordnungsrahmen in Anlehnung an Kemper et al.

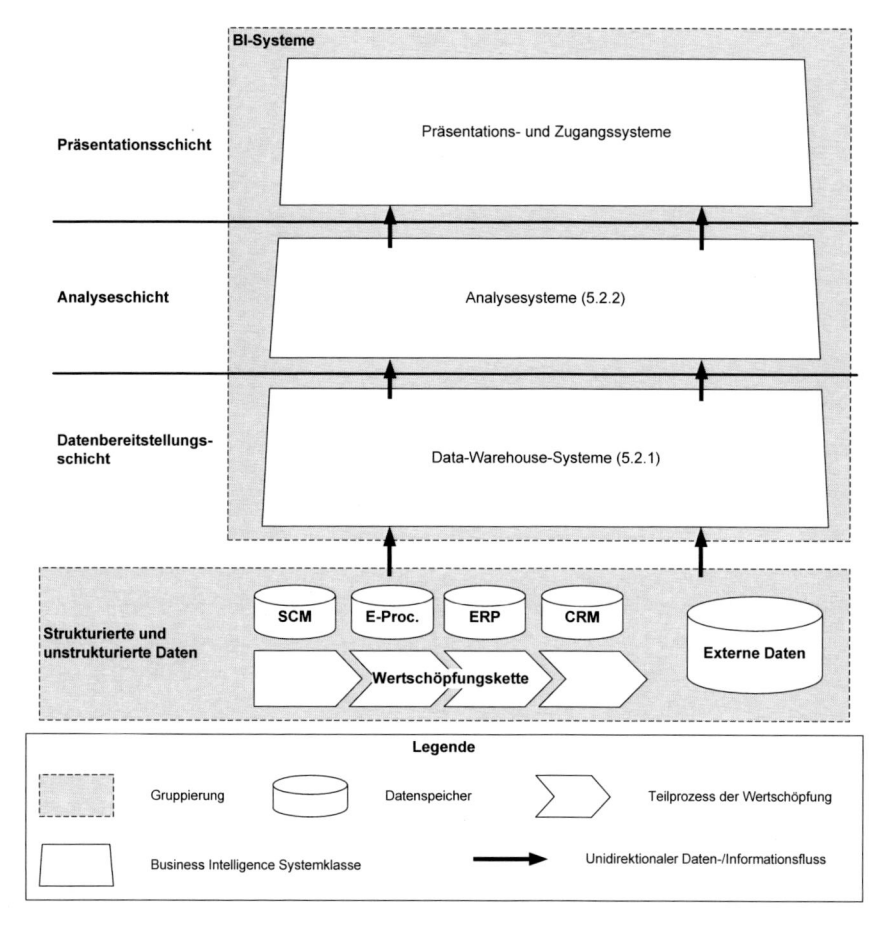

[Diagramm: BI-Systeme mit Präsentationsschicht (Präsentations- und Zugangssysteme), Analyseschicht (Analysesysteme (5.2.2)), Datenbereitstellungsschicht (Data-Warehouse-Systeme (5.2.1)), Strukturierte und unstrukturierte Daten (SCM, E-Proc., ERP, CRM – Wertschöpfungskette), Externe Daten. Legende: Gruppierung, Datenspeicher, Teilprozess der Wertschöpfung, Business Intelligence Systemklasse, Unidirektionaler Daten-/Informationsfluss.]

Quelle: In Anlehnung an (Kemper u. Baars 2006), S. 10.

Form eines BI-Portals realisiert werden. Vgl. Gluchowski u. Kemper (2006), S. 17; Kemper et al. (2006), S. 134 ff.; Baars u. Kemper (2008), S. 141 f. Darüber hinaus finden im Rahmen der Präsentationsschicht Ansätze der Informationsvisualisierung Anwendung. Visualisierungstechniken erleichtern die Wahrnehmung von Informationen, sodass eine größere kognitive Kapazität für die Verarbeitung eines Sachverhalts zur Verfügung steht. Vgl. Meyer (1999), S. 78 ff.; Zhu u. Chen (2008), S. 701 ff. sowie die Ausführungen zur Wahrnehmung und Verarbeitung von Sachverhalten in Abschnitt 4.2.1.1. Es finden sich bspw. Ansätze in denen die Informationspräsentation Instrumententafeln eines Flugzeugs oder Automobils nachempfunden ist (*Dashboarding*). Hier werden einzelne Variablen nicht in Form von Zahlen, sondern durch Drehinstrumente (*Gauges*), Pegelstände, farbcodierte Anzeigen bspw. in Ampelfarben (*Colour Coding* bzw. *Traffic lighting*) etc. angezeigt. Vgl. Vetschera (1994), S. 231 ff.; Keim (2002), S. 31 ff.; Degen (2006), S. 308 ff.

5.2.1 Datenbereitstellung durch Data Warehouses

Systeme der Datenbereitstellungsschicht halten einen konsistenten, im Sinne von formal und inhaltlich harmonisierten, entscheidungsorientierten Datenbestand für Systeme der Analyse- oder Präsentationsschicht vor.[452] Im folgenden Abschnitt wird das Data-Warehouse-Konzept als Basis für die Bereitstellung quantitativer, strukturierter Daten vorgestellt werden (5.2.1.1). Die technische Umsetzung des Konzepts geht mit der Definition von Strukturen verschiedener Reichweiten einher.[453] In Abschnitt 5.2.1.2 werden daher zunächst mit den Architekturbausteinen die Grobstrukturen eines Data Warehouse erläutert (5.2.1.2.1). Im Anschluss daran wird eine integrierte Architektur für BI-Modelle vorgestellt, welches die zu implementierenden Datenstrukturen feingranular, durch Modelle verschiedener Abstraktionsebenen definiert (5.2.1.2.2).

5.2.1.1 Das Data-Warehouse-Konzept

Das Data-Warehouse-Konzept beschreibt einen Ansatz für die Etablierung einer verwendungsneutralen Datenbasis zur Unterstützung des Managements, d.h. die Datensammlung und -speicherung unterstützt sowohl die Informations- als auch die Entscheidungsunterstützung.[454] Das Data-Warehouse-Konzept kann einerseits aus einer technisch-integrativen Perspektive, andererseits aus einer fachkonzeptionellen Perspektive betrachtet werden. Letztere bedient die in Abschnitt 4.2.3.2 formulierten Anforderungen an die Gestaltung einer Informationsbasis für die Managementunterstützung. Die technische Perspektive hingegen ist stark durch die umsetzenden Datenbanktechnologien und die faktisch vorliegenden betrieblichen Informationssystemlandschaften geprägt.

Die Überlegungen zum Data-Warehouse-Konzept nehmen ihren Ausgangspunkt in einer bestehenden (technischen) Informationssystemlandschaft sowie den sich daraus ergebenden Implikationen für die fachbezogene Unterstützung des Managements.[455] Die operativen Systeme eines Unternehmens sind überwiegend historisch gewachsen und an den betrieblichen Teilfunktionen orientiert („Stovepipes").[456] Durch die sich daraus ergebende Verteilung und mangelnde Integration der Daten können die Anforderungen an Informations- und Entscheidungsunterstützung nicht oder nur unzureichend erfüllt werden (vgl.

---

[452] Vgl. Gluchowski u. Kemper (2006), S. 14 ff.; Baars u. Kemper (2008), S. 138; Gluchowski et al. (2008), S. 117, 124.

[453] Vgl. Gluchowski u. Kemper (2006), S. 14; Gluchowski et al. (2008), S. 117.

[454] Vgl. Devlin (1997), S. 20; Gatziu u. Vavouras (1999), S. 8; Holthuis (1999), S. 71; Gluchowski (2001), S. 10; Kimball u. Ross (2002), S. 3 f.; Muksch (2006), S. 130.

[455] Vgl. Strauch u. Winter (2002), S. 440 f.

[456] Vgl. Kimball u. Ross (2002), S. 7; Hoffer et al. (2005), S. 437.

4.2.2.3 bzw. 4.2.3.2).[457] Die Folgen sind bspw. sich widersprechende Analyseergebnisse bei der Nutzung unterschiedlicher Datenquellen oder eine aufgrund des hohen Aufwands der Informationssuche und -integration unproduktive Erstellung von Analysen.[458] Um diesen Problemen zu begegnen, wird mit dem Data Warehouse eine von den operativen System entkoppelte, separate Datenbank betrieben, welche im Zentrum der betrieblichen Anwendungssystempyramide zwischen den operativen Systemen und den Führungssystemen angesiedelt ist.[459]

Ebenso wie in der technisch-integrativen Perspektive, stellt das Data Warehouse auch aus fachkonzeptioneller Perspektive einen zentralen Bezugspunkt für die Managementunterstützung dar. Die Bereitstellung führungsgerechter Informationen an einem zentralen Ort im Unternehmen führt dazu, dass sich Analysen und Entscheidungen nur einer, wenn auch aus mehreren Quellen gespeisten, Informationsbasis bedienen. Durch eine derartige Maßnahme wird ein organisationsweiter einheitlicher Bezugspunkt geschaffen, auf welchen sich im Fall kontroverser Sichtweisen eines Sachverhalts berufen werden kann („Single Point of Truth").[460] Im Folgenden wird ein Data Warehouse sowohl aus technisch-integrativer als auch aus fachkonzeptioneller Sicht an einer geläufigen Definition von Inmon erläutert. Dieser definiert ein Data Warehouse als themenorientierten, integrierten, beständigen und zeitbezogenen Datenspeicher für die Entscheidungsunterstützung des Managements.[461]

Themenorientierung. Ein Data Warehouse ist durch eine inhaltliche Ausrichtung an betriebswirtschaftlichen Themen oder Gegenständen („Geschäftsobjekte"), wie bspw. Produkten, Kunden oder Vertriebsregionen gekennzeichnet.[462] Eine Themenorientierung findet sich einerseits in den Datenstrukturen eines Data-Warehouse-Systems, welche sich oftmals an den genannten Objekten orientieren und nicht primär unter technischen Gesichtspunkten, wie bspw. den strukturellen Anforderungen der Normalisierung, definiert werden.[463] Der inhaltliche Unterschied zwischen den Daten operativer Systeme und Data

---

[457] Eine Übersicht der Merkmale operativer und informativer Daten findet sich bei Muksch et al. (1996), S. 422; Chauduri u. Dayal (1997), S. 65; Gardner (1998), S. 54; Kimball u. Ross (2002), S. 7; Bauer u. Günzel (2004), S. 9 ff.; Hoffer et al. (2005), S. 437; Goeken (2006), S. 21 ff.; Kemper u. Finger (2006), S. 114 f.; Kemper et al. (2006), S. 113 f.

[458] Vgl. Inmon (2005), S. 6 ff.

[459] Vgl. Chauduri u. Dayal (1997), S. 65; Holthuis (1999), S. 72; von Maur et al. (2003), S. 4, 9; Bauer u. Günzel (2004), S. 53; Kemper u. Finger (2006), S. 114.

[460] Vgl. Gluchowski et al. (2008), S. 124. Vgl. Devlin (1997), S. 19.

[461] Vgl. Inmon (2005), S. 31.

[462] Vgl. Inmon (2005), S. 31. Vgl. Devlin (1997), S. 19 f.; Jung u. Winter (2000), S. 5.

[463] Vgl. Meredith et al. (2008), S. 210.

Warehouses besteht darin, dass nicht der Status einzelner Transaktionen, sondern aggregierte Informationen zu einer Klasse von Transaktionen bezüglich eines betriebswirtschaftlichen Sachverhalts bereitgestellt werden.[464]

Integration. Der Integrationsaspekt eines Data Warehouse rührt von der Heterogenität der internen und externen Datenquellen her, aus denen das Data Warehouse befüllt wird.[465] Die Daten eines Data Warehouse werden „definitorisch und inhaltlich konsolidiert"[466], wobei der definitorische Aspekt mit einer syntaktischen Integration und der inhaltliche Aspekt mit einer semantischen Harmonisierung korrespondieren. Aus Sicht der Datenbanksysteme erfolgt die Integration der Datenmodelle auf definitorischer (syntaktischer) Ebene, d.h. einer Vereinheitlichung von Struktur und Format, wie bspw. Kennzahlen oder Merkmalscodierungen (bspw. Geschlecht kann als 1/0 oder m/w codiert sein).[467]

Aus fachkonzeptioneller Perspektive kann Integration als das Wiederherstellen einer ganzheitlichen begrifflichen Betrachtungsweise angesehen werden. Die Harmonisierung der Semantik erfolgt bspw. durch Konsolidierung der den verschiedenen Quellsystemen zu Grunde liegenden konzeptionellen Modelle.[468] Auf diese Weise lassen sich Sprachdefekte beseitigen sowie Begriffe, durch Konsolidierung und einheitliche Festlegung der begriffsbildenden Merkmale, präzise definieren.[469] Die semantische Integration kann als Schlüssel für die Herstellung einer organisationsweit einheitlichen Sichtweise auf Sachverhalte der betrieblichen Realität angesehen werden, da „Klarheit über verwendete betriebswirtschaftliche Begrifflichkeiten und Berechnungsvorschriften [hergestellt wird, sodass] sich die zugeordneten quantitativen Größen […] sinnvoll interpretieren[lassen]."[470] Die Inhalte eines Data Warehouse haben somit den Charakter eines organisationsweit einheitlichen begrifflichen Bezugssystems für die Interpretation der Wahrnehmung der betrieblichen Umwelt.

---

[464] Vgl. Wall (1999), S. 296; Gabriel et al. (2000), S. 77.

[465] Vgl. Inmon (2005), S. 31 f.

[466] Vgl. Jung u. Winter (2000), S. 5.

[467] Vgl. Muksch et al. (1996), S. 428; Bartel et al. (2000), S. 53; Gabriel et al. (2000), S. 77; Zeh (2003), S. 3; Inmon (2005), S.33; Meredith et al. (2008), S. 210.

[468] Vgl. Inmon (2005), S. 93 f.; Kemper u. Finger (2006), S. 122 f.; Gluchowski et al. (2008), S. 119. Eine pragmatisch orientierte Integration der Begriffe untereinander erfolgt im Rahmen einer dimensionsorientierten Datenspeicherung (5.2.2.1).

[469] Vgl. Gatziu u. Vavouras (1999), S. 8; Holthuis (1999), S. 74; Bartel et al. (2000), S. 53; Kemper (2000), S. 115; Meier et al. (2003), S. 69 f.

[470] Gluchowski et al. (2008), S. 124. Vgl. auch Hoffer et al. (2005), S. 438; Gabriel et al. (2000), S. 77.

Beständigkeit. Beständigkeit beschreibt den Umstand, dass die Daten eines Data Warehouse keinen Änderungen im Zeitablauf unterliegen, d.h. einmal gespeicherte Daten in der Regel nicht mehr verändert werden.[471] Im Gegensatz dazu unterliegen Daten operativer Systeme den Veränderungen, welche ein Geschäftsobjekt (bspw. ein Auftrag) im Ablauf eines Geschäftsprozesses erfährt (bspw. Änderung des Auftragsstatus).[472] Beständigkeit der Daten erlaubt es einerseits, die Datenbanken des Data Warehouse im Hinblick auf deren Leistungsfähigkeit bei Abfragen zu optimieren, da außer einer Datenübernahme in das System keine weiteren Schreiboperationen vorgesehen sind.[473] Durch die Beständigkeit der Daten kann andererseits gewährleistet werden, dass sich Berichte und Analysen auf unveränderte Informationen stützen und – unter Beibehaltung der Parameter – jederzeit inhaltsgleich rekonstruiert werden können.

Zeitbezug. Die Daten des Data Warehouse weisen einen durchgängigen Zeitbezug auf, d.h. die Datenstrukturen enthalten mindestens ein Zeitattribut, welches bspw. den Zeitpunkt der Datenübernahme aus den operativen Systemen („Zeitstempel") oder einen anderen, inhaltlich begründeten Zeitpunkt (bspw. das Verkaufsdatum eines Produkts) aufnimmt.[474] Dies ermöglicht eine Zeitraumbetrachtung der Daten, statt, wie in operativen Systemen, einer Zeitpunktbetrachtung im Verlauf eines operativen Prozesses.[475] Zusätzlich werden die Daten in einem Data Warehouse über einen längeren Zeitraum aktiv vorgehalten als in operativen Systemen.[476] Ebenso wie die Beständigkeit der Daten dient dies der Rekonstruktion von zeitlich zurückliegenden Analysen (s.o.).

Zusammenfassend kann ein Data Warehouse aus einer technisch-integrativen Perspektive aufgefasst werden als „eine von den operationalen DV-Systemen isolierte, unternehmensweite Datenbasis [...]. Die Datenbasis eines Data Warehouse enthält entsprechend vereinheitlichte, integrierte Daten, die im Sinne entscheidungsrelevanter Informationen

---

[471] Vgl. Inmon (2005), S. 33 f. Vgl. auch Gatziu u. Vavouras (1999), S. 8.; Jung u. Winter (2000), S. 5; Meier et al. (2003), S. 69.

[472] Vgl. Hoffer et al. (2005), S. 452 ff. Hoffer et al. bezeichnen derartige Daten als kurzlebig (transient), da ein Attribut eines Datensatzes bei einer Statusänderung überschrieben wird (bspw. der Kontostand nach einer Überweisung).

[473] Vgl. Muksch et al. (1996), S. 423; Holten (1999a), S. 41 f.

[474] Vgl. Muksch et al. (1996), S. 423; Gatziu u. Vavouras (1999), S. 8; Gabriel et al. (2000), S. 77; Inmon (2005), S. 34; Meredith et al. (2008), S. 211. Oftmals wird für die Datenübernahme zu einem bestimmten Zeitpunkt die Metapher eines „Schnappschusses" (Snapshot) herangezogen. Die zeitlich geordnete Betrachtung dieser Schnappschüsse zeigt die Entwicklung betrieblicher Sachverhalte im Zeitablauf, was analog mit der Metapher eines „Daumenkinos" beschrieben werden kann.

[475] Vgl. Holten (1999a), S. 40; Gluchowski et al. (2008), S. 120. Die durch ein Data Warehouse bereitgestellten Daten weisen demnach immer mindestens eine Zeitdimension auf (vgl. Abschnitt 4.2.2.2.1).

[476] Vgl. Muksch et al. (1996), S. 423; von Maur et al. (2003), S. 10; Meier et al. (2003), S. 69; Inmon (2005), S. 34 f.

eher einer Zeitraumbetrachtung unterliegen"[477] Im fachkonzeptionellen Sinne wird ein Data Warehouse als eine bezüglich betriebswirtschaftlicher Begriffe semantisch harmonisierte und zeitbezogene Informationsbasis zur Unterstützung des Managements verstanden.

Data Warehouses erfüllen einige der in den Abschnitten 4.2.2.3 und 4.2.3.2 formulierten Anforderungen an die Informationsunterstützung sowie an eine Informationsbasis für die Managementunterstützung.

- Es kann festgehalten werden, dass sich Data Warehouses strukturell an betriebswirtschaftlichen Begriffen („Themen" oder Geschäftsobjekten) orientieren und Informationen zu diesen bereitstellen. Es kann davon ausgegangen werden, dass diese „Themen" den mentalen Modellen der Unternehmensmitglieder in Bezug auf die betriebliche Realität zumindest teilweise entsprechen, sodass hier der Anforderung an die Bedienung expliziter Begriffsmodelle genüge getan wird [IU-1a]. Die Orientierung der Datenbereitstellung an vorgegebenen betriebswirtschaftlichen Themen kann bereits ordnend auf den expliziten Informationsbedarf des Managements einwirken [IU-1b].

- Data Warehouses werden aus internen und externen Datenquellen versorgt und bieten Möglichkeiten, quantitative Abweichungen zwischen erwarteten und tatsächlichen Ausprägungen eines begrifflichen Modells festzustellen [EU-1a]. Abweichungen zwischen erwarteten und tatsächlichen Strukturen eines Sachverhalts können durch ein Data Warehouse allerdings nur schwer erfasst werden, da abweichende Merkmale eines Sachverhalts durch die das Data Warehouse versorgenden ETL-Prozesse (siehe unten) nicht erfasst werden. Es ist daher ggf. erforderlich, ergänzende unstrukturierte Informationen über Sachverhalte der Realität bereitzustellen.[478]

- In Data Warehouses werden nur bedingt begriffliche Zusammenhänge zwischen Informationen aufgezeigt, z.B. bei der Organisation von Informationen zu bestimmten betriebswirtschaftlichen Themen [EU-1b]. Strukturelle Ordnung- und Kausalzusammenhänge finden sich oftmals erst explizit in den nachgelagerten Analysesystemen (5.2.2).

---

[477] Muksch (2006), S. 131.

[478] In diesem Zusammenhang wird die parallele Implementierung von Dokumentenmanagementsystemen auf Datenbereitstellungsebene angeregt. Vgl. FN 450.

- Abweichungen von Erwartungen können ggf. durch die Integration von Soll-Daten aus Planungssystemen oder anderen externen Benchmarks erreicht werden [EU-1c]. Es gilt hier allerdings die Einschränkung auf Informationen zu bestehenden Begriffsmodellen; von den Erwartungen abweichende Strukturen können nicht erfasst werden (vgl. die Argumentation zu [EU-1a].

Die Komponenten, die zur Realisierung eines Data Warehouse notwendig sind, ihre Anordnung zu einer Architektur sowie deren Beschreibung durch Datenmodelle werden im folgenden Abschnitt erläutert.

5.2.1.2 Data-Warehouse-Architektur und -Modellierung

In den folgenden Abschnitten werden zunächst die technischen Komponenten eines Data Warehouse sowie deren Zusammenspiel in einer generischen Architektur beschrieben (5.2.1.2.1). Im Anschluss daran wird eine integrierte Architektur auf Grundlage der Datenmodelle eines Data Warehouse vorgestellt (5.2.1.2.2).

5.2.1.2.1 Data-Warehouse-Komponenten und -Architektur

Data Warehouses bestehen aus einer Reihe von Komponenten, die zu einer Gesamtarchitektur kombiniert werden. Ähnliche Komponenten werden dabei zu Schichten gruppiert, die nach der Funktion der Komponenten als Ganzes benannt werden.

Den Ausgangspunkt der Betrachtung bilden die *Datenquellen*, aus denen ein Data Warehouse befüllt wird.[479] Hierbei wird zwischen internen und externen Datenquellen unterschieden.[480] Als interne Datenquellen werden die operativen Systeme eines Unternehmens, aber auch andere nicht integrierte analytische Anwendungen, wie z.B. Planungssystemen herangezogen.[481] Externe Datenquellen können einerseits kostenpflichtige Angebote, wie bspw. Informationsdienste von Nachrichtenagenturen, Börsenkurse etc. sein.[482] Andererseits steht im Internet eine Vielzahl kostenloser Informationsangebote zur Verfügung.[483]

---

[479] Vgl. Meredith et al. (2008), S. 213.

[480] Vgl. Muksch (2006), S. 134.

[481] Vgl. Bartel et al. (2000), S. 46 f.; Jung u. Winter (2000), S. 10.

[482] Vgl. Bauer u. Günzel (2004), S. 42.

[483] Die Auswahl aus diesem reichhaltigen Informationsangebot kann entweder manuell (Informationsleitstand, redaktionelle Komponente) oder automatisch (Web Farming) erfolgen. Vgl. für derartige Konzepte Meier u. Fülleborn (1999), S. 450 ff.; Meier u. Mertens (2000), S. 355 ff. sowie Felden (2002), S. 48 ff.

Die Schnittstelle zwischen den Daten speichernden Komponenten und den Datenquellen bildet die *Datenerfassungsschicht*. Die Daten werden hier zunächst aus den, in Bezug auf Formate, Modelle und Datenbanksysteme, heterogenen Quellen *extrahiert* und – bei Bedarf – zwischengespeichert.[484] Im Anschluss daran werden die Daten in das Format des Data-Warehouse-Speichers *transformiert*.[485] Die Datenintegration, d.h. das Bereinigen und Vereinheitlichen der Quelldaten für das Data Warehouse, findet im Zuge des Transformationsschrittes statt.[486] Den Abschluss bildet das Laden in den persistenten Datenspeicher der Datenhaltungsschicht (s.u.).[487] Der beschriebene Vorgang wird entsprechend der Aktivitäten Extraktion, Transformation und Laden als *ETL-Prozess* bezeichnet und beschreibt den Datenfluss von den Datenquellen zum Data Warehouse.[488]

Die *Datenhaltungsschicht* wird durch Datenbanken gebildet, in denen die Daten persistent gespeichert werden.[489] Bei der Gestaltung der Datenhaltungsschicht existiert eine Vielzahl von Optionen, die im Anschluss an die Vorstellung der Komponenten zur Datenspeicherung aufgezeigt werden.[490] Eine Umsetzung eines Data Warehouse mit nur einer Datenbank wird als *zentrales Data Warehouse* bezeichnet. Dieses beschreibt einen singulären, im Mittelpunkt der Data-Warehouse-Architektur angesiedelten, umfassenden Datenspeicher, für die detaillierte, verwendungsneutrale Speicherung von Informationen für die Managementunterstützung.[491] Ein *Data Mart* kann als Partition eines zentralen Data Warehouses angesehen werden.[492] Das Partitionierungskriterium kann dabei inhaltlicher Natur sein, wenn es sich bspw. um einen Data Mart für eine Fachabteilung oder eine bestimmte Region handelt.[493] Zudem kann ein Data Mart aus technischen Gründen etabliert

---

[484] Vgl. Holten (1999a), S. 44; Bartel et al. (2000), S. 47, 53; Kimball u. Ross (2002), S. 8; Bauer u. Günzel (2004), S. 49 f.; Kemper et al. (2006), S. 23 ff.; Kemper u. Finger (2006), S. 117.

[485] Vgl. Jung u. Winter (2000), S. 53; Bauer u. Günzel (2004), S. 50 f.; Gluchowski et al. (2008), S. 123 ff.

[486] Vgl. Kimball u. Ross (2002), S. 9; von Maur et al. (2003), S. 10; Bauer u. Günzel (2004), S. 84 ff.; Kemper u. Finger (2006), S. 116, 120 f. Typische Aktivitäten sind hier Doublettenentfernung, Schlüsselvergabe, Datentypenkonvertierung, Kodierungskonvertierung, Vereinheitlichung von Zeichenketten und Datumsangaben, Währungsumrechnung oder Aggregation von Werten.

[487] Vgl. Chauduri u. Dayal (1997), S. 66; Kimball u. Ross (2002), S. 9; Bauer u. Günzel (2004), S. 51; Hoffer et al. (2005), S. 457 ff.; Gluchowski et al. (2008), S. 139 f.

[488] Vgl. Jung u. Winter (2000), S. 10.

[489] Alternativ finden sich die Bezeichnungen Data-Warehouse-Speicherkomponenten (Gluchowski et al. (2008), S. 127), Data-Warehouse-Datenbasis (Muksch (2006), S. 132.) oder Core Data Warehouse (Kemper et al. (2006), S. 22).

[490] Vgl. Kimball u. Ross (2002), S. 8 f.

[491] Vgl. Jung u. Winter (2000), S. 11; Kemper et al. (2006), S. 19.

[492] Vgl. Holthuis (1999), S. 77; Bauer u. Günzel (2004), S. 59, 61 f.

[493] Vgl. Chauduri u. Dayal (1997), S. 66; Gatziu u. Vavouras (1999), S. 10; Gabriel et al. (2000), S. 83 f.; Kimball u. Ross (2002), S. 10; Bauer u. Günzel (2004), S. 60; Gluchowski et al. (2008), S. 129.

werden, um bspw. die Antwortzeiten bei Abfragen zu reduzieren oder spezialisierte Datenstrukturen für Analysesysteme zu schaffen.[494]

Datenerfassungsschicht und Datenhaltungsschicht eines Data Warehouse werden zur Datenbereitstellungsschicht der Architektur zusammengefasst.[495] Abbildung 21 stellt die vorgestellten Architekturbausteine und deren Zusammenwirken exemplarisch und übersichtsartig dar.[496]

---

[494] Vgl. Kemper et al. (2006), S. 20; Muksch (2006), S. 135; Gluchowski et al. (2008), S. 129.

[495] Aus einer datenbankorientierten Sicht wird bisweilen auch Online Analytical Processing (OLAP, s.u.) zu den Komponenten eines Data Warehouse gerechnet. Vgl. Chauduri u. Dayal (1997), S. 65. Wird ein Data Warehouse hauptsächlich für das OLAP betrieben und werden diese mit der gleichen Datenbanktechnologie realisiert wie das Data Warehouse selbst, so kann diese Auffassung vertreten werden (5.2.2.1.1). Die Organisation der Tabellen einer Data-Warehouse-Datenbank ist dann bereits an den erforderlichen Strukturen für OLAP ausgerichtet. Im Rahmen dieser Arbeit wird das Data Warehouse jedoch als zentrale Datenbasis für alle nachgelagerten Analysesysteme begriffen, sodass OLAP hier nominell eine mit anderen Systemen gleichgeordnete Rolle spielt und daher nicht als konstituierender Bestandteil der Data-Warehouse-Architektur angesehen wird.

[496] Ähnliche Darstellungen finden sich bei Chauduri u. Dayal (1997), S. 66; Gardner (1998), S. 56; Bartel et al. (2000), S. 51; Jung u. Winter (2000); S. 11; Kemper (2000), S. 21; von Maur et al. (2003), S. 11; Hoffer et al. (2005), S. 447.

Abbildung 21: Data-Warehouse-Architektur

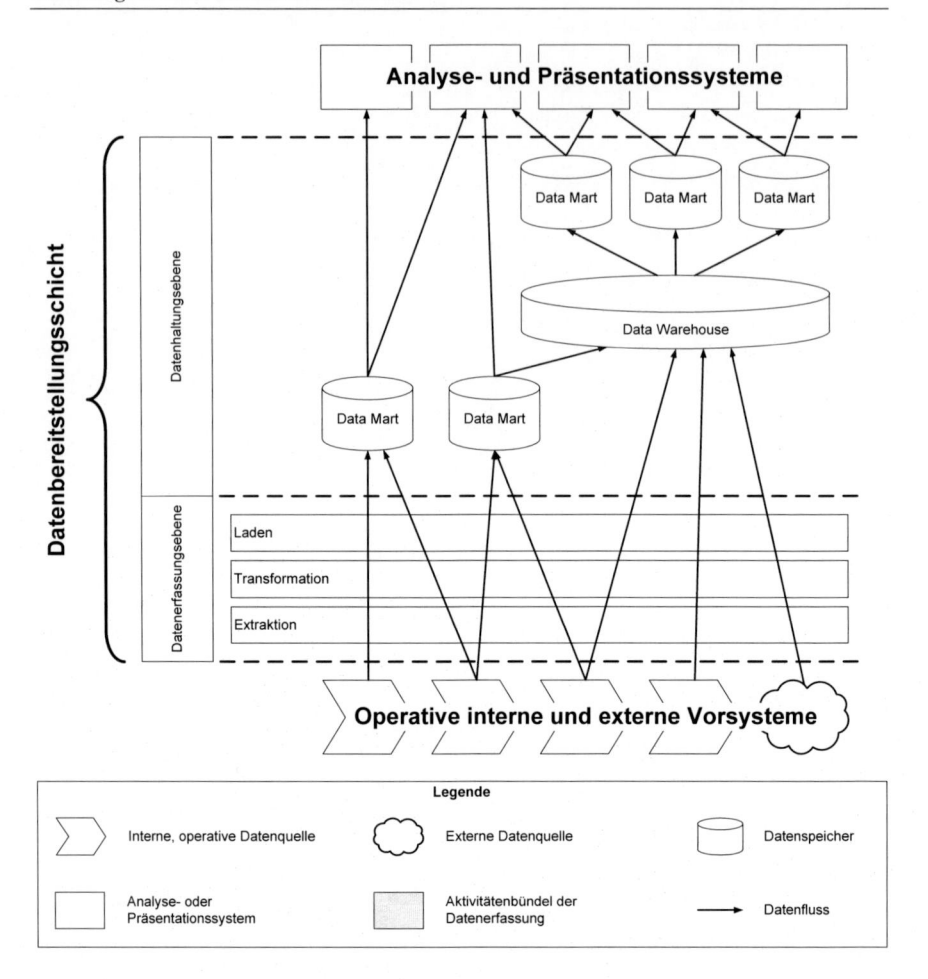

5.2.1.2.2 Modellbasierte Data-Warehouse-Architektur

Im Folgenden wird eine Architektur vorgestellt, die den Rahmen für die Beschreibung von Data Warehouses sowie – darüber hinaus – auch für Analysesysteme bildet. Ziel dieser Architektur ist es, einen integrierten sprachlichen Beschreibungsrahmen für BI-Systeme bereitzustellen. Die vorgestellte Architektur ähnelt dem im Rahmen des

DWQ-Projekts entwickelten „Meta-Data-Framework"[497]; diese wird jedoch an die Zwecke der vorliegenden Arbeit angepasst.[498]

Eine Data-Warehouse-Architektur wird zunächst generisch als ein schrittweiser Fluss von Informationen aus den Datenquellen über das Data Warehouse zu den Analysesystemen verstanden.[499] Eine *physische Sicht* auf eine Data-Warehouse-Architektur beinhaltet eine Angabe der Orte der Datenspeicher sowie der verbindenen Datentransportprozesse.[500] Eine derartige Betrachtungsweise ermöglicht es, nichtinformatorische Anforderungen wie bspw. Ausfallsicherheit oder Abfragedurchsatz festzuhalten und zu erörtern.[501] Allerdings bietet die physische Perspektive wenig Ansatzpunkte, um mit dem zukünftige Nutzer über die inhaltlich-informatorischen Anforderungen an ein Data Warehouse zu sprechen.[502] Der Gegenstand der Informationsunterstützung durch ein Data Warehouse kann aus einer physischen Perspektive nur schwer beschrieben werden, da dort die Struktur (logische Sicht) und die Bedeutung (konzeptionelle Sicht) der Daten vernachlässigt wer-

---

[497] Dem DWQ-Projekt (Foundations of Data Warehouse Quality) liegt die Überlegung zu Grunde, dass die Qualität von Managemententscheidungen auf der Qualität der zu Grunde liegenden Informationsbasis, hier dem Data Warehouse, beruht. Vgl. Jeusfeld et al. (1999), S. 21. Die Qualität eines Data Warehouse kann an mehreren Faktoren festgemacht werden, wobei in inhaltlich-informatorische (fachbezogene) und nichtinformatorische (technische) Anforderungen unterteilt werden kann. Vgl. Zu Anforderungsarten im Data Warehousing vgl. ausführlich Goeken (2005a), S. 173 ff.; Goeken (2006), S. 312 ff.

[498] Die vorzustellende Architektur unterscheidet sich vom „Meta Data Framework" des DWQ Projekts in zwei wesentlichen Punkten. Den Publikationen des DWQ Projekts liegt die Annahme eines unternehmensweiten Datenmodells auf Datenhaltungsebene zu Grunde. Die lokalen Datenquellen eines Data Warehouse stellen dann Sichten auf dieses zentrale Datenmodell dar („local as view"). Umfassende, unternehmensweit gültige Datenmodelle sind in der Praxis nur selten anzutreffen und ihre Verwendung erscheint problematisch. An dieser Stelle wird daher davon ausgegangen, dass das Datenmodell eines Data Warehouse als globale Sicht auf die vorhandenen Quellsysteme konstruiert wird („global as view").

[499] Vgl. Jarke et al. (1999), S. 231; Burmester u. Goeken (2005), S. 1422 f.

[500] Vgl. Jeusfeld et al. (1999), S. 23. Derartige Transportprozesse sollen hier nicht explizit betrachtet werden. Es sei an dieser Stelle auf Ansätze der konzeptionellen und logischen ETL-Modellierung verwiesen. Vgl. Vassiliadis et al. (2002a), Vassiliadis et al. (2002b); Trujillo u. Luján-Mora (2003). Für eine beispielhafte Anwendung der ETL-Modellierung im Rahmen der skizzierten Architektur vgl. Burmester u. Goeken (2005), S. 1433 ff.

[501] Vgl. Jarke u. Vassiliou (1997), S. 305.

[502] Vgl. Jarke et al. (1999), S. 231; Jeusfeld et al. (1999), S. 22; Burmester u. Goeken (2005), S. 1423.

den.[503] Es wird daher vorgeschlagen, die Data-Warehouse-Architektur um die konzeptionelle und logische Sicht der Datenmodellierung zu erweitern.[504]

Eine *konzeptionelle Sichtweise* auf ein Data Warehouse beschreibt die fachlich relevanten Objekte sowie deren Beziehungen untereinander „unabhängig von der logischen Repräsentation und ihrem physischen Speicherort" in Form eines konzeptionellen Datenmodells, bspw. dem E/RM.[505] Die *logische Sicht* auf eine Data-Warehouse-Architektur beschreibt die Datenstrukturen und Datentypen („Datenschemata"), welche die konzeptionellen Modelle im Datenmodell des (physischen) Datenspeichers darstellen.[506]

Während die konzeptionelle, logische und physische Sicht der Datenmodellierung die Architektur horizontal untergliedern, wird eine vertikale Untergliederung durch Unterscheidung der Schichten der vorgestellten Data-Warehouse-Architektur erreicht. Es können an dieser Stelle somit die Datenquellen, die Datenerfassung durch ETL-Prozesse, die Komponenten der Datenhaltungsschicht sowie die daran anknüpfenden Analyse- und Präsentationssysteme mit konzeptionellen, logischen und physischen Modellen beschrieben werden.[507] Für diese Arbeit soll sich die Darstellung zunächst auf Modelle der Datenquellen und der Datenhaltungsschicht beschränken sowie – zu einem späteren Zeitpunkt – auf Modelle der Analysesysteme ausgeweitet werden; ETL-Prozessmodelle[508] sowie Modelle verschiedener Benutzersichten im Rahmen der Präsentation[509] werden nicht betrachtet.

Abbildung 22 stellt die skizzierte modellbasierte Data-Warehouse-Architektur übersichtsartig dar. Die horizontale Aufteilung repräsentiert dabei die Sichten der Datenmodellierung (konzeptionell, logisch, physisch) und die vertikale Aufteilung die Schichten der Da-

---

[503] Vgl. Jeusfeld et al. (1999), S. 22. Vgl. die Sichten der Datenmodellierung bei Batini et al. (1998), S. 6 ff.; Lehner (2003), S. 54; Hoffer et al. (2005), S. 47 f.

[504] Vgl. Jarke u. Vassiliou (1997), S. 303; Jarke et al. (1999), S. 233. Ähnlich beschreibt dies Inmon, welcher in High-Level (konzeptionell), Mid-Level (logisch) und Low-Level Modellierung (physisch) unterscheidet. Vgl. Inmon (2005), S. 92 ff. Vgl. auch Vassiliadis u. Sellis (1999), S. 64; Vassiliadis u. Sellis (1999), S. 55; Hahn et al. (2000), S.11; Totok (2000), S. 98 ff.; Hahne (2006), S. 178.

[505] Vgl. Jeusfeld et al. (1999), S. 22. Vgl. Quix (2003), S. 47.

[506] Vgl. Jarke u. Vassiliou (1997), S. 305; Jarke et al. (1999), S. 234; Jeusfeld et al. (1999), S. 23; Quix (2003), S. 49 f.

[507] Vgl. Jeusfeld et al. (1999), S. 23; Burmester u. Goeken (2005), S. 1423.

[508] Modelle von ETL-Prozessen beschreiben einerseits das Matching zwischen ggf. mehreren Datenquellen und den Modellen der Datenhaltungsschicht. Andererseits beschreiben Sie den Datenfluss zwischen diesen Modellen. Die konzeptionelle, logische und physische Modellierung von ETL-Prozessen wird an dieser Stelle nicht vertieft. Vgl. Vassiliadis et al. (2002a); Vassiliadis et al. (2002b); Trujillo u. Luján-Mora (2003); Burmester u. Goeken (2005), S. 1434 f.

[509] Vgl. Burmester u. Goeken (2005), S. 1430 sowie ausführlich Goeken (2006), S. 287 ff.

ta-Warehouse-Architektur (Datenquellen, Datenerfassungsschichten sowie Modelle der Analysesysteme).

Abbildung 22: Modellbasierte Data-Warehouse-Architektur

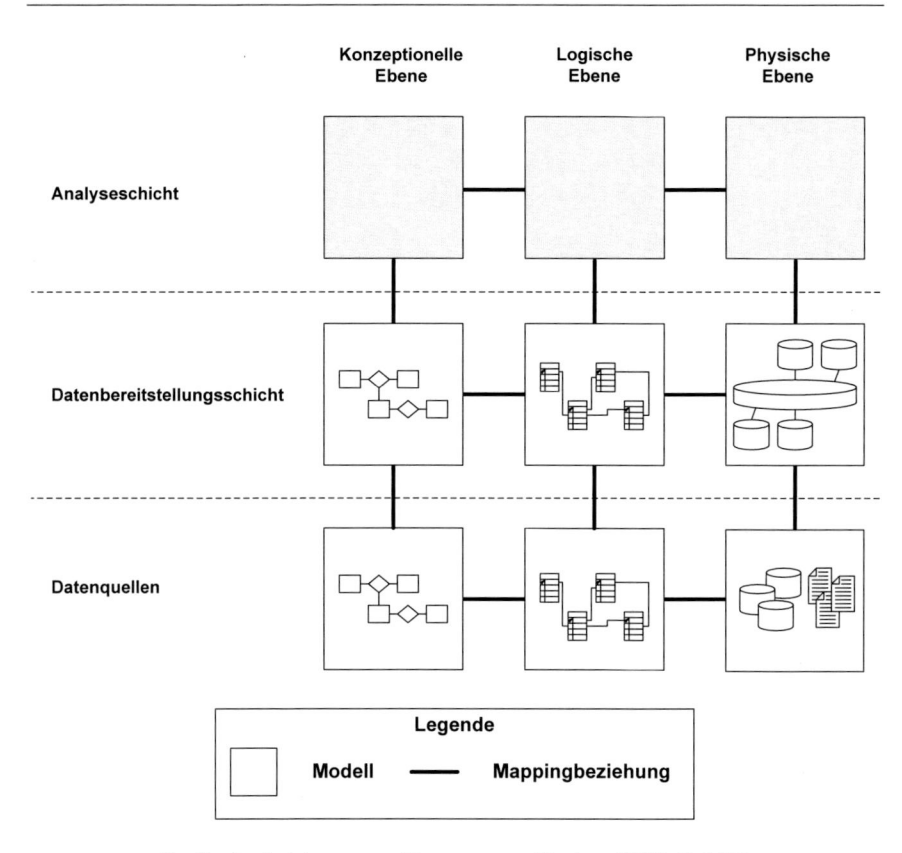

Quelle: In Anlehnung an (Burmester u. Goeken 2005), S. 1424.

Der vorgestellte Architekturansatz wird im Folgenden zur konzeptionellen, logischen und physischen Repräsentation von Data-Warehouse-Komponenten und, darüber hinaus, auch zur Repräsentation der BI-Analysesysteme herangezogen werden. Diese Architektur bietet einen Rahmen für die durchgängig strukturierte Entwicklung von BI-Systemen und ermöglicht es, Modelle im Verlauf von Lernprozessen auf den unterschiedlichen Sichten der Datenmodellierung zu dokumentieren und technisch umzusetzen.[510]

---

[510] Vgl. Burmester u. Goeken (2005), S. 1423.

Gleichzeitig stellen konzeptionelle Modelle die Repräsentationsform dar, die den mentalen Modellen des Menschen am ähnlichsten ist. Hier kann bspw. die Vernetzung von Begriffen durch qualifizierte und quantifizierte Beziehungen genannt werden, die der vernetzten Speicherung von Modellen im semantischen Gedächtnis eines Menschen ähnlich ist.[511] Da sich die Darstellung von Lernprozessen auf mentale Modelle sowie deren Funktion in kognitiven Prozessen bezieht, werden im Folgenden schwerpunktmäßig benutzernahe und – im erläuterten Sinne – „kognitionsnahe" konzeptionelle Modellierungssprachen für Analysesysteme vorgestellt. Darüber hinaus wird mit logischen Modellen auf die Schnittstellen zu den umsetzenden Technologien eingegangen. Die physische Perspektive wird aufgrund der mangelnden zeitlichen Stabilität der umsetzenden Technologien weitestgehend vernachlässigt.

Im Anschluss an die Datenbereitstellung durch Data Warehouses und deren Modellierung im Rahmen einer modellbasierten Data-Warehouse-Architektur im folgenden Abschnitt die ein Data Warehouse nutzenden Analysesysteme betrachtet.

5.2.2 Analysesysteme

Die Analyseschicht hat die inhaltliche Aufbereitung und Analyse der formal- und semantisch harmonisierten Daten aus der Datenbereitstellungsschicht sowie deren Weiterleitung an die Präsentationsschicht zum Gegenstand.[512] Sie wird zunächst durch eine Reihe von generischen Basissystemen ohne inhärenten betriebswirtschaftlichen Bezug gebildet.[513] Derartige Systeme werden zur Erstellung spezifischer BI-Anwendungen, bspw. konzeptorientierter Systeme, herangezogen.[514]

Zu den *generischen Basissystemen* werden u.a. Systeme zur freien Datenrecherche, Standardberichterstattung, Ad-hoc-Analysesysteme und modellgestützte Systeme gezählt.[515] *Systeme zur freien Datenrecherche* erlauben es dem Nutzer an den durch Systeme der Datenbereitstel-

---

[511] Vgl. die Ausführungen zu kognitiven Strukturen in 4.2.1.1.

[512] Vgl. Baars u. Kemper (2008), S. 139.

[513] Vgl. Gluchowski u. Kemper (2006), S. 16; Kemper u. Baars (2006), S. 13 f.

Zudem werden an dieser Stelle Systeme zur Wissensverteilung eingeordnet. Vgl. Kemper u. Baars (2006), S. 13; Baars u. Kemper (2008), S. 139. Sie dienen der Explizierung und Verteilung impliziten Wissens in der Organisation. Es wird der Auffassung von Kemper et al. gefolgt, dass die im Rahmen der BI-Architektur generierten Daten- und Analysemodelle bereits hinreichend explizites, kodifiziertes und – bspw. im Rahmen einer Modellbank - verfügbares Wissen darstellen. Vgl. Kemper et al. (2006), S. 128. Hinsichtlich der Verteilung des Wissens werden u.a. E-Mail-, Sprachnachrichten-, Videokonferenz- und Bulletin-Board-Systeme eingesetzt. Vgl. Lee u. Hong (2002), S. 21. Diese sollen hier nicht weiter behandelt werden. Vgl. FN 345 sowie Stahlknecht u. Hasenkamp (2005), S. 419 ff.

[514] Vgl. Baars u. Kemper (2008), S. 140.

[515] Vgl. Gluchowski u. Kemper (2006), S. 17; Kemper u. Baars (2006), S. 13.

lungsschicht bereitgestellten Datenbestand Anfragen, bspw. in SQL, zu formulieren und sind somit nur für entsprechend geschulte Nutzer einsetzbar. Aufgrund der geringen Unterstützungsleistung werden diese nicht weiter betrachtet werden. *Berichtssysteme* stellen dem Nutzer die Informationen der Datenbereitstellungsschicht geringfügig aufbereitet in Form weitestgehend starrer Tabellen, Listen oder einfacher Grafiken zur Verfügung.[516] Die Verteilung der Berichte folgt dabei einem festen Zeitplan (*Standardreporting*) oder ist an vordefinierte Ereignisse, bspw. das Überschreiten eines Schwellenwerts einer Kennzahl, gebunden (*Exception Reporting*).[517] Berichtssysteme sind die Fortsetzung klassischer Ansätze zur Informationsunterstützung wie Management Information Systems (MIS) und Executive Information Systems (EIS).[518] Die organisatorische Ausgestaltung des Berichtswesens hinsichtlich Periodizität und Verteilung wird an dieser Stelle nicht vertieft.[519] Unter inhaltlichen Gesichtspunkten lassen sich die Informationen eines Berichtssystems aus dem weiter unten erläuterten OLAP durch Sichtenbildung ableiten. OLAP und Entscheidungsunterstützungssysteme werden in den Abschnitten 5.2.2.1 bzw. 5.2.2.2 gesondert vorgestellt.

Eine spezielle Klasse von BI-Anwendungen sind *konzeptorientierte BI-Systeme*, welche sich inhaltlich an betriebswirtschaftlichen Ansätzen (bspw. CRM, Balanced Scorecard, wertorientiertem Management etc.) ausrichten.[520] Die genannten Ansätze werden mit den vorgestellten BI-Basissystemen entweder für spezielle Unternehmensbereiche oder auf einer Gesamtunternehmensebene umgesetzt.[521] Konzeptorientierte Systeme setzen die Anforderung nach einer Ordnung des Informationsbedarfs des Managements technisch um, indem sie begriffliche Gefüge bereitstellen, an denen sich die Informationsversorgung bzw. die Entscheidungsunterstützung des Managements orientiert [IU-1b]. Im Rahmen der Entscheidungsunterstützung werden durch die Anwendung betriebswirtschaftlicher Konzepte bereits erste begriffliche Zusammenhänge aufgezeigt [EU-1b]. Dies ist z.B. bei den der Balanced Scorecard zu Grunde gelegten Kausalketten der Fall, die Ursache-

---

[516] Vgl. Kemper u. Baars (2006), S. 13 f.
[517] Vgl. Strauch u. Winter (2002), S. 445; Gluchowski u. Kemper (2006), S. 17; Kemper et al. (2006), S. 111 f.
[518] Vgl. Kemper u. Baars (2006), S. 14; Gluchowski u. Kemper (2006), S. 17.
[519] Vgl. Gluchowski et al. (2008), S. 205 ff.
[520] Vgl. Strauch u. Winter (2002), S. 445; Bauer u. Günzel (2004), S. 17 ff.; Gluchowski u. Kemper (2006), S. 17; Kemper u. Baars (2006), S. 14; Kemper et al. (2006), S. 116 f.; Baars u. Kemper (2008), S. 140; Gluchowski et al. (2008), S. 223 f.
[521] Vgl. Gluchowski u. Kemper (2006), S. 17; Kemper u. Baars (2006), S. 14; Kemper et al. (2006), S. 116.

Wirkungs-Beziehungen zwischen bestimmten betriebswirtschaftlichen Begriffen aus unterschiedlichen Domänen repräsentieren.[522]

Abbildung 23 stellt das Verhältnis von BI-Basissystemen und Konzeptorientierten BI-Systemen übersichtsartig dar. Die im weiteren Verlauf dieser Arbeit schwerpunktmäßig thematisierten Systemklassen (Ad-hoc- und modellgestützte Analysesysteme) sind grau hinterlegt.

Abbildung 23: Analyseorientierte Systeme für das Management

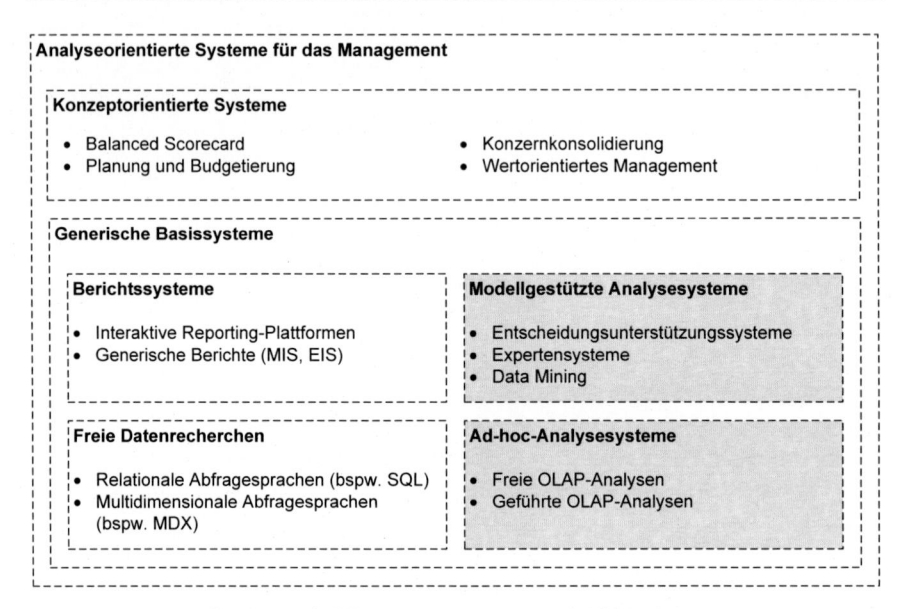

```
Analyseorientierte Systeme für das Management

  Konzeptorientierte Systeme

    • Balanced Scorecard              • Konzernkonsolidierung
    • Planung und Budgetierung        • Wertorientiertes Management

  Generische Basissysteme

    Berichtssysteme                       Modellgestützte Analysesysteme

    • Interaktive Reporting-Plattformen   • Entscheidungsunterstützungssysteme
    • Generische Berichte (MIS, EIS)      • Expertensysteme
                                          • Data Mining

    Freie Datenrecherchen                 Ad-hoc-Analysesysteme

    • Relationale Abfragesprachen (bspw. SQL)   • Freie OLAP-Analysen
    • Multidimensionale Abfragesprachen         • Geführte OLAP-Analysen
      (bspw. MDX)
```

Quelle: In Anlehnung an (Kemper et al. 2006), S. 84.

5.2.2.1 Online Analytical Processing

In diesem Abschnitt wird zunächst das Konzept des Online Analytical Processing (OLAP) sowie dessen technische Realisierung erläutert (5.2.2.1.1). Im Anschluss daran wird auf die Modellierung von OLAP-Systemen eingegangen (5.2.2.1.2).

5.2.2.1.1 Konzept und technische Umsetzung

Online Analytical Processing und Online Transactional Processing (OLTP) bilden ein Begriffspaar und lassen sich durch den adressierten Gegenstand und, bezogen auf diesen,

---

[522] Vgl. Kaplan u. Norton (1996); Akkermans u. van Oorshot (2005).

durch die Art der Verarbeitung abgrenzen.[523] OLTP hat die Abwicklung von Transaktionen entlang operativer Geschäftsprozesse zum Gegenstand (Transactional Processing). Hierbei werden Geschäftsobjekte transformiert und Informationen über den Status einzelner Geschäftsobjekte im Prozessverlauf geliefert.[524] OLAP hingegen hat die Analyse von Sachverhalten zum Gegenstand und stellt Informationen zu einer Vielzahl von Geschäftsobjekten zur Verfügung. Analytische Verarbeitungsmechanismen (Analytical Processing) dienen der Erforschung von Sachverhalten, bspw. deren Aggregation oder Disaggregation oder dem Wechsel der Betrachtungsperspektive.[525]

Das Kriterium der konzeptionellen multidimensionalen Sichtweise stellt das charakteristische Merkmal von OLAP dar. [526] Die Informationsbereitstellung zu analytischen Zwecken hat der „naturgemäß mehrdimensionale[n] Problemsicht der Unternehmensanalytiker" zu genügen (vgl. 4.2.2.2.1).[527] Hierbei wird regelmäßig die Metapher eines *Würfels* zur Illustration des konstruierten Datenraums herangezogen, wobei darauf hinzuweisen ist, dass die Anzahl der Dimensionen nicht auf drei beschränkt ist. Abbildung 24 stellt die Struktur eines OLAP-Würfels sowie die konstituierenden Komponenten übersichtsartig dar. Die Komponenten werden im Anschluss erläutert.

---

[523] Vgl. Gluchowski u. Chamoni (2006), S. 145; Gluchowski et al. (2008), S. 144.

Online bezeichnet hier den direkten Zugriff auf den Datenbestand und die zeitsynchrone Verarbeitung der Anweisungen. Dies stellt allerdings kein Differenzierungskriterium zwischen transaktionsorientierter und analytischer Verarbeitung dar, da die direkte Verarbeitung von Anweisungen in beiden Systemklassen praktiziert wird. Vgl. Jukic et al. (2008), S. 260.

[524] Vgl. Jukic et al. (2008), S. 259.

[525] Vgl. Codd et al. (1993), S. 6; Grothe u. Gentsch (2000), S. 58; Strauch u. Winter (2002), S. 446 f.

[526] Vgl. Codd et al. (1993), S. 6; Grothe u. Gentsch (2000), S. 59; Pendse u. Creeth (2005); Kemper et al. (2006), S. 94; Gluchowski u. Chamoni (2006), S. 148; Gluchowski et al. (2008), S. 147 f.

[527] Vgl. Codd et al. (1993), S. 10; Gabriel et al. (2000), S. 79; Grothe u. Gentsch (2000), S. 59; Gluchowski u. Chamoni (2006), S. 145 f.

Abbildung 24: OLAP Würfelstruktur

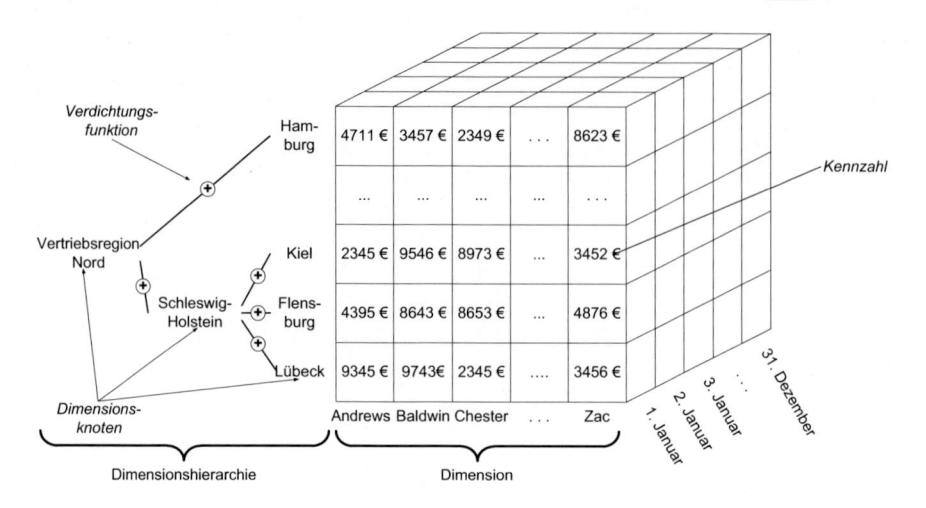

Die Achsen dieses Würfels werden durch die *Dimensionen* gebildet, welche durch „sachlich zusammengehörige und im Sinne des Untersuchungsgegenstands gleichartige Beschreibungsobjekte [...] unter der begrifflichen Klammer Dimension zusammengefasst und miteinander verknüpft [werden]."[528] Diese Beschreibungsobjekte entsprechen den in Abschnitt 4.2.2.2.1 beschriebenen Bezugsbegriffen und werden im OLAP-Umfeld als *Dimensionsknoten* bezeichnet.[529] Dimensionsknoten besitzen den Charakter von Koordinaten und bilden die Grundlage zur Orientierung in dem durch die Dimensionierung aufgespannten Informationsraum.[530] Die elementaren Dimensionsknoten sind gleichrangig, werden allerdings regelmäßig in hierarchischer Form (*Dimensionshierarchie*) organisiert (vgl. die Ausführungen zur Hierarchisierung in Abschnitt 4.2.2.2.2).[531] Die elementaren Dimensionsknoten werden dabei verdichteten Elementen untergeordnet, wobei die Verdichtung einer beliebigen arithmetischen *Verdichtungsfunktion* folgen kann.[532] Innerhalb einer Dimension ergeben sich durch wiederholte Aggregation Navigationspfade, durch welche eine Infor-

---

[528] Vgl. Totok (2000), S. 87; Bauer u. Günzel (2004), S. 102; Gluchowski et al. (2008), S. 151.

[529] Vgl. Bauer u. Günzel (2004), S. 103.

[530] Vgl. Grothe u. Gentsch (2000), S. 60; Lehner (2003), S. 55. Dimensionsknoten entsprechen den situativ indizierten Bezugsbegriffen eines semantischen Kontextes (vgl. 3.1.3).

[531] Vgl. Bauer u. Günzel (2004), S. 103; Gluchowski et al. (2008), S. 152.

[532] Dies können bspw. Addition, Durchschnittsbildung oder weitere, komplexere Berechnungsvorschriften sein.

mation in verschiedenen Detaillierungsgraden betrachtet werden kann (*Hierarchiepfad*).[533] Die durch die Dimensionen und die dazugehörigen Dimensionsknoten qualifizierten Informationen werden durch die Zuweisung von Wert- oder Mengengrößen quantifiziert (*Kennzahl*) und formulieren *Fakten* von einem Gegenstandsbereich.[534] Für die Informationsnutzung ist die Existenz der beschriebenen quantifizierenden und qualifizierenden Komponenten zwingend erforderlich[535], wohingegen die hierarchische Organisation der Dimensionsknoten eine Option zur Beherrschung von Unübersichtlichkeit darstellt.

Die Navigation in einem OLAP-Würfel, d.h. der Abruf gewünschter Informationen, erfolgt über die Selektion qualifizierender Dimensionsknoten.[536] Zur Erstellung von Dimensionsschnitten durch einen OLAP-Würfel werden ein (oder mehrere) Dimensionsknoten aus genau einer Dimension selektiert und während der Betrachtung konstant gehalten, während in den verbleibenden Dimensionen keine Selektion von Dimensionsknoten stattfindet.[537] Das Resultat dieser Operation ist eine „Scheibe" des Würfels, weshalb die entsprechende Operation auch als *Slicing* bezeichnet wird.[538] Abbildung 25 stellt die Slice-Operation beispielhaft dar.

---

[533] Vgl. Gluchowski et al. (2008), S. 152.

[534] Vgl. Lehner (2003), S. 55. Alternativ finden sich die Bezeichnungen Variable, Facts, Measures oder Measured Facts. Vgl. Totok (2000), S. 85 f.

[535] Vgl. Gluchowski et al. (2008), S. 155.

Vgl. Chauduri u. Dayal (1997), S. 68. „Each of the numeric measures depends on a set of dimensions, which provide the context for the measure." Vgl. die Ausführungen zur Herstellung eines semantischen Kontext in Abschnitt 3.1.3.

[536] Hierbei können sowohl grundlegende Dimensionsknoten als auch verdichtete Dimensionsknoten einer Dimensionshierarchie selektiert werden. Bezogen auf die Herstellung eines semantischen Kontext handelt es sich hierbei um die Festlegung eines Indexwerts im Bedeutungsvektor des semantischen Kontextes (vgl. 3.1.3).

[537] Vgl. Kemper et al. (2006), S. 98; Jukic et al. (2008), S. 266.

[538] Vgl. Gabriel et al. (2000), S. 79; Bauer u. Günzel (2004), S. 108.

Abbildung 25: Slice-Operationen

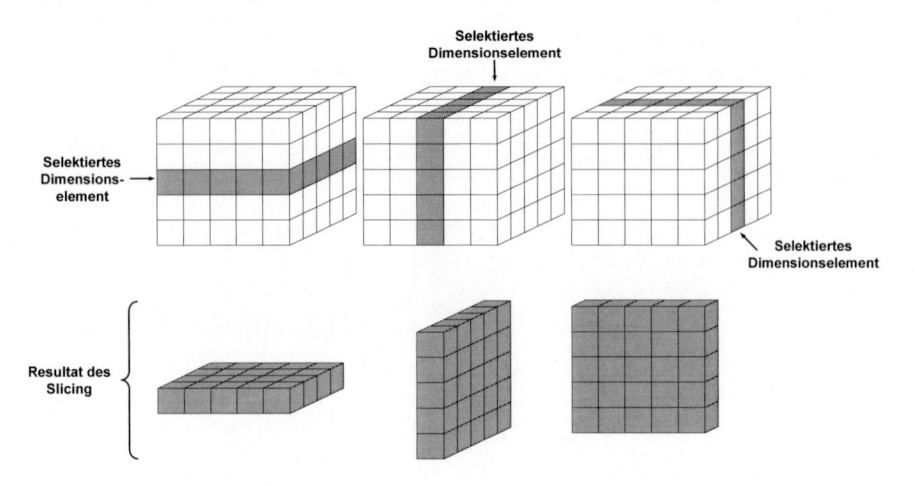

Quelle: In Anlehnung an (Gabriel et al. 2000), S. 80.

Eine Selektion von einem (oder mehreren) Dimensionsknoten aus mehreren Dimensionen erlaubt es, Würfel niedriger Dimensionalität aus dem Datenraum herauszulösen (*Dicing*).[539] Durch wiederholte Selektion kann der Interpretationsspielraum der Betrachtung weiter verringert und so können aus hochdimensionalen Gebilden darstellbare Formen, meist zweidimensionale Tabellen, abgeleitet werden.[540] Abbildung 26 stellt eine Dice-Operation beispielhaft dar.

---

[539] Vgl. Bauer u. Günzel (2004), S. 108; Kemper et al. (2006), S. 98 f. Bezogen auf die Herstellung eines semantischen Kontextes handelt es sich hierbei um die Festlegung mehrerer Indexwerte im Bedeutungsvektor des semantischen Kontextes (vgl. 3.1.3).

[540] Vgl. Chauduri u. Dayal (1997), S. 69; Gluchowski et al. (2008), S. 155.

Abbildung 26: Dice-Operation

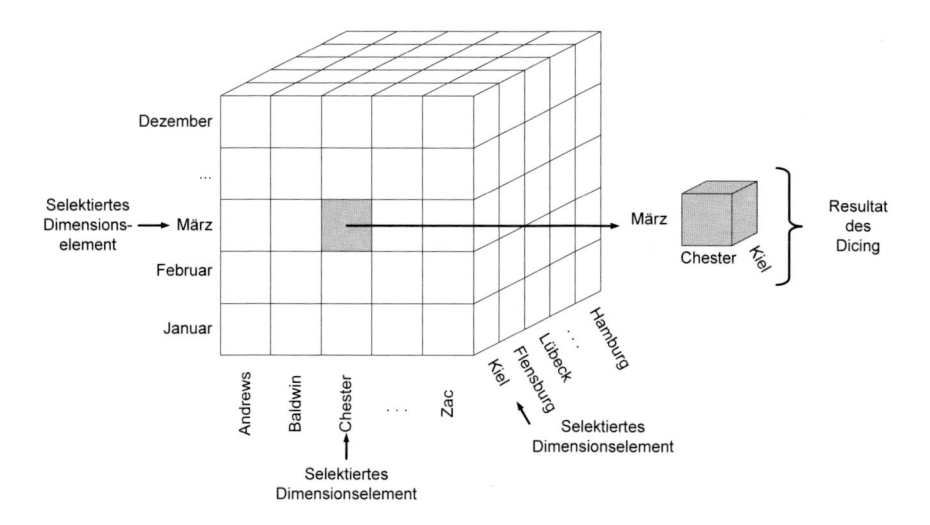

Innerhalb einer Dimension erfolgt eine hierarchische Navigation entlang der vorgegebenen hierarchischen Verdichtungspfade. Die Verdichtung elementarer Dimensionsknoten zu hierarchisch übergeordneten Dimensionsknoten wird als *Roll-up* bezeichnet. Die Gegenoperation, d.h. das Verfeinern der Betrachtung durch Aufschlüsselung aggregierter Dimensionsknoten in untergeordnete oder elementare Dimensionsknoten, wird als *Drill-down* bezeichnet.[541] Durch Drill-down und Roll-up kann die Granularität und somit der Detaillierungsgrad der dargestellten Informationen erhöht bzw. verringert werden.[542] Abbildung 27 stellt die beschriebenen Mechanismen übersichtsartig dar.

---

[541] Vgl. Codd et al. (1993), S. 7; Chauduri u. Dayal (1997), S. 69; Bauer u. Günzel (2004), S. 107.
[542] Vgl. Datta u. Thomas (1999), S. 292; Jukic et al. (2008), S. 268 f.

Abbildung 27: Drill-down- und Roll-up-Operation

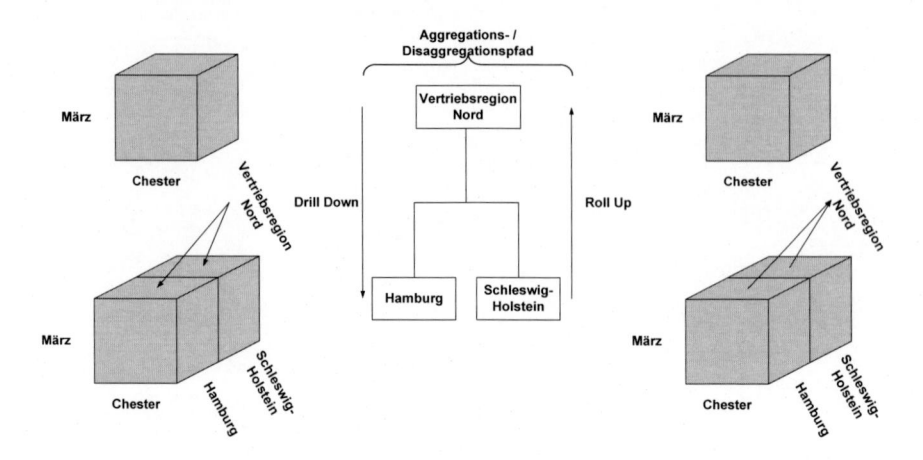

OLAP kann vor dem Hintergrund der in 4.2.2.3 und 4.2.3.2 formulierten Anforderungen an die Informationsunterstützung wie folgt zusammengefasst werden. OLAP setzt die in [IU-2a] erhobene Forderung nach einer mehrdimensionalen Informationsorganisation sowie die in [IU-2b] erhobene Anforderung zur Begrenzung der Informationsmenge um. Letztgenanntes erfolgt durch Selektionsmechanismen und hierarchische Informationsorganisation in den Dimensionen der OLAP-Würfel. Die Kombination aus OLAP und Data Warehouses erfüllt die formulierten theoretischen Anforderungen an die Informationsunterstützung [IU-1; IU-2] vollständig.

Nachdem das OLAP-Konzept dargestellt wurde, wird im Folgenden die konzeptionelle und logische Modellierung derartiger Systeme erläutert.[543]

5.2.2.1.2 Multidimensionale Datenmodelle

Zur *konzeptionellen Modellierung* multidimensionaler Datenstrukturen existieren eine Reihe konzeptioneller Modellierungssprachen.[544] Hier wird exemplarisch der Ansatz des mul-

---

[543] Auf eine Darstellung der (physischen) Implementierung durch relationales, multidimensionales oder hybrides OLAP wird an dieser Stelle verzichtet. Vgl. Datta u. Thomas (1999), S. 292; Vassiliadis u. Sellis (1999), S. 65; Gabriel et al. (2000), S. 84; Bauer u. Günzel (2004), S. 225 ff.; Hoffer et al. (2005), S. 480; Gluchowski u. Chamoni (2006), S. 155 ff.; Jukic et al. (2008), S. 273 f.; Gluchowski et al. (2008), S. 173 ff.

[544] Für einen Vergleich von Sprachen zur multidimensionalen Datenmodellierung vgl. Gabriel u. Gluchowski (1998), S. 497 ff.; Schelp (2000), S. 158 ff.; Totok (2000), S. 123 ff.; Hettler et al. (2003), S. 99 ff.; Bauer u. Günzel (2004), S. 165 ff.; Goeken (2006), S. 191 ff.; Hahne (2006), S. 181 ff.

tidimensionalen E/R-Modells (*ME/RM*) dargestellt, da es einerseits den weit verbreiteten E/R-Ansatz bezogen auf Syntax und Semantik nur geringfügig erweitert. Andererseits wurden die Erweiterungen des E/RM auf Grundlage seines Metamodells eingeführt, was den Ansatz gegenüber anderen, aus der praktischen Anwendung stammenden Modellierungssprachen hinsichtlich Stringenz und Formalisierbarkeit der Darstellung deutlich abgrenzt.[545] Gegenüber dem klassischen E/R-Ansatz finden sich beim ME/RM drei spezifische multidimensionale Erweiterungen.[546] Das *Dimensionsebenen-Konstrukt* stellt eine Spezialisierung des Entity-Typ-Konstrukts dar und dient der Modellierung der Dimensionen eines Würfels. Dimensionsebenen-Konstrukte sind untereinander durch einen spezialisierten Relationship-Typ, die *Roll-up-Beziehung*, verbunden, sodass beliebige Aggregationshierarchien modelliert werden können. Als Bezugspunkt für die qualifizierenden Dimensionen dient das *Fakt-Konstrukt*, welches eine Spezialisierung eines Relationship-Typs darstellt. Die qualifizierenden Informationen eines multidimensionalen Modells (*Kennzahlen*) werden in Form von Attributen des Fakt-Konstrukts dargestellt. Die Elementarebene der Aggregationshierarchie wird von dem am nächsten am Fakt-Konstrukt befindlichen Dimensionsebenen-Konstrukt gebildet.

Mittels des ME/RM können beliebig dimensionierte Informationsrepräsentationen sowie Begriffshierarchien strukturell dargestellt werden. Ein Kritikpunkt am dargestellten Modellierungsansatz ist die fehlende Möglichkeit, Berechnungsvorschriften für die Form der Verdichtungsbeziehungen (bspw. Addition, Durchschnittsbildung etc.) darzustellen.[547] Es wird angeregt, diese in einem separaten, orthogonalen Berechnungsmodell zu spezifizieren.[548] Abbildung 28 stellt ein konzeptionelles multidimensionales Datenmodell beispielhaft in der Notation des ME/RM dar.

---

[545] Vgl. Sapia et al. (1999b), S. 109 ff.; Blaschka (2000), S. 28 ff.; Hahn et al. (2000), S. 11 f. Eine Darstellung des Metamodells des ME/RM findet sich bei Blaschka (2000), S. 30. Für eine formale Darstellung des ME/RM vgl. Blaschka (2000), S. 31 ff. Für Erweiterungen des ME/RM auf Grundlage dessen Metamodells vgl. Goeken u. Knackstedt (2009), S. 361 ff.

Ein Beispiel für eine ohne sprachtheoretische Überlegungen eingeführte Modellierungssprache ist ADAPT, vgl. Bulos u. Forsman (2006). Diese wird u.a. wegen der unscharfen Trennung zwischen Typ- und Ausprägungsebene und – in älteren Versionen – der mangelnden Unabhängigkeit von der umsetzenden Technologie kritisiert. Vgl. Schelp (2000), S. 187; Hettler et al. (2003), S. 104 ff.

[546] Vgl. im Folgenden Sapia et al. (1999b), S. 109 ff.; Blaschka (2000), S. 29 f. Vgl. auch Schelp (2000), S. 162 ff.; Bauer u. Günzel (2004), S. 165 ff.; Goeken (2006), S. 202 ff.; Hahne (2006), S. 183.

[547] Vgl. Schelp (2000), S. 164.

[548] Vgl. Sapia et al. (1999a), S 112.

Abbildung 28: Beispielhafte Darstellung eines konzeptionellen multidimensionalen Datenmodells

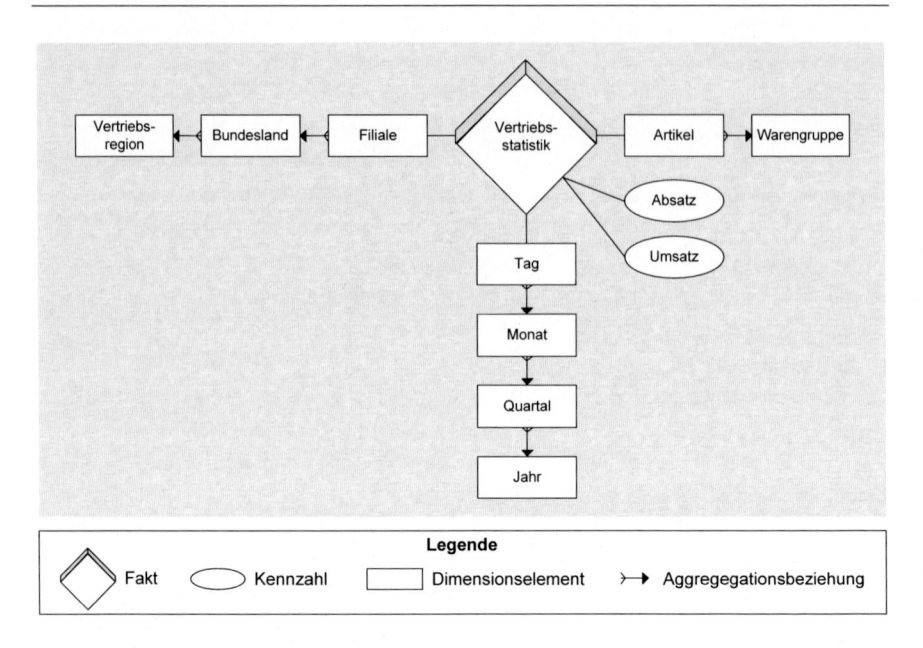

```
  Vertriebs-        Bundesland       Filiale         Vertriebs-          Artikel          Warengruppe
  region                                             statistik
                                                        |
                                                        +-----> Absatz
                                                        |
                                                  Tag   +-----> Umsatz
                                                   |
                                                 Monat
                                                   |
                                                 Quartal
                                                   |
                                                  Jahr

  Legende
  ◇ Fakt    ◯ Kennzahl    □ Dimensionselement    >─► Aggregegationsbeziehung
```

Der Erläuterung der *logischen Modellierung* wird die Realisierung des OLAP-Konzepts mittels relationaler Datenbanktechnologie zu Grunde gelegt.[549] Die logische Datenmodellierung in diesem Rahmen dient der Erzeugung einer virtuellen Multidimensionalität durch Organisation der zweidimensionalen Tabellen in eine spezielle Form der Anordnung. Dabei werden die den Datenraum aufspannenden, qualifizierenden Dimensionen in jeweils einer *Dimensionstabelle* gespeichert, welche neben den Informationen über die Dimensionsknoten auch die Dimensionshierarchie in Form von Attributen speichert.[550] Die Dimensionstabellen sind über Schlüsselbeziehungen mit der *Fakttabelle* verbunden, in der die wert- oder mengenmäßigen, quantifizierenden Kennzahlen als Attribute gespeichert sind.[551] Die Schlüsselbeziehungen sind dabei derart, dass die Primärschlüssel der Dimensionstabellen Fremdschlüssel in der Fakttabelle darstellen. Der Primärschlüssel der Fakt-

---

[549] Vgl. Gluchowski et al. (2008), S. 173 ff. sowie die in FN 543 angegebenen Literatur.
[550] Vgl. Kimball u. Ross (2002), S. 19 ff.; Hoffer et al. (2005). S. 467; Hahne (2006), S. 191.
[551] Vgl. Kimball u. Ross (2002), S. 16 ff.; Datta u. Thomas (1999), S. 292; Hoffer et al. (2005), S. 467; Hahne (2006), S. 191.

tabelle setzt sich wiederum aus diesen Fremdschlüsseln zusammen und identifiziert die dort gespeicherten Informationen eindeutig.[552] Im Rahmen einer Abfrage geben die Attributwerte eines Schlüssels der Dimensionstabelle die multidimensionalen Koordinaten einer Kennzahl an, die durch den in der Fakttabelle hinterlegten Wert ausgedrückt wird.[553]

Ein derartiges Datenmodell wird aufgrund der satellitenförmigen Anordnung der Dimensionstabelle um eine zentrale Fakttabelle auch als *Starschema* bezeichnet.[554] Das Starschema stellt den Ausgangspunkt für eine Reihe von Erweiterungen dar. So können bspw. die Stufen einer Dimensionshierarchie explizit durch die Normalisierung von Dimensionstabellen dargestellt werden (*Snowflakeschema*).[555] Darüber hinaus können von mehreren Fakttabellen einheitliche Dimensionstabellen gemeinsam genutzt werden, bspw. einheitliche Zeit-, Region- oder Kundendimensionen (*Conformed Dimensions*).[556] Werden diese in einem gemeinsamen logischen Datenmodell abgetragen, resultiert daraus eine vermaschte Struktur mehrerer Star-Schemata, weshalb eine derartige Struktur als *Galaxie-Schema* bezeichnet wird.[557] Abbildung 29 stellt ein Star-Schema (linke Seite) sowie einen Ausschnitt aus einer normalisierten Dimensionstabelle des Snowflake-Schemas (rechte Seite) dar.

---

[552] Vgl. Hoffer et al. (2005), S. 467; Hahne (2006), S. 191.

[553] Vgl. Chauduri u. Dayal (1997), S. 69; Hoffer et al. (2005), S. 468.

[554] Vgl. Vassiliadis u. Sellis (1999), S. 65; Totok (2000), S. 174; Kimball u. Ross (2002), S. 21 ff.; Bauer u. Günzel (2004), S. 205 ff.; Schwarz (2004), S. 59; Hoffer et al. (2005), S. 467.

[555] Vgl. Chauduri u. Dayal (1997), S. 69 f.; Datta u. Thomas (1999), S. 293; Totok (2000), S. 177 ff.; Bauer u. Günzel (2004), S. 203; Schwarz (2004), S. 59 f.; Hahne (2006), S. 196 f.

[556] Vgl. Kimball u. Ross (2002), S. 12.

[557] Vgl. Schelp (2000), S. 173; Hahne (2006), S. 201. Bauer u. Günzel (2004), S. 208 f.

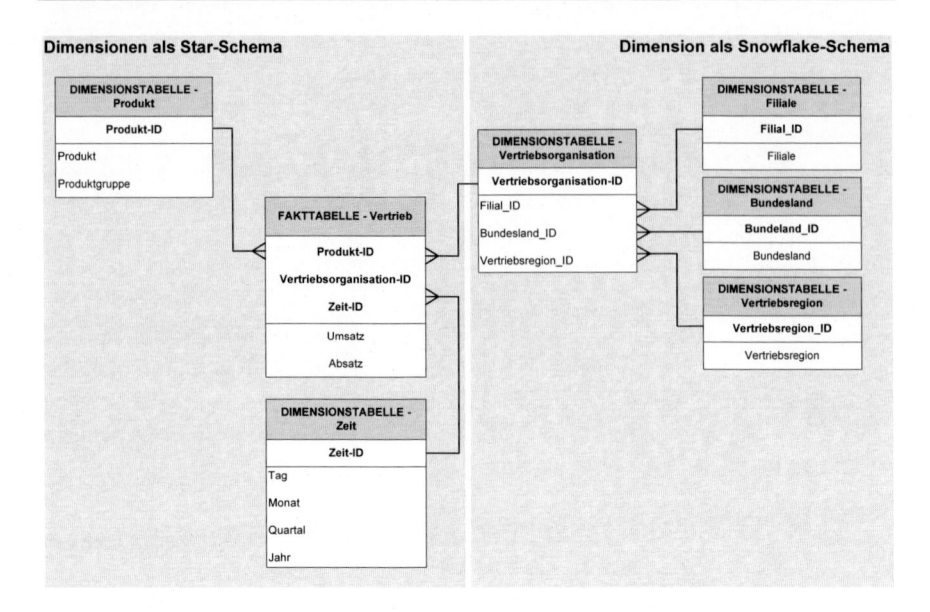

Abbildung 29: Beispielhafte Darstellung eines Star- und Snowflakeschemas

Dimensionen als Star-Schema

DIMENSIONSTABELLE - Produkt
- Produkt-ID
- Produkt
- Produktgruppe

FAKTTABELLE - Vertrieb
- Produkt-ID
- Vertriebsorganisation-ID
- Zeit-ID
- Umsatz
- Absatz

DIMENSIONSTABELLE - Vertriebsorganisation
- Vertriebsorganisation-ID
- Filial_ID
- Bundesland_ID
- Vertriebsregion_ID

DIMENSIONSTABELLE - Zeit
- Zeit-ID
- Tag
- Monat
- Quartal
- Jahr

Dimension als Snowflake-Schema

DIMENSIONSTABELLE - Filiale
- Filial_ID
- Filiale

DIMENSIONSTABELLE - Bundesland
- Bundeland_ID
- Bundesland

DIMENSIONSTABELLE - Vertriebsregion
- Vertriebsregion_ID
- Vertriebsregion

Nachdem mit OLAP ein Konzept zur Informationsunterstützung vorgestellt wurde, werden im folgenden Abschnitt mit modellgestützten Systemen Ansätze betrachtet, die mit der Entscheidungsunterstützung des Managements korrespondieren.

5.2.2.2 Entscheidungsunterstützungssysteme

Entscheidungsunterstützungssysteme werden der Klasse der modellgestützten Systeme zugerechnet, deren Ziel es ist, komplexe kausale Muster und Verhältnisse zu explizieren und weiterzuverarbeiten.[558] Dabei werden analytische Mittel in Form von Algorithmen bereitgestellt, die über die einfachen arithmetischen Operationen des OLAP hinausgehen. Zu den modellorientierten Systemen werden neben den Entscheidungsunterstützungssystemen Expertensysteme[559] und Ansätze des Data Mining[560] gezählt. Im Folgenden werden jedoch nur Entscheidungsunterstützungssysteme behandelt.

---

[558] Vgl. Baars u. Kemper (2008), S. 140.

[559] *Expertensysteme* haben die Aufgabe, das „Wissen menschlicher Experten in abgegrenzten, domänenspezifischen Anwendungsbereichen mit Hilfe von Informationssystemen verfügbar zu machen." Vgl. Stahlknecht u. Hasenkamp (2005), S. 333 sowie 433 ff.; Kemper et al. (2006), S. 104 f.

Entscheidungsunterstützungssysteme (EUS) korrespondieren mit den in Abschnitt 4 vorgestellten Ansätzen der Entscheidungsunterstützung.[561] Klassische Entscheidungsunterstützungssysteme werden strukturell durch eine Modell-, Methoden-, Daten- sowie eine Dialogkomponente konstituiert.[562] Im Kontext einer modernen BI-Architektur wird die Datenkomponente dabei durch die Systeme der Datenbereitstellungsschicht realisiert. Die Entscheidungsunterstützung folgt dem in Abschnitt 4.2.3.1 vorgestellten Entscheidungs- und Problemlösungsprozess, durch welchen die *Dialogkomponente* eines Entscheidungsunterstützungssystems führt.[563] Während die Modell-, Methoden- und Datenkomponenten im beschriebenen Sinne prozessual gekoppelt sind, obliegt deren konzeptionelle Verknüpfung dem Nutzer des EUS, d.h. dieser ist für die explizite Problemformulierung und die Wahl der Lösungsmethoden verantwortlich.[564]

Die *Modellkomponente* dient der Generierung, dem Ablegen, Verwalten und Auffinden betriebswirtschaftlicher Modelle, welche im Verlauf des Entscheidungsprozesses generiert werden.[565] Die *Methodenkomponente* eines Entscheidungsunterstützungssystems liefert auf Grundlage der im Verlauf des Entscheidungsprozesses erstellten Modelle potenzielle Ergebnisse von Handlungsalternativen. Beispiele für Methoden der Entscheidungsunterstützung sind einfache statistische Verfahren, Optimierungs-, Simulations-, Trendberechnungsverfahren, Sensitivitätsanalysen, What-if-, Goal-seeking- oder What-to-do-to-achieve-Analysen.[566] Modell- und Methodenkomponente bedingen sich dabei gegenseitig, da die gewählte Modellierungssprache und eine entsprechende Formalisierung einerseits maßgeblich von den zu verwendenden Methoden abhängig sind.[567] Andererseits fehlt Methoden ohne Modell der Gegenstand ihrer Analyse.

Hinsichtlich der *Modellierung* unterscheiden sich Modelle der Entscheidungsunterstützung von Modellen der Informationsunterstützung durch die Formulierung expliziter kausaler

---

[560] Ansätze des *Data Mining* haben das Ziel, nützliche und nicht-triviale Muster in bestehenden Datenbeständen zu identifizieren und zu explizieren. Vgl. Hagedorn et al. (1997), S. 601 f; Strauch u. Winter (2002), S. 445; Düsing (2006), S. 242 ff.

[561] Vgl. Holten (1999a), S. 37; Voß u. Gutenschwager (2001), S. 337; Back (2002), Sp. 372; Gluchowski et al. (2008), S. 66 f.

[562] Vgl. Keen u. Scott Morton (1978), S. 1; Wall (1999), S. 315; Chuang u. Yadav (1998), S. 74; Voß u. Gutenschwager (2001), S. 329; Gluchowski et al. (2008), S. 68 ff.

[563] Vgl. Holten u. Knackstedt (1997), S. 7; Back (2002), Sp. 370; Shim et al. (2002), S. 111 f.; Gluchowski et al. (2008), S. 10.

[564] Vgl. Voß u. Gutenschwager (2001), S. 337.

[565] Vgl. Back (2002), Sp. 372; Shim et al. (2002), S. 111; Gluchowski et al. (2008), S. 68.

[566] Vgl. Oppelt (1995), S. 135 f.; Holten u. Knackstedt (1997), S. 7; Voß u. Gutenschwager (2001), S. 335; Gluchowski et al. (2008), S. 69.

[567] Vgl. Voß u. Gutenschwager (2001), S. 337 f.; Back (2002), Sp. 372; Shim et al. (2002), S. 111.

Beziehungen. Während sich in informationsunterstützenden Modellen überwiegend Beschreibungen der Konzepte und (kausal ungerichteten) Anordnungsbeziehungen zwischen diesen finden, ist dies für die Entscheidungsunterstützung nicht ausreichend.[568] Vielmehr ist es erforderlich, den kausalen Einfluss der Elemente untereinander in Art, Richtung und Stärke explizit darzustellen.[569] Die Art der Darstellung kausaler Beziehungen zwischen Modellelementen folgt dabei den Methoden, welche zur Ermittlung der Handlungskonsequenzen eingesetzt werden.[570]

Entscheidungsunterstützungssysteme orientieren sich stark an der vorgestellten entscheidungstheoretischen Grundlegung (vgl. 4.2.3.1). Die hieraus abgeleiteten theoretischen Anforderungen werden durch die Modellkomponente [EU-2a] sowie die Methodenkomponente [EU-2b; EU-3] durch Entscheidungsunterstützungssysteme umgesetzt. Im Zusammenwirken mit Data Warehouses können auch die Anforderungen an eine der Entscheidungsunterstützung zu Grunde liegenden Informationsbasis [EU-1] als weitestgehend erfüllt angesehen werden (vgl. 5.2.1.1).

Nachdem nun Ansätze der Informations- und Entscheidungsunterstützung sowie deren Umsetzung in Modelle vorgestellt wurden, werden diese in die integrierte Architektur für BI-Modelle eingeordnet.

5.2.2.3   Analytische Modelle und integrierte Architektur für Business-Intelligence-Modelle

Die in 5.2.1.2.2 hergeleitete Data-Warehouse-Architektur wird im Folgenden durch OLAP- und EUS-Modelle zu einer integrierten Architektur für BI-Modelle erweitert. Hierfür werden die Modelle der genannten analytischen Systeme in die Analyseschicht eingeordnet und hinsichtlich der Abstraktionsebenen der Datenmodellierung in konzeptionelle, logische und physische Modelle unterschieden. Bei OLAP-Modellen ist dies aufgrund der Nähe zur klassischen Datenmodellierung ohne Weiteres möglich. EUS-Modelle müssen jedoch entsprechend ihrer sprachlich-abstrakten Nähe zum Benutzer und dessen mentalen Modellen interpretiert werden.

---

[568] Eine Ausnahme bilden hier ggf. explizierte Berechnungsvorschriften zwischen Kennzahlen oder spezielle Aggregationsvorschriften innerhalb einer OLAP-Dimensionshierarchie. Die kausalen Beziehungen zwischen diesen Modellelementen im Rahmen der Informationsunterstützung werden implizit als bekannt vorausgesetzt.

[569] Vgl. Gluchowski et al. (2008), S. 68 f.

[570] Vgl. Courtney (2001), S. 31. Hier werden bspw. kognitive Landkarten, Einflussdiagramme, E/R- oder UML-Diagramme als Modellierungssprachen genannt.

Auch bei EUS-Modellen kann zwischen einer konzeptionellen – im Sinne von benutzernahen – Modellierung und einer logischen – im Sinne eines die Konzepte in eine ausgewählte Technologie umsetzenden – Modell unterschieden werden. Zur *konzeptionellen Modellierung* können dabei einfache, wenig formalisierte Kausalketten- oder Einflussdiagramme oder die mit der gewählten Methode korrespondierende Modellierungssprache (bspw. die in Abschnitt 6.2.2.2.2 zu beschreibende Flussmodellierungssprache des System-Dynamics-Ansatzes) herangezogen werden. *Logische Modelle* der Entscheidungsunterstützung bestehen aus einfachen Definitions- bis hin zu komplexen Verhaltensgleichungen.[571] Die Elemente eines derartigen Modells werden als Variablen modelliert, welche entweder funktional abhängig oder unabhängig sind. Unabhängige Modellvariablen beschreiben die Modellumwelt (bspw. Störgrössen, Umwelteinflüsse) oder Modellparameter (bspw. Handlungsoptionen).[572] Zwischen den Variablen bestehen funktionale Abhängigkeiten, welche die Beziehungen zwischen den Modellelementen darstellen. Diese „logischen Modelle" können vor dem Hintergrund die Methoden umsetzender Tools (bspw. Simulationsprogramme) in entsprechende *physische Modelle* übersetzt werden. Aufgrund der Vielzahl angewendeter Methoden und Tools kann an dieser Stelle kein genereller Überblick über konzeptionelle und logische Modelle der Entscheidungsunterstützung erfolgen. Derartige Modelle müssen auf die konkret anzuwendende Methode bezogen betrachtet werden (bspw. den in Kapitel 6 vorzustellenden System-Dynamics-Ansatz).

Die Modelle analytischer Systeme werden im Folgenden in die in Abschnitt 5.2.1.2.2 vorgestellte Data-Warehouse-Architektur eingeordnet und diese zu einer integrierten Architektur für BI-Modelle erweitert. Diese sind den Modellen der Datenbereitstellungsschicht übergeordnet und beschreiben die Strukturen, welche für die jeweiligen informations- oder entscheidungsunterstützenden analytischen Anwendung erforderlich sind. Darüber hinaus können die Modelle der Analyseschicht ebenfalls auf der konzeptionellen, logischen und physischen Ebene betrachtet werden. Abbildung 30 stellt die Erweiterung der bestehenden Architektur um Modelle der Analyseschicht dar.

---

[571] Vgl. Back (2002), Sp. 372; Stahlknecht u. Hasenkamp (2005), S. 394 f.
[572] Vgl. Turban et al. (2005), S. 61.

Abbildung 30: Einordnung analytischer Modelle in eine integrierte Architektur für BI-Modelle

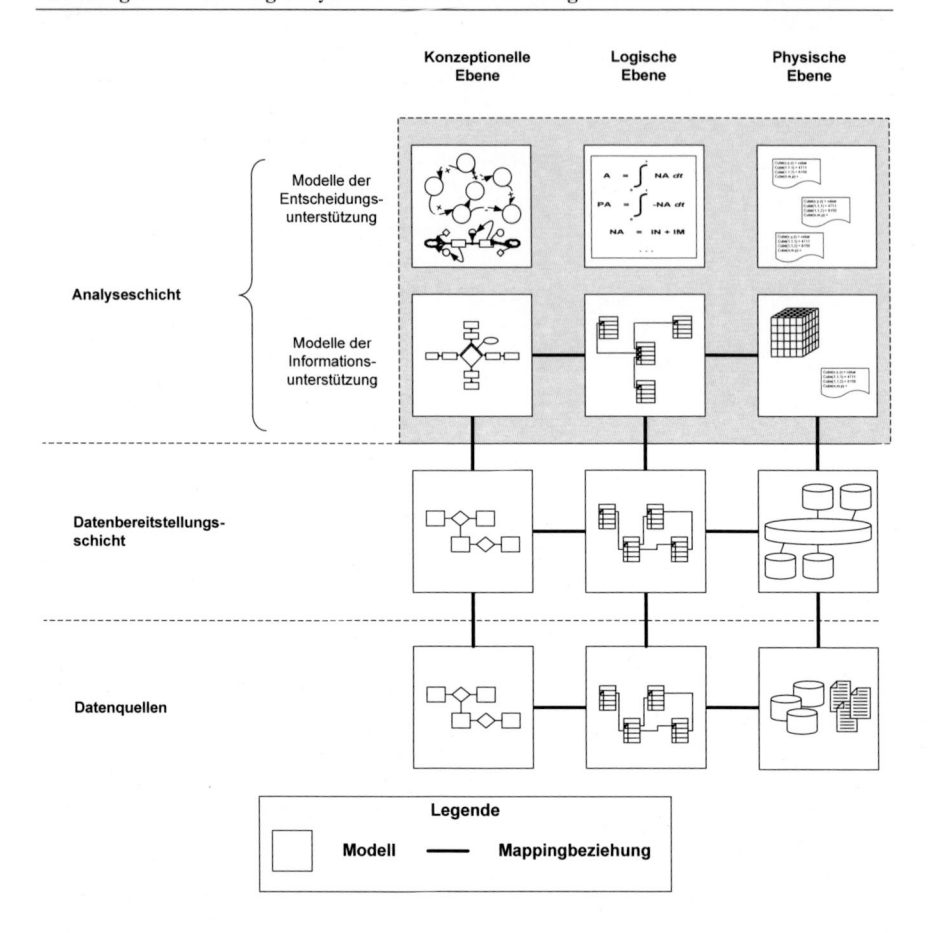

5.3 Schlussfolgerungen

BI kann strukturell durch eine Reihe zusammenhängender Komponentenmodelle beschrieben werden. Die in Abschnitt 5.2.1.2.2 vorgestellte modellbasierte Data-Warehouse-Architektur bildet den Ausgangspunkt für eine erweiterte integrierte Architektur für BI-Modelle. Die Modelle repräsentieren dabei Systeme auf den betrachteten Schichten Datenbereitstellung und Analyse. Die Erweiterung der Architektur ermöglicht es, die Modelle einzelner Schichten auf verschiedenen Abstraktionsebenen der Datenmodellierung (konzeptionell, logisch, physisch) zu beschreiben.

Schlussfolgerungen 143

Das im Rahmen des BI-Verständnisses dargestellte Merkmal der Unternehmensspezifität (vgl. 5.1) wird im Folgenden vor dem Hintergrund der den Anforderungen der Unterstützung des Managements zu Grunde gelegten kognitionstheoretischen Überlegungen interpretiert. Hierbei werden die Beziehungen zu dem in Abschnitt 4.2.1.1 dargestellten allgemeinen Strukturmodell menschlicher Kognition aufgezeigt (5.3.1). Auf Grundlage der Ähnlichkeiten werden kognitionsbezogene Lernprozesse auf die BI übertragen (5.3.2).

5.3.1 Business Intelligence und Kognition

Den Ausgangspunkt der Überlegungen bilden hierbei die BI-Modelle, die als expliziertes Realitätsverständnis eines Unternehmens verstanden werden. Die Struktur von BI wird dabei im Wesentlichen durch Datenmodelle geprägt, was den für die Verarbeitung funktionalen *mentalen Begriffsmodellen* entspricht. Insbesondere die Datenmodelle eines Data Warehouse definieren durch die Themenorientierung die Realität eines Unternehmens durch zentrale Begriffe. Ein Data Warehouse sammelt dann faktische Ausprägungen der Begriffe und stellt diese den Verarbeitungsprozessen durch Analysesysteme zur Verfügung. Darüber hinaus dienen Selektionsmechanismen, wie sie in ETL-Prozessen oder anderen Ansätzen zur Filterung von Quelldaten Anwendung finden, als *Selektionsmodelle*, bevor diese Quelldaten einer Verarbeitung zugänglich werden.[573] Auf *Handlungsmodelle* im Rahmen der BI wurde in der vorangegangen Abhandlung nicht eingegangen; es wird davon ausgegangen, dass die vorgestellten Angebote der Informations- und Entscheidungsunterstützung sich direkt auf das menschliche Handeln beziehen. Dennoch existieren Ansätze zur Automatisierung von Routineentscheidungen, in denen auf eine automatisierte Wahrnehmung und Verarbeitung das automatisierte Auslösen von Handlungen erfolgt.[574] Die BI-Modelle werden in der hergeleiteten integrierten Architektur für BI-Modelle gespeichert und erfüllen ihre Funktion für die genannten kognitiven Prozesse sowie – im späteren Verlauf – auch für sich auf BI-Modelle beziehende Lernprozesse.

Hinsichtlich der Gedächtniskomponenten lassen sich ebenfalls Parallelen zwischen BI und kognitiven Strukturen feststellen. So korrespondieren die Datenspeicher der operativen Systeme eines Unternehmens mit dem *Kurzzeitgedächtnis*. Die Daten in operativen Systemen stellen Ausprägungen bzw. singuläre Ereignisse dar, die lediglich für den Verlauf der Verarbeitung im Speicher vorgehalten werden. Diese kurzfristigen „Erfahrungen der Realität" werden durch operative Systeme als Datenquellen eines Data Warehouses einer langfristigeren Speicherung zugänglich gemacht. Das Data Warehouse kann demnach als eine Form des *Langzeitgedächtnisses* verstanden werden, welches die historisch gesammelten

---

[573] Vgl. Felden (2002), Felden (2006).
[574] Vgl. Thalhammer (2001), S. 15 ff.

„Realitätserfahrungen" des Unternehmens beinhaltet.[575] Diese Daten werden über einen langen Zeithorizont in begrifflichen Strukturen, auch über den Zeitpunkt der unmittelbaren Verarbeitung hinaus, vorgehalten. Sie können ebenfalls wie gesammeltes Faktenwissen als Referenz für zukünftig auftretende Fakten herangezogen werden.

Die durch BI bereitgestellte Unterstützungsleistung bezieht sich auf die dargestellten Modelle und Speicherkomponenten, indem – im Vergleich zur menschlichen Kognition – bestehende Beschränkungen in der Wahrnehmung, Verarbeitung und Speicherung aufgehoben oder erheblich abgeschwächt werden.

5.3.2 Business Intelligence und Lernunterstützung des Managements

Aufgrund der strukturellen Parallelen der BI zur Kognition werden im Folgenden die in kognitiven Strukturen stattfindenden Lernprozesse (vgl. 2.3) auf BI übertragen, wobei BI-Modelle den Gegenstand der Lernprozesse bilden. Den Ausgangspunkt der Übertragung bilden hierbei die in Abschnitt 4.3.2 formulierten theoretischen Anforderungen an eine Lernunterstützung des Managements. Es wird mit den theoretischen Anforderungen des *Lernens aus einer Informationsunterstützung* (vgl. 4.3.2.1) begonnen.

- [LIU-1]: Der Forderung nach Schaffung von Rahmenbedingungen für das Auslösen eines Lernimpulses kann in der BI durch die Integration von Planungsdaten oder anderer, ggf. externer Referenzdaten in die Informationsunterstützung durch OLAP realisiert werden. Diese bilden dann die expliziten Erwartungen an einen Sachverhalt. Durch die Gegenüberstellung der faktischen Ausprägungen und der Erwartungen können ggf. existierende Diskrepanzen ermittelt (Lernimpuls) und eine ausgleichende Assimilation ausgelöst werden.

- [LIU-2]: Die Forderung nach einer Unterstützung der Informationsassimilation durch Bereitstellung von Simulationsmethoden kann durch eine Möglichkeit zur Datenübernahme aus Systemen der Informationsbereitstellung realisiert werden. Die Informationsunterstützung des Managements wird in der BI durch das OLAP sowohl inhaltlich als auch repräsentationsbezogen anforderungsgerecht umgesetzt, sodass Simulationsmethoden mit Daten aus OLAP-Würfeln versorgt werden müssen. Die Methoden können u.a. in der Methodenbank existierender Entscheidungsunterstützungssysteme bereitgestellt werden.

- [LIU-3]: Die gebildeten Erwartungen liegen in Form von Simulationsergebnissen vor und sollen in Systemen zur Informationsunterstützung bereitgestellt werden, um einen

---

[575] Für eine ausführliche Erläuterung des Data Warehouse als Ansatz des organisatorischen Gedächtnisses vgl. Dittmar (2004).

zyklischen Assimilationsprozess zu ermöglichen. Dies kann, wie bereits in den Ausführungen zu LIU-1 dargestellt, durch Integration der Ergebnisse in ein Data Warehouse und die durch dieses versorgten OLAP-Würfel erfolgen.

In Bezug auf die Umsetzung der theoretischen Anforderungen an das Lernen durch BI kann zusammenfassend festgehalten werden, dass eine Integration von Informationsbereitstellung durch OLAP und Methoden der Entscheidungsunterstützung notwendig ist, um Daten zwischen diesen auszutauschen. Hierbei ist zu bedenken, dass Methoden der Entscheidungsunterstützung Modelle mit explizit formulierten Kausalbeziehungen voraussetzen, OLAP-Modelle jedoch ausschließlich Anordnungsbeziehungen aufweisen. OLAP-Daten müssten demnach in Kausalmodelle der Entscheidungsunterstützung übernommen werden, um durch (Simulations-)Methoden verarbeitet zu werden. Zudem ist es erforderlich, dass die Ergebnisse der Methodenanwendung in OLAP-Würfeln bereitgestellt werden. Hieraus kann geschlossen werden, dass eine Integration zwischen OLAP-Modellen und kausalen (Simulations-)Modellen der Entscheidungsunterstützung notwendig ist, um Assimilationsprozesse der Lernunterstützung des Managements in BI-Systemen umzusetzen.

Im Folgenden wird die Umsetzung der theoretischen Anforderungen der *Lernunterstützung des Managements aus Entscheidungsunterstützung* heraus erläutert.

- [LEU-1] und [LEU-2]: Die Anforderung nach Bereitstellung einer Umgebung zur expliziten Formulierung von Begriffsmodellen teilweise oder vollständig unbekannter Sachverhalte kann durch die Modellkomponente von Entscheidungsunterstützungssystemen umgesetzt werden. Methoden zur Bildung von Handlungsmodellen werden durch die Methodenkomponente von Entscheidungsunterstützung bereitgestellt. Die Anforderungen werden demnach vollständig durch den Ansatz der Entscheidungsunterstützung sowie deren Entsprechung in der BI, den Entscheidungsunterstützungssystemen, umgesetzt.

- [LEU-3]: Die Ergebnisse der Anwendung von Simulationsmethoden sollten wiederum in Systemen der Informationsbereitstellung, hier OLAP-Systeme, bereitgestellt werden. Die Argumentation aus [LIU-3] gilt hier analog.

- [LEU-4]: Die durch Akkommodation neu geschaffenen Begriffsmodelle müssen persistent im „Gedächtnis" gespeichert werden. Dies bedeutet einerseits, dass die neu gebildeten oder veränderten Modelle der Entscheidungsunterstützung in der Modellbank der Entscheidungsunterstützungssysteme des Unternehmens abgelegt werden müssen. Andererseits müssen Modelle der Informationsunterstützung, hier OLAP-Modelle, entsprechend der neuen oder veränderten Modelle der Entscheidungsunterstützung angepasst werden, um Daten mit diesen Modellen austauschen zu können (vgl. LIU-3 und LEU-3).

Für die Unterstützung des Lernens des Managements aus der Entscheidungsunterstützung heraus kann festgehalten werden, dass hier – analog zur Informationsunterstützung – eine Integration von Modellen der Entscheidungsunterstützung und des OLAP notwendig erscheint, um Daten zwischen diesen auszutauschen. Andererseits bedarf es der persistenten Speicherung dieser Modelle, wozu die in den Abschnitten 5.2.1.2.2 und 5.2.2.3 hergeleitete integrierte Architektur für BI-Modelle herangezogen werden kann.

Zusammenfassend wird festgehalten, dass die Integration von Modellen der Informations- und Entscheidungsunterstützung die wesentliche Voraussetzung für die Umsetzung von Lernprozessen in der BI darstellt. Der aufgezeigte Integrationsbedarf zwischen den Modelltypen ist auf die unterschiedlichen verwendeten Modellierungssprachen zurückzuführen. Hierbei ist insbesondere das Fehlen von Kausalbeziehungen in Modellierungssprachen für OLAP hervorzuheben, was die direkte Anwendung von Methoden auf Daten dieser Modelle nur indirekt ermöglicht. Die Integration von OLAP und Modellen der Entscheidungsunterstützung muss daher auf Ebene der Modellierungssprachen selbst erfolgen. Die vorgestellte integrierte Architektur fü BI-Modelle dient als ein Rahmen für die Lernunterstützung des Managements durch BI und ist hinsichtlich der verwendeten Modellierungssprachen nicht festgelegt, sodass bspw. die Datenbereitstellungsschicht mit der UML, dem E/RM oder einer anderen Datenmodellierungssprache modelliert werden kann. Da Modellierungssprachen der Entscheidungsunterstützung oftmals speziell für eine speziell anzuwendende Methode entworfen wurden, beziehen sich die folgenden Erläuterungen auf einen ausgewählten konkreten Ansatz der Entscheidungsunterstützung.

Im folgenden Abschnitt wird mit System Dynamics ein spezieller Ansatz zur Entscheidungsunterstützung sowie dessen Modellierungssprache vorgestellt (Kapitel 6). System Dynamics erfüllt die Anforderungen an die Entscheidungsunterstützung des Managements, da sowohl eine Modellierungssprache als auch mit Simulation entsprechende Methodenunterstützung bereitgestellt wird. Darüber hinaus orientiert sich System Dynamics an einem klar strukturierten Entscheidungsprozess, der große Ähnlichkeit mit dem skizzierten idealtypischen Entscheidungsprozess aufweist (vgl. 4.2.3.1). Abschließend lässt sich festhalten, dass die Modelle des System-Dynamics-Ansatzes auf verschiedenen Abstraktionsniveaus (konzeptionell, „logisch" und physisch) betrachtet werden können und somit potenziell in die vorgestellte integrierte Architektur für BI-Modelle aufgenommen werden können.

6 System Dynamics

Dieses Kapitel hat mit der Theorie und Simulation dynamischer Systeme (*System Dynamics*; SD) einen speziellen Ansatz zur Entscheidungsunterstützung des Managements zum Gegenstand, um einerseits spezielle Modelle der Entscheidungsunterstützung darzustellen. Andererseits bietet der mit System Dynamics einhergehende Simulationsansatz eine Möglichkeit mit und an Modellen zu lernen. Zunächst soll der SD-Ansatz grundlegend erläutert werden. Hierbei werden der Gegenstand und die Anwendungsgebiete sowie die zentralen Annahmen und das daraus erwachsende dynamische Komplexitätsverständnis dargestellt (6.1). Im weiteren Verlauf wird auf den Entscheidungsprozess im SD-Ansatz eingegangen. Darüber hinaus werden die verwendeten Modelltypen sowie deren Simulation vorgestellt (6.2). Im Anschluss werden die fachlichen Bezüge des SD-Ansatzes zum Lernen (6.3) aufgezeigt. Das Kapitel schließt mit einer Zusammenfassung und Schlussfolgerungen (6.4).

6.1 Grundlagen des System-Dynamics-Ansatzes

6.1.1 Gegenstand und Anwendungsgebiete

Die Entwicklung des SD-Ansatzes geht auf Forrester zurück, der Erkenntnisse der Steuerungs- und Regelungstechnik, der Kybernetik, der Entscheidungsprozessforschung und computergestützter Experimentalansätze (Simulation) auf sozialwissenschaftliche Probleme übertrug.[576] Basierend auf diesen Disziplinen entwickelte Forrester eine grundlegende Methode sowie Sprachen für die Modellierung und Simulation von Entscheidungssystemen.

In einem *Entscheidungssystem* werden Entscheidungsprozesse nicht mehr isoliert, d.h. auf einzelne Entscheidungen bezogen, sondern gesamtheitlich betrachtet. Das umfasst vor allem die Beziehungen der Entscheidungen untereinander sowie die sich daraus ergebenden Wechselwirkungen zwischen ihnen.[577] Der Umstand, dass angestrebte Entscheidungen gleichzeitig einen informatorischen Input für andere, zeitlich versetzte oder simultan

---

[576] Vgl. Forrester (1961), S. 14. Vgl. auch Meadows (1980), S. 30; Roberts (1981b), S. 3; Morecroft (1988), S. 303; Lane (2000), S. 3 f.; Saleh (2000), S. 3; Sterman (2000)S. 4 f.; Mertens et al. (2003), S. 1262; Schieritz u. Milling (2003), S. 2.

[577] Vgl. Roberts (1981b), S. 7; Forrester (1994a), S. 52 f.

> In Simons Konzept ist zwischen Entscheidungen bzw. zwischen mehreren Entscheidungsprozessen lediglich eine Rückkopplung von der Implementierung zu einer neuen Intelligence-Phase vorgesehen. Eine Simultanbetrachtung mehrerer parallel stattfindender Entscheidungsprozesse unterbleibt. Zwischen den Phasen des Entscheidungsprozesses sind jedoch mehrfache Rückkopplungen vorgesehen. Vgl. Kapitel 4.2.3.2.

stattfindende Entscheidungen liefern und sich dadurch im Zeitablauf direkt oder indirekt selbst beeinflussen, wird als *Rückkopplung* oder *Rückkopplungsschleife* bezeichnet.[578] Ein *Rückkopplungssystem* besteht dann aus mehreren Elementen, die miteinander in Beziehung stehen und mindestens eine Rückkopplungsschleife bilden.[579]

Abbildung 31 stellt ein durch mehrfache Rückkopplungen gekennzeichnetes Entscheidungssystem im Vergleich zu einer einfachen Entscheidung beispielhaft dar. Die linke Seite der Abbildung stellt einen vereinfachten Entscheidungsprozess, bestehend aus einer Entscheidung und der umsetzenden Handlung, dar. Auf der rechten Seite der Abbildung findet sich ein vielfach vermaschtes Entscheidungssystem von Entscheidungen und Handlungen sowie die zwischen ihnen bestehenden Rückkopplungsbeziehungen.

Abbildung 31: Entscheidungen, Entscheidungssysteme und Rückkopplung

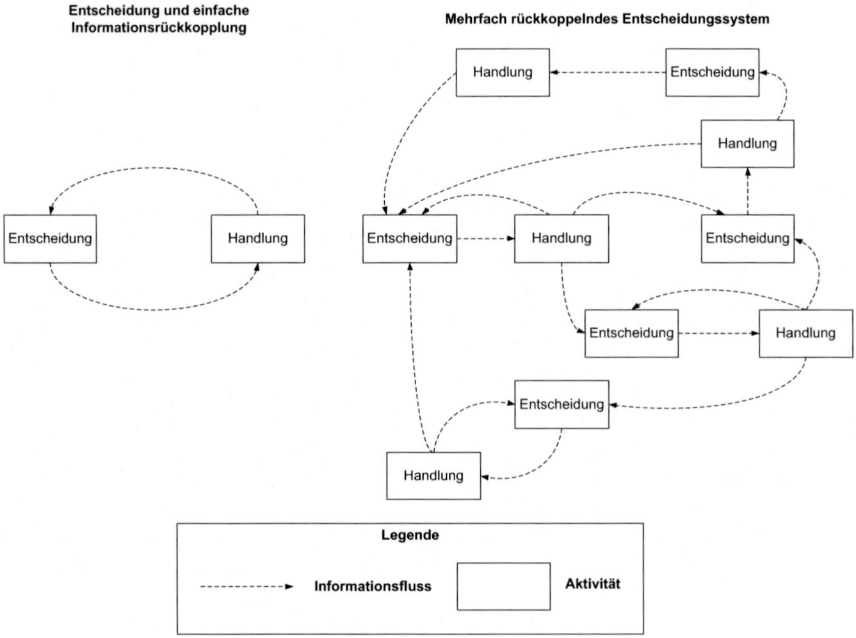

Quelle: In Anlehnung an (Forrester 1994a), S. 53.

---

[578] Vgl. Forrester (1961), S. 93. Der Rückkopplungsgedanke geht auf das Forschungsgebiet der Kybernetik zurück, vor allem auf das Werk Wieners, welcher informationelle Beziehungen in natürlichen und künstlichen Systemen beobachtete. Vgl. Wiener (1955), S. 113 ff.; Vgl. auch Schwaninger (2006), S. 3.

[579] Vgl. Forrester (1961), S. 14, 94; Gordon (1972), S. 65; Milling (1984), S. 507 f., 510; Saleh (2000), S. 9.

Durch die Hinzunahmen von Entscheidungen in ein Entscheidungssystem steigt einerseits dessen Elementanzahl, d.h. es wird unübersichtlicher. Andererseits nimmt durch die Berücksichtigung der Wechselwirkungen die Vernetztheit eines Systems stark zu. Diese steigende Unübersichtlichkeit und Vernetztheit führt demnach zu einem Ansteigen der Komplexität des gesamten Entscheidungssystems (vgl. 2.1.2).

Über Rückkopplungseffekte hinaus werden im SD-Ansatz weitere komplexitätssteigernde Faktoren wie nichtlineares Verhalten von Teilsystemen oder verzögerte Wirkungen von Handlungen berücksichtigt.[580] Diese können im zeitlichen Verlauf der Entscheidungen nicht-intendierte Nebeneffekte nach sich ziehen, die zu einem kontraintuitiven Verhalten des gesamten Entscheidungssystems führen (*dynamische Komplexität;* siehe 6.1.3). Entscheidungssysteme, die die beschriebenen Merkmale aufweisen, werden als *komplexe Entscheidungssysteme* bezeichnet. Das Ziel des SD-Ansatzes ist die Untersuchung derartiger Systeme, um Möglichkeiten zur Steuerung zu identifizieren und Maßnahmen zur Erreichung eines erwünschten Systemverhaltens zu erarbeiten.[581] System Dynamics kann daher als Forschungsansatz verstanden werden, welcher durch ein aktives Gestaltungsinteresse motiviert ist; ein Erklärungsinteresse wird als instrumental zur Problemlösung verstanden.[582]

Die ersten betriebswirtschaftlichen Anwendungsgebiete des SD-Ansatzes entstammten der Mikroumwelt von Unternehmen, bspw. Entscheidungen in Bezug auf Wettbewerber, Lieferanten und Kunden.[583] Später fand der SD-Ansatz in der Makroumwelt von Unternehmen bzw. in ökonomischen oder politischen Szenarien Anwendung.[584] In den vergangenen Jahren wurde SD zunehmend für innerbetriebliche Sachverhalte, wie Managementschulung durch Simulation („Management Flight Simulators") oder das Organisationale Lernen eingesetzt.[585]

---

[580] Vgl. Meadows (1980), S. 30; Morecroft (1988), S. 303; Morecroft (1994), S. 15.

[581] Vgl. Forrester (1961), S. 15. Forrester (1981), S. 41.

[582] Vgl. Saleh (2000), S. 3; Akkermans u. Romme (2003), S. 6 ff. Vgl. 1.2.2 zur grundsätzlich gestaltungsorientierten Ausrichtung der vorliegenden Arbeit.

[583] Zur Modellierung und Simulation von Industriebranchen und Städten vgl. Forrester (1961) bzw. Forrester (1969). Vgl. auch Meadows (1980), S. 30.

[584] Hier sind u.a. das Weltmodell des Club of Rome zur Bevölkerungs- und Umweltentwicklung zu nennen. Vgl. Meadows (1972). Ein Szenario zur Entwicklungshilfe findet sich bei Dörner (1999). Weitere Anwendungsgebiete sind die Entwicklung von Volkswirtschaften oder von Gesundheitsversorgungssystemen. Vgl. Lane (2000), S. 5 sowie dort angegebene Literatur.

[585] Vgl. Sterman (1989) für die interaktive Simulation einer Lagerkette („Beer Game"). Für Organisationales Lernen vgl. Sterman (2000); Senge (2008) sowie die Ausführungen in 6.3.

6.1.2 Annahmen des System-Dynamics-Ansatzes

Eine pauschale Einordnung des SD-Ansatzes in ein bekanntes sozialwissenschaftliches Paradigma erscheint nicht möglich, sodass nicht auf explizit formulierte Annahmen an anderer Stelle verwiesen werden kann.[586] Daher werden in den folgenden Abschnitten zunächst die Strukturannahmen an die Realwelt (ontologische Position) vorgestellt, um im Anschluss daran das Realitäts- und Methodenverständnis (epistemologische und methodologische Position) des SD-Ansatzes zu rekonstruieren. Abschließend wird SD im Verhältnis zu den Annahmen der vorliegenden Arbeit beleuchtet.

6.1.2.1 Ontologische Annahmen

Grundsätzlich unterstellt der SD-Ansatz eine existierende Realwelt und trifft Annahmen bezüglich deren Struktur (ontologischer Realismus, vgl. 1.2.1.1).[587] Im SD-Ansatz wird grundsätzlich eine systemische Strukturierung der Realwelt unterstellt. Hierbei finden sich jedoch, im Vergleich zum dargestellten allgemeinen Systemverständnis (vgl. 2.1.1), spezielle Annahmen zu den Elementen und Beziehungen eines Systems.[588] Weiterhin wird angenommen, dass die Strukturen der Realwelt ein bestimmtes Verhalten nach sich ziehen (6.1.3.1).[589] Es soll daher das spezielle Systemverständnis des SD-Ansatzes dargestellt werden. Die folgenden Ausführungen zu den ontologischen Annahmen sind die Grundlage der Modellierungssprachen des SD-Ansatzes und finden sich entsprechend im konzeptionellen Aspekt dieser Sprachen als Gegenstandseinteilung wieder. An dieser Stelle sollen die Annahmen jedoch noch unabhängig vom Abstraktionsgrad oder der Notation einer Modellierungssprache dargestellt und erläutert werden.

Die *Elemente* eines Systems nehmen im Rahmen des SD-Ansatzes die Form von *Bestandsvariablen* (auch Stock, Level) an.[590] Als Attribut einer Bestandsvariablen gilt ein (unbestimmtes) Aufnahmepotenzial, deren Ausprägung (dessen Wert) durch eine konkrete aufgenommene Menge dargestellt wird. Beispiele für eine Bestandsvariable können Lagerbestände oder Flüssigkeitsstände in Behältern genannt werden. Die Eigenschaft der Materialität ist hierbei nicht zwingend. Es können auch weiche, nicht direkt messbare Größen

---

[586] Zum Versuch einer paradigmatischen Einordnung vgl. Lane (2001), S. 98 ff., Pruyt (2006), S. 2 ff. sowie ergänzend zu grundlegenden Annahmen Saleh (2000), S. 5 ff.

[587] Vgl. Pruyt (2006), S. 16.

[588] Vgl. Saleh (2000), S. 2.

[589] Vgl. Roberts (1981b), S. 4. Milling (1984), S. 507; Pruyt (2006), S. 16. Vgl. auch Forrester (1961), S. 15; Kljajiae et al. (1999), S. 1; Schieritz u. Milling (2003), S. 3.

[590] Vgl. Forrester (1961), S. 68 f.; Niemeyer (1977), S. 220; Meadows (1980), S. 32; Roberts (1981b), S. 5; Forrester (1994a), S. 54; Wolstenholme (1994), S. 178 f.

Grundlagen des System-Dynamics-Ansatzes 151

(bspw. Stimmung, Glück, „Leidensdruck") durch Bestandsvariablen repräsentiert werden.[591]

Weiterhin wird die Existenz kausaler *Beziehungen* zwischen Systemelementen angenommen, aus denen sich das Systemverhalten ableitet.[592] Als Attribute einer Beziehung werden deren Wirkungsrichtung sowie deren Wirkungsstärke erfasst. Weitere Beziehungstypen, z.B. Ordnungs- oder Hierarchiebeziehungen, werden hingegen nicht betrachtet.[593] Hinsichtlich der Veränderung von Bestandsvariablen wird angenommen, dass diese sich im Zeitverlauf nicht sprunghaft, sondern durch stetige Akkumulationsprozesse verändern.[594] Diese Akkumulationsprozesse werden über die Flussmetapher beschrieben. Der Zustand einer Bestandsvariablen entspricht dann dem Flüssigkeitsstand in einem Behälter, der die Differenz zwischen Zu- und Abflüssen in diesen und aus diesem anhäuft. Die Beziehungen zwischen Bestandsvariablen werden daher als *Flussbeziehungen* (Flow) bezeichnet.

Die Steuerung der Zu- und Abflüsse einer Bestandsvariablen erfolgt über die *Flusssteuerung* (Rates).[595] Diese bestimmt den Mengenzufluss bzw. -abfluss, den eine Bestandsvariable über eine Flussbeziehung im Zeitablauf erfährt. Flusssteuerungen sind diejenigen Elemente, die Steuerungsinformationen durch Entscheidungsfunktionen (6.2.2.1) in konkrete Maßnahmen oder Steuerungshandlungen (*Policies*) umsetzen.[596] Der Umfang der Steuerung wird durch Informationen bestimmt, die über *Informationsbeziehungen* (Information Links) empfangen werden.[597] Der Ursprung der Informationen können entweder Bestandsvariablen oder bestimmte Teile anderer Flusssteuerungen sein (Hilfsvariablen oder Konstanten, 6.2.2.2.2).

---

[591] Vgl. Saleh (2000), S. 14; Mertens et al. (2003), S. 1266.

[592] Vgl. Forrester (1980), S. 15.

[593] Dies zieht u.a. nach sich, dass eine hierarchische Ordnung innerhalb von SD-Modellen nicht vorgesehen ist. So können bspw. innerhalb eines Modells keine Subsysteme gebildet werden, da kein entsprechend hierarchisches Konstrukt in den ontologischen Annahmen vorgesehen ist.

[594] Vgl. Forrester (1961), S. 61, 64; Roberts (1981b), S. 4 f.

[595] Vgl. Roberts (1981b), S. 5; Wolstenholme (1994), S. 179.

[596] Vgl. Forrester (1961), S. 69; 93 ff.; Niemeyer (1977), S. 220. Forrester begreift die Flusssteuerung als Punkte, in denen Informationen in Handlungen übertragen werden, d.h. es handelt sich um die Punkte, an denen Managemententscheidungen getroffen werden. Er begreift den Manager als Informationskonverter, welcher Informationen über Entscheidungen in Handlungen umsetzt. Forrester (1994a), S. 58, 93 f.

[597] Vgl. Forrester (1961), S. 69.

Die Schnittstelle eines SD-Systems zur Umwelt – und damit gleichzeitig die Systemgrenze – stellen *Quellen* und *Senken* von Flussbeziehungen dar.[598] Informationsbeziehungen außerhalb des Systems werden nicht betrachtet. Es handelt sich bei SD-Systemen daher um informatorisch geschlossene Systeme, welche lediglich auf Ebene der Flussbeziehungen gegenüber der Systemumwelt geöffnet sind.[599] Für Veränderungen von Systemzuständen sind daher ausschließlich systemendogene Tatbestände ursächlich, sodass Probleme nicht auf die Existenz externer Störeffekte, sondern vielmehr auf kausale Abläufe im Systeminneren zurückgeführt werden.[600]

Ein informatorisch geschlossenes System unterliegt dem Rückkopplungsgedanken, d.h. ein Systemelement beeinflusst sich in seiner Ausprägung indirekt und zeitverzögert selbst.[601] Eine zentrale Annahme des SD-Ansatzes ist, dass soziale Systeme strukturell durch *Rückkopplungsbeziehungen* geprägt und diese für ein nichtintuitives Verhalten verantwortlich sind.[602] Rückkopplungsbeziehungen können in exponentielle und zielsuchende Rückkopplungsschleifen unterschieden werden. *Exponentielle Rückkopplungsschleifen*, auch Regelkreise mit positiver Polarität genannt, sind sich selbst verstärkende Wachstums- oder Schrumpfungsprozesse.[603] Als Beispiele hierfür werden das Wettrüsten im kalten Krieg bzw. ein eskalierender Preiskampf im Oligopol genannt.[604] *Zielsuchende Rückkopplungsschleifen* (auch: Gleichgewichtsprozesse, Regelkreise negativer Polarität) streben gegen ein Ziel und haben damit die Tendenz, einen Systemzustand hinsichtlich des Ziels zu stabilisieren.[605] Ein Beispiel hierfür ist ein Thermostat oder der Gleichgewichtssinn des Menschen.[606] Tabelle 4 stellt die erläuterten ontologischen Annahmen der SD-Ansatz übersichtsartig dar.

---

[598] Vgl. Meadows (1980), S. 32.

[599] Vgl. Meadows (1980) S. 31 f.; Milling (1984), S. 510; Saleh (2000), S. 7.

[600] Vgl. Meadows (1980), S. 31.

[601] Vgl. Forrester (1961), S. 14, 51 f.; Niemeyer (1977), S. 217; Coyle (1979), S. 22 f.; Roberts (1981b), S. 8.

[602] Vgl. Forrester (1961), S. 13, 53, 61. Vgl. auch Forrester (1994a), S. 53; Lane (2000), S. 12; Schieritz u. Milling (2003), S. 3.

[603] Vgl. Meadows (1972), S. 25 ff.; Meadows (1980), S. 32; Roberts (1981a), S. 12; Milling (1984), S. 508; Dörner (1999), S. 110; Saleh (2000), S. 10; Senge (2008), S. 103 ff.

[604] Vgl. Sterman (2000), S. 12. Derartige Strukturen werden bei unerwünschter Konnotation als Teufelskreis, bei einer erwünschten als Tugendkreis bezeichnet. Vgl. Meadows (1972), S. 31.

[605] Vgl. Forrester (1969), S. 108; Meadows (1972), S. 35 ff.; Meadows (1980), S. 32; Roberts (1981a), S. 15 f.; Milling (1984), S. 508; Dörner (1999), S. 111; Saleh (2000), S. 10; Sterman (2000), S. 12; Senge (2008), S. 107 ff.

[606] Vgl. Meadows (1972), S. 35; Forrester (1981), S. 40 f.

Grundlagen des System-Dynamics-Ansatzes 153

Tabelle 4: Zusammenfassung der ontologischen Annahmen des System-Dynamics-Ansatzes

Angenommene ontologische Gegenstände (englische Bezeichnung)	Erläuterung
SD-System, Bestandsvariablen und Flussbeziehungen (*System, Stocks, Flows*)	Ein SD-System besteht aus einer Reihe von Bestandsvariablen, die über Flussbeziehungen miteinander verbunden sind; Flussbeziehungen sind für die Ausprägung der Bestandsvariablen kausal verantwortlich.
Flusssteuerungen und Informationsbeziehungen (*Flows, Information Links*)	Die Flusssteuerung steuert den Umfang der durch Flussbeziehungen fließenden Mengen. Sie bedient sich dabei Informationen, die über Informationsbeziehungen vermittelt werden und ihren Ursprung in Bestandsvariablen und Teilen anderer Flusssteuerungen haben können.
Systemgrenzen (*Boundaries*)	Ein SD-System interagiert mit der Systemumwelt ausschließlich über Flussbeziehungen; in informatorischer Hinsicht handelt es sich um geschlossene Systeme. Veränderungen des Systemzustands sind systemendogen bedingt.
Rückkopplung (*Feedbacks*)	Die Elemente und Beziehungen eines SD-Systems bilden ob der informationellen Geschlossenheit des Systems Rückkopplungsschleifen, die das Verhalten des Gesamtsystems verstärkend oder zielsuchend beeinflussen.

Nachdem die wesentlichen Strukturelemente des SD-Ansatz vorgestellt wurden, werden im Anschluss das Realitätsverständnis sowie die methodischen Annahmen betrachtet.

6.1.2.2 Realitätsverständnis und methodische Annahmen

Lane charakterisiert das *Realitätsverständnis*, das dem SD-Ansatz ursprünglich zu Grunde liegt, als an Natur- und Ingenieurswissenschaften orientiert, d.h. als realistisch.[607] Mit seiner Reifung und der Annäherung des Ansatzes an die Sozialwissenschaften war das Reali-

---

[607] Vgl. Lane (2000), S. 4.

tätsverständnis zunehmend Gegenstand kritischer Reflektion.[608] Späteren Werken liegt daher oftmals ein eher aufgeklärt realistisches Realitätsverständnis zu Grunde.[609]

Trotz der eingenommenen realistischen Erkenntnisposition wird im Rahmen des SD-Ansatzes die Bedeutung des Modellierungsprozesses, der Interaktion zwischen Modellierer und Modellnutzer sowie des Modellierens als kunstvolle, erfahrungsabhängige Tätigkeit hervorgehoben, welche durch Vorprägungen des Modellierers beeinflusst wird.[610] Derartige Aussagen korrespondieren mit einem konstruktivistischen Modellierungsverständnis (vgl. 3.2.2.3), was vor dem Hintergrund einer realistischen Erkenntnisposition widersprüchlich erscheint.[611] Weiterhin wird auch hinsichtlich der Wahrheitstheorie nicht zwingend ein korrespondenztheoretisches Wahrheitskriterium vorausgesetzt.[612] Vielmehr wird hier der Konsens zwischen den an der Modellierung beteiligten Personen betont[613]; die „objektive" Validität eines Modells wird hingegen als nicht erforderlich und sogar als nicht möglich erachtet. Zur Evaluation eines Modells finden sich daher Kriterien, welche den Modellbildungsprozess qualitativ verbessern sollen oder Kategorien, wie bspw. der durch den Modellnutzer empfundene Nutzen.[614] Letztlich ist auch das anzuwendende Methodenspektrum nicht auf quantitative oder qualitative Aspekte bzw. induktive oder deduktive Vorgehensweisen festgelegt.[615]

Der SD-Ansatz erscheint ob der widersprüchlichen Annahmen und der fehlenden Festlegung paradigmatisch nicht gefestigt und zeigt sich gegenüber erkenntnistheoretischen Interpretationen offen. So beziehen einige Autoren eine eher idealistische Erkenntnispositi-

---

[608] Vgl. Forrester (1961), S. 50, 57 ff. passim, 63; Forrester (1994b), S. 245 sowie für die Annahme eines ontologischen Realismus S. 251, 255. Vgl. auch Milling (1984), S. 511, 513. Dort findet sich eine eher unkritische Erkenntnisposition, bspw. in Bezug auf das Modellverständnis (abbildungsorientiert) und die Modellierung „klar definierter Phänomene." Auf der anderen Seite wird angeregt, auch qualitative Dinge zu quantifizieren, ohne jedoch Vorgehen hierfür zu präsentieren.

[609] Vgl. Morecroft (1988), S. 6 f.; Lane u. Oliva (1998), S. 220; Saleh (2000), S. 21 ff.

[610] Vgl. Lane (2000), S. 15. „Since the purpose of a model is to manifest a world view – or mental model – relating to important issues, it is entirely possible for there to be a plurality of opinions on that purpose and for the modelling process to treat a range of these." Hier zeigt sich einerseits ein Verständnis des Modellierens als Realitätsrekonstruktion sowie auch der Problembezug eines Modells – vgl. die Ausführungen zu einem konstruktivistischen Modellverständnis in Kapitel 3.2.2.2. Vgl. Robinson (1980), S. 250 ff.; Forrester (1994b), S. 247. Vgl. Forrester (1961), S. 60 f. für weitere Betonung der notwendigen Fähigkeiten des Modellierers (Modellieren als Kunst).

[611] Vgl. Lane (2000), S. 11, 14. Vgl. Lane u. Oliva (1998), S. 220; Pruyt (2006), S. 6.

[612] Vgl. Sterman (2000), S. 846 ff.

[613] Vgl. Barlas u. Carpenter (1990), S. 161; Lane (2000), S. 16.

[614] Vgl. Barlas u. Carpenter (1990), S. 160 ff.; Pruyt (2006), S. 18 f.; Schwaninger u. Groesser (2008), S. 6, 15 ff.

[615] Vgl. Pruyt (2006), S. 17 f.

on, welche dem in dieser Arbeit angenommenen konstruktivistischen Realitätsverständnis entspricht.[616] Ein „Denken in Systemen" bedeutet, die Erfahrung der Realwelt durch ein Konzeptionalisierungsmuster zu strukturieren und – darauf aufbauend – Erkenntnisse über den erfahrenen Sachverhalt zu generieren.[617] Der SD-Ansatz versteht sich daher als eine allgemeine Strukturtheorie. Basierend auf den skizzierten Annahmen werden generelle Aussagen über den strukturellen Aufbau sozialer Systeme sowie des daraus resultierenden Verhaltens formuliert.[618] SD ist somit ein abstraktes Hilfsmittel zur Erstellung konkreter Theorien, d.h. es handelt sich um ein Strukturierungs- und Erforschungsinstrument, welches keinen inhärenten Bezug zu konkreten Sachverhalten der Realität hat.[619]

Im Rahmen dieser Arbeit sollen die ontologischen Annahmen des SD-Ansatzes als eine Strukturtheorie verstanden werden. Diese leitet die Wahrnehmung und Begriffsbildung im Hinblick auf die Bildung kausaler Theorien strukturierend an. Wird SD unter dem Blickwinkel des Lernens betrachtet, so kann das Erlernen eines systemischen Denkens als Übernahme von mentalen Selektions-, Begriffs- und Handlungsmodellen im dargestellten Sinne verstanden werden. Die systemischen Begriffskategorien prägen dann Wahrnehmung und Verarbeitung von Sachverhalten.[620] Hierauf lässt sich ebenfalls ein konstruktivistisches Modell- und Modellierungsverständnis zurückführen, welches die gemeinsame Modellkonstruktion von Modellierer und Modellnutzer als Realitätsrekonstruktion versteht.

Nachdem Strukturannahmen und Strukturverständnis erläutert wurden, soll auf das von SD-Systemen erzeugte Verhalten eingegangen werden.

6.1.3 Dynamische Komplexität – Entstehung und Auswirkungen

6.1.3.1 Entstehung dynamischer Komplexität

Der SD-Ansatz beschreibt Systeme, die ihre Komplexität, neben den strukturellen Komplexitätsfaktoren (Unüberschaubarkeit, Vernetztheit), insbesondere aus dynamischen Komplexitätsfaktoren entwickeln.[621] Die Systemzustände eines SD-Systems sowie die

---

[616] Vgl. Morecroft (1994), S. 5; Vázquez et al. (1996), S. 23 f.; Lane u. Oliva (1998), S. 217, 225 ff.; Pruyt (2006), S. 16 sowie die dort angegebene Literatur; Schwaninger u. Groesser (2008), S. 2, 4.

[617] Randers schreibt bspw. „In the complex, unstructured conceptualization stage the modeler strives towards a ‚mental model', that is, an understanding of the operation of the real world. The mental model is a prerequisite for formulating any formal model. The system dynamics theory of systems structure and behavior is a powerful aid in the conceptualization process [...]", vgl. Randers (1980), S. 119.

[618] Vgl. Milling (1984). S. 507.

[619] Vgl. Lane (2000), S. 11 f.; Schwaninger u. Groesser (2008), S. 5.

[620] Vgl. Vázquez et al. (1996), S. 29 ff.

[621] Vgl. Senge (2008), S. 91 ff. Vgl. auch 2.1.2.

Richtung, Stärke und Konstanz von deren Veränderungen (inhaltliche Dynamik) werden durch Rückkopplungsschleifen und Nichtlinearität sowie Wirkungsverzögerungen verursacht. Die genannten Ursachen sollen folgend erläutert werden.

Dem SD-Ansatz liegt die Annahme zu Grunde, dass das Verhalten eines Systems durch seine Struktur und insbesondere durch Rückkopplungsschleifen bestimmt wird.[622] Dabei zeichnet sich ein Rückkopplungssystem dadurch aus, dass mehrere Rückkopplungsschleifen, ggf. unterschiedlicher Wirkrichtung, als Elemente eines Rückkopplungssystems miteinander in Beziehung stehen.[623] Nichtlineare Beziehungen innerhalb einer Rückkopplungsschleife ziehen eine variierende Stärke der Rückkopplung in Abhängigkeit vom Gesamtzustand des Systems nach sich.[624] Das führt dazu, dass das Gesamtsystemverhalten zu einem bestimmten Zeitpunkt von einer Rückkopplungsschleife dominiert werden kann, während die Verhaltenswirkungen anderer Rückkopplungsschleifen verborgen bleiben. Diese Dominanz kann im Zeitablauf wechseln.[625] Ein weiterer dynamischer Komplexitätsfaktor in Rückkopplungsschleifen ist das verzögerte Eintreten von Handlungswirkungen (*Delay*).[626] Beispiele hierfür sind die Verzögerung zwischen Abschicken einer Bestellung und Eintreffen der Ware oder der Zeitraum zwischen der Entdeckung von Wissen und dessen Anwendung.[627]

---

[622] Vgl. Sterman (2000), S. 21.

[623] Vgl. Forrester (1969), S. 107 f.

[624] Vgl. Forrester (1969), S. 108; Meadows (1980), S. 33. Saleh (2000), S. 10.

[625] Vgl. Forrester (1971), S. 105 f.; Milling (1984), S. 508.

Ein Beispiel hierfür findet sich bei Meadows in Bezug auf das Wachstum der Weltbevölkerung. Der Zuwachszyklus (positive Feedbackschleife) wird dominant bestimmt durch die Fruchtbarkeitsrate, der stabilisierende Zyklus (negative Feedbackschleife) durch die Sterberate. Eine im Zeitverlauf abnehmende Sterberate, bspw. durch den medizinischen Fortschritt, führt zu einem Nachlassen der Stabilisierungsleistung der negativen Feedbackschleife und damit zu einer Dominanz der positiven Feedbackschleife. Die Auswirkung dieser Dominanzverlagerung ist ein exponentielles Wachstum der adressierten Größe, hier der Weltbevölkerung. Vgl. Meadows (1972), S. 37 f.

[626] Vgl. Forrester (1961), S. 86; Roberts (1981b), S. 8; Senge (2008), S. 113 ff.

[627] Vgl. Saleh (2000), S. 10.

Vermaschte Feedbackschleifen, wechselnde Dominanz und Verzögerungen stellen die Grundlage für eine Reihe typischer Systemverhaltensweisen dar (*Archetypen*). Dies sind bspw. exponentielles Wachstum, zielsuchendes Verhalten, Oszillation, S-förmiges Wachstum, Wachstum und Überschießen oder Wachstum und Kollaps. Vgl. Meadows (1972), S. 88 ff.; Coyle (1979), S. 41 ff.; Sterman (2000), S. 107 ff.; Wolstenholme (2003), S. 11 ff.; Senge (2008), S. 120 ff. im Anhang 2 stellt die genannten Archetypen, die ihnen zu Grunde liegenden Kausalstrukturen sowie das sich daraus ergebende Verhalten übersichtsartig dar.

6.1.3.2 Auswirkungen dynamischer Komplexität

Das sich aus den Strukturen ergebende Systemverhalten entspricht oftmals nicht den Erwartungen, die ein Entscheider an ein System formuliert. Diese Diskrepanz kann auf lineare Denk- und Problemlösungsmuster oder auf die Unfähigkeit zur Inferenz aus den geschilderten Systemstrukturen auf deren Verhalten zurückgeführt werden.

Lineares Denken und Problemlösen ist dadurch gekennzeichnet, dass ein entsprechender Prozess als „erfolgreich" abgeschlossen gilt, wenn eine empfundene Soll-Ist-Diskrepanz nicht mehr wahrgenommen wird. Nebenwirkungen und zeitversetzt eintretende Wirkungen einer derartigen „Lösung" werden dabei nicht berücksichtigt.[628] Die Auswirkungen eines derartigen Denkmusters in mehrfach rückkoppelnden Entscheidungssystemen sind vielfältig. So kann es sein, dass ein lokal als gelöst angenommenes Problem zeitversetzt in einem anderen Kontext auftritt.[629] Zudem werden die Erwartungen an das Systemverhalten oftmals linear approximiert und entsprechend formuliert, was die Diskrepanz zum tatsächlichen Verhalten eines multipel rückkoppelnden Systems um so stärker ausfallen lässt.[630]

Selbst wenn einem Entscheider die Strukturen eines dynamisch komplexen Systems bekannt sind, entsprechen die darauf basierend formulierten Erwartungen oftmals nicht dem tatsächlichen Verhalten. Das Verhalten dynamisch komplexer Systeme tritt erst durch Dynamisierung des Systems, also eine Betrachtung der Systemzustände im Zeitverlauf, zu Tage. Der Schluss (*Inferenz*) von einer bekannten Struktur auf das Verhalten eines dynamischen Systems scheitert jedoch aufgrund der limitierten mentalen Kapazitäten des Menschen.[631] Infolgedessen werden oftmals Modelle mit lediglich wenigen Variablen gebildet und betrachtet, die im Hinblick auf Rückkopplung und Verzögerung sehr stark vereinfachend und selektierend sind.[632] Die Inferenz des tatsächlichen dynamischen Systemverhaltens aus derart vereinfachten Strukturen erscheint unmöglich.

---

[628] Vgl. Coyle (1979), S. 22. Forrester (1980), S. 13; Forrester (1994a), S. 54; Sterman (2000), S. 6.

[629] Vgl. Saleh (2000), S. 9.

[630] Vgl. Forrester (1961), S. 50 f. Vgl. das nichtlineare Systemverhalten der Systemarchetypen in Tabelle 12 in Anhang 2.

[631] Vgl. Lane (2000), S. 12; Saleh (2000), S. 16. Als verursachende Faktoren führt Forrester die Begrenzung der mentale Verarbeitungskapazität auf nur wenige Variablen an. Vgl. bspw. Miller (1956) sowie die Ausführungen in Abschnitt 4.2.1.1.

[632] Vgl. Forrester (1994a), S. 60. Vgl. auch Lane (1994), S. 100 f. Vgl. die Anzahl der Variablen einfacher Systemarchetypen in Tabelle 12 in Anhang 2.

Lineares Denken und die Unfähigkeit zur Inferenz dynamischen Verhaltens ziehen eine Reihe von Konsequenzen für Entscheidungen nach sich.[633] Forrester betont, dass sich dynamische Systeme über ihr kontraintuitives Verhalten (*Counterintuitive Behaviour*)[634] hinaus oftmals als resistent gegenüber Veränderungen und Steuerungshandlungen erweisen (*Policy Resistance*). Zudem haben Einflussnahmen in einer Langfristbetrachtung einen gegenteiligen Haupt- oder Nebeneffekt (*Unintended Consequences*).[635] Ein häufiges Verhalten bei Zeitverzögerungen ist es z.b., Steuerungshandlungen bei Ausbleiben der intendierten Wirkung (kontraintuitives Systemverhalten) erneut und stärker auszuführen, was zu einer nicht beabsichtigten Überdosierung der Zielgröße führt (nicht beabsichtigte Konsequenz). Eine entsprechende Gegenmaßnahme, die ebenfalls wirkungsverzögert eintritt, führt entweder zu einer Oszillation um einen Grundwert oder zu einer Destabilisierung des Gesamtsystems (unerwünschte Gesamtleistung).[636]

Ohne weitere Hilfsmittel sind Menschen nicht in der Lage, von der Struktur auf das Verhalten eines komplexen, dynamischen Systems zu schließen.[637] Im Rahmen des SD-Ansatzes wird daher vorgeschlagen, dieser Tatsache durch Erfassung des Systems mittels eines expliziten Modells zu begegnen und das aus den modellierten Strukturen resultierende Verhalten durch Simulation zu ermitteln. Unter *Simulation* kann eine spezielle Form des Experimentalansatzes verstanden werden.[638] Im Gegensatz zu einem Realexperiment wird der Experimentalversuch im Rahmen der Simulation nicht am tatsächlichen Sachverhalt, sondern an einem Modell von diesem durchgeführt.[639] Ziel ist es hierbei, ein Modell zu schaffen, dessen Verhalten im Zeitablauf das Verhalten des Sachverhalts der Realität imitiert. Einerseits geschieht dies, um vorauszusagen, wie sich ein realer Sachverhalt in Zukunft verhält und andererseits wie ein Sachverhalt beeinflusst werden kann, um ein erwünschtes Verhalten herbeizuführen.[640] Die Simulation zeigt sich gegenüber einem Realexperiment als vorteilhaft, wenn dieses zu teuer, verboten, unethisch, un-

---

[633] Für eine Betrachtung im Lichte des Konzepts der „bounded rationality" vgl. Morecroft (1983), S. 133 ff.; Morecroft (1985), S. 901 ff.

[634] Vgl. Sterman (1989), S. 329 ff.

[635] Vgl. Forrester (1969), S. 109; Forrester (1971)S. 114 f., 120 ff.; Forrester (1980), S. 19 f.; Sterman (2000), S. 5.

[636] Vgl. Senge (2008), S. 113 ff. Als Beispiel wird hier das Einstellen der Wassertemperatur einer Dusche genannt. Vgl. Senge (2008), S. 115 f.

[637] Vgl. Forrester (1961), S. 14.

[638] Vgl. Mertens (1982), S. 1 f.; Runzheimer (1999), S. 244 f.; Witte (2001), S. 412 f.; Troitzsch (2004), S. 1256; Für einen Vergleich von SD mit anderen Simulationsverfahren vgl. Schieritz u. Milling (2003), S. 6 ff.

[639] Vgl. Runzheimer (1999), S. 246.

[640] Vgl. Domschke u. Drexl (2002), S. 206.

gesetzlich oder unmöglich erscheint.[641] Weiterhin erweisen sich die Steuerungsmöglichkeiten eines Simulationsexperiments als vorteilhaft gegenüber einem Realexperiment. So können u.a. räumliche Beschränkungen durch Modelle reduziert oder die Simulationszeit komprimiert, angehalten, vor- oder zurückgestellt werden.[642] Der Zeitaspekt erscheint hierbei als besonders vorteilhaft, da das Sammeln von „Erfahrungen" am Modell, d.h. zur Modellzeit, gegenüber der Echtzeit deutlich beschleunigt wird.

Es wird betont, dass mentale Modelle aufgrund mangelnder Präzision, Eindeutigkeit und Intersubjektivität nicht in der Lage sind, eine gedankliche Simulation (Gedankenexperiment) durchzuführen.[643] Daher wird auf eine explizite Erfassung dynamisch-komplexer Systeme mit einer hierfür geeigneten Modellierungssprache zurückgegriffen.[644] Die Vorteile eines expliziten – und im Falle einer späteren Simulation auch formalen – Modells gegenüber mentalen Modellen sind offenkundig. Neben Kommunizierbarkeit und Präzision der Darstellung erlaubt es gerade die Abstraktion von Einzelfällen, eine ganzheitliche Repräsentation eines problematischen Sachverhaltes zu bilden.[645] Die für eine Formalisierung notwendige Explizierung der Modellprämissen, Verhaltenshypothesen sowie die Quantifizierung der Elementausprägungen und Wirkungsstärken der Beziehungen erlauben es, ein Modell auf interne Konsistenz zu untersuchen; die Simulation des Modells, ggf. unter Verwendung technischer Hilfsmittel, erlaubt es dann, alle Komponenten eines Modells in ihrem Zusammenwirken zu studieren.[646]

Über die Beobachtung des potenziellen Systemverhaltens hinaus bringt die Modellierung und Simulation dynamischer Systeme weitere Vorteile für den Entscheidungsprozess mit sich. Explizite und simulierbare Modelle erfordern zwingend die Offenbarung von Annahmen sowie die Quantifizierung der Elemente und Beziehungen. So können Widersprüchlichkeiten aufgedeckt werden und jede Modellkomponente wird einer logischen oder empirischen Rechtfertigung zugänglich.[647] Weiterhin können explizite Modelle als Argumentationshilfe in Gruppendiskussionen und Abstimmungsprozessen hinzugezogen

---

[641] Vgl. Sterman (1988), S. 10; Sterman (2000), S. 21; Domschke u. Drexl (2002), S. 206.

[642] Vgl. Sterman (2000), S. 35; Senge (2008), S. 406 ff.

[643] Vgl. Milling (1984), S. 508.

[644] Senge macht die lineare indogermanische Sprachstruktur (SPO-Schema) für Probleme mit dem Kreislaufdenken verantwortlich. Vgl. Senge (2008), S. 95, 101 f. Ob andere Verwender anderer natürlicher Sprachfamilien ebenfalls Probleme mit dem Denken in dynamischen Systemen haben, wird jedoch nicht ausgeführt.

[645] Vgl. Roberts (1981b), S. 6; Milling (1984), S. 508.

[646] Vgl. Forrester (1961), S. 14, 57; Meadows (1980), S. 27; Milling (1984), S. 507 f.

[647] Vgl. Forrester (1971), S. 5; Runzheimer (1999), S. 247; Senge (2008), S. 382.

werden, während mentale Modelle implizit durch ideologische oder sonstige Verzerrungen geprägt sind.[648]

Modelle und Simulation an sich erscheinen allerdings nicht allein ausreichend, um eine grundlegende Verhaltensänderung herbeizuführen [649] Vielmehr kommt dem Modellierungsprozess an sich eine besondere Rolle zu. Im kommenden Abschnitt wird zunächst der Entscheidungsprozess, die Modellierungssprachen sowie die Simulation von SD-Modellen vorgestellt (6.2), um im Anschluss daran zu Verhaltensänderungen führende Lernprozesse zu betrachten (6.3).

6.2 Modellierung und Simulation dynamischer Systeme

In den folgenden Abschnitten wird die Modellierung und Simulation dynamischer Systeme durch den SD-Ansatz erläutert. Zunächst wird hierfür der grundsätzliche Entscheidungsprozess des SD-Ansatzes vorgestellt (6.2.1). Im Anschluss daran wird auf die Modellierung sowie die Simulation eingegangen (6.2.2 bzw. 6.2.3).

6.2.1 Entscheidungsprozess des System-Dynamics-Ansatzes

Der SD-Ansatz folgt einem von Forrester vorgeschlagenen Entscheidungsprozess, welcher sich in 6 Phasen gliedert und als eine Spezialisierung des idealtypischen Entscheidungsprozesses der behavioristischen Organisationstheorie verstanden werden kann (vgl. Abschnitt 4.2.3).[650] Abbildung 32 stellt den SD-Entscheidungsprozess übersichtsartig dar (unterer Teil der Abbildung). Als Referenz finden sich im oberen Teil der Abbildung die korrespondierenden Phasen des in Abschnitt 4.2.3 vorgestellten allgemeinen Entscheidungsprozesses.

---

[648] Vgl. Roberts (1981b), S. 6; Sterman (2000), S. 37.

[649] Vgl. Sterman (2000), S. 35

[650] Für eine ältere Version vgl. Forrester (1961), S. 44 ff. Vgl. zu einer Diskussion der Parallelen zum Entscheidungsprozess der behavioristischen Organisationstheorie Morecroft (1994), S. 15; Schieritz u. Milling (2003), S. 3.

Abbildung 32: Entscheidungsprozess des SD-Ansatzes

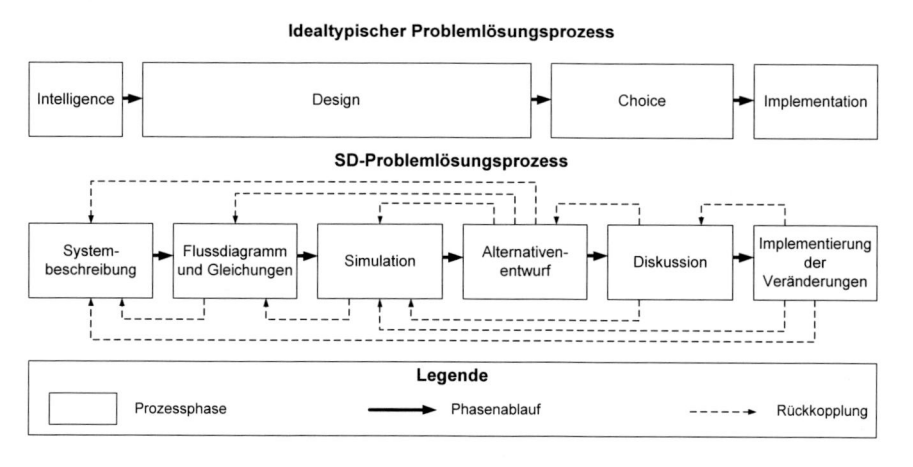

Idealtypischer Problemlösungsprozess

Intelligence → Design → Choice → Implementation

SD-Problemlösungsprozess

Systembeschreibung → Flussdiagramm und Gleichungen → Simulation → Alternativenentwurf → Diskussion → Implementierung der Veränderungen

Legende
☐ Prozessphase
⟶ Phasenablauf
⇢ Rückkopplung

Quelle: (Forrester 1994b), S. 246.

Den Ausgangspunkt des Prozesses stellt ebenfalls ein als problematisch empfundener Sachverhalt dar, dem durch Modellbildung, Alternativengenerierung und Alternativenauswahl begegnet werden soll. In der *ersten Phase* des Prozesses finden die Beschreibung des Problems sowie die Generierung einer Initialhypothese über die Kausalität, die dem Systemverhalten zu Grunde liegt, statt.[651] Die *zweite Phase* hat die Formalisierung der anfänglichen Systembeschreibung und Hypothese zur Bildung eines Simulationsmodells zum Gegenstand. Zur weiteren Konkretisierung der Systembeschreibung und Hypothese kann bei Bedarf in die erste Phase zurückgeschritten werden. In der *dritten Phase* werden Simulationen auf Grundlage des in der zweiten Phase erstellten Simulationsmodells durchgeführt. Ziel ist es hierbei, das problematische Systemverhalten der Vergangenheit (*Referenzmodus*) nachzuvollziehen, d.h. die es verursachenden Strukturen in einem Modell zu erfassen. Entsprechen die Simulationsergebnisse nicht dem gezeigten problematischen Systemverhalten, so kann in die ersten beiden Phasen zurückgesprungen werden, um die Modellstrukturen erneut zu erheben bzw. zu überarbeiten. Im Rahmen der *vierten Phase* werden auf Grundlage eines als realitätsnah akzeptierten Modells alternative Systemstrukturen und Handlungsrichtlinien entworfen und deren erwartetes Verhalten simuliert. Auch hier sind Rückschritte in die vorgelagerten Phasen zur Modellkonkretisierung möglich. Im Verlauf der *fünften Phase* des Prozesses soll ein Konsens über die Auswahl einer der generierten Alternativen geschaffen werden, welche dann in der *sechsten Phase* imple-

---

[651] Vgl. im Folgenden Forrester (1994b), S. 245 ff.

mentiert werden soll. Auch in diesen Phasen kann zur Alternativengenerierung und -simulation, zu einer erneuten Diskussion und – nach erfolgter Implementierung – zu einer neuen Beschreibung des (ehemals) problematischen Sachverhalts zurückgesprungen werden.

Die hohe Ausdifferenzierung der Design-Aktivitäten im SD-Entscheidungsprozess legt nahe, dass der Modellierung eines als problematisch empfundenen Sachverhalts eine hervorgehobene Bedeutung zukommt. Ziel der Modellierung und Simulation im SD-Ansatz ist es, Erwartungen an die Struktur bzw. das Verhalten eines als problematisch empfundenen Sachverhalts zu entwickeln.[652] Ein Sachverhalt soll demnach durch die angenommene Gegenstandseinteilung der Modellierungssprache strukturiert und das strukturbedingte Systemverhalten durch Simulation erforscht werden.[653] Im Anschluss an die Erforschung eines Sachverhalts werden dann Maßnahmen entworfen, welche das Problem durch strukturelle Veränderungen lösen sollen.[654] Da die Designphase des SD-Entscheidungsprozesses vergleichsweise ausdifferenziert ist und im Hinblick auf die Phasen Intelligence, Choice und Implementation nur geringe Abweichungen vom idealtypischen Entscheidungsprozess festzustellen sind, soll der Fokus der folgenden Betrachtung auf dem Modellentwurf liegen.

6.2.2 Modellierung im Rahmen des System-Dynamics-Ansatzes

6.2.2.1   Modellstruktur und Vorgehen des System-Dynamics-Ansatzes

In diesem Abschnitt soll der strukturelle Aufbau von SD-Modellen anhand eines Schalenmodells vorgestellt und die identifizierten Modellschalen Phasen eines Modellierungsprozesses zugeordnet werden.

Der strukturelle Aufbau eines SD-Modells kann durch ein Vier-Schalen-Modell beschrieben werden. Abbildung 33 stellt das geschilderte Schalenmodell (linke Seite der Abbildung) sowie das entsprechende Modellierungsvorgehen (rechte Seite) übersichtsartig dar.

---

[652] Vgl. Meadows (1980), S. 28; Vázquez et al. (1996), S. 26.

[653] Vgl. Milling (1984), S. 509.

[654] Vgl. Meadows (1980), S. 28 f.

Modellierung und Simulation dynamischer Systeme 163

Abbildung 33: Struktureller Aufbau der Modelle des System-Dynamics-Ansatzes und Modellierungsvorgehen

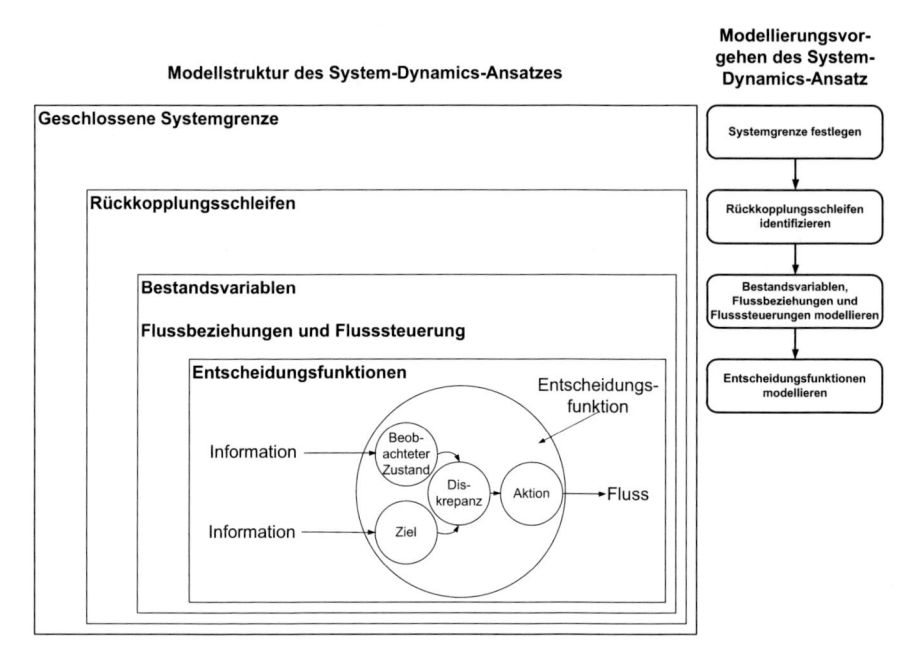

Modellstruktur des System-Dynamics-Ansatzes

Modellierungsvorgehen des System-Dynamics-Ansatz

Geschlossene Systemgrenze
- Rückkopplungsschleifen
  - Bestandsvariablen
  - Flussbeziehungen und Flusssteuerung
    - Entscheidungsfunktionen
      - Information → Beobachteter Zustand
      - Diskrepanz → Aktion → Fluss
      - Information → Ziel
    - Entscheidungsfunktion

- Systemgrenze festlegen
- Rückkopplungsschleifen identifizieren
- Bestandsvariablen, Flussbeziehungen und Flusssteuerungen modellieren
- Entscheidungsfunktionen modellieren

Quelle: Eigene Darstellung in Anlehnung an (Milling 1984), S. 509 ff.; (Morecroft 1988), S. 303; (Forrester 1994a), S. 57; (Schieritz u. Milling 2003), S. 3.

Die Schalen werden in den ersten beiden Phasen des Entscheidungsprozesses adressiert und durch den Einsatz verschiedener Modellierungssprachen realisiert (6.2.2.2).[655] Im Verlauf des Modellierungsprozesses werden diese Schalen von außen nach innen durchschritten, sodass die Schalen gleichsam Prozessschritte eines Modellierungsprozesses darstellen.

Die äußere Schale umfasst die Festlegung der *Systemgrenze*, welche den problematischen Sachverhalt sowie die problemverursachende Struktur von der Umwelt abgrenzt.[656] Innerhalb des abgegrenzten Systems werden in einem zweiten Schritt die das Systemverhalten verursachenden *Rückkopplungsschleifen* identifiziert, indem von einem zu beobachteten

---

[655] Vgl. Forrester (1969) S. 12 ff.; Milling (1984), S. 509 ff.
[656] Vgl. Forrester (1969) S. 12.; Milling (1984), S. 510; Schieritz u. Milling (2003), S. 3.

problematischen Verhalten auf einen Systemarchetyp geschlossen wird.[657] Im weiteren Verlauf werden die identifizierten Rückkopplungsschleifen durch Konstrukte der Gegenstandseinteilung des SD-Ansatzes – *Bestandsvariablen, Flussbeziehungen und -steuerungen* – beschrieben.[658] Den inneren Kern des Schalenmodells bildet die Definition der *Entscheidungsfunktionen*, welche die Flüsse innerhalb des Systems steuern.[659] Sie bestehen aus Informationen hinsichtlich eines angestrebten Ziels, Informationen bezüglich eines beobachteten Zustands sowie den Aktionen, die aufgrund einer eventuellen Diskrepanz zwischen Ziel und beobachtetem Zustand initiiert werden.[660]

Das dargestellte Schalenmodell wird im Laufe der ersten beiden Phasen des Entscheidungsprozesses von außen nach innen durchschritten.[661] Dabei können mehrere konzeptionelle Modellierungssprachen zum Einsatz kommen, um die Interaktion mit dem zukünftigen Nutzer zu erleichtern und eine eventuell bestehende Sprachlücke zu überwinden.[662] Die verwendeten Modellierungssprachen unterscheiden sich hinsichtlich ihres Formalisierungsgrades, sodass im Verlauf des Modellierungsprozesses auch eine zunehmende Formalisierung der Darstellung erfolgt.[663] Die äußeren beiden Schalen werden im Verlauf der ersten Phase des SD-Entscheidungsprozesses (Systembeschreibung) adressiert, wobei zur direkten Interaktion mit dem Nutzer meist wenig formalisierte Kausalkettenmodelle eingesetzt werden (6.2.2.2.1). In der zweiten Phase des SD-Entscheidungsprozesses (Flussmodelle und Gleichungen) wird dann auf formal eindeutigere Flussmodelle zurückgegriffen (6.2.2.2.2), welche am Ende der Phase in formale, gleichungsbasierte Simulationsmodelle transformiert werden (6.2.3). In den folgenden Abschnitten sollen zunächst die konzeptionellen Modellierungssprachen, im Anschluss daran die formalen Simulationsmodelle vorgestellt werden.

---

[657] Vgl. Milling (1984), S. 510. Vgl. bspw. die Systemarchetypen in Tabelle 12 in Anhang 2.
[658] Vgl. Milling (1984), S. 510.
[659] Vgl. Morecroft (1988), S. 303; Forrester (1994a), S. 57.
[660] Vgl. Forrester (1961), S. 95 f.; Milling (1984), S. 511.
[661] Vgl. Milling (1984), S. 512.
[662] Vgl. Forrester (1961), S. 51 f.
[663] Vgl. Roberts (1981b), S. 5, 14; Richmond (1991), S. 1 f.

6.2.2.2 Konzeptionelle Modellierungssprachen des System-Dynamics-Ansatzes

6.2.2.2.1 Kausalkettenmodelle und Kausalkettendiagramme

Die einfachste Form zur Strukturmodellierung dynamischer Systeme und zur Interaktion des Modellierers mit einem Nutzer sind Kausalkettenmodelle.[664] Sie können in der ersten Phase des SD-Entscheidungsprozesses (Systembeschreibung) eingesetzt werden, wenn zu stark formalisierte Modellierungssprachen die Erhebung des Informationsbedarfs oder die Äußerung vermuteter kausaler Zusammenhänge eher behindern.

Die *Gegenstandseinteilung* besteht aus Variablen und Kausalverknüpfungen.[665] Die Variablen repräsentieren die Elemente des SD-Ansatzes, wobei jedoch nicht zwischen Bestandsvariablen oder Flusssteuerung unterschieden wird.[666] Die Kausalverknüpfungen repräsentieren eine Ursache-Wirkungs-Beziehung zwischen zwei Elementen, wobei hier ebenfalls nicht zwischen Flussgrößen oder Informationsbeziehungen differenziert wird.[667] Kausalverknüpfungen werden hinsichtlich ihrer Polarität, d.h. der Art der Wirkung einer Ursache auf eine Variable, qualifiziert. Verändert sich die Zielvariable einer Kausalverknüpfung in die gleiche Richtung wie die Quellvariable, so wird dies als verstärkende Kausalität bezeichnet. Entwickeln sich Quell- und Zielvariable in unterschiedliche Richtungen, so wird dies als ausgleichende Kausalität bezeichnet. Kausalkettenmodelle unterliegen wenigen *Modellierungsregeln*. Es ist lediglich zu beachten, dass Kausalverknüpfungen eine Variable als Ausgangs- und Endpunkt haben müssen. Zudem dürfen keine unverknüpften Variablen modelliert werden.

Die *konkrete Syntax* legt fest, dass Variablen mit ihrem Namen im Diagramm abgetragen werden. Die Beziehungen werden als gerichtete Kanten dargestellt, wobei die Polarität neben der Pfeilspitze der Kante dargestellt wird (ein [+] steht für einen verstärkenden kausalen Effekt, ein [–] für einen schwächenden kausalen Effekt).[668] Abbildung 34 stellt die konkrete Syntax sowie ein Beispiel eines Kausalkettendiagrams übersichtsartig dar.

---

[664] Vgl. Roberts (1981b), S. 14; Wolstenholme (1994), S. 179; Sterman (2000), S. 190.
[665] Vgl. Coyle (1979), S. 63; Wolstenholme (1994), S. 179.
[666] Vgl. Sterman (2000), S. 140.
[667] Vgl. Roberts (1981b), S. 8.
[668] Vgl. Coyle (1979), S. 63; Roberts (1981b), S. 11; Sterman (2000), S. 139.

Abbildung 34: Konkrete Syntax und Beispiel eines Kausalkettenmodells

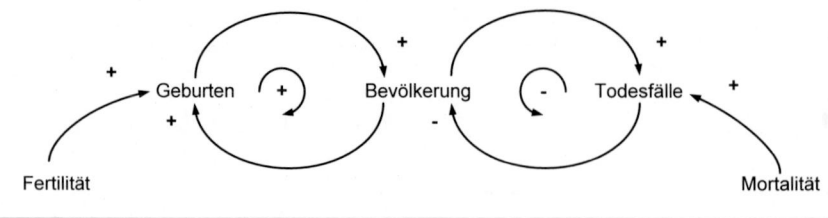

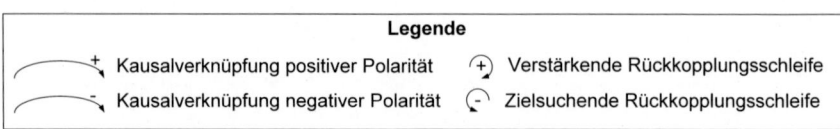

```
           +                    +                      +
        ┌──── Geburten ──+── Bevölkerung ──-── Todesfälle ──+──┐
        +                    -
     Fertilität                                              Mortalität
```

Legende	
⌢⁺ Kausalverknüpfung positiver Polarität	(+) Verstärkende Rückkopplungsschleife
⌢⁻ Kausalverknüpfung negativer Polarität	(-) Zielsuchende Rückkopplungsschleife

Quelle: In Anlehnung an (Roberts 1981b), S. 12; (Kljajiae et al. 1999), S. 4; (Sterman 2000), S. 138;

Kausalkettendiagramme können aufgrund der fehlenden Qualifizierung der Variablen- und Beziehungstypen nicht formal in ein Flussdiagramm überführt werden.[669] Zudem ermöglichen Kausalkettendiagramme nur Tendenzaussagen über das Systemverhalten.[670] Sie dienen daher als Vorstufe von Flussmodellen, die im Folgenden erläutert werden.

6.2.2.2.2 Flussmodelle und Flussdiagramme

Flussmodelle (Stock- und Flow-Modelle) stellen die ursprüngliche Modellierungssprache des SD-Ansatzes dar, welche seit den 1960er Jahren im originären Kern nicht mehr verändert wurde.[671] Es wurden lediglich einige zusätzliche abgeleitete Konstrukte zur Erleichterung der Modellierung eingeführt (Hilfsvariablen und Konstanten). Originäre Konstrukte entsprechen der Gegenstandseinteilung, wie sie in den ontologischen Annahmen vorgestellt wurden (6.1.2.1), weshalb diese hier nur kurz behandelt werden sollen.

Originäre Konstrukte der Flussmodellierung

- *Bestandsvariablen* sind Behältnisse, welche die Zustandswerte für Systemelemente repräsentieren. Eine Bestandsvariable wird in der Regel als Rechteck visualisiert.[672]

---

[669] Vgl. Richardson (1986), S. 159 sowie für eine ausführliche Kritik S. 160 ff.; Mertens et al. (2003), S. 1266.

[670] Vgl. Sterman (2000), S. 140.

[671] Vgl. Schieritz u. Milling (2003), S. 2.

[672] Vgl. Forrester (1964), S. 68, 81; Forrester (1972), S. 140 f.; Meadows (1972), S. 104; Roberts (1981b), S. 19; Milling (1984), S. 511 f; Sterman (2000), S. 192 f.; Troitzsch (2004), S. 1258

- *Flusssteuerungen* repräsentieren die Steuerungsaktivitäten innerhalb eines Systems. Flusssteuerungen bestehen aus Entscheidungsfunktionen, welche Informationen in Steuerungsaktivitäten transformieren.[673] Aufgrund des regulierenden Charakters werden Flusssteuerungen als stilisierte Ventile und Stellschrauben repräsentiert.[674]

- *Quellen und Senken* repräsentieren die Systemgrenzen eines Modells.[675] Quellen werden als Reservoirs aufgefasst, aus welchen Flüsse von außerhalb des Modells entspringen. Im Umkehrschluss nehmen Senken Flüsse aus dem Modell auf. Aufgrund ihrer unklaren Struktur werden Quellen und Senken als Wolke repräsentiert.[676]

- *Fluss-Beziehungen* (synonym auch als Derivate oder Durchsätze bezeichnet) verbinden Bestandsvariablen und repräsentieren deren Zu- und Abfluss.[677] Die grafische Repräsentation ist dabei ein Pfeil an einer doppelten Linie, welche ein Rohr, durch welches das Material fließt, repräsentieren soll.[678]

- *Informationsbeziehungen* verbinden Flusssteuerungen mit anderen Informationsquellen (Bestandsvariablen und derivative Konstrukte (s.u.)).[679] Sie werden als Pfeil an einer durchgezogenen Linie repräsentiert.[680]

Abgeleitete Konstrukte der Flussmodellierung

Die abgeleiteten Konstrukte der Flussmodellierung sind in den ursprünglichen Ansätzen der Flussmodellierung nicht vorhanden und wurden eingeführt, um einerseits die Komplexität der Gleichungen eines SD-Modells zu verringern und andererseits die konzeptionelle Klarheit zu erhöhen. Ursprünglich stellen die zu erläuternden Hilfsvariablen und Konstanten Teilgleichungen der einer Flusssteuerung zu Grunde liegenden Entscheidungsfunktion dar. Diese Gleichungen wurden bei zunehmender Faktorenzahl unübersichtlich, sodass diese zur Komplexitätsbeherrschung in Teilgleichungen zerlegt wur-

---

[673] Vgl. Milling (1984), S. 511.

[674] Vgl. Forrester (1964), S. 69, 82; Forrester (1972), S. 141; Meadows (1972), S. 104; Roberts (1981b), S. 19; Milling (1984), S. 512; Sterman (2000), S. 192; Troitzsch (2004), S. 1258.

[675] Vgl. Forrester (1972), S. 145; Milling (1984), S. 512; Sterman (2000), S. 192.

[676] Vgl. Meadows (1972), S. 104.

[677] Vgl. Forrester (1964), S. 70, 82; Forrester (1972), S. 142 f.; Sterman (2000), S. 192.

[678] Vgl. für eine alternative Notation Meadows (1972), S. 35; Milling (1984), S. 512. Hier wird eine Flussbeziehung als durchzogene Linie dargestellt.

[679] Vgl. Forrester (1964), S. 70 ff., 82 f.; Forrester (1972), S. 142 ff.; Sterman (2000), S. 192; Troitzsch (2004), S. 1258.

[680] In älteren Notationen wird eine Informationsbeziehung durch eine gestrichelte Linie gekennzeichnet. Vgl. Meadows (1972), S. 35; Milling (1984), S. 512.

den.[681] Diese Teilgleichungen repräsentieren das Verhalten eines bestimmten Gegenstands, d.h. sie verfügen über eine eigenständige Semantik. Zur Repräsentation dieser Teilgleichungen mit eigenständiger konzeptioneller Bedeutung, wurden die abgeleiteten Konstrukte Hilfsvariable und Konstante eingeführt

- *Hilfsvariablen* sind variable Bestandteile einer Entscheidungsfunktion.[682] Sie werden durch Bestandsvariablen, andere Hilfsvariablen oder Konstanten beeinflusst. Hilfsvariablen werden durch Kreise symbolisiert.[683]

- *Konstanten* (Parameter) sind Bestandteile einer Entscheidungsfunktion, welche sich nicht oder nur so langsam verändern, sodass sie im Zeithorizont eines Modells als konstant betrachtet werden.[684] Sie werden durch ein Rautensymbol repräsentiert.[685]

Flussgleichungen werden in der Regel vollständig in Hilfsvariablen und Konstanten zerlegt, sodass durch das Flusssteuerungskonstrukt lediglich dessen Steuerungsfunktion an sich repräsentiert wird.

In Abbildung 35 wird die konkrete Syntax sowie ein Diagramm eines Flussmodells dargestellt. Das zu Grunde gelegte Beispiel ist ein einfaches Modell zur Bevölkerungsentwicklung. Ein Bevölkerungsbestand (hier modelliert als Bestandsvariable) nimmt im Umfang durch Geburten zu und durch Todesfälle ab. Die Zu- und Abnahmebeziehungen sind hier durch Flussbeziehungen repräsentiert. Der Umfang des Zu- bzw. Abflusses wird jeweils durch Flusssteuerungen bestimmt, welche wiederum von Hilfsvariablen und Konstanten beeinflusst werden. Die Geburtenrate, d.h. der Umfang des prozentualen Zuwachses einer Bevölkerung, wird durch eine als konstant angenommene Fertilität beeinflusst. Analog wird die Sterberate durch eine als konstant angenommene Mortalität bestimmt.

---

[681] Vgl. Morecroft (1988), S. 304.

[682] Vgl. Forrester (1964), S. 83; Forrester (1972), S. 142; Roberts (1981b), S. 19 f.; Milling (1984), S. 512; Sterman (2000), S. 202 ff.

[683] Vgl. Meadows (1972), S. 104.

[684] Vgl. Niemeyer (1977), S. 221; Sterman (2000), S. 202. Konstanten können zudem zur Initialisierung von Variablen verwendet werden. In diesem Fall können Konstanten, abweichend von der ursprünglichen Regel, über Informationsbeziehungen direkt mit Bestandsvariablen verbunden werden.

[685] Eine alternative Notation ist die eines durchgestrichenen Kreises, der eine festgeheftete Hilfsvariable repräsentieren soll. Vgl. Milling (1984), S. 512.

Modellierung und Simulation dynamischer Systeme 169

Abbildung 35: Konkrete Syntax und Beispiel eines Flussdiagramms

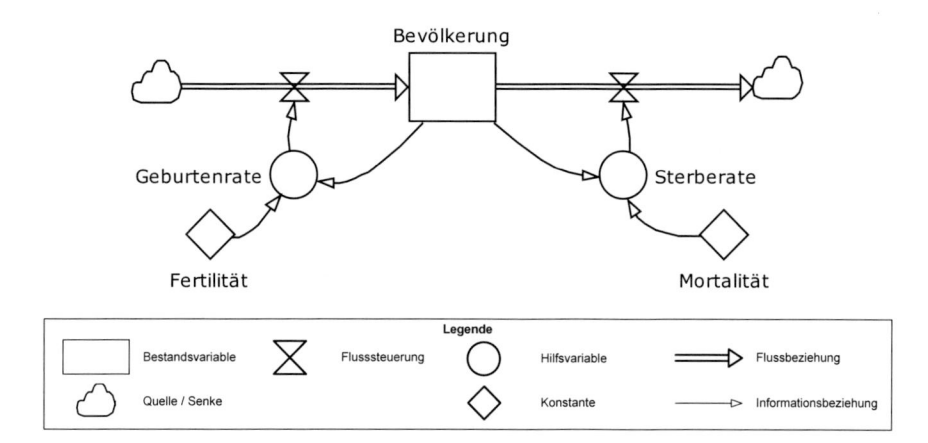

[Flussdiagramm: Bevölkerung als Bestandsvariable mit Geburtenrate (mit Fertilität) und Sterberate (mit Mortalität)]

Legende:
- Bestandsvariable
- Flusssteuerung
- Hilfsvariable
- Flussbeziehung
- Quelle / Senke
- Konstante
- Informationsbeziehung

Quelle: In Anlehnung an (Kljajiae et al. 1999), S. 4.

Nachdem ein problematischer Sachverhalt konzeptionell durch Flussmodelle erfasst wurde, müssen diese zur Simulation des Modells formalisiert werden. Diese Modelle sowie der der Simulation zu Grunde liegende Mechanismus sollen im folgenden Abschnitt erläutert werden.

6.2.3 Simulation von System-Dynamics-Modellen

Durch Quantifizierung kann ein SD-Flussmodell in ein *SD-Simulationsmodell* überführt werden, welches dann simuliert werden kann.

Den Ausgangspunkt der Quantifizierung bildet hierbei, dass Flussteuerungen mit Gleichungen hinterlegt werden (*Flussgleichungen*). Diese Gleichungen bestehen aus mehreren Gliedern, wobei Glieder mit eigener konzeptioneller Bedeutung in Konstanten oder Hilfsvariablen ausgekoppelt werden können. In den Flussgleichungen werden die eingehenden Wirkungen anderer Elemente (Bestands- und Hilfsvariablen sowie Konstanten) jeweils mindestens durch ein Glied in der Gleichung repräsentiert. Zudem sind Flussgleichungen explizit zeitabhängig zu formulieren, um einen materiellen Fluss in eine oder aus einer Bestandsvariable über die Zeit darzustellen. Über die Quantifizierung der Flussteuerungen durch Flussgleichungen hinaus ist jeder Konstante ein konkreter Wert für die Dauer der Simulation zuzuweisen und jeder Hilfs- oder Bestandsvariable kann ein Ausgangswert zugewiesen werden.

Abbildung 36 stellt das in Abbildung 35 vorgestellte Flussmodell sowie die Gleichungen des entsprechenden Simulationsmodells dar. Die Einheiten, in denen die Elemente eines Flussmodells gemessen werden, stehen jeweils in eckigen Klammern nach den Gleichungsbestandteilen.

Abbildung 36: Flussmodell und entsprechendes Simulationsmodell eines Sachverhalts

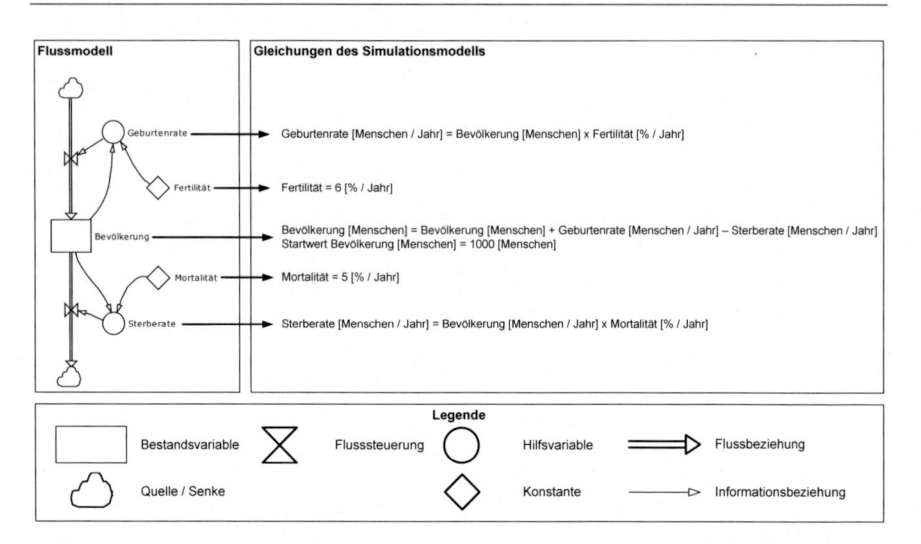

Flussmodell	Gleichungen des Simulationsmodells
Geburtenrate	Geburtenrate [Menschen / Jahr] = Bevölkerung [Menschen] x Fertilität [% / Jahr]
Fertilität	Fertilität = 6 [% / Jahr]
Bevölkerung	Bevölkerung [Menschen] = Bevölkerung [Menschen] + Geburtenrate [Menschen / Jahr] − Sterberate [Menschen / Jahr] Startwert Bevölkerung [Menschen] = 1000 [Menschen]
Mortalität	Mortalität = 5 [% / Jahr]
Sterberate	Sterberate [Menschen / Jahr] = Bevölkerung [Menschen] x Mortalität [% / Jahr]

Legende

▭ Bestandsvariable	⊠ Flusssteuerung	○ Hilfsvariable	⇒ Flussbeziehung
☁ Quelle / Senke		◇ Konstante	⟶▷ Informationsbeziehung

Die Simulation eines SD-Modells bezeichnet das zeitabhängige Fortschreiben der Werte der Modellvariablen. Hierfür ist es erforderlich, dass einerseits der Simulationszeitraum, d.h. der Start- und Endzeitpunkt der Simulation, und andererseits das Zeitintervall, welches den Simulationszeitraum unterteilt, festgelegt wird.

Der Wert einer Bestandsvariablen ergibt sich aus den Zu- und Abflüssen in bzw. aus diesen im gewählten Simulationszeitraum. Der Umfang des Zu- oder Abflusses wird durch die Flusssteuerung und die ihr zu Grunde liegenden Flussgleichungen bestimmt. Diese Flussgleichungen können jedoch, durch Auskopplung von Konstanten oder Hilfsvariablen als eigenständige Konzepte, stark fragmentiert sein. Um den Wert der Flussgleichungen zu ermitteln, ist es daher erforderlich, alle entkoppelten Gleichungsglieder, d.h. alle Werte von Konstanten oder alle Teilgleichungen der Hilfsvariablen, wieder in die ursprüngliche Flussgleichung zu substituieren. Die vervollständigte Flussgleichung wird zur Ermittlung des Umfangs eines Flusses in einem Zeitraum über die Zeitvariable integriert. Die Integration erfolgt über den gewählten Simulationszeitraum und wird durch das Simulationsintervall in Einzelschritte unterteilt.[686] Die durch Integration ermittelten Werte einer Flussgleichung werden dann, je nach Flussrichtung, zu bestehenden Werten einer Bestandsvariablen addiert bzw. von diesen subtrahiert.

Das Ergebnis eines Simulationslaufs sind dann die zeitbezogenen, wertmäßigen Ausprägungen aller Modellvariablen (Hilfs- und Bestandsvariablen). Einzelne Modellvariablen werden dann in Form von Zeitreihen ausgegeben, wobei der Zeitraum durch das gewählte Simulationsintervall in einzelne Schritte unterteilt ist.

6.3 System Dynamics und Lernprozesse

Das Lernen stellt ein wesentliches Anwendungsfeld des SD-Ansatzes dar. Hierbei werden sowohl das individuelle Lernen als auch das kollektive (Organisationale) Lernen betrachtet.[687] Auch hinsichtlich der Lernreichweite lassen sich ein assimilierendes und ein akkommodierendes Lernen unterscheiden.[688] Im Folgenden werden mit dem Konzept der Mikrowelten und des „Modellierens als Lernen" zwei Ansätze vorgestellt werden, die das assimilierende bzw. akkommodierende Lernen im Rahmen des SD-Ansatzes umsetzen können.

6.3.1 Assimilierendes Lernen in Mikrowelten

Wie in Abschnitt 2.3.2 geschildert, findet assimilierendes Lernen in gegebenen Begriffs- und Handlungsmodellen statt. Dabei wird versucht, einen begrifflich bekannten, von der faktischen Ausprägung jedoch unbekannten Sachverhalt durch bestehende Handlungsmodelle zielgerichtet zu beeinflussen. Gelingt dies, d.h. werden Erwartungen hinsichtlich des durch Handlungsmodelle beeinflussten Sachverhalts bestätigt, so entsteht zusätzliches Faktenwissen.

Überträgt man dies auf System Dynamics, so kann ein assimilierendes Lernen an einem gegebenen Modell eines Sachverhalts erfolgen. Diese Modelle können einen tatsächlichen Sachverhalt der Unternehmensumwelt repräsentieren oder – was oftmals der Fall ist – rein zu Schulungszwecken konstruiert worden sein. Derartige Modelle werden als „Ma-

---

[686] Das Simulationsintervall bestimmt den Grad der linearen Approximation, d.h. je feiner dies gewählt wird, desto genauer ist das Simulationsergebnis. Forrester (1961), S. 79 f.; Gordon (1972), S. 77 ff.; Niemeyer (1977), S. 218 f.

[687] Vgl. Vennix u. Schleper (1990), S. 1199 ff.; Bakken et al. (1992), S. 168 f.; Lane (1994), S. 98 ff.; Senge (1994), S. 297 ff.; Young et al. (1999), S. 3 f.; Senge (2008), S. 11 ff; 171 ff.

[688] Vgl. Sawicka u. Campbell (2001), S. 7.

nagement-Flugsimulatoren" oder als *Mikrowelten* bezeichnet.[689] Populär gewordene Beispiele hierfür sind Lernmodelle zur Bierdistribution, zur Verwaltung einer Kleinstadt oder der Gestaltung von Entwicklungshilfe.[690] Das Lernen am gegebenen Modell erfolgt durch ein zielgerichtetes Experimentieren der Modellnutzer am Modell.[691]

In derartigen Experimenten sieht sich ein Modellnutzer mit unerwünschten Sachverhalten der „Modellrealität" konfrontiert (Lernimpuls), die durch ein gezieltes Experimentieren am Modell beseitigt werden sollen.[692] Dieses Experimentieren stellt eine Anwendung von Handlungsmodellen dar, wobei die Parameter des Modells nach Maßgabe des Modellnutzers angepasst werden.[693] Das Modell wird dann unter Annahme der Parameter simuliert und liefert Simulationsergebnisse, die als Feedback der „Modellrealität" auf die vorgenommenen Handlungen verstanden werden können. Aufgrund des Experimentierens am Modell (und nicht an Sachverhalten der Realität) werden die Simulationsergebnisse als künstliche (artifizielle) Erfahrung bezeichnet.[694] Entsprechen diese Erfahrungen nicht den angestrebten Zielen, können weitere Experimente durchgeführt werden.[695] Durch positive Erfahrungen, d.h. erfolgreiche Beeinflussung des Modells, kann ein Modellnutzer Erwartungen an den dem Modell zu Grunde liegenden Sachverhalt bilden. Diese Erwartungen können dann auf Sachverhalte der Realität übertragen werden.

Über die Unterstützungsleistung der Simulation im Hinblick auf eine Raffung der Zeit hinaus und die entsprechende Beschleunigung der Erfahrungssammlung hinaus (vgl. 6.1.3.2) werden in Mikrowelten weitere Analyseverfahren, wie bspw. Sensitivitätsanalysen, Zielwertsuchen („How-to-achieve-Analysen") oder Optimierungsmöglichkeiten unterstützt. Diese unterstützen beim Auffinden von Parameterkombinationen, die das Erreichen eines Ziels im Bezug auf den Sachverhalt ermöglichen.

Im Hinblick auf eine Lernunterstützung des Managements kann folgendes festgehalten werden.

---

[689] Vgl. Morecroft (1988), S. 310 ff.; Kim (1989), S. 328 f.; Bakken et al. (1992), S. 168; Morecroft (1992), S. 10, 14 f.; Doyle u. Ford (1998), S. 3 f.; Sterman (2000), S. 34 ff.; Schaffernicht (2006), S. 74; Senge (2008), S. 379 ff.

[690] Vgl. Dörner (1999), S. 22 ff.; Sterman (1989).

[691] Vgl. de Geus (1992), S. 3.

[692] Vgl. Morecroft (1992), S. 9 f.

[693] Überträgt man dies auf die Flussmodellierung, so ist es einem Modellnutzer erlaubt, die Werte der Konstanten (Parameter) eines Modells zu bestimmen. Die Struktur des Modells, d.h. die Bestands- und Hilfsvariablen sowie Fluss- und Informationsbeziehungen und insbesondere die zu Grunde gelegten Gleichungen der Flusssteuerungen bleiben dabei unverändert.

[694] Vgl. Schaffernicht (2006), S. 74.

[695] Vgl. Morecroft (1988), S. 311.

- Lernen in Mikrowelten ist selten in institutionalisierte Angebote der Informationsunterstützung eingebunden, eine Konfrontation der Modellrealität mit faktischen Sachverhalten erfolgt daher ebenso wenig institutionalisiert. Dies ist einerseits in der beschriebenen mangelnden Integration mit Modellen der Informationsunterstützung, andererseits in dem episodenhaften Charakter von Mikrowelt-Experimenten begründet. Eine Habitualisierung durch eine Weiterverwendung der konkreten Lernergebnisse zur Auslösung weiterer Assimilationen erfolgt daher ebenfalls nicht. SD wird den Anforderungen [LIU-1] und [L-IU3] demnach nicht gerecht.

- Die geistige Vorwegnahme von Handlungskonsequenzen erfolgt durch Modellsimulation, wobei ein zu erzielendes Verhalten als Referenzmodus aus Modellen der Informationsunterstützung übernommen werden kann. Die [LIU-2] kann somit als erfüllt angesehen werden.

Scheitern Experimente in Mikrowelten, d.h. kann ein Sachverhalt im Rahmen der vorhandenen Strukturen nicht zielgerichtet beeinflusst werden, so kann das zu Grunde liegende Modell verändert werden. Ein derartiges akkommodierendes Lernen wird im folgenden Abschnitt beschrieben.

6.3.2 Modellieren als akkommodierendes Lernen

Das akkommodierende Lernen besteht, wie in Abschnitt 2.3.2 dargestellt, aus dem Aufbau oder Wandel mentaler Modelle eines Sachverhalts sowie dem Aufbau von Erwartungen bezüglich dessen Ausprägungen.[696] Den Ausgangspunkt kann hier einerseits ein unbekannter, zu erforschender Sachverhalt oder andererseits ein Modell eines bekannten Sachverhalts darstellen, bei dem eine Assimilation von Fakten gescheitert ist (Lernimpuls).

Wird das akkommodierende Lernen auf System Dynamics bezogen, so können mit Flussmodellen einerseits Modelle erstellt werden, die einen Sachverhalt begrifflich strukturieren und die strukturellen Zusammenhänge zwischen diesen Begriffen durch Beziehungen darstellen. Durch Modellierung von Parametern können andererseits Aspekte von Handlungsmodellen in das Modell gebracht werden, die es erlauben, das Verhalten des Modells aktiv zu beeinflussen. Die Simulation des Modells generiert Fakten, die als artifizielle Erfahrungen im geschilderten Sinne verstanden werden können. Eine Bestätigung dieser artifiziellen Erfahrungen führt zur Akzeptanz der Begriffs- und Handlungsmodelle im dargestellten Sinne (vgl. 2.3.2). Ist dies nicht der Fall, so kann das Modell in seiner Struktur verändert werden, bis die Erwartungen an das Verhalten erfüllt werden.[697] Das

---

[696] Vgl. Sawicka u. Campbell (2001), S. 4.
[697] Vgl. Schaffernicht (2006), S. 76 ff.

Lernen erfolgt hier vorrangig durch die Modellerstellung an sich sowie, im Anschluss daran, durch die Simulation und das Generieren artifizieller Erfahrungen.[698]

Im Rahmen des SD-Ansatzes wurde das gemeinsame Modellieren als eine Form akkommodierenden Lernens vorgestellt. Hierbei wird insbesondere das Verhältnis des Modellierers und des Modellnutzers betont, was dem in Abschnitt 3.2.2.2 geschilderten konstruktivistischen Modellverständnis entspricht.[699] Wird der Kreis der Modellnutzer erweitert, so werden zusätzlich die Interaktionsbeziehungen zwischen den Modellnutzern betrachtet, woraus sich ein Ansatzpunkt für die Übertragung der Erkenntnisse auf das Organisationale Lernen ergibt.[700] Im Folgenden soll jedoch weiterhin das individuelle Modellieren als Lernen betrachtet werden. Neben den geschilderten Möglichkeiten der Simulation wird das Lernen hier vor allem durch das Vorhandensein eines anschaulichen Modells beschleunigt.[701] Es wird positiv hervorgehoben, dass die Annahmen an einen Sachverhalt explizit dargestellt werden müssen, sodass ein mentales Modell auf Vollständigkeit und interne Konsistenz überprüft werden kann.[702]

In Bezug auf die Anforderungen an eine Lernunterstützung durch Entscheidungsunterstützung kann folgendes festgehalten werden.

- Durch die dargestellte Flussmodellierungssprache, das damit einhergehenden Modellierungsvorgehen sowie den Ansatz des Modellierens als Lernen können Begriffsmodelle teilweise oder gänzlich unbekannter Sachverhalte gebildet werden. Zudem können Flussmodelle formalisiert werden, um Simulations- oder Optimierungsmethoden anwenden zu können. Der Anforderung [LEU-1] wird im Rahmen des SD-Ansatzes somit Genüge getan.

- Darüber hinaus werden mit Simulation und anknüpfenden Analysemethoden, wie der Optimierung oder der Parametersuche in gleichungsbasierten Simulationsmodellen, Methoden bereitgestellt, die es ermöglichen, Handlungskonsequenzen geistig vorwegzunehmen bzw. Handlungsempfehlungen zu generieren und so die Laufzeit der Akkommodation zu verkürzen. Die Anforderung [LEU-2] wird durch den SD-Ansatz somit erfüllt.

---

[698] Vgl. Morecroft (1988), S. 303; Lane (2000), S. 17.

[699] Vgl. Morecroft (1992), S. 23; Lane (1994), S. 94 f.; Sterman (2000), S. 84 f.

[700] Vgl. Vennix u. Schleper (1990), S. 1201 f.; Senge (1994), S. 351 ff.; Senge (2008), S. 405 ff.

[701] Vgl. Morecroft (1988), S. 303.

[702] Vgl. Vennix u. Schleper (1990), S. 1202 f.; Bakken et al. (1992), S. 171 f.; Lane (1994), S. 99; Sterman (2000), S. 37.

- Analog zu den Ausführungen zu [LIU-1] und [LIU-3] in Abschnitt 6.3.1 ist ein Datenaustausch mit institutionalisierten Angeboten der Informationsunterstützung nur eingeschränkt möglich, sodass eine diesbezügliche Anforderung [LEU-3] als nicht erfüllt angesehen wird. Ein Lernen innerhalb des SD bleibt daher episodenhaft, da die Lernergebnisse nicht in das Auslösen neuer Lernprozesse einfließen.

- Die Speicherung im Rahmen von Akkommodation neu geschaffener Begriffsmodelle, hier Flussmodelle des SD-Ansatzes, kann in einer Modellbank erfolgen. Eine Anpassung von Modellen der Informationsunterstützung auf Grundlage veränderter Flussmodelle ist aufgrund der fehlenden fachlichen und technischen Integration (vgl. [LEU-3]) nicht vorgesehen. Die Anforderung [LEU-4] kann damit als nur teilweise erfüllt betrachtet werden.

6.4 Zusammenfassung und Schlussfolgerungen

SD ist eine spezielle Systemtheorie dynamischer Systeme, welche die Modellierung und Erforschung betrieblicher Sachverhalte ermöglicht. Das wesentliche Merkmal des SD-Ansatzes ist die Fokussierung auf die Entstehung dynamischer Komplexität aus strukturellen Faktoren, wie Feedbackschleifen, oder temporaler Faktoren, wie Wirkverzögerungen. Eine derartige dynamische Komplexität zieht regelmäßig Entscheidungsversagen nach sich, bspw. in Form von Resistenz gegenüber Steuerungshandlungen oder nicht intendierten Entscheidungskonsequenzen. Der SD-Ansatz stellt daher mit einer Modellierungssprache und einer Simulationsmethode Instrumente zur Verfügung, um dieser dynamischen Komplexität zu begegnen.

In Bezug auf die Theorie der Managementunterstützung ist festzuhalten, dass SD einen Ansatz der Entscheidungsunterstützung darstellt. Es wird ein idealtypischer Entscheidungsprozess vorgestellt, der eine Spezialisierung des in Abschnitt 4.2.3.1 erläuterten allgemeinen Entscheidungsprozesses darstellt. Hierin besteht ein starker Fokus auf die Modellierung des einer Entscheidung zu Grunde liegenden Sachverhalts. Die Alternativengenerierung und -auswahl wird methodisch durch eine Simulationsmethode unterstützt. SD genügt ebenfalls den Anforderungen an eine Lernunterstützung des Managements, wobei konkrete Ansätze für das assimilierende und akkommodierende Lernen identifiziert werden konnten. Aus einer fachlichen Perspektive erscheint SD somit geeignet, um das Lernen des Managements zu unterstützen.

Die SD umsetzenden Informationssysteme können im Kontext der BI den Analysesystemen und dort speziell den generischen Basissystemen zugeordnet werden. SD ist durch die Bereitstellung von Modellierungsumgebung sowie Simulation und anderen Methoden der Klasse der Entscheidungsunterstützungssysteme zuzuordnen.

SD stellt Modellierungssprachen auf unterschiedlichen Formalisierungsniveaus bereit, d.h. eine Unterscheidung zwischen benutzernahen und techniknahen Modellierungssprachen im dargestellten Sinne ist möglich (vgl. 5.2.2.3). Die Integration zwischen den verschiedenen Abstraktionsgraden erscheint gegeben, sodass u.a. die benutzernahen Flussdiagramme durch Quantifizierung der Modellelemente in Simulationsmodelle übertragen werden können. Eine Einordnung der SD-Modelle in die in Kapitel 5 hergeleitete integrierte Architektur für BI-Modelle ist möglich.

Unter Modellierungsgesichtspunkten betrachtet, stellt SD Modellierungssprachen bereit, die geeignet sind einen unbekannten Sachverhalt begrifflich zu strukturieren. Zwischen den erkannten Begriffen werden explizite Kausalbeziehungen modelliert, die Richtung und Stärke der Wirkung eines als Begriff modellierten Gegenstands auf einen oder mehrere Gegenstände angibt. Diese kausalen Verknüpfungen ermöglichen es, den Zustand der als Begriffe modellierten Gegenstände im Zeitverlauf darzustellen und so das Verhalten eines Gegenstandsbereichs zu antizipieren.

Zur Realisierung einer Lernunterstützung des Managements ist es erforderlich, Modelle der Entscheidungsunterstützung mit Modellen der Informationsunterstützung zu integrieren. Die Bemühungen, SD auf Ebene der Modelle in BI-Landschaften zu integrieren, konzentrieren sich auf einige wenige Softwarehersteller. Dort finden sich Ansätze, SD-Modelle mit Daten aus einem Data Warehouse zu versorgen oder Simulationsergebnisse dort zu speichern. Eine Integration von SD-Daten mit faktischen Daten in Systeme zur Informationsunterstützung, bspw. OLAP, wird hingegen nicht betrachtet. Auch eine gemeinsame Verwaltung von SD- und OLAP-Modellen ist nicht anzutreffen.

Die in Abschnitt 5.3 erhobene Forderung nach Integration von Modellen der Informations- und Entscheidungsunterstützung kann vor dem Hintergrund der fachlichen Wahl einer Lernunterstützung des Managements durch SD konkretisiert werden. Zu Umsetzung einer Lernunterstützung durch SD im Rahmen der BI ist es erforderlich, Modelle der SD mit Modellen der Informationsunterstützung, hier dem OLAP, zu integrieren. Diese Integration wird im Folgenden herstellerunabhängig und auf Ebene der Modellierungssprachen selbst erfolgen (Teil III).

6.5 Zwischenfazit

Im Folgenden wird der Stand der Beantwortung der in 1.1 formulierten Forschungsfragen aufgegriffen, diesbezügliche Ergebnisse dargestellt sowie daraus folgende weitere Untersuchungen erläutert.

Managementunterstützung wurde zunächst vor dem Hintergrund kognitionstheoretischer Überlegungen begründet. Mit Informations- und Entscheidungsunterstützung wurden grundsätzliche Arten der Managementunterstützung vorgestellt und unter Gesichtspunkten des Lernens untersucht. Sowohl Informations- als auch Entscheidungsunterstützung können auf die in 2.3.2 vorgestellten Lernprozesse Piagets bezogen werden. Auf Grundlage der Untersuchungsergebnisse wurde eine Reihe von Anforderungen an bestehende Ansätze der Informations- und Entscheidungsunterstützung formuliert, um diese in Bezug auf eine Lernunterstützung zu erweitern. Eine umfassende Lernunterstützung, im Sinne eines Wechsels zwischen assimilierendem und akkommodierendem Lernen, kann hingegen nicht realisiert werden. Dies liegt in der isolierten Erforschung der genannten Unterstützungsangebote begründet, sodass als eine weitere Anforderung die Integration der Informations- und Entscheidungsunterstützung des Managements zu einem integrierten, übergreifenden Lernprozess aufgestellt wurde.

Weiterhin wurde die Umsetzung der theoretischen Basis der Managementunterstützung sowie einer Lernunterstützung des Managements durch BI untersucht. Im bisherigen Verlauf der Betrachtung wurde herausgestellt, dass Business Intelligence theoretische Ansätze der Informations- und Entscheidungsunterstützung des Managements durch OLAP bzw. spezielle Ansätze der Entscheidungsunterstützung wie System Dynamics anforderungsgerecht umsetzt. In Bezug auf eine Umsetzung der Lernunterstützung setzt sich die in der theoretischen Basis bestehende Trennung zwischen Informations- und Entscheidungsunterstützung fort. Dies drückt sich vor allem in nicht integrierten Modellen aus, sodass eine Reihe von Anforderungen an eine Lernunterstützung des Managements durch Business Intelligence nicht umgesetzt werden können. Ein übergreifender, integrierender Zusammenhang zwischen Modellen der Informations- und Entscheidungsunterstützung besteht hier ebenfalls nicht, sodass auch die Anforderung nach einem umfassenden Lernprozess nicht umgesetzt werden kann. Im Vorgriff auf den im Folgenden darzustellenden Lösungsvorschlag wurde eine integrierte Architektur für BI-Modelle hergeleitet, die im späteren Verlauf als Datenkomponente einer Lernunterstützung des Managements dient.

Die allgemeinen Anforderungen an die Managementunterstützung und die Anforderungen an eine Lernunterstützung des Managements beziehen sich auf eine gemeinsame kognitionstheoretische Basis. Es wurde gezeigt, dass die hergeleiteten Anforderungen an die Managementunterstützung durch BI sowie ergänzend durch SD erfüllt wurden. Aufgrund der Kohärenz der kognitionstheoretischen Basis sowie der darauf aufbauenden Anforderungen an die Managementunterstützung zu BI kann angenommen werden, dass auch die Anforderungen an eine Lernunterstützung des Managements durch BI umgesetzt werden können. Tabelle 5 stellt die theoretischen Anforderungen an eine Managementunterstützung sowie deren denkbare Umsetzung durch BI und SD übersichtsartig dar.

Im folgenden Teil III wird ein Lösungsvorschlag erarbeitet, um den identifizierten Anforderungen an eine Lernunterstützung des Managements zu begegnen und diese durch Business Intelligence umzusetzen. Hierfür ist es zunächst erforderlich, die Trennung von Modellen der Informations- und Entscheidungsunterstützung zu überwinden, d.h. diese zu integrieren. Auf Grundlage integrierter Modelle, den funktionalen Teilkomponenten des Lernens wird dann ein integrierter Gesamtansatz der Lernunterstützung des Managements konstruiert.

Zwischenfazit 179

Tabelle 5: Zusammenfassung der Anforderungen an die Lernunterstützung des Managements sowie denkbare Umsetzung durch Business Intelligence und System Dynamics

		Anforderung	Denkbare Umsetzung durch BI und SD
Informationsunterstützung	LIU-1	Auslösung von Lernimpulsen auf Ausprägungsebene durch Gegenüberstellung faktischer Ausprägungen eines Begriffsmodells und diesbezüglicher Erwartungen	Integration von Planungsdaten oder anderer Referenzdaten in die Informationsunterstützung durch OLAP.
	LIU-2	Vorwegnahme von Handlungskonsequenzen durch Simulationsmethoden, die direkt an Modelle der Informationsunterstützung anknüpfen.	Datenübernahme aus OLAP in Simulationsmodelle sowie anschließende Simulation
	LIU-3	Durch Simulation generierte artifizielle Erfahrungen müssen im Rahmen der Informationsunterstützung bereitgestellt werden, um zukünftige Assimilationen auszulösen.	Speicherung von Simulationsdaten in OLAP-Würfeln und Gegenüberstellung mit Daten zu faktischen Sachverhalten
Entscheidungsunterstützung	LEU-1	Möglichkeit zur expliziten Formulierung von Begriffsmodellen bislang teilweise oder vollständig unbekannter Sachverhalte. Die verwendete Modellierungssprache muss hinreichend formalisierbar sein, sodass Simulationsmethoden verwendet werden können.	Bereitstellung einer Modellierungsumgebung durch Entscheidungsunterstützungssysteme. Dies kann bspw. durch die Flussmodellierung des SD-Ansatz erfolgen.
	LEU-2	Bereitstellung von Simulationsmethoden zur Verkürzung der Laufzeit der Generierung artifizieller Erfahrungen und Erwartungen an die Ausprägungen eines neu gebildeten Begriffsmodells.	Bereitstellung von Methoden durch Entscheidungsunterstützungssysteme. Dies kann bspw. durch die Simulation von Flussmodellen des SD-Ansatzes erfolgen
	LEU-3	Bereitstellung durch Simulation generierter artifizieller Erfahrungen im Rahmen der Informationsunterstützung, um Erwartungen mit tatsächlichen Ausprägungen konfrontieren zu können.	Speicherung von Simulationsdaten in OLAP-Würfeln (vgl. [LIU-3])
	LEU-4	Speicherung neu geschaffener oder veränderter Begriffsmodelle in einem strukturellen Gefüge.	Speicherung von Modellen der Entscheidungsunterstützung in einer Modellbank und Anpassung von OLAP-Modellen.

Teil III: Konstruktion eines modellbasierten Ansatzes zur Lernunterstützung des Managements durch Business Intelligence

Teil III greift die im Zwischenfazit formulierten Anforderungen an eine Lernunterstützung des Managements auf und hat die Konstruktion eines den Anforderungen entsprechenden Artefakts zum Gegenstand (vgl. 1.1 und 1.2.2). Zunächst wird in den Kapiteln 7 und 8 die Integration multidimensionaler Datenmodelle und systemdynamischer Flussmodelle untersucht bzw. vollzogen, um die strukturelle Grundlage einer Lernunterstützung des Managements herzustellen. Kapitel 9 hat dann übergreifende, integrierte Lernprozesse zum Gegenstand, die auf diese Grundlage zurückgreifen.

In Kapitel 7 erfolgt eine Analyse multidimensionaler Datenmodellierung und systemdynamischer Flussmodellierung. Ziel ist es hierbei, die Bedingungen für eine Integration der Modelle der Modellierungssprachen herzuleiten. Um eine hohe Reichweite der Integration zu erzielen, erfolgt die Analyse der Modellierungssprachen auf der sprachlichen Metaebene, wofür eine Darstellung bzw. Herleitung der Metamodelle notwendig ist. Nach erfolgter Analyse werden die Beziehungen zwischen den Modellierungssprachen aufgezeigt und ein Vorschlag für die Modellintegration erarbeitet.

In Kapitel 8 werden Flussmodelle und multidimensionale Datenmodelle integriert. Hierfür werden Flussmodelle multidimensional repräsentiert und in Beziehung zu multidimensionalen Datenmodellen gesetzt. Die Integration der Modelle wird sowohl auf konzeptioneller als auch auf logischer Ebene der Datenmodellierung betrachtet, in die in Kapitel 5 hergeleitete integrierte Architektur für BI-Modelle eingeordnet und denkbare Datenflüsse zwischen den Modellen werden dargestellt. Das Ziel der Modellintegration ist es, ein einheitliches Prozessobjekt im gegebenen Rahmen für umfassende, integrierte Lernprozesse des Managements bereitzustellen.

Kapitel 9 integriert die vorgestellten funktionalen Komponenten des Lernens sowie die in Kapitel 8 hergeleitete Datenkomponente unter prozessorientierten Gesichtspunkten zu einem Gesamtansatz der Lernunterstützung des Managements durch Business Intelligence.

7 Analyse multidimensionaler und systemdynamischer Modellierungssprachen

Im Zwischenfazit wurde herausgestellt, dass eine Unterstützung von Lernprozessen des Managements durch BI einheitliche Modelle der Informations- und Entscheidungsunterstützung als Gegenstände von Lernprozessen voraussetzt. Aufgrund spezialisierter Forschungs- und Implementierungsansätze der Informations- und Entscheidungsunterstützung können lediglich jeweils isolierte Modelle erstellt werden. Ziel dieses und des folgenden Kapitels ist es daher, Modelle der Informations- und Entscheidungsunterstützung zu integrieren.

In den Kapiteln 5 und 6 wurden mit multidimensionalen Datenmodellen des OLAP und Flussmodellen des SD spezielle Modelle der Informations- bzw. Entscheidungsunterstützung vorgestellt. Diese stellen den Gegenstand der folgenden Modellintegration dar. Als problematisch für eine Integration der jeweiligen Modellierungssprachen zur Informations- und Entscheidungsunterstützung erwiesen sich deren unterschiedliche Gegenstandseinteilungen. Im Folgenden soll daher zunächst eine Analyse der genannten Sprachen und ihrer Gegenstandseinteilungen erfolgen, mit dem Ziel, die Bedingungen einer Modellintegration zu untersuchen. Die Analyse erfolgt dabei auf Ebene der Metamodelle, da ein dort identifiziertes Integrationspotenzial die größte Reichweite in Bezug auf mögliche Umsetzungen aufweist und sich – im Hinblick auf die Allgemeingültigkeit – von Partikularlösungen einer Integration auf Typ- oder Ausprägungsebene abhebt. Das Vorliegen der Metamodelle multidimensionaler Datenmodelle und systemdynamischer Flussmodelle stellt eine Vorbedingung der Analyse dar. Während auf ein bestehendes Metamodell multidimensionaler Datenmodelle zurückgegriffen werden kann, ist es erforderlich, das Metamodell systemdynamischer Flussmodelle herzuleiten (7.1). Im Anschluss erfolgt deren Untersuchung durch eine Repräsentationsanalyse (7.2). Auf Grundlage der Ergebnisse werden Ansatzpunkte zur Integration multidimensionaler Datenmodell und systemdynamischer Flussmodelle erarbeitet (7.3).

7.1 Metamodelle multidimensionaler und systemdynamischer Modelle

Die folgenden Abschnitte haben die Darstellung und Konstruktion der Metamodelle multidimensionaler Datenmodelle bzw. systemdynamischer Flussmodelle zum Gegenstand.

Zunächst soll das Metamodell multidimensionaler Datenmodelle nach Goeken dargestellt werden (7.1.1).[703] Ziel der Darstellung dort ist es, ein notationsunabhängiges Metamodell

---

[703] Vgl. Goeken (2006), S. 143 ff.

multidimensionaler Modellierungssprachen zu entwickeln, um diese auf Grundlage des Metamodells zu analysieren.[704] Ein alternatives Metamodell multidimensionaler Datenmodelle zur Informationsunterstützung findet sich bei Holten, welches auf Grundlage des bereits erwähnten Ansatzes von Riebel (vgl. 4.2.2.2.1) hergeleitet wird.[705] Das Ziel hierbei ist es einen Beschreibungsrahmen für das betriebliche Standardberichtswesen zu schaffen.[706] Sowohl die theoretische Grundlage als auch das angestrebte Ziel führen dazu, dass die Konstrukte des Metamodells von Holten semantisch beladen sind und für sprachtheoretische Überlegungen, wie Sprachanalyse oder –integration, nicht ohne weitere Abstraktion von der Semantik verwendet werden können. Es wird daher auf das allgemeine, domänenunabhängige Metamodell von Goeken zurückgegriffen. Darüber hinaus wird auch das Metamodell systemdynamischer Flussmodelle domänenunabhängig rekonstruiert (7.1.2), sodass die zu analysierenden Metamodelle nicht semantisch beladen sind.

7.1.1 Metamodell multidimensionaler Datenmodelle

Im Folgenden wird zunächst der Gegenstand sowie das Vorgehen der Metamodellkonstruktion multidimensionaler Modellierungssprachen vorgestellt (7.1.1.1). Im Anschluss daran wird vom qualifizierenden und quantifizierenden Aspekt multidimensionaler Datenmodelle auf Teil-Metamodelle abstrahiert und diese zu einem Gesamt-Metamodell zusammengefasst (7.1.1.2 bzw. 7.1.1.3).

7.1.1.1 Gegenstand und Vorgehen der Metamodellkonstruktion

Goeken untergliedert die Analyse und Metamodellbildung von multidimensionalen Datenmodellen in einen qualifizierenden und einen quantifizierenden Aspekt.[707]

Der *qualifizierende Aspekt* multidimensionaler Datenmodelle besteht aus einer oder mehreren Dimensionen, die einen semantischen Kontext für Kennzahlen bereitstellen (vgl. 4.2.2.2.1).[708] Dimensionen bestehen aus Dimensionsobjekten[709], die als Koordinaten zur

---

[704] Vgl. Goeken (2006), S. 150. Die Konstruktion des Metamodells von Sprachen zur multidimensionalen Datenmodellierung erfolgt bei Goeken instrumental für einen Vergleich unterschiedlicher multidimensionaler Sprachen zur Datenmodellierung (vgl. hierfür Goeken (2006), S. 191 ff.). Auf eine Darstellung eines multidimensionalen Datenmodells auf Typebene in einer konkreten Notation wird daher verzichtet. Da der Vergleich von Modellierungssprachen nicht Gegenstand dieser Arbeit ist, werden multidimensionale Datenmodelle auf Typebene, wie bereits in Abschnitt 5.2.2.1.2, als ME/RM dargestellt.

[705] Vgl. Holten (1999a), S. 87 ff.; 100 ff.

[706] Vgl. Holten (1999a), S. 113 ff.

[707] Vgl. Goeken (2006), S. 143 f. Vgl. auch Bauer u. Günzel (2009), S. 55.

[708] Vgl. Holthuis (1999), S. 122; Malinowski u. Zimányi (2006), S. 350.

[709] Bis zur weiteren Klärung soll der allgemeine Begriff Dimensionsobjekt für alle Bestandteile einer Dimension verwendet werden.

Navigation in dem aufgespannten Bedeutungsraum dienen.[710] Dimensionsobjekte innerhalb einer Dimension können zur Wahrung der Übersichtlichkeit hierarchisch angeordnet werden. Dimensionsobjekte und Dimensionshierarchien bilden die notwendigen Bestandteile einer Dimension.[711]

Der *quantifizierende Aspekt* der Multidimensionalität besteht aus einer oder mehreren Kennzahlen, die durch Zuordnung einer Mengen- oder Wertgröße Sachverhalte von interessierenden Gegenständen der (betrieblichen) Realität formulieren.

Goeken wählt ein *induktives Vorgehen* für die Herleitung des Metamodells multidimensionaler Datenmodelle. Es werden dort Ausprägungen multidimensionaler Datenmodelle schrittweise, durch Anwendung der vorgestellten Abstraktionsprinzipien zu Modellen auf Typebene und weiter zu Metamodellen abstrahiert.[712] Als Begründung hierfür wird angeführt, dass bei multidimensionaler Modellierung im Verlauf des Systementwicklungsprozesses zuerst oftmals ein Modell auf Ausprägungsebene erstellt wird, bspw. um die Erhebung des Informationsbedarfs zu unterstützen.[713] Im Gegensatz dazu nimmt ein Modellierungsvorhaben im Rahmen der traditionellen Datenmodellierung seinen Ausgang bereits auf Typebene.[714]

Als Abstraktionsbeziehungen zwischen der Metaebene und den untergeordneten Typ- und Ausprägungsebenen (Inter-Ebenen-Beziehungen, vgl. 3.3.2) wird die *Klassifikation* angenommen. Ausgehend von der Ausprägungsebene, können die dort vorliegenden Elemente und Beziehungen zu Element- und Beziehungstypen auf Typebene klassifiziert werden. Wird von Element- und Beziehungstypen weiter auf die Metaebene abstrahiert, so geschieht dies unter Anwendung des Metaisierungsprinzips Sprache (vgl. 3.3.2). Der Gegenstand der Metamodellbildung ist demnach nicht mehr ein Gegenstand der Realität,

---

[710] Vgl. Hettler et al. (2003), S. 97.

[711] Vgl. für eine ähnliches Verständnis Gabriel u. Gluchowski (1998), S. 495; Holthuis (1999), S. 121; Totok (2000), S. 87; Schelp (2000), S. 140 ff.; Malinowski u. Zimányi (2006), S. 350; Gluchowski et al. (2008), S. 151; Bauer u. Günzel (2009), S. 189.

[712] Dies entspricht der in Abschnitt 3.3.2 vorgestellten Form der Metamodellierung als Abstraktion.

[713] Vgl. Goeken (2006), S. 150 f.; 182. Lehner bezeichnet dieses Vorgehen als „Vordenken von Auswertungsstrukturen", vgl. Lehner (2003), S. 55. Vgl. die Ausführungen zum Informationsbedarf und dessen Erhebung in 4.2.2.1.

[714] Vgl. Goeken (2006), S. 150 f. So wird bspw. im Rahmen des konzeptionellen Datenbankentwurfs mit Hilfe des E/RM bereits auf Typebene modelliert.

sondern die Sprache selbst, sodass erneut das Abstraktionsprinzip der Klassifikation angewendet werden kann und wird.[715]

7.1.1.2 Abstraktion vom qualifizierenden Aspekt multidimensionaler Datenmodelle

Gegenstand der folgenden Ausführungen ist der qualifizierende Aspekt multidimensionaler Datenmodelle, d.h. deren Dimensionen und insbesondere deren hierarchischer Struktur. Hierfür werden zunächst eine hierarchische Struktur und die dort wirkenden Abstraktionsprinzipien auf Ausprägungsebene dargestellt. Im weiteren Verlauf wird von der vorliegenden Hierarchie auf Ausprägungsebene durch Klassifikation zu einer Hierarchie auf Typebene abstrahiert. Hierarchiemodelle auf Typebene bilden wiederum den Ausgangspunkt für eine durch das Metaisierungsprinzip Sprache geleitete klassifizierende Abstraktion zu einem sprachorientieren Metamodell.

Darstellung einer einfachen Hierarchie auf Ausprägungsebene. Dimensionen können eine hierarchische Struktur aufweisen, um den Umfang der verfügbaren Navigations- und Aggregationsmöglichkeiten systematisch festzulegen (einzuschränken) und so einer drohenden Unübersichtlichkeit durch eine Vielzahl von Objekten entgegenzuwirken (vgl. 4.2.2.2.2).

---

[715] Da sich der Gegenstand der Modellbildung bei der Abstraktion von Typ auf Metaebene von Gegenständen der Realität auf die Modellierungssprache selbst verändert, wird hier nicht von Typen der Realwelt abstrahiert, sondern die Typen stellen selbst Ausprägungen eines abstrakteren sprachlichen Metamodells dar. Demnach darf hier keine Generalisierung von Typen angewandt werden, sondern von diesen wird unter Anwendung des Metaisierungsprinzips Sprache und des Abstraktionsprinzips Klassifikation auf das Metamodell der Sprache abstrahiert. Vgl. Bauer u. Günzel (2009), S. 173.

Abbildung 37: Beispielhafte Darstellung einer Hierarchie auf Ausprägungsebene

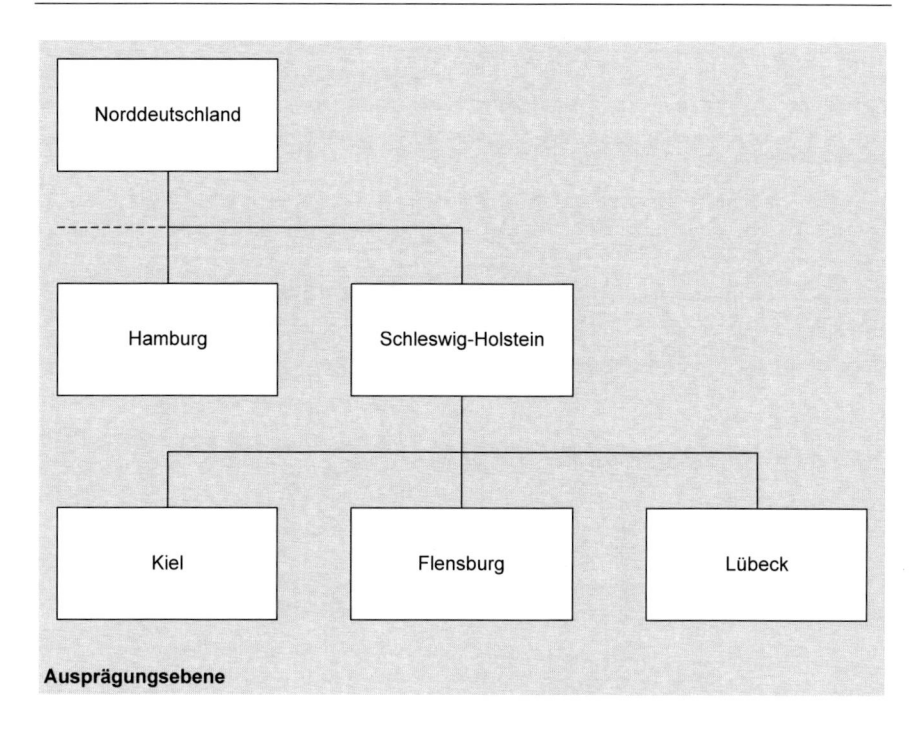

```
                    Norddeutschland
                          │
            ┌─────────────┴─────────────┐
         Hamburg               Schleswig-Holstein
                                      │
                        ┌─────────────┼─────────────┐
                      Kiel         Flensburg       Lübeck

Ausprägungsebene
```

Abbildung 37 stellt das für die folgenden Betrachtungen verwendete Beispiel einer Hierarchie auf Ausprägungsebene dar. Hier wird der einfachste Fall einer Hierarchie[716] in Form eines Baums dargestellt.[717] Sie wird zur Ableitung allgemeiner Begriffe zur Beschreibung von Hierarchien herangezogen. Hierarchien werden aus *Hierarchieknoten* gebil-

---

[716] Als „nichteinfache" Fälle einer Hierarchie gelten Heterarchien, Hierarchien mit unterschiedlichen Pfadlängen, parallele Hierarchien, Hierarchien mit mehreren Top-Dimensionsknoten sowie Hierarchien mit dimensionalen Attributen. Die Analyse multidimensionaler Modellierungssprachen im Hinblick auf die Modellierbarkeit der genannten Fälle ist nicht Gegenstand der Arbeit und soll daher unterbleiben. Es wird auf die Ausführungen bei Holthuis (1999), S. 130 ff.; Hüsemann et al. (2000), S. 4 f.; Oehler (2000), S. 69 ff.; Totok (2000), S. 93 ff.; Schelp (2000), S. 142 ff., 243 ff.; Hettler et al. (2003), S. 98, Goeken (2006), S. 167 ff.; Malinowski u. Zimányi (2006), S. 355 ff.; Gluchowski et al. (2008), S. 159 ff. verwiesen.

[717] Eine Hierarchie kann im Sinne der Graphentheorie als gerichteter, azyklischer Graph verstanden werden. Für eine graphentheoretische Betrachtung der Hierarchisierung vgl. Lehner (2003), S. 59 ff.

det, welche zu anderen Hierarchieknoten horizontal in einer Gleichordnungsbeziehung sowie vertikal in einer Über- bzw. Unterordnungsbeziehung stehen.[718]

Abstraktion auf Ausprägungsebene. Goeken versteht die Über- und Unterordnungsbeziehungen in einer Hierarchie auf Ausprägungsebene als assoziative Abstraktion und unterscheidet dort in Elementassoziation und Mengenassoziation.[719]

Elementassoziation im Rahmen der Hierarchiebildung auf Ausprägungsebene bezieht sich auf nicht weiter zerlegbare (elementare) Hierarchieknoten.[720] Diese können über ein gemeinsames Merkmal zum abstrakten Element Menge gruppiert werden, wobei dies durch Definition von *Mitgliedschaftsbedingungen* bezüglich des gemeinsamen Merkmals erfolgt.[721] Hierbei werden die Ober- und Untergrenzen erforderlicher Merkmalsausprägungen als Intervall oder Liste formuliert. Die Eingruppierung in eine Menge erfolgt dadurch, dass die Ausprägung des mengenbildenden Merkmals des einzugruppierenden Hierarchieknotens in das definierte Intervall oder die Liste der Mitgliedschaftsbedingung einer Menge fällt. Weiterhin beschreibt eine Menge die untergeordneten elementaren Hierarchieknoten durch (wertmäßige) Stellvertretung des mengenbildenden Merkmals als Ganzes. Die Ermittlung dieses Werts erfolgt durch eine *Verdichtungsfunktion*, bspw. eine arithmetische

---

[718] Die Bezeichnung Hierarchieknoten stammt aus der üblichen Darstellung einer Hierarchie als Knoten- und Kantennetzwerk, wobei dort Begriffe als Knoten durch vertikale Kanten verbunden sind.

[719] Zur Abstraktion auf Ausprägungsebene wird das Abstraktionsprinzip der Assoziation verwendet. Für ein abstraktes Element Menge werden Mitgliedschaftsbedingungen formuliert, welche die Merkmalsausprägung eines konkreten Elements erfüllen muss, um mit dem abstrakten Element assoziiert zu werden (Elementassoziation; Bezeichnung: „*element-of*"). Ziel der Assoziation ist die (wertmäßige) Beschreibung einer Menge als solches, d.h. das abstrakte Element Menge verfügt selbst über ausgeprägte Merkmale und kann als wertmäßiger Stellvertreter der untergeordneten Elemente fungieren. Da Mengen ebenfalls ausgeprägte Merkmale aufweisen, können diese selbst Gegenstand der Assoziation werden und zu abstrakteren Mengen assoziiert werden (Mengenassoziation; Bezeichnung „*subset-of*"). Vgl. Mattos (1989), S. 479 f.; Winter (1991), S. 23; Scheer (1995), S. 40.

Goeken weist darauf hin, dass auch eine aggregierende Abstraktion zur Bildung von Hierarchien auf Ausprägungsebene angewendet werden kann. Vgl. Goeken (2006), S. 157 f. Eine aggregierende Abstraktion setzt allerdings die Existenz untergeordneter Elemente für die Bildung eines abstrakten Elements voraus. Vgl. Oehler (2000), S. 67; Bauer u. Günzel (2009), S. 191.

[720] Vgl. Goeken (2006), S. 159. Vgl. auch Gabriel u. Gluchowski (1998), S. 495; Gluchowski et al. (2008), S. 151, welche nicht zerlegbare Basiselemente und die von diesen abgeleiteten verdichteten Elemente unterscheiden.

[721] Vgl. Goeken (2006), S. 158, 160.

Funktion, wie Addition oder Durchschnittsbildung untergeordneter Werte.[722] Das gebildete abstrakte Element Menge wird als ein den Hierarchieknoten übergeordneter Hierarchieknoten abgetragen.

Mengenassoziation hat einerseits durch Elementassoziation gebildete Mengen zum Gegenstand.[723] Andererseits ist Mengenassoziation rekursiv anwendbar, d.h. durch Mengenassoziation gebildete Mengen können Gegenstand weiterer Mengenassoziation sein. Die Definition von Mitgliedschaftsbedingungen im Rahmen der Mengenassoziationen erfolgt wiederum durch ein mengenbildendes Merkmal, wobei die untergeordneten Hierarchieknoten disjunkte Teilmengen der gebildeten Menge darstellen.[724] Gleichgeordnete Hierarchieknoten bilden eine *Hierarchieebene*.[725] Durch Kombination von Element- und Mengenassoziation ist es demnach möglich, eine Hierarchie mit mehreren Hierarchieebenen zu bilden.

---

[722] Synonym findet sich der Begriff Aggregationsfunktion, welcher aufgrund der Ähnlichkeit zum Abstraktionsprinzip Aggregation nicht verwendet werden soll. Eine Verdichtungsfunktion „bildet eine Menge von Werten auf einen einzelnen Wert ab." Vgl. Bauer u. Günzel (2009), S. 195. Beispielsweise kann eine Menge {5; 3; 8} durch Addition der Elemente (Summierung) auf den einzelnen Wert reduziert werden. Vgl. auch Mattos (1989), S. 480; Winter (1991), S. 23; Gabriel u. Gluchowski (1998), S. 495; Totok (2000), S. 95 ff.; Hettler et al. (2003), S. 98; Lehner (2003), S. 68; Gluchowski et al. (2008), S. 152.

[723] Vgl. Goeken (2006), S. 158.

[724] Vgl. Goeken (2006), S. 160.

[725] Vgl. Goeken (2006), S. 162.

Abbildung 38: Assoziierende Abstraktion innerhalb einer Hierarchie auf Ausprägungsebene

```
┌─────────────────┐
│ Norddeutschland │
└─────────────────┘
        │
      ╱───╲
-- ⟨ subset of ⟩────────────────┐
      ╲───╱                     │
        │                       │
┌─────────────┐         ┌───────────────────┐
│  Hamburg    │         │ Schleswig-Holstein │
└─────────────┘         └───────────────────┘
                                │
                            ╱───────╲
                    ┌──────⟨element of⟩──────┐
                    │       ╲───────╱        │
                    │           │            │
            ┌───────────┐ ┌───────────┐ ┌───────────┐
            │   Kiel    │ │ Flensburg │ │   Lübeck  │
            └───────────┘ └───────────┘ └───────────┘
```

Ausprägungsebene

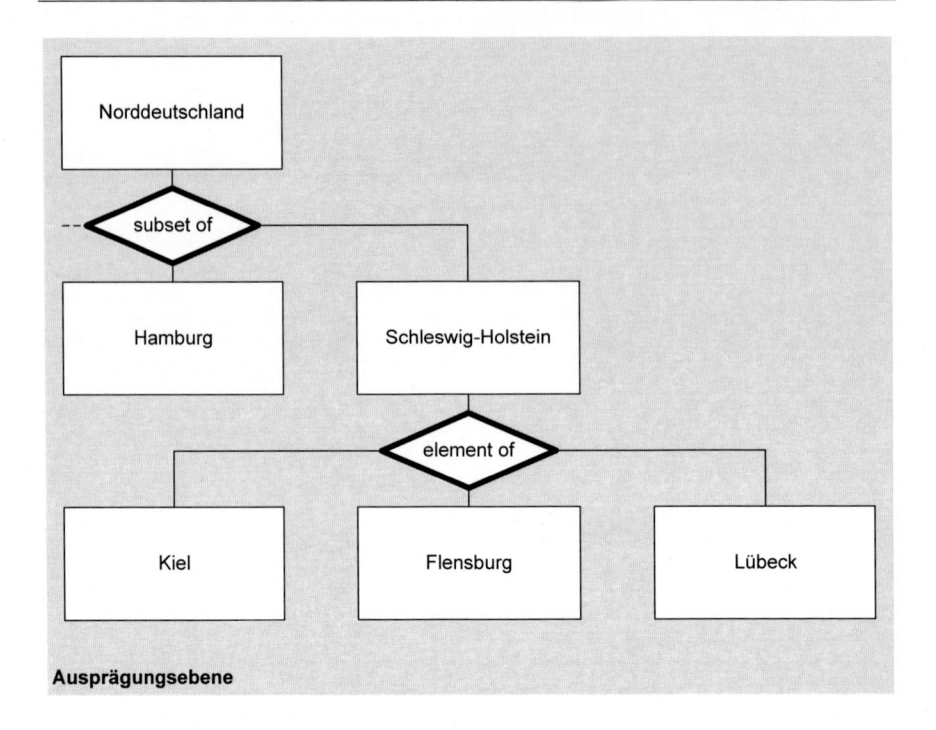

Abbildung 38 stellt eine durch assoziierende Abstraktion gebildete Hierarchie übersichtsartig dar. So werden die Filialstandorte Kiel, Flensburg und Lübeck (elementare Hierarchieknoten) durch Elementassoziation unter das Bundesland Schleswig-Holstein gruppiert. Die Bundesländer Schleswig-Holstein und Hamburg werden dann (ggf. mit anderen Mengen) unter die Obermenge Norddeutschland gruppiert; sie stellen demnach Teilmengen der Menge Norddeutschland dar. Die angewandten Abstraktionsprinzipien werden dabei als Relationship-Typen mit kräftiger Umrandung dargestellt.

Ein Hierarchieknoten kann hinsichtlich der vertikalen Einordnung in eine Hierarchieebene charakterisiert werden.[726] Dies kann als Spezialisierung des allgemeinen Begriffs Hierarchieknoten verstanden werden. Sind einem Hierarchieknoten keine weiteren Hierar-

---

[726] Vgl. Goeken (2006), S. 161 f.

chieknoten untergeordnet, so wird dieser als *primärer Hierarchieknoten* bezeichnet.[727] Sind einem Hierarchieknoten keine weiteren Hierarchieknoten übergeordnet, d.h. handelt es sich um einen Hierarchieknoten der niedrigsten Granularität, so wird dieser als *Top-Hierarchieknoten* bezeichnet.[728] Sind einem Hierarchieknoten andere Hierarchieknoten sowohl über- als auch untergeordnet, befindet dieser sich auf einer mittleren Hierarchieebene und wird undifferenziert als Hierarchieknoten bezeichnet. Zur eindeutigen Identifizierung der Hierarchieknoten kennzeichnet Goeken diese mit einem Index der Laufweite 0 bis m. Top-Hierarchieknoten wird der Indexwert 0 zugewiesen, primären Hierarchieknoten der Indexwert m. Hierarchieknoten auf mittleren Hierarchieebenen werden demnach mit einem Indexwert i aus dem Intervall 0 < i < m gekennzeichnet.[729]

Die Über- und Unterordnungsbeziehungen können auch in Form funktionaler Abhängigkeiten verstanden werden. Die wertmäßigen Ausprägungen eines Hierarchieknotens bestimmen die wertmäßige Ausprägung übergeordneter Hierarchieknoten durch die zu Grunde gelegte Verdichtungsfunktion (funktionale Abhängigkeit).[730] Daraus folgt, dass der Top-Hierarchieknoten der aus allen untergeordneten Hierarchieknoten funktional bestimmt wird, und primäre Hierarchieknoten funktional unabhängig sind.[731]

Klassifizierende Abstraktion zwischen Ausprägungsebene und Typebene. Von einer Dimensionshierarchie auf Ausprägungsebene wird durch das Abstraktionsprinzip Klassifikation auf Typebene abstrahiert.[732] Goeken kennzeichnet Konstrukte auf Typebene mit dem Präfix „Dimension", um sie von Hierarchiekonstrukten auf Ausprägungsebene zu unterscheiden.[733]

Die Hierarchieknoten einer Hierarchieebene auf Ausprägungsebene werden zu *Dimensionsknoten* auf Typebene klassifiziert. Dies geschieht aufgrund der Existenz eines gemein-

---

[727] Unter Granularität kann die Menge der Hierarchieknoten einer Hierarchieebene verstanden werden. Granularität ist relativ zu verstehen, d.h. eine Hierarchieebene kann eine höhere oder niedrigere Granularität als andere Ebene aufweisen. Die Hierarchieebene unverdichteter Dimensionsknoten weist in einer Hierarchie die größte Granularität auf und bildet den Ausgangspunkt für die Festlegung der Granularität übergeordneter Hierarchieebenen (Basisgranularität).

[728] Vgl. Hettler et al. (2003), S. 98 und Malinowski u. Zimányi (2006), S. 50 bezeichnen basisgranulare Dimensionsknoten und Top-Dimensionsknoten alternativ auch als Blatt- (Leaf) bzw. Wurzelknoten (Root).

[729] Vgl. Goeken (2006), S. 161 f.

[730] Vgl. Lehner (2003), S. 58 f

[731] Vgl. Lehner (2003), S. 65; Gluchowski et al. (2008), S. 151.

[732] Vgl. Goeken (2006), S. 154 f. Ähnlich: Schelp (2000), S. 241 ff. Dort jedoch als „Generalisierung" bezeichnet.

[733] Vgl. Goeken (2006), S. 156 f.

samen Merkmals, das alle Hierarchieknoten einer Hierarchieebene aufweisen. Aus der Perspektive der Typebene betrachtet, bilden die Instanzen eines Dimensionsknotens eine Hierarchieebene auf Ausprägungsebene.

Durch Abstraktion von den Mitgliedschaftsbedingungen zwischen Hierarchieknoten können weiterhin die *Beziehungen zwischen den Dimensionsknoten* ermittelt werden. Da im Zuge der Klassifikation von den (ausgeprägten) oberen und unteren Grenzen der Mitgliedschaftsbedingungen abstrahiert wird, verbleibt nach der Abstraktion lediglich das gruppenbildende Merkmal. Daraus lässt sich schließen, dass die hierarchische Beziehung zwischen Dimensionsknoten auf Typebene aufgrund der Existenz eines Merkmals definiert wird. Da es sich um eine Beziehung zwischen Typen handelt, ist die hierarchische Beziehung zwischen Dimensionsknoten als Generalisierungs- bzw. Spezialisierungsbeziehung zu beschreiben.[734]

Abbildung 39: **Klassifizierende Abstraktion von einer Hierarchie auf Ausprägungsebene zu einer Hierarchie auf Typebene**

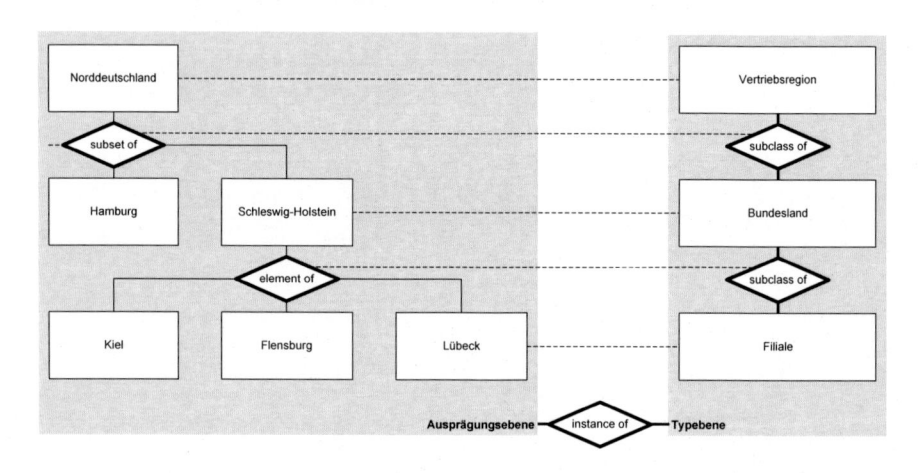

Abbildung 39 stellt die Abstraktion von einer Hierarchie auf Ausprägungsebene übersichtsartig dar. Es werden bspw. die Hierarchieknoten Kiel, Flensburg und Lübeck zum Hierarchieknoten Filiale klassifiziert. Hierbei wird von Merkmalsausprägungen wie dem Namen der Hierarchieknoten oder einer Nummerierung abstrahiert, lediglich die typen-

---

[734] Die Verdichtungsfunktionen können als Attribute der Generalisierungsbeziehung zwischen Dimensionsknoten modelliert werden. Aus Gründen der Übersichtlichkeit werden diese sowie die Kardinalitäten der Beziehung nicht im Diagramm abgetragen.

bildenden Merkmale bleiben erhalten. Weiterhin wird von den Element- und Mengenbeziehungen auf Ausprägungsebene auf Spezialisierungs-/Generalisierungsbeziehungen auf Typebene abstrahiert. Die Beziehungen zwischen den Konstrukten der Ausprägungsebene und der Typebene werden durch gestrichelte Linien, die angewandten Abstraktionsprinzipien als Beziehungstypen mit kräftiger Umrandung dargestellt.

Klassifizierende Abstraktion zwischen Typebene und Metaebene. Die Bildung des Metamodells erfolgt durch erneute klassifizierende Abstraktion von Modellen auf Typebene. Von den gebildeten Dimensionsknoten auf Typebene wird auf den *Metatyp Dimensionsknoten* abstrahiert, wobei von den verbleibenden „Ausprägungen" der Merkmale des Dimensionsknotens, bspw. der Benennung, abstrahiert wird. Zudem werden die durch einen Dimensionsknoten repräsentierten Gleichordnungsbeziehungen innerhalb einer Hierarchie (Hierarchieebene) zum *Metatyp Dimensionsebene* uminterpretiert.[735] Weiterhin wird von den Über- und Unterordnungsbeziehungen zwischen Dimensionsknoten abstrahiert. Dies lässt sich als eine rekursive Beziehung eines Dimensionsknotens zu sich selbst darstellen, welche als Über-/Unterordnung bezeichnet werden kann.[736] Bei Goeken findet sich eine Uminterpretation dieser Über-/Unterordnungsbeziehung zu einem *Metatyp Dimensionspfad*, welcher eine (vertikal) geordnete Menge von Dimensionsknoten bezeichnet.[737] Die Gesamtheit aller Dimensionsknoten wird zum *Metatyp Dimension* (oder Dimensionsschema) aggregiert (part-of-Beziehung).[738]

Darüber hinaus werden Dimensionsknoten, wie bereits auf Ausprägungsebene, hinsichtlich ihrer hierarchischen Position unterschieden (spezialisiert). Dimensionsknoten der untersten Hierarchieebenen stellen eine Spezialisierung des Metatyps Dimensionsknoten dar und werden mit dem Metatyp *Primärer Dimensionsknoten* bezeichnet. Dimensionsknoten der obersten Hierarchieebene werden mit dem Metatyp *Top-Dimensionsknoten* bezeichnet. Dimensionsknoten mittlerer Hierarchieebenen werden weiterhin als Dimensionsknoten bezeichnet, wobei diese jedoch, wie bereits auf Ausprägungsebene, mit einem Index der Dimensionsebene gekennzeichnet werden. Die beschriebene Spezialisierung eines Dimensionsknotens ist disjunkt, d.h. ein Dimensionsknoten nimmt immer genau eine der beschriebenen Rollen ein, und total, d.h. es existieren außer den genannten, keine weiteren Metatypen, zu denen ein Dimensionsknoten spezialisiert werden kann. Die Über- bzw. Unterordnungsbeziehungen zwischen Dimensionsknoten werden durch klassifizierte

---

[735] Vgl. Goeken (2006), S. 157, 167.

[736] Vgl. Goeken (2006), S. 157.

[737] In Abbildung 39 findet sich bspw. der Dimensionspfad Filiale → Bundesland → Vertriebsregion. Vgl. auch Hüsemann et al. (2000), S. 4.

[738] Vgl. Goeken (2006), S. 165.

Teilmengenbeziehungen einer Hierarchie gebildet, die als Spezialisierungsbeziehungen (subclass-of-Beziehung; sco) zwischen den spezialisierten Dimensionsknoten dargestellt werden.[739]

Abbildung 40 stellt das Metamodell des qualifizierenden Aspekts multidimensionaler Datenmodelle übersichtsartig dar.

Nach Herleitung des Metamodells des qualifizierenden Aspekts multidimensionaler Datenmodelle wird im folgenden Abschnitt der quantitative Aspekt multidimensionaler Datenmodelle betrachtet und das Metamodell multidimensionaler Datenmodelle vervollständigt.

---

[739] Die Ganz/Teil-Abstraktion nach dem Prinzip der *Aggregation* erfolgt durch Synthese mehrerer bestehender konkreter Elemente oder abstrakter Elemente zu einem neuartigen abstrakten Aggregat. Im Unterschied zur Klassifikation oder Assoziation handelt es sich hierbei nicht um eine Ordnung von Elementen nach der Existenz gleicher Merkmale oder Merkmalsausprägungen; als Abgrenzungskriterium dient hier das funktionale (kausale oder temporale) Zusammenwirken der zu aggregierenden Elemente. Aggregate können wiederum Gegenstand weiterer Aggregation sein. Im Folgenden werden aggregierende Abstraktionsbeziehungen zwischen Komponenten und Aggregat mit „*part-of*" und zwischen Aggregaten als „*subcomponent-of*" bezeichnet. Vgl. Mattos (1989), S. 481; Winter (1991), S. 20 f.; Scheer (1995), S. 38; Elmasri u. Navathe (1996), S. 636; Batini et al. (1998), S. 17; Hansen u. Neumann (2005), S. 219; Stahlknecht u. Hasenkamp (2005), S. 275; Elmasri u. Navathe (2007), S. 120; Vossen (2008), S. 60; Shanks et al. (2008), S. 554 ff.

Metamodelle multidimensionaler und systemdynamischer Modelle 195

Abbildung 40: Metamodell des qualifizierenden Aspekts multidimensionaler Datenmodelle

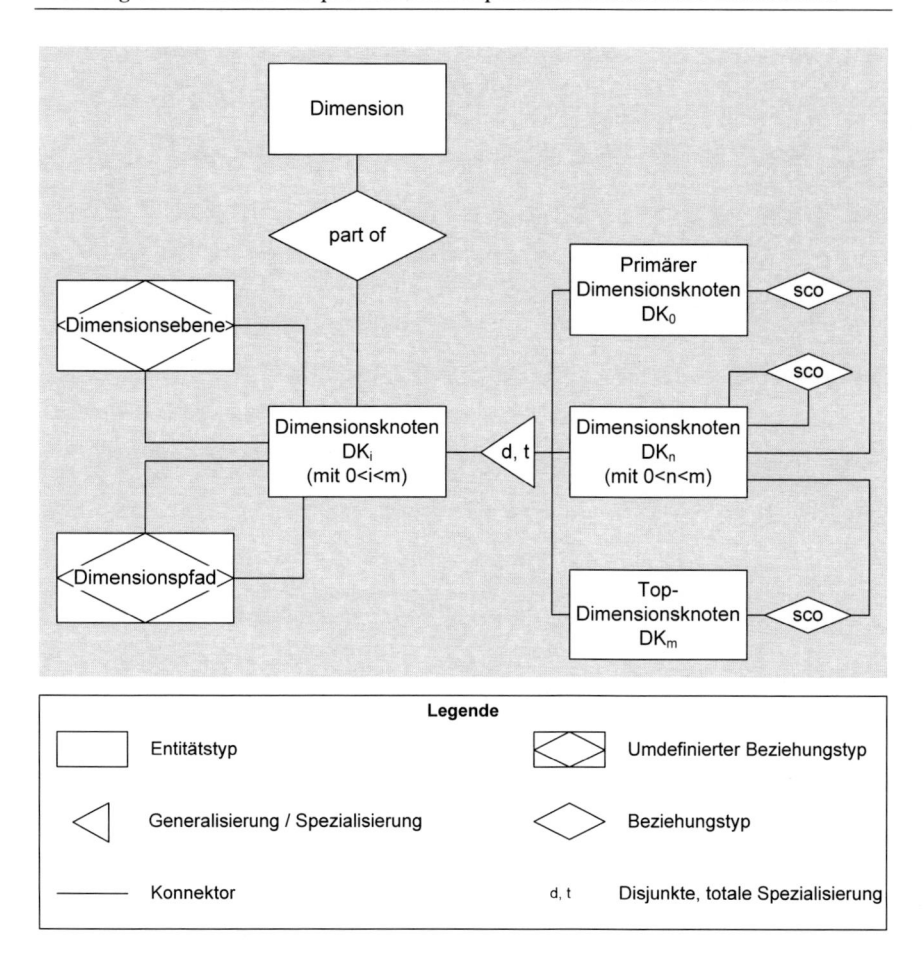

[Diagramm: Entitätstyp "Dimension" mit "part of"-Beziehung zu "Dimensionsebene" und "Primärer Dimensionsknoten DK_0" (mit sco-Beziehung). Generalisierung/Spezialisierung (d, t) zu "Dimensionsknoten DK_i (mit $0<i<m$)" und "Dimensionsknoten DK_n (mit $0<n<m$)" (mit sco-Beziehung). "Dimensionspfad" und "Top-Dimensionsknoten DK_m" (mit sco-Beziehung).]

Legende

- ▭ Entitätstyp
- ◇ (umdefiniert) Umdefinierter Beziehungstyp
- ◁ Generalisierung / Spezialisierung
- ◇ Beziehungstyp
- —— Konnektor
- d, t Disjunkte, totale Spezialisierung

7.1.1.3 Abstraktion vom quantifizierenden Aspekt und Metamodell multidimensionaler Datenmodelle

Der quantifizierende Aspekt multidimensionaler Datenmodelle wird durch Kennzahlen gebildet, die relevante Gegenstände einer Anwendungsdomäne wertmäßig ausprägen (bspw. Umsätze, Absatzzahlen etc.).[740] Von ausgeprägten Kennzahlen kann durch Klassi-

---

[740] Vgl. Gabriel u. Gluchowski (1998), S. 495; Schelp (2000), S. 136 f.; Totok (2000), S. 85 f.

fikation auf einen Kennzahlentyp abstrahiert werden, bspw. eine Kennzahl vom Typ „Umsatz". Von einer Reihe von Kennzahlentypen, bspw. Umsatz, Absatz etc., kann weiterhin auf den Metatyp *Kennzahl* abstrahiert werden.[741] Die Gegenstände einer Anwendungsdomäne können durch mehrere Kennzahlen gleichzeitig beschrieben werden.[742] Diese können in einem Kennzahlensystem organisiert werden, einerseits, um rechentechnische Beziehungen zwischen ihnen zu verdeutlichen. Andererseits kann das Prinzip der Hierarchisierung zur Reduzierung von Mengenkomplexität auch auf Kennzahlen angewandt werden: Durch Bildung von Kennzahlherarchien, welche in einer Spitzenkennzahl münden.. Ein Kennzahlensystem wird durch Kennzahlen und deren Beziehungen untereinander gebildet, sodass die Beziehung des Metatyps Kennzahl rekursiv ist. Die bestehende Beziehung kann zum Metatyp *Kennzahlensystem* uminterpretiert werden.

Da nun sowohl vom qualifizierenden als auch dem quantifizierenden Aspekt multidimensionaler Datenmodelle auf Teil-Metamodelle abstrahiert wurde, werden diese Komponenten zu einem gemeinsamen Metamodell zusammengefasst. Den Ausgangspunkt der Überlegungen bildet hierbei der durch die Dimensionen aufgespannte Datenraum. An den Schnittpunkten der durch Dimensionsknoten gebildeten Dimensionen befinden sich Datenzellen, in denen die Werte einer Kennzahl abgetragen werden. Dimensionsknoten und Kennzahlen stellen zwingend notwendige Komponenten eines multidimensionalen Datenmodells dar.[743] Merkmal von Kennzahlen ist die wertmäßige Ausprägung von Begriffen, welche jedoch in keinem semantischen Kontext stehen. Merkmal einer Dimension ist die Bereitstellung eines Navigationsintervalls für die Navigation innerhalb eines Datenraums, jedoch ohne die Bedeutung eines durch die Navigation referenzierten Gegenstandes bereitzustellen. Dimensionsknoten und Kennzahlen werden daher zum Metatyp *Fakt* aggregiert.[744] Das Aggregat vereint die beschriebenen Merkmale, sodass Kennzahlen in einem durch Dimensionen bereitgestellten semantischen Kontext dargestellt werden und durch Navigation in den Dimensionen aufgerufen werden können. Die verknüpften Me-

---

[741] Goeken spezialisiert Kennzahlen, in Anlehnung an betriebswirtschaftliche Literatur, in Basiskennzahlen und abgeleitete Kennzahlen einerseits sowie absolute und relative Kennzahlen andererseits. Abgeleitete Kennzahlen lassen sich durch Berechnungsvorschriften aus Basiskennzahlen konstruieren. Die Eigenschaft einer Basiskennzahl oder abgeleiteten Kennzahl ist nicht absolut und kennzeichnet lediglich den Ausgangspunkt bzw. das Ergebnis einer Berechnung. Absolute Kennzahlen repräsentieren einen Gegenstand aus einem Gegenstandsbereich und formulieren durch Ausprägung dessen Sachverhalte. Relative Kennzahlen setzen sich aus absoluten Kennzahlen zusammen. Die Spezialisierung ist total und nicht disjunkt.

[742] Vgl. Goeken (2006), S. 178 f.

[743] Vgl. Gabriel u. Gluchowski (1998), S. 496; Gluchowski et al. (2008), S. 153.

[744] Vgl. Goeken (2006), S. 185, 191 f. Vgl. auch Hüsemann et al. (2000), S. 4; Oehler (2000), S. 52 ff.; Lehner (2003), S. 69; Malinowski u. Zimányi (2006), S. 351. In anderen Quellen findet sich die ansonsten inhaltsgleiche Bezeichnung Würfel. Vgl. Gabriel u. Gluchowski (1998), S. 494 ff.; Gluchowski et al. (2008), S. 155.

tamodelle des qualifizierenden und quantifizierenden Aspektes können Abbildung 41 entnommen werden. Die Verknüpfung wird dabei – wie beschrieben – über den Metatyp Fakt dargestellt, der eine umdefinierte Beziehung zwischen Kennzahlen und Dimensionsknoten darstellt.

Im Anschluss an das Metamodell multidimensionaler Datenmodelle wird im folgenden Abschnitt das Metamodell systemdynamischer Flussmodelle rekonstruiert.

Abbildung 41: Metamodell multidimensionaler Datenmodelle nach Goeken

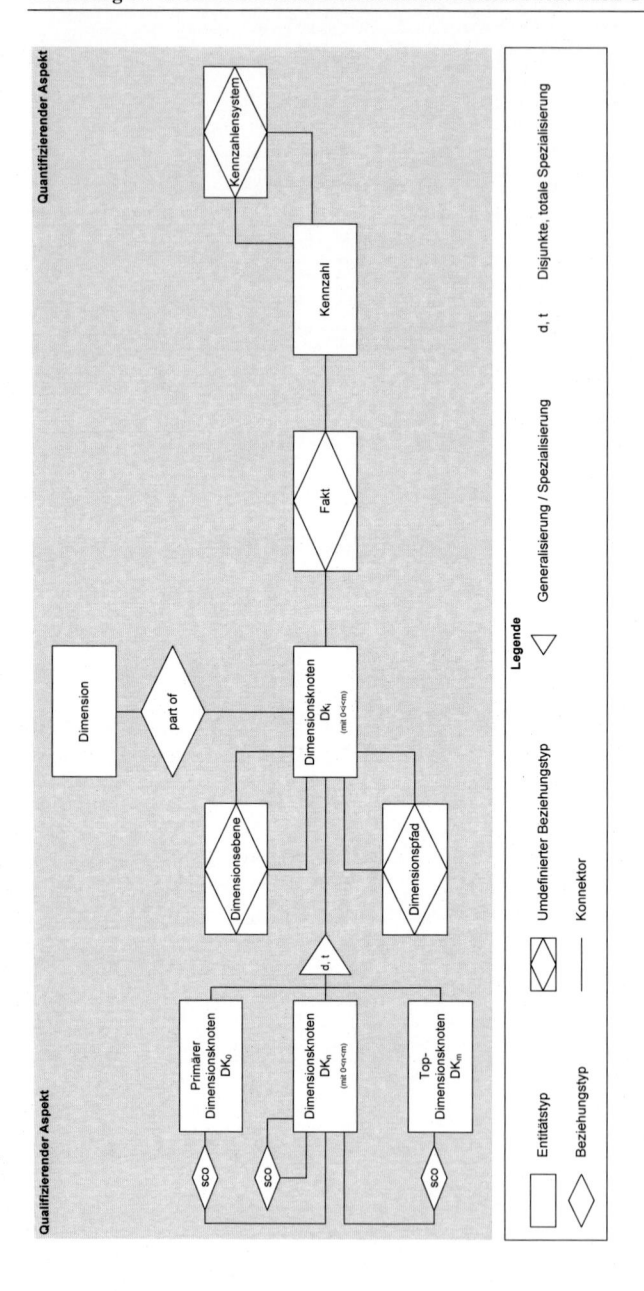

7.1.2 Metamodell systemdynamischer Flussmodelle

Der folgende Abschnitt hat die Konstruktion des Metamodells systemdynamischer Flussmodelle zum Gegenstand. Zunächst werden die Konventionen und das Vorgehen zur Erstellung des Metamodells erläutert (7.1.2.1). Im Anschluss daran wird die vorliegende natürlichsprachliche Beschreibung der Flussmodellierungssprache in die Metasprache übersetzt (7.1.2.2). Abschließend werden die übersetzten Elemente der Sprache zum Metamodell der Flussmodellierungssprache zusammengefasst (7.1.2.3).

7.1.2.1 Konventionen und Vorgehen der Metamodellkonstruktion

Die Konstruktion des Metamodells systemdynamischer Flussmodelle erfolgt durch Übersetzung der natürlichsprachlichen Sprachdefinition[745] in die gewählte Metasprache E/RM. Für die Übersetzung werden die folgenden Modellierungskonventionen und Vorgehensweisen festgelegt.

Zur Unterscheidung der Modelle gilt folgende *Namenskonvention*: Konstrukte systemdynamischer Flussmodelle werden als Elementtypen und Beziehungstypen bezeichnet, Konstrukte der Metasprache E/RM als Entity-Typen und Relationship-Typen. Bei der Übersetzung wird wie folgt vorgegangen:

- Jeder Elementtyp (Bestandsvariable, Flusssteuerung, Hilfsvariable, Konstante, Quelle und Senke) und jeder Beziehungstyp (Flussbeziehung, Informationsbeziehung) der Flussmodellierungssprache wird zunächst jeweils als Entitätstyp in der Metasprache abgetragen.

- Für jeden Elementtyp der Flussmodellierungssprache wird im weiteren Verlauf das Verhältnis zu den Beziehungstypen ermittelt. Die Art des Verhältnisses wird durch die Richtung der Kausalität, die über einen Beziehungstyp vermittelt wird, bestimmt:

    - Stellt ein Elementtyp den Ausgangspunkt einer Kausalbeziehung dar, so geht dieser einem Beziehungstyp voran. Die Beziehung zwischen einem Elementtyp und dem Beziehungstyp wird dann mit „geht voran" gekennzeichnet und als Relationship-Typ in der Metasprache abgetragen.

    - Zeigt eine Kausalbeziehung auf einen Elementtyp, so folgt dieser auf einen Beziehungstyp. Die Beziehung zwischen einem Elementtyp und dem Beziehungstyp wird dann mit „folgt" gekennzeichnet und als Relationship-Typ in der Metasprache abgetragen.

---

[745] Die folgenden Ausführungen beziehen sich, wenn nicht anders gekennzeichnet, auf die Literaturangaben der natürlichsprachlichen Sprachdefinition in 6.2.2.2.2.

- Die identifizierten Relationship-Typen zwischen den Entity-Typen (Elementtypen und Beziehungstypen der Flussmodellierungssprache) müssen, über die generelle Zulässigkeit hinaus (qualitative Anordnung), auf den Umfang der Beteiligung überprüft werden.

- Zur quantitativen Kennzeichnung der Anordnung werden die Kardinalitäten $\{(0, 1)\}; (0, n); (1, 1); (1, n)\}$ der Metasprache verwendet.

- Beziehungstypen müssen nicht zwingend mit einem bestimmten Elementtyp in Beziehung stehen. Wenn dies jedoch der Fall ist, dann dürfen sie nur zwei Elementtypen direkt miteinander verbinden. Ein Beziehungstyp kann sich nicht verzweigen und gleichzeitig auf mehrere Elementtypen beziehen. Die Kardinalitäten aus der Leserichtung der Beziehungstypen wird daher stets als minimal 0 (für Optionalität) und maximal 1 (für direkte, nicht verzweigte Verbindung) modelliert.

7.1.2.2 Übersetzung der Sprachelemente der Flussmodellierungssprache

Der erläuterten Vorgehensweise folgend wird nun die systemdynamische Flussmodellierungssprache in die gewählte Metasprache (E/RM) übersetzt.[746] Die Teilergebnisse werden in Form von E/R-Modellen festgehalten und im weiteren Verlauf zu einem vollständigen Metamodell zusammengefasst.

Bestandsvariablen

- **Verhältnis von Bestandsvariablen zu Flussbeziehungen.** Bestandsvariablen sind mit Flussbeziehungen verbunden. Sie repräsentieren Kausalität und transportieren Wirkpotenziale, die einen Zu- oder Abfluss von Beständen in eine oder aus einer Bestandsvariablen nach sich ziehen.[747] Die Anzahl der zu einer Bestandsvariablen zu- oder abgehenden Flussbeziehungen ist nicht festgelegt.[748] Ausgehend von einer Bestandsvariablen kann dies mit den Kardinalitäten (0, n) ausgedrückt werden, d.h. zu- und abgehende Flussbeziehungen sind nicht zwingend erforderlich, es können jedoch beliebig viele zu- oder abgehen.

- **Verhältnis von Bestandsvariablen zu Informationsbeziehungen.** Bestandsvariablen können nur durch Flussbeziehungen beeinflusst werden. Eine Informationsbeziehung kann daher nicht kausal für die Ausprägung einer Bestandsvariablen verantwort-

---

[746] Die folgenden Abschnitte finden sich in stark verkürzter Form auch in Burmester u. Goeken (2008a); Burmester u. Goeken (2008b); Burmester u. Goeken (2008c).

[747] Vgl. Forrester (1964), S. 68; Sterman (2000), S. 192.

[748] Vgl. Forrester (1964), S. 68 FN 2.

lich sein und entsprechend auch nicht auf eine Bestandsvariable zeigen.[749] Informationen über die Ausprägung einer Bestandsvariablen können jedoch über eine Informationsbeziehung weitergegeben werden, d.h. eine Bestandsvariable geht einer Informationsbeziehung voran. Ausgehend von einer Bestandsvariablen kann dies mit den Kardinalitäten (0, n) ausgedrückt werden. Eine ausgehende Informationsbeziehung ist nicht notwendig, es können jedoch beliebig viele Informationsverbindungen ihren Ursprung in einer Bestandsvariablen haben.

Abbildung 42 stellt das Geschilderte (linker Teil der Abbildung, a und b) übersichtsartig dar. Eine zusammengefasste Form der Ausführungen findet sich im rechten Teil der Abbildung (c).

Abbildung 42: Beziehungen von Bestandsvariablen

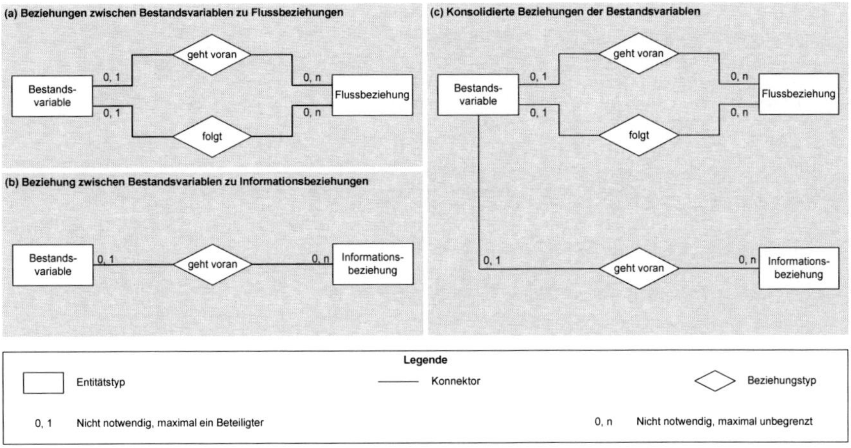

Flusssteuerungen

- **Verhältnis von Flusssteuerungen zu Flussbeziehungen.** Flusssteuerungen regeln die Flussmenge zwischen den Bestandsvariablen eines Systems. Sie befinden sich demnach zwischen einer in die Steuerung eingehenden Flussbeziehung und einer die Steuerung verlassenden Flussgröße.[750] Da die Flussbeziehungen durch genau eine

---

[749] Vgl. Sterman (2000), S. 204.
[750] Vgl. Forrester (1964), S. 69.

Flusssteuerung geregelt werden, können die Kardinalitäten von ihr ausgehender Beziehungen als (1, 1) modelliert werden.

- **Verhältnis von Flusssteuerung zu Informationsbeziehungen.** Der Umfang der Regelungsaktivitäten der Flusssteuerung wird durch Informationen aus dem Gesamtsystem bestimmt, bspw. Informationen über die Ausprägung von Bestandsvariablen. Flusssteuerungen selbst produzieren keine Informationen, sodass sie nicht der Ausgangspunkt, sondern nur das Ziel einer Informationsbeziehung sein können.[751] Es bedarf mindestens einer eingehenden Informationsbeziehung in eine Flusssteuerung, um die Steuerung in Abhängigkeit vom Systemzustand durchzuführen; es können jedoch beliebig viele Informationsbeziehungen zur Steuerung herangezogen werden (Kardinalitäten 1, n).

Abbildung 43 stellt das Geschilderte (linker Teil der Abbildung, a und b) übersichtsartig dar. Eine zusammengefasste Form der Ausführungen findet sich im rechten Teil der Abbildung (c).

Abbildung 43: Beziehungen von Flusssteuerungen

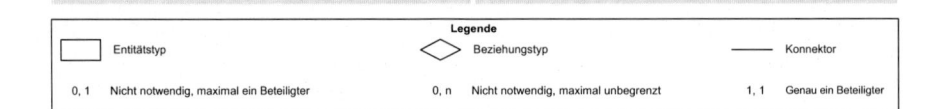

Hilfsvariablen und Konstanten

- **Verhältnis von Hilfsvariablen zu Informationsbeziehungen.** Hilfsvariablen können lediglich durch Informationsbeziehungen mit anderen Modellierungselementen

---

[751] Vgl. Forrester (1964), S. 69; Roberts (1981b), S. 19.

verbunden werden. Sie können von Bestandsvariablen, Konstanten oder anderen Hilfsvariablen über eine Informationsbeziehung beeinflusst werden. Hilfsvariablen beeinflussen wiederum andere Hilfsvariablen oder Flusssteuerungen über Informationsbeziehungen.[752] Die Anzahl der zu- oder abgehenden Informationsbeziehungen zu einer Hilfsvariablen ist nicht festgelegt. Ausgehend von einer Hilfsvariablen kann dies mit den Kardinalitäten (0, n) ausgedrückt werden, d.h. ein- und ausgehende Informationsbeziehungen sind nicht zwingend erforderlich, es können jedoch beliebig viele zu- oder abgehen.

- **Verhältnis von Konstanten zu Informationsbeziehungen.** Eine Konstante kann ebenfalls nur durch eine Informationsbeziehung mit Hilfsvariablen oder mit Flusssteuerungen verbunden werden. Da Konstanten keinen Veränderungen unterliegen, können sie lediglich den Ausgangspunkt einer Informationsbeziehung darstellen. Die Kardinalitäten einer derartigen Beziehung sind aus Sicht der Konstante (1, n), da mindestens eine Informationsbeziehung ihren Ausgang in einer Konstante nehmen muss.[753] Aus der Perspektive einer Informationsbeziehung muss diese nicht zwingend mit einer Konstante verbunden sein. Ist dies der Fall, so ist sie höchstens mit einer Konstante verbunden (Kardinalitäten 0, 1).

Abbildung 44 stellt das Geschilderte (linker Teil der Abbildung, a und b) übersichtsartig dar. Eine zusammengefasste Form der Ausführungen findet sich im rechten Teil der Abbildung (c).

---

[752] Vgl. Forrester (1964), S. 83; Sterman (2000), S. 202; Roberts (1981b), S. 19.

[753] Vgl. hierzu die ergänzend formulierte Existenzregel in 7.1.2.3.

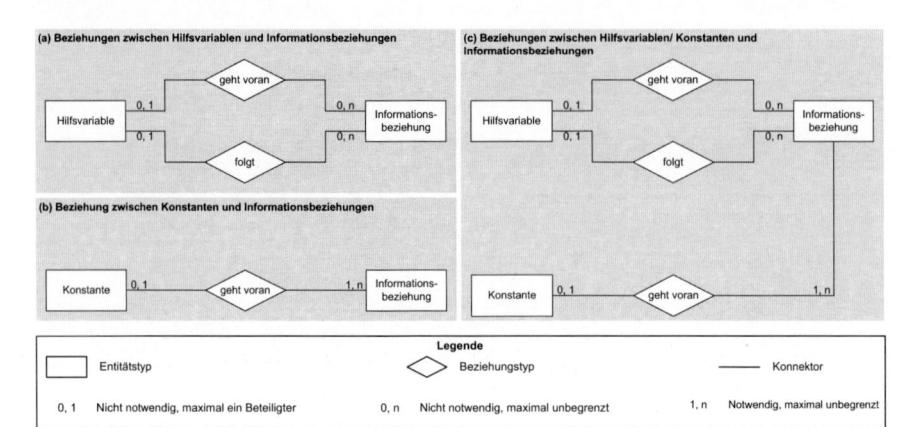

Abbildung 44: Beziehungen von Hilfsvariablen und Konstanten

(a) Beziehungen zwischen Hilfsvariablen und Informationsbeziehungen

(b) Beziehung zwischen Konstanten und Informationsbeziehungen

(c) Beziehungen zwischen Hilfsvariablen/ Konstanten und Informationsbeziehungen

Legende: Entitätstyp — Beziehungstyp — Konnektor
0, 1 Nicht notwendig, maximal ein Beteiligter
0, n Nicht notwendig, maximal unbegrenzt
1, n Notwendig, maximal unbegrenzt

Quellen und Senken

- **Beziehung Quelle – Flussbeziehung.** Eine Quelle stellt ausschließlich den Ausgangspunkt für eine Flussbeziehung dar. Aus einer Quelle muss mindestens eine Flussbeziehung entspringen, es können jedoch mehrere Flussbeziehungen ihren Ursprung in einer Quelle haben (Kardinalitäten 1, n).

- **Beziehung Senke – Flussbeziehung.** Eine Senke stellt ausschließlich das Ziel einer Flussbeziehung dar. Eine Senke muss mindestens einer Flussbeziehung als Ziel dienen. Es können jedoch auch mehrere Flussbeziehungen in einer Quelle enden (Kardinalitäten 1, n).

Abbildung 45 stellt das Geschilderte (linker Teil der Abbildung, a und b) übersichtsartig dar. Eine zusammengefasste Form der Ausführungen findet sich im rechten Teil der Abbildung (c).

Abbildung 45: Beziehungen von Quellen und Senken

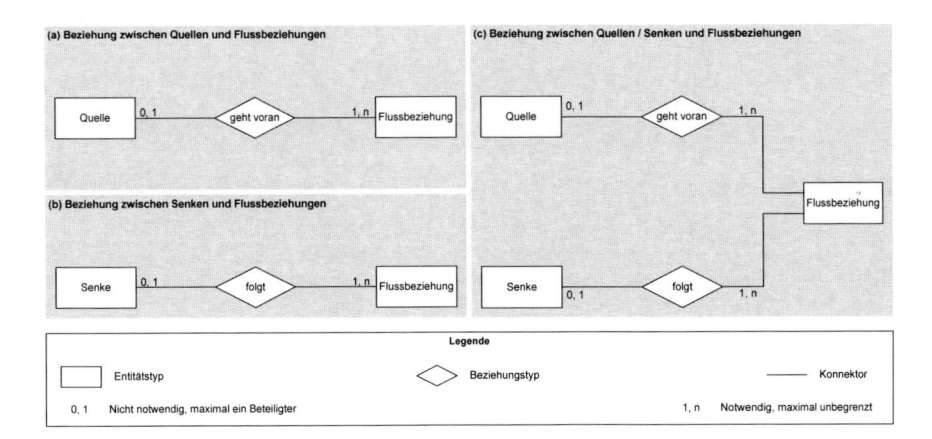

(a) Beziehung zwischen Quellen und Flussbeziehungen

Quelle —0, 1— ⟨geht voran⟩ —1, n— Flussbeziehung

(b) Beziehung zwischen Senken und Flussbeziehungen

Senke —0, 1— ⟨folgt⟩ —1, n— Flussbeziehung

(c) Beziehung zwischen Quellen / Senken und Flussbeziehungen

Quelle —0, 1— ⟨geht voran⟩ —1, n— Flussbeziehung
Senke —0, 1— ⟨folgt⟩ —1, n—

Legende:
- ☐ Entitätstyp
- ◇ Beziehungstyp
- — Konnektor
- 0, 1 Nicht notwendig, maximal ein Beteiligter
- 1, n Notwendig, maximal unbegrenzt

7.1.2.3 Metamodell systemdynamischer Flussmodelle

Durch die Zusammenfasssung der Teilergebnisse des vorangegangenen Abschnitts ergibt sich das vollständige Metamodell der systemdynamischen Flussmodellierungssprache. Abbildung 46 stellt das aus Abbildung 42 (c) bis Abbildung 45 (c) zusammengefügte Metamodell dar.

Abbildung 46: Metamodell systemdynamischer Flussmodelle

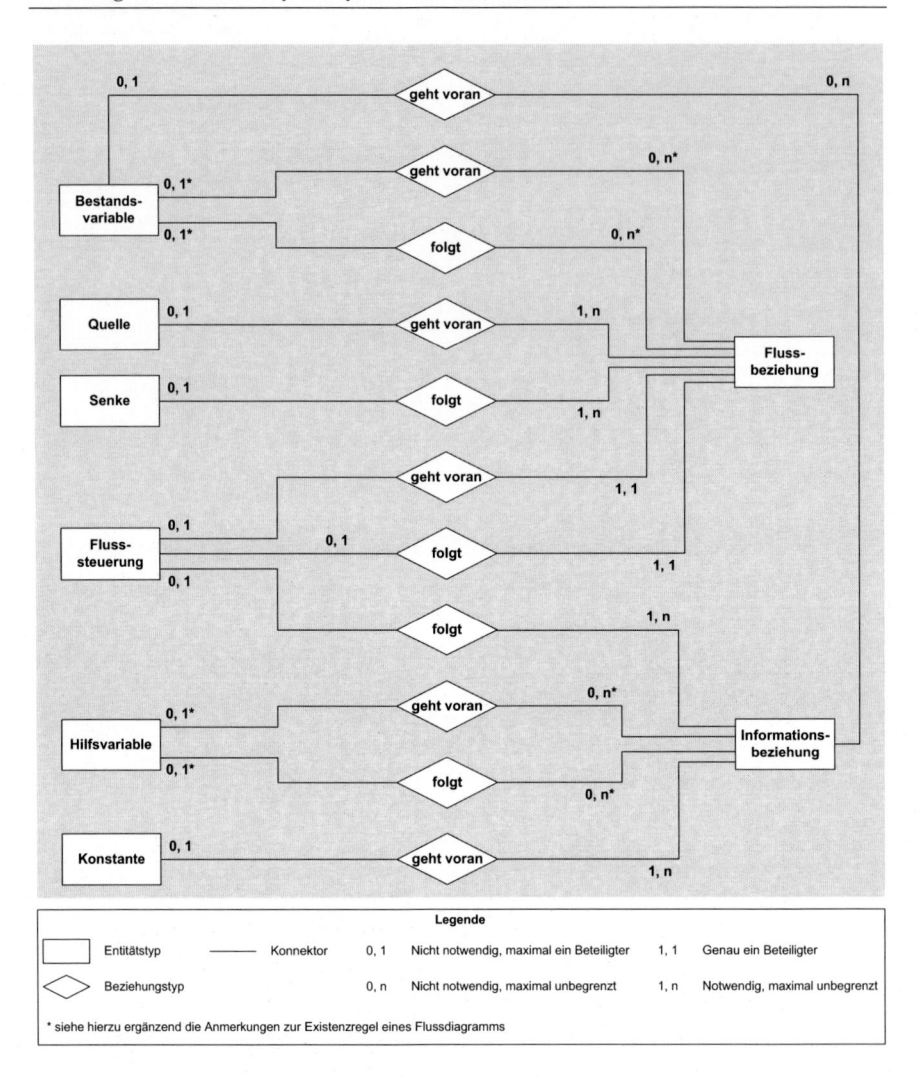

Aufgrund der nicht eindeutigen Modellierung mit dem E/R-Ansatz muss ergänzend eine Existenzregel für Fluss- und Informationsbeziehungen formuliert werden.

Existenzregel. Durch die Optionalität einer Beziehung kann es bei Bestands- und Hilfsvariablen sein, dass diese – legt man das Metamodell zu Grunde – irrtümlich, aber syntaktisch korrekt ohne Beziehungen zu anderen Elementtypen, isoliert in einem Modell existieren. Daher wird eine ergänzende Existenzregel formuliert: Bestands- oder Hilfsvariablen haben entweder einen eingehenden Beziehungstyp (und keinen ausgehenden), einen ausgehenden Beziehungstyp (und keinen eingehenden) oder (XOR) sie haben sowohl ein- als auch ausgehende Beziehungen. Es ist ausgeschlossen, dass Bezugs- oder Hilfsvariablen weder ein- noch ausgehende Beziehungstypen haben. Tabelle 6 stellt die formulierte Existenzregel übersichtsartig dar.

Tabelle 6: Existenzregel für Bestands- und Hilfsvariablen eines Flussdiagramms

		Eingehender Beziehungstyp	
		Vorhanden	*Nicht Vorhanden*
Ausgehender Beziehungstyp	*Vorhanden*	erlaubt	erlaubt
	Nicht Vorhanden	erlaubt	nicht erlaubt

7.1.3 Zusammenfassung und Schlussfolgerungen

Die vorliegenden Metamodelle stellen durch sprachliche Abstraktion gebildete Klassen von Modellen auf Typebene und Ausprägungsebene dar, sodass sowohl für multidimensionale Datenmodelle als auch systemdynamische Flussmodelle eine gleichstrukturierte hierarchische Anordnung auf den unterschiedlichen Sprachstufen vorliegt (Abbildung 47).

Die dargestellten Metamodelle werden einerseits in Kapitel 8 als Referenz für die syntaktische Konformität integrierter Modelle zu den Sprachdefinitionen herangezogen. Andererseits werden die Metamodelle in den folgenden Abschnitten für die Analyse der Modellierungssprachen verwendet. Die strukturgleiche Anordnung über die Sprachstufen ermöglicht es, multidimensionale Datenmodelle und systemdynamische Flussmodelle untereinander zu vergleichen und diese hinsichtlich ihrer Integrierbarkeit zu analysieren. Geschieht dies auf Metaebene, so weisen die Analyseergebnisse und die daraus resultierenden Lösungen eine hohe Reichweite auf, da sie auf die jeweils untergeordnete Typ- und Ausprägungsebene instanziert werden können. Zudem stellt die Analyse und Integration von Modellierungssprachen auf Metaebene sicher, dass eine sprachliche Integration kohärent zu den Regeln der Ausgangssprachen ist und daraus resultierende Sprachprodukte auf Typ- und Ausprägungsebene den syntaktischen Regeln einer Sprache genügen. Im folgenden Abschnitt soll daher eine Analyse der genannten Modellierungssprachen auf Metaebene erfolgen.

Abbildung 47: Gegenüberstellung multidimensionaler Datenmodelle und systemdynamischer Flussmodelle auf unterschiedlichen Sprachstufen

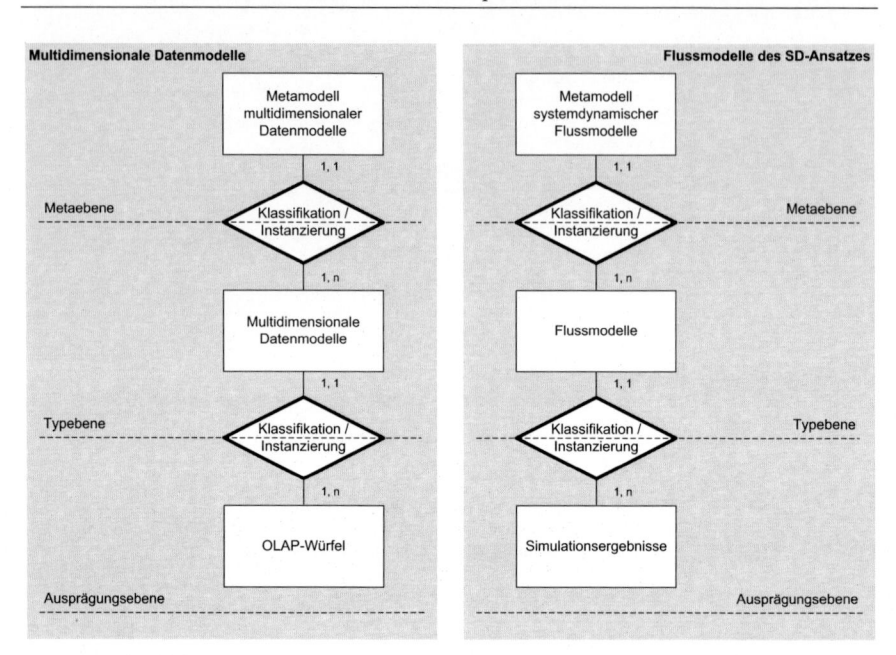

Multidimensionale Datenmodelle		Flussmodelle des SD-Ansatzes
Metaebene	Metamodell multidimensionaler Datenmodelle — 1,1 — Klassifikation / Instanzierung — 1,n — Multidimensionale Datenmodelle — 1,1 — Klassifikation / Instanzierung — 1,n — OLAP-Würfel	Metamodell systemdynamischer Flussmodelle — 1,1 — Klassifikation / Instanzierung — 1,n — Flussmodelle — 1,1 — Klassifikation / Instanzierung — 1,n — Simulationsergebnisse
Typebene		
Ausprägungsebene		Metaebene / Typebene / Ausprägungsebene

7.2 Repräsentationsanalyse multidimensionaler und systemdynamischer Sprachen

Das Ziel dieses Abschnitts ist es, die Gegenstandseinteilungen multidimensionaler Datenmodellierung und systemdynamischer Flussmodellierung zu vergleichen und Beziehungen zwischen diesen für eine spätere Integration der Modelle dieser Sprachen aufzuzeigen. Hierfür wird mit der Repräsentationsanalyse zunächst das zu verwendende Analyseinstrumentarium vorgestellt (7.2.1). Im Anschluss daran wird die Analyse der Repräsentationsbeziehungen zwischen den Modellierungssprachen durchgeführt (7.2.2 und 7.2.3).

7.2.1 Repräsentationsanalyse von Modellierungssprachen

Zur Analyse von Modellierungssprachen wird von Wand und Weber das Instrument der Repräsentationsanalyse vorgeschlagen.[754] Diese besteht im Kern aus dem Vergleich der Gegenstandseinteilung (konzeptioneller Aspekt; vgl. 3.1.1) einer zu analysierenden Modellierungssprache mit einer Referenz. Bei dieser Referenz kann es sich einerseits um eine allgemeine Ontologie im Sinne philosophisch fundierter Annahmen zur Struktur der Realwelt handeln.[755] Andererseits können auch die Gegenstandseinteilung einer als ideal angesehenen anderen Modellierungssprache als Referenz verwendet werden. Durch Vergleich der Gegenstandseinteilung der zu analysierenden Sprache mit der gewählten Referenz können eventuelle Abweichungen zwischen diesen identifiziert werden. Zudem ermöglicht ein Vergleich, Aussagen über die Repräsentationsgüte der zu analysierenden Sprache hinsichtlich der Vollständigkeit und Ausdrucksklarheit aus Sicht der gewählten Referenz abzuleiten.[756] Anknüpfend an die Analyseergebnisse einer Repräsentationsanalyse können Modellierungssprachen ggf. erweitert oder mit anderen Sprachen kombiniert werden, um identifizierte Defizite zu kompensieren. Im Folgenden werden die Voraussetzungen, die Durchführung und denkbare Ergebnisse sowie Gütekriterien der Repräsentationsanalyse vorgestellt. Im Anschluss wird die Anwendung der Repräsentationsanalyse auf die Modellierungssprachen multidimensionaler Datenmodelle und systemdynamischer Flussmodelle in den folgenden Abschnitten erläutert.

---

[754] Wand und Weber identifizieren vier Hauptforschungsgegenstände der konzeptionellen Modellierungsforschung: Modellierungssprachen („Modellierungsgrammatiken"), Modellierungsmethoden, Modelle („Modellierungsskripten") und Modellierungskontexte. Modellierungssprachen dienen der Erstellung von Modellen, wobei der Erstellungsvorgang durch Modellierungsmethoden angeleitet wird und in einem Modellierungskontext stattfindet. Vgl. Wand u. Weber (1995), S. 208; Wand u. Weber (2002), S. 364; Davies et al. (2003), S. 3. Gegenstand der folgenden Erläuterungen ist die Integration von Modellierungssprachen und, daraus abgeleitet, integrierten Modellen; Modellierungsmethoden und Modellierungskontexte werden nicht betrachtet.

[755] Vgl. zum Begriff der Ontologie Abschnitt 1.2.1.1. Wand und Weber beziehen sich bei ihren Werken auf die Ontologie Bunges, der eine grundsätzliche Strukturierung der Realwelt herleitet. Vgl. Bunge (1977). Vgl. auch Wand u. Weber (1993), S. 220 f.; Wand u. Weber (1995), S. 209 ff.; Wand et al. (1995), S. 287 f. Andere Werke beziehen sich auf ebenso philosophisch motivierte Ontologien von Chisholm. Vgl. Davies et al. (2003), S. 2 f.

Im Rahmen dieser Arbeit werden keine Ontologien als Referenz zur Analyse von Modellierungssprachen herangezogen. Einerseits sollen keine Aussagen über eine generelle Repräsentationsgüte von Modellierungssprachen, im Sinne der Repräsentation einer Realwelt, getroffen werden. Andererseits implizieren die genannten Ontologien, dass die Struktur einer Realwelt bekannt ist bzw. erkannt werden kann. Dies steht im Widerspruch zur eingenommenen ontologischen bzw. epistemologischen Position (vgl. 1.2.1.1).

[756] Vgl. Wand u. Weber (1993), S. 220; Wand et al. (1995), S. 288 f.; Green u. Rosemann (2000), S. 75; Rosemann u. Green (2002), S. 78; Green u. Rosemann (2005), S. 3; Green et al. (2006), S. 4. Die Referenz stellt insofern eine Benchmark für die zu analysierende Modellierungssprache dar. Für einen Überblick über durchgeführte Repräsentationsanalysen von Modellierungssprachen vgl. Green u. Rosemann (2000), S. 74, 77 f.; Wand u. Weber (2002), S. 367; Green et al. (2006), S. 2 f.

Voraussetzungen der Repräsentationsanalyse. Den Input für die Repräsentationsanalyse stellen Beschreibungen der zu analysierenden Modellierungssprache sowie eine Referenz dar. Einem Vorschlag von Green und Rosemann folgend, kann die Beschreibung der zu analysierenden Modellierungssprache und der Referenz in Form von Metamodellen erfolgen.[757] Die Verwendung einer gemeinsamen Metasprache erleichtert die Vergleichbarkeit der Referenz und der zu analysierenden Modellierungssprache, da im Verlauf des Vergleichs keine zusätzlichen Anstrengungen zur Sprachkonversion unternommen werden müssen.[758] Zugleich ist es erforderlich, die Gegenstandseinteilung der zu analysierenden Sprache und der Referenz verständlich und gleichzeitig hinreichend widerspruchsfrei darzustellen.[759] Die Darstellung von Metamodellen in einer semi-formalen Modellierungssprache erscheint hierbei als tragfähiger Kompromiss zwischen Eindeutigkeit und Verständlichkeit der Darstellung. Darüber hinaus können die Metamodelle als Ausgangspunkt von Erweiterungen der analysierten Sprache dienen, um während der Analyse ggf. identifizierte Defekte auszugleichen.[760]

Durchführung der Repräsentationsanalyse und denkbare Ergebnisse. Die Repräsentationsanalyse wird in zwei Schritten durchgeführt: Zunächst werden den Konstrukten der Referenz Konstrukte der Gegenstandseinteilung der zu analysierenden Modellierungssprache zugeordnet (Repräsentationszuordnung).[761] Im Anschluss daran erfolgt eine Analyse der Repräsentationsklarheit, wobei hier das Verhältnis der im vorangegangenen Schritt gegenübergestellten Konstrukte zueinander ermittelt wird.[762] Die Analyse der Repräsentationsklarheit kann folgende denkbare Ergebnisse hervorbringen:

- Im Idealfall existiert für jedes Konstrukt der Analysesprache genau ein entsprechendes Konstrukt in der gewählten Referenzgegenstandseinteilung (*Vollständigkeit*).[763]

- Ist das Vorangehende nicht der Fall, so liegt ein *Repräsentationsdefekt* vor, welcher die Klarheit der mit einer Modellierungssprache erstellten Modelle beeinflusst. Denkbare Typen von Repräsentationsdefekten ergeben sich aus der Kombination nicht vorhan-

---

[757] Vgl. Rosemann u. Green (2002), S. 76 f.; Davies et al. (2003), S. 3 f.; Green u. Rosemann (2005), S. 8, 11 f.

[758] Vgl. Green u. Rosemann (2005), S. 8 f.

[759] Vgl. Green u. Rosemann (2005), S. 8, 11 f.; Green et al. (2006), S. 5 f.

[760] Vgl. Rosemann u. Green (2002), S. 77; Davies et al. (2003), S. 4; Green u. Rosemann (2005), S. 12.

[761] Vgl. Wand u. Weber (1993), S. 221; Green u. Rosemann (2005), S. 17.

[762] Wand u. Weber (1993), S. 221.

[763] Vgl. Wand u. Weber (1993), S. 221, 226 f.; Wand u. Weber (1995), S. 209; Green u. Rosemann (2000), S. 77; Green u. Rosemann (2005), S. 4.

dener, einfach vorhandener und mehrfach vorhandener Konstrukte auf Seiten der Referenz und der zu analysierenden Modellierungssprache.[764]

- Existieren für ein Konstrukt der zu analysierenden Modellierungssprache mehrere Konstrukte der Referenz, so wird dies als *Konstruktüberladung* bezeichnet.

- Existieren für ein Konstrukt der Referenz mehrere Konstrukte in der zu analysierenden Modellierungssprache, so wird dies als *Konstruktredundanz* bezeichnet.

- Haben ein oder mehrere Konstrukte der zu analysierenden Modellierungssprache keine Entsprechung in der Referenz, so wird dies als *Konstruktüberschuss* bezeichnet.

- Haben ein oder mehrere Konstrukte der Referenz keine Entsprechung in der zu analysierenden Modellierungssprache, so wird dies als *Konstruktdefizit* bezeichnet.

In Tabelle 7 findet sich eine Übersicht der dargestellten denkbaren Ergebnisse einer Repräsentationsanalyse. Eine Beziehung von mehreren Konstrukten auf Seiten der zu analysierenden Sprache mit Konstrukten der Referenz wird nicht betrachtet, da im Zuge der Repräsentationsanalyse nur einzelne Konstrukte den Ausgangspunkt eines Vergleichs darstellen.

---

[764] Vgl. im Folgenden Wand u. Weber (1993), S. 221 ff., 228 ff.; Wand u. Weber (1995), S. 211; Green u. Rosemann (2000), S. 77; Wand u. Weber (2002), S. 365; Green u. Rosemann (2005), S. 4; Fettke u. Loos (2005), S. 61; Green et al. (2006), S. 1 f.

Tabelle 7: Denkbare Ergebnisse einer Repräsentationsanalyse

		Konstrukte der zu analysierenden Modellierungssprache		
		Kein Konstrukt	*Ein Konstrukt*	*Mehrere Konstrukte*
Konstrukte der Referenzgegenstandseinteilung	*Kein Konstrukt*	Disjunktheit		Konstruktüberschuss
	Ein Konstrukt		Vollständigkeit	Konstruktredundanz
	Mehrere Konstrukte	Konstruktdefizit	Konstruktüberladung	

Gütekriterien. Auf Grundlage der dargestellten Repräsentationsdefekte können zwei Gütekriterien abgeleitet werden. Der *Grad der Vollständigkeit* einer Modellierungssprache im Verhältnis zur Referenz kann durch In-Verhältnis-Setzen der Anzahl der einer Referenz zugeordneten Konstrukte einer zu analysierenden Modellierungssprache zur Gesamtzahl der vorhandenen Konstrukte der Referenz ermittelt werden.[765] Ein hoher Vollständigkeitsgrad zeigt, dass die analysierte Modellierungssprache generell zur Repräsentation der zu Grunde gelegten Referenz geeignet ist. Der *Grad der Überlappung* bezieht sich auf die Anzahl der Fälle von Konstruktüberladung und -redundanz.[766] Je geringer die Anzahl der überlappenden und redundanten Konstrukte der Referenz und der zu analysierenden Modellierungssprache ist, desto klarer sind die durch eine Modellierungssprache formulierbaren Modelle in Bezug auf die Referenz. Zusätzlich kann die Klarheit einer Repräsentation zwischen den Sprachen relativ zu den unbedingt notwendigen Konstrukten eines Modells beurteilt werden. Hierfür wird die Anzahl der Repräsentationsdefizite nur vor dem Hintergrund der für die Konstruktion eines Modells unbedingt notwendigen Konstrukte betrachtet.

Anwendung im Rahmen dieser Arbeit. Im Folgenden wird die Repräsentationsanalyse zur Vorbereitung der Integration multidimensionaler Daten- und systemdynamischer Flussmodelle verwendet. Als Input hierfür dienen die Metamodelle multidimensionaler

---

[765] Vgl. Wand u. Weber (1995), S. 209; Green u. Rosemann (2000), S. 77; Rosemann u. Green (2002), S. 86; Wand u. Weber (2002), S. 365; Green et al. (2006), S. 2.

[766] Vgl. Wand u. Weber (1995), S. 209; Green u. Rosemann (2000), S. 77; Rosemann u. Green (2002), S. 86; Wand u. Weber (2002), S. 365; Fettke u. Loos (2005), S. 61; Green et al. (2006), S. 2.

Datenmodelle und systemdynamischer Flussmodelle. Die folgende Repräsentationsanalyse hat das Ziel, festzustellen, ob und in welchem Maße eine der Modellierungssprachen in der Lage ist, die Konstrukte der anderen Modellierungssprache teilweise oder vollständig zu repräsentieren. Dies wird durch zwei separate Repräsentationsanalysen geprüft, wobei jeweils die repräsentierte Sprache die Referenz für die repräsentierende Sprache darstellt (7.2.2 und 7.2.3). Durch Gegenüberstellung und Vergleich der Konstrukte der jeweiligen Sprachen ist es dann möglich, Aussagen über die Möglichkeiten und Grenzen der Integration der Sprachen zu treffen (7.3). Die erzielten Analyseergebnisse werden dann zur integrierten Betrachtung multidimensionaler Datenmodelle und systemdynamischer Flussmodelle in Kapitel 8 herangezogen.

7.2.2 Repräsentation multidimensionaler Datenmodelle durch systemdynamische Flussmodelle

Im Folgenden wird die Möglichkeit der Repräsentation multidimensionaler Datenmodelle durch systemdynamische Flussmodelle untersucht. Als *Referenz* für die Repräsentationsanalyse dient hier demnach das Metamodell multidimensionaler Datenmodelle. Es wird geprüft, inwiefern die Konstrukte der systemdynamischen Flussmodellierungssprache in der Lage sind, die Konstrukte multidimensionaler Datenmodelle zu repräsentieren. Die Gegenüberstellung der Konstrukte untergliedert sich in eine Betrachtung des qualifizierenden und des quantifizierenden Aspekts multidimensionaler Datenmodelle (7.2.2.1 bzw. 7.2.2.2). Im Anschluss werden in der Gegenüberstellung unberücksichtigte Konstrukte der Flussmodellierung untersucht (7.2.2.3). Abschließend werden die Analyseergebnisse zusammengefasst dargestellt (7.2.2.4).

7.2.2.1 Analyse des qualifizierenden Aspekts

Wie in 7.1.1.2 ausgeführt, stellen *Dimensionsknoten* das zentrale Konstrukt des qualifizierenden Aspektes multidimensionaler Datenmodelle dar.[767] Dimensionsknoten stellen Bezugsaussagen für Aussagen über einen bestimmten Gegenstand dar und stellen diese in einen semantischen Kontext (vgl. 3.1.3). Bezugsaussagen weisen zwei konstituierende Eigenschaften auf. Einerseits ist es erforderlich, dass mit einer Bezugsaussage eine *eigenständige* Bedeutung vermittelt wird. Andererseits müssen Bezugsaussagen *unabhängig* von anderen Aussagen sein, um einen Bezugspunkt zu bilden und so die Genauigkeit einer Aussage durch Bereitstellung eines definierten semantischen Kontexts zu erhöhen.[768]

---

[767] Von der Existenz der Dimensionsknoten hängen die Konstrukte Dimension, Dimensionsebene sowie Dimensionspfad ab.

[768] Ist eine Bezugsaussage in einer Betrachtung von anderen Aussagen abhängig, so kann sie nicht als definitive Referenz zur Steigerung der Präzision von Aussagen herangezogen werden. Würde diese Bedingung aufgehoben, könnte dies zirkuläre Abhängigkeiten der Bedeutung der Bezugsaussagen nach sich ziehen und der Charakter einer Bezugsaussage ginge verloren.

Überträgt man dies auf die Modellierungskonstrukte der Flussmodellierung, so ist es einerseits erforderlich, dass diese eine eigenständige Bedeutung annehmen können, d.h. sie müssen einen Gegenstand durch mindestens ein Merkmal bezeichnen. Andererseits müssen die Konstrukte unabhängig sein, d.h. sie dürfen in ihrer Ausprägung nicht durch eingehende Wirkpotenziale beeinflusst werden.

Das Merkmal der *eigenständigen Bedeutung* kann ausschließlich von Knotentypen der Flussmodellierungssprache erfüllt werden, da die Kantentypen der Flussmodellierungssprache keinen Gegenstand bezeichnen. Die Menge der potenziell in Frage kommenden Knotentypen kann weiter eingeschränkt werden, da einerseits die Konstrukte Quelle und Senke einen beliebigen, nicht explizit formulierten und einen Gegenstand mit einem potenziell unendlichen Wert bezeichnen. Andererseits besitzen auch Flusssteuerungen keine eigene konzeptionelle Bedeutung, sondern stellen lediglich eine Regulierungsfunktion für Flussbeziehungen bereit. Es verbleiben somit die Knotentypen Bestandsvariable, Hilfsvariable und Konstante, die im Folgenden auf kausale Unabhängigkeit geprüft werden.

Die *Unabhängigkeit* der genannten Knotentypen erfolgt durch Prüfung der eingehenden Kausalbeziehungen. Ist dies der Fall, so wird der Knotentyp kausal beeinflusst und ist somit nicht unabhängig. Die Knotentypen Bestandsvariable und Hilfsvariable sind jeweils von Flussbeziehungen bzw. Informationsbeziehungen abhängig und verändern ihre wertmäßige Ausprägung im Zeitablauf. Demnach verbleibt lediglich der Knotentyp Konstante als Kandidat zur Repräsentation von Dimensionsknoten. Die weitere Untersuchung von Konstanten als Repräsentant von Dimensionsknoten multidimensionaler Datenmodelle erfolgt in 7.2.2.3 vor dem Hintergrund der Beziehungskonstrukte in Flussmodellen.

Dimensionsknoten können zur Bewahrung der Übersichtlichkeit in Dimensionshierarchien organisiert werden, wodurch sich *Dimensionsebenen* und *Dimensionspfade* ergeben können. Eine hierarchische Anordnung von Modellierungskonstrukten ist in Flussmodellen jedoch nicht vorgesehen. Die ursprüngliche Sprachdefinition verzichtet auf jegliche Art von Kopplungs- oder Anordnungsbeziehungen, d.h. es existieren ausschließlich Kausalbeziehungen. In der Literatur finden sich zwar einige Vorschläge zur Erweiterung der

Flussmodelle um einen hierarchischen Aspekt.[769] Diese genügen jedoch nicht den Anforderungen an eine hierarchische Informationsorganisation und der damit verbundenen Verdichtung durch Stellvertreterbildung (vgl. 7.1.1.2). Folglich ist jedes Modellierungskonstrukt in Flussmodellen basisgranular und verbleibt auf einer ebensolchen „Hierarchieebene". Dieser Umstand stellt ein *Konstruktdefizit* der Flussmodellierung gegenüber der multidimensionalen Datenmodellierung in Bezug auf die Konstrukte Dimensionsebene und Dimensionspfad dar.

7.2.2.2 Analyse des quantifizierenden Aspekts

Der quantifizierende Aspekt multidimensionaler Datenmodelle wird durch *Kennzahlen* gebildet, mit denen Aussagen über Gegenstände der Realität formuliert werden. Diese Aussagen können durch Bezugsaussagen in einen semantischen Kontext gestellt werden. Modellierungskonstrukte der Flussmodellierung, die Kennzahlen repräsentieren sollen, müssen demnach einerseits einen Gegenstand bezeichnen. Andererseits müssen sie durch andere, definitive (Bezugs-)Aussagen in einen semantischen Kontext gestellt werden können.

Wie in 7.2.2.1 erläutert, bezeichnen die Knotentypen Bestandsvariable, Hilfsvariable sowie Konstanten Gegenstände. Im Gegensatz zum qualifizierenden Aspekt, ist es jedoch erforderlich, dass die Ausprägung eines Knotentyps abhängig von Bezugsaussagen ist. Somit scheiden Konstanten als quantifizierende Knotentypen aus und es verbleiben Bestandsvariablen und Hilfsvariablen als Kandidaten für den quantifizierenden Aspekt. Diese Konstrukte weisen eine eigene Bedeutung auf und sind, unter anderem, abhängig von definitiven (Bezugs-)Aussagen, die in Form von Konstanten formuliert sind (vgl. 7.2.2.1). Somit ergeben sich zwei Kandidatenkonstrukte zur Repräsentation von Kennzahlen, was,

---

[769] Die Mehrzahl dieser Ansätze setzt an grafischen Flussmodellen an und unterteilt diese in Sektoren (Sektorenbildung), die unterschiedliche Hierarchieebenen darstellen sollen. Vgl. bspw. Kim u. Jun (1995); Liehr (2001). Problematisch ist hierbei, dass alle Modellierungskonstrukte auf einer Ebene verbleiben und auch keine stellvertretenden abstrakten Elemente gebildet werden. Diese Form der „Hierarchisierung" ist somit lediglich eine Erweiterung der räumlich-visuellen Anordnungsregeln, die keine Entsprechung im konzeptionellen Aspekt der Flussmodellierung hat.

Ein Ansatz zur Erweiterung der Sprachdefinition findet sich bei Myrtveit, der das Konstrukt des Submodells einführt, um Modelle hierarchisch zu ordnen. Vgl. Myrtveit (2000). Submodelle verbergen visuelle Komplexität ähnlich wie die vorangehend erläuterten Ansätze der Sektorenbildung, haben jedoch eine Entsprechung im konzeptionellen Aspekt der Sprache. Das Submodell kann in das Metamodell der Flussmodellierung mit aufgenommen werden. Das Submodell-Konstrukt steht dann einerseits in einer Part-of-Beziehung zu den übrigen Konstrukten, d.h. die übrigen Konstrukte können in einem Submodell vorhanden sein. Andererseits steht ein Submodell in einer rekursiven Part-of-Beziehung zu sich selbst, d.h. Submodelle können zu Hierarchien verschachtelt werden. Submodelle können jedoch nicht zur Qualifikation von Kennzahlen herangezogen werden, da sie keine eigenständige Bedeutung haben, keine Werte annehmen können und demnach auch keinen Stellvertreter untergeordneter Elemente bilden können.

in Bezug auf die Repräsentationsgüte, den Tatbestand der *Konstruktredundanz* erfüllt und zu einer mangelnden Klarheit der Darstellung führt. Für den Fall einer Repräsentation multidimensionaler Datenmodelle durch Flussmodelle wäre dann anzugeben, ob es sich bei einer darzustellenden Kennzahl um eine Bestands- oder Hilfsvariable handelt.[770]

7.2.2.3 Nicht berücksichtigte Konstrukte systemdynamischer Flussmodelle

Nachdem der qualifizierende und quantifizierende Aspekt multidimensionaler Datenmodelle vor dem Hintergrund der Konstrukte systemdynamischer Flussmodellierung betrachtet wurde, verbleiben dort eine Reihe bislang unberücksichtigter, für die Flussmodellierung dennoch notwendiger Modellierungskonstrukte.

Da multidimensionale Datenmodelle keine Kausalbeziehungen enthalten, bleiben die Konstrukte Flussbeziehung und Informationsbeziehung bei der Repräsentation unberücksichtigt, d.h. es liegt ein *Konstruktüberschuss* vor. Da Flusssteuerungen sowie Quellen und Senken von der Existenz der Flussbeziehungen abhängen, sind auch diese überschüssig.

Dieser Umstand stellt sich als problematisch heraus, da zumindest Flussbeziehungen und, damit verbunden, Flusssteuerungen zwingend in einem Flussmodell vorhanden sein müssen.[771] Da multidimensionale Datenmodelle keinerlei Kausalbeziehungen zwischen Kennzahlen aufweisen, wäre es für eine Repräsentation durch Flussmodelle erforderlich, die bestehenden Kausalbeziehungen zwischen den Kennzahlen nachträglich zu explizieren.

Darüber hinaus relativiert das Fehlen von kausalen Informationsbeziehungen in multidimensionalen Datenmodellen die potenzielle Eignung von Konstanten zur Repräsentation von Dimensionsknoten. Zwar stellen Dimensionsknoten multidimensionaler Datenmodelle einen semantischen Kontext für Kennzahlen bereit. Dieser ist jedoch nicht zwingend kausaler Natur, d.h. die Kennzahlen sind nicht in jedem Fall kausal abhängig von den Dimensionsknoten. Vielmehr handelt es sich hierbei um reine Anordnungsbeziehungen, bspw. den Bezug der Kennzahl Umsatz zu einem Artikel oder einer Vertriebsregion, die nicht kausaler Natur sind. Somit lässt sich festhalten, dass Konstanten nicht zweifelsfrei geeignet sind, einen semantischen Kontext für Kennzahlen multidimensionaler Datenmodelle bereitzustellen. Eine potenzielle Konstruktkorrespondenz ist diesbezüglich als *unklar* zu bezeichnen.

---

[770] Dieser Gedankengang wird in Abschnitt 8.1.2 bei der Betrachtung der Additivität von Kennzahlen bei der Verdichtung entlang von Dimensionspfaden wieder aufgegriffen.

[771] Vgl. die ontologischen Annahmen des SD-Ansatzes sowie die Erläuterung der Flussmodellierung in 6.1.2 bzw. 6.2.2.2.2.

7.2.2.4 Zusammenfassung und Schlussfolgerungen

- Im Hinblick auf eine multidimensionale Informationsorganisation können sowohl beim qualifizierenden als auch beim quantifizierenden Aspekt nur ansatzweise Beziehungen zwischen den Konstrukten der Flussmodellierungssprache und multidimensionaler Datenmodelle identifiziert werden. Die Repräsentationsbeziehung ist demnach *unvollständig*.

- Problematisch ist weiterhin, dass keine Kausalbeziehungen zwischen Kennzahlen des OLAP modelliert werden (können). Eine Repräsentation von Kennzahlen durch Bestands- oder Hilfsvariablen in Flussmodellen erfordert hingegen, dass diese durch mindestens eine (kausale) Beziehung mit anderen Knotentypen verbunden sind (vgl. hierzu die formulierte Existenzregel in 7.1.2.3). Die Kausalbeziehungen zwischen Kennzahlen multidimensionaler Datenmodelle sind implizit und müssten bei einer etwaigen Repräsentation durch Flussmodelle nachträglich spezifiziert werden.

- In Flussmodellen ist eine hierarchische Organisation der Modellierungskonstrukte nur bedingt möglich. Die in der Literatur vorgeschlagenen Erweiterungen dienen lediglich der Reduktion visueller Komplexität und sind ungeeignet, Aggregationshierarchien mit stellvertretenden Hierarchieknoten aufzubauen. SD-Flussmodelle werden daher schnell unübersichtlich, womit sie in Konflikt zu den Repräsentationsanforderungen der Informationsversorgung stehen (vgl. 4.2.2.2).

Es lässt sich somit festhalten, dass eine Repräsentation multidimensionaler Datenmodelle durch Flussmodelle einen erheblichen Aufwand in Bezug auf die Herstellung von Klarheit der Darstellung der notwendigen Konstrukte erfordert. Sollte eine Repräsentation dennoch gelingen, so werden durch Flussmodelle repräsentierte multidimensionale Datenmodelle schnell unübersichtlich, da Flussmodelle keine Konstrukte zur hierarchischen Organisation von Konstrukten enthalten.

In Bezug auf die in 7.2.1 formulierten Gütekriterien der Repräsentationsanalyse lässt sich feststellen, dass systemdynamische Flussmodelle multidimensionale Datenmodelle nur *unvollständig* darstellen können. Zudem entsteht bei etwaigen Repräsentationsbeziehungen Unklarheit durch Konstruktüberladungen und unklare Repräsentationsbeziehungen. Insgesamt kann die Güte der Repräsentation multidimensionaler Datenmodelle durch systemdynamische Flussmodelle als sehr gering bezeichnet werden. Tabelle 8 stellt die Ergebnisse der vorangehend erläuterten Repräsentationsanalyse übersichtsartig dar.

Tabelle 8: Konstruktzuordnung bei der Repräsentation multidimensionaler Datenmodelle durch Flussmodelle des System-Dynamics-Ansatzes

Multidimensionale Datenmodellierung		Systemdynamische Flussmodellierung		Repräsentations-beziehung
Konstrukt	Notwendig?	Konstrukt systemdynamischer Flussmodelle	Notwendig?	
Kennzahlen	Ja	Bestandsvariable / Hilfsvariable	Ja / Nein	Konstruktredundanz
Dimensionsknoten	Ja	Konstante	Nein	(Unklare) Korrespondenz
Dimensionsebene (Gleichordnungsbeziehung)	Nein	./.	./.	Konstruktdefizit
Dimensionspfad (Über-/Unterordnungsbeziehung)	Nein	./.	./.	Konstruktdefizit
./.	./.	Informations-beziehung (Kausalbeziehung)	Nein	Konstruktüberschuss
./.	./.	Quelle / Senke	Nein	Konstruktüberschuss
./.	./.	Flusssteuerung	Ja	Konstruktüberschuss
./.	./.	Flussbeziehung (Kausalbeziehung)	Ja	Konstruktüberschuss

7.2.3 Repräsentation systemdynamischer Flussmodelle durch multidimensionale Datenmodelle

In den folgenden Abschnitten wird die Repräsentation systemdynamischer Flussmodelle durch multidimensionale Datenmodelle untersucht. Das Metamodell systemdynamischer Flussmodelle dient hierbei als Referenz. Die Gegenüberstellung ist dabei in die Repräsentation von Knoten- und Kantentypen systemdynamischer Flussmodelle untergliedert (7.2.3.1 bzw. 7.2.3.2). Im Anschluss findet sich eine Zusammenfassung (7.2.3.3).

7.2.3.1 Analyse der Knotentypen systemdynamischer Flussmodelle

Den Ausgangspunkt bildet das im SD-Ansatz zentrale Konzept der *Bestandsvariablen*. Sie bezeichnen Gegenstände und formulieren deren Sachverhalte über wertmäßig ausgeprägte Merkmale, d.h. sie besitzen eine *eigenständige Bedeutung*, die in Form einer wertmäßigen Ausprägung vermittelt wird. Die Ausprägung einer Bestandsvariablen ist *abhängig* von den über Flussbeziehungen übermittelten Wirkpotenzialen, also den zu- oder abfließenden Mengen. Überträgt man dies auf die Konstrukte der multidimensionalen Datenmodellierung, so weisen Kennzahlen ebenfalls das Merkmal der eigenständigen Bedeutung auf. Kennzahlen sind jedoch nur in bedingtem Umfang von anderen Konstrukten multidimensionaler Datenmodelle abhängig. So ist die Beziehung zwischen qualifizierenden Dimensionsknoten und Kennzahlen nicht funktional, obwohl die Ausprägung einer Kennzahl in dem durch die Dimensionsknoten bereitgestellten semantischen Kontext variiert. Eine funktionale Beeinflussung von Kennzahlen kann, im Rahmen von Kennzahlensystemen, nur mit anderen Kennzahlen selbst erfolgen. Es lässt sich festhalten, dass eine Repräsentierbarkeit der Bedeutung durch wertmäßige Ausprägungen von Kennzahlen potenziell gegeben ist. Um Aussagen über die Abhängigkeit derart repräsentierter Kennzahlen von anderen Konstrukten multidimensionaler Datenmodelle treffen zu können, bedarf es der Konkretisierung weiterer Repräsentationsbeziehungen zwischen den Modellierungssprachen.

Hilfsvariablen weisen, in Bezug auf die Repräsentation durch multidimensionale Datenmodelle, mit der Bezeichnung von Gegenständen und der Abhängigkeit von anderen Knotentypen die gleichen Merkmale auf wie Bestandsvariablen. Die dort erläuterte Möglichkeit einer Repräsentation durch Kennzahlen gilt analog. Hieraus ergeben sich zwei Schlussfolgerungen. Einerseits stehen mit derart repräsentierten Hilfsvariablen weitere Kennzahlen zur Verfügung, um funktionale Abhängigkeiten im Rahmen von Kennzahlensystemen zu konstruieren und so die Repräsentation von Bestandsvariablen zu ermöglichen. Die Repräsentation von Bestands- und Hilfsvariablen zieht andererseits jedoch eine *Überladung* des Konstrukts Kennzahl und somit eine unklare Repräsentationsbeziehung nach sich. Dies kann bei Modellen auf Typ- und Ausprägungsebene zu erheblichen Problemen führen, da u.a. die Art der Verdichtung davon abhängt, ob es sich bei einer Kennzahl um eine Bestands- oder Flussgröße handelt.[772] Dies kann in multidimensionalen Datenmodellen jedoch nicht explizit ausgedrückt werden, sodass die Repräsentation von Bestands- und Hilfsvariablen durch ein gemeinsames Konstrukt Kennzahl hier unklar und in der Umsetzung potenziell problembeladene Modelle nach sich zieht.

---

[772] Für eine ausführliche Betrachtung der Additivität von Kennzahlen vgl. 8.1.2.

Konstanten stellen im Rahmen systemdynamischer Flussmodellierung die Parameter eines Modells dar. Diese bezeichnen einen Gegenstand und üben gleichzeitig einen Einfluss auf andere Konstrukte aus, ohne dabei jedoch selbst beeinflusst zu werden; sie sind somit *unabhängig*. Eine Repräsentation von Konstanten durch Kennzahlen multidimensionaler Datenmodelle scheidet somit aus, da die Ausprägung einer Kennzahl zwar nicht funktional, jedoch durch den semantischen Kontext beeinflusst wird, in dem diese steht. Konstanten können durch Dimensionsknoten repräsentiert werden, da diese einerseits Gegenstände für Bezugsaussagen bezeichnen und andererseits unabhängig von anderen Konstrukten multidimensionaler Datenmodelle sind.

Flusssteuerungen systemdynamischer Flussmodellierung besitzen keine eigenständige, konzeptionelle Bedeutung. Sie stellen lediglich eine Funktion zur Regulierung der über Flussbeziehungen fließenden Mengen bereit. Auf Seiten multidimensionaler Datenmodelle existieren keine Konstrukte ohne eigene Bedeutung, sodass Flusssteuerungen weder durch Dimensionsknoten, noch durch Kennzahlen repräsentiert werden können. Die von Flusssteuerungen regulierte Flussmenge in oder aus Bestandsvariablen kann bei Modellen auf Ausprägungsebene zwar wertmäßig in Kennzahlensystemen durch Kombination von multidimensional repräsentierten Bestands- und Hilfsvariablen (Kennzahlen) sowie Konstanten (Dimensionsknoten) abgeleitet werden. Ein eigenes Konstrukt für Flusssteuerungen existiert auf Seiten multidimensionaler Datenmodelle jedoch nicht, sodass bezüglich der Repräsentation ein *Konstruktdefizit* besteht.

Auch für *Quellen und Senken* besteht keine Entsprechung in den Konstrukten multidimensionaler Datenmodelle. Sowohl Quellen als auch Senken weisen keine definierte Bedeutung auf. Die von ihnen bereitgestellte Funktion liegt in der Abgabe oder Aufnahme von Flussmengen in bzw. aus Bestandsvariablen sowie der Darstellung der Systemgrenze; einen funktionalen Einfluss auf Bestands- oder Hilfsvariablen haben sie nicht. Somit lässt sich festhalten, dass eine Repräsentation in multidimensionalen Datenmodellen weder durch bedeutungstragende Kennzahlen oder Dimensionsknoten noch eine eventuelle funktionale Berücksichtigung in Kennzahlensystemen erfolgen kann.

7.2.3.2 Analyse der Kantentypen systemdynamischer Flussmodelle

Die Analyse der durch multidimensionale Datenmodelle zu repräsentierenden Kantentypen beginnt mit dem zentralen Konzept der *Flussbeziehung*. Flussbeziehungen dienen dem Transport von Wirkpotenzialen in oder aus Bestandsvariablen. Derartige Kausalbeziehungen verbinden zwei Knotentypen miteinander und geben ein Wirkpotenzial von einem Knoten zum anderen weiter, d.h. es handelt sich um gerichtete Beziehungen. Gerichtete Beziehungen sind in multidimensionalen Datenmodellen zwischen Dimensionsknoten im Rahmen einer Dimensionshierarchie oder zwischen Kennzahlen in einem Kennzahlensystem anzutreffen. In beiden Fällen werden dabei Werte (basis-)granularer Dimensionsknoten bzw. Kennzahlen in Richtung hierarchisch übergeordneter Dimensionsknoten oder Kennzahlen weitergegeben, wobei eine Verdichtungsfunktion das weitergegebene Wirkpotenzial „steuert". Eine Repräsentation von Flussbeziehungen erscheint jedoch aus zwei Gründen nicht möglich. Zunächst können die Knotentypen eines Flussmodells nicht hierarchisch geordnet werden. Einer Anordnung von Kennzahlen in einer kausalen Verdichtungshierarchie multidimensionaler Datenmodelle fehlt eine Entsprechung in der Syntax der systemdynamischen Flussmodellierung. Weiterhin sind Dimensions- oder Kennzahlenhierarchien zyklenfrei angeordnet, d.h. ein Hierarchieknoten kann weder direkt noch indirekt durch Beziehungen mit sich selbst verbunden sein (vgl. FN 717). Dies stellt den Gegensatz zum Rückkopplungsgedanken dar, der System Dynamics zu Grunde liegt und sich in dessen Flussmodellen in Form zyklisch verbundener Knotentypen wiederfindet. Eine Repräsentation der Kausalbeziehungen in Form multidimensionaler Dimensionshierarchien würde daher entweder ein Verbot zyklischer Beziehungen in Flussmodellen oder eine Erweiterung der Dimensionsstrukturen multidimensionaler Datenmodelle um zyklische Beziehungen erfordern. In beiden Fällen wäre dies mit einer fundamentalen Änderung der den Modellen zu Grunde gelegten Annahmen verbunden. Eine Repräsentation von Kausalbeziehungen systemdynamischer Flussmodelle in multidimensionalen Datenmodellen erscheint ohne diese Änderungen nicht möglich. Die Modellierungssprachen sind im Fall von Flussbeziehungen in ihrer Gegenstandseinteilung disjunkt.

Die Untersuchung von *Informationsbeziehungen* im Hinblick auf die Repräsentierbarkeit durch multidimensionale Datenmodelle wird durch die mit den Informationsbeziehungen verbundenen Kantentypen untergliedert. Dabei sind die Ergebnisse der Betrachtung von Flussbeziehungen auf Informationsbeziehungen zwischen Bestands- und Hilfsvariablen sowie zwischen Hilfsvariablen übertragbar.

Konstanten hingegen sind lediglich Ausgangspunkt von Kausalbeziehungen, d.h. eine Selbstbeeinflussung durch zyklisch angeordnete Informationsbeziehungen ist nicht möglich. Vor dem Hintergrund der Repräsentation von Konstanten durch Dimensionsknoten multidimensionaler Datenmodelle gewinnt dies an zusätzlicher Bedeutung. Die von Konstanten ausgehenden Informationsbeziehungen geben den kausalen Einfluss der Konstante direkt an Hilfsvariablen oder indirekt an andere Hilfsvariablen und Bestandsvariablen weiter. Eine Konstante beeinflusst somit direkt oder indirekt die Variablen, mit denen ein Sachverhalt in einem Flussmodell dargestellt wird. Werden nun Konstanten eines Flussmodells durch Dimensionsknoten repräsentiert und Variablen der Flussmodellierung durch Kennzahlen, stellen Konstanten diese Variablen in einen semantischen Kontext. Ein direkter kausaler Einfluss zwischen als Dimensionsknoten repräsentierten Konstanten und einzelnen Kennzahlen kann aufgrund fehlender Konstrukte auf Seiten multidimensionaler Datenmodelle nicht repräsentiert werden. Zwischen Dimensionsknoten und Kennzahlen bestehen jedoch Anordnungsbeziehungen, die sich von Kausalbeziehungen dahingehend unterscheiden, dass sie ungerichtet sind und über sie kein Einfluss weitergegeben wird. Sollen Konstanten nun als Dimensionsknoten verwendet werden, um die als Kennzahlen repräsentierten Variablen eines Flussmodells in einen Kontext zu stellen, so müsste von den Kausalbeziehungen des Flussmodells auf Anordnungsbeziehungen in multidimensionalen Datenmodellen abstrahiert werden. Diese Anordnungsbeziehungen koppeln dann die Konstanten als Dimensionsknoten mit den Variablen als Kennzahlen. Für Konstanten kann demnach eine *Konstruktkorrespondenz* mit Dimensionsknoten festgestellt werden.

Dimensionsebenen und *Dimensionspfade* haben aufgrund der fehlenden Konstrukte zur hierarchischen Organisation keine Entsprechung in Flussmodellen (*Konstruktüberschuss*). Die Organisation durch multidimensionale Datenmodelle repräsentierter Konstanten zu Hierarchien wird in Kapitel 8 diskutiert.

7.2.3.3 Zusammenfassung

Zusammenfassend kann Folgendes festgehalten werden

- Bestands- und Hilfsvariablen systemdynamischer Flussmodelle können durch Kennzahlen multidimensionaler Datenmodelle repräsentiert werden. Die Repräsentationsbeziehung ist hierbei nicht eindeutig, da zwei Konstrukte (Bestands-, Hilfsvariablen) durch ein Konstrukt (Kennzahl) repräsentiert werden (*Konstruktüberladung*).

- Konstanten können durch Dimensionsknoten repräsentiert werden (*Konstruktkorrespondenz*). Hierbei ist es jedoch erforderlich, dass von einem direkten kausalen Einfluss durch ausgehende Informationsverbindungen auf Kennzahlen abstrahiert wird. Es verbleiben Anordnungsbeziehungen, die Kennzahlen in einen durch Konstanten als Dimensionsknoten gebildeten semantischen Kontext stellen.

- Flusssteuerungen können nicht direkt durch Konstrukte multidimensionaler Datenmodelle repräsentiert werden (*Konstruktdefizit*). Sie können wertmäßig im Rahmen von Kennzahlensystemen aus Kennzahlen und Dimensionsknoten errechnet werden.

- Quellen und Senken haben keine Entsprechung in den Konstrukten multidimensionaler Datenmodellierung (*Konstruktdefizit*).

Repräsentationsanalyse multidimensionaler und systemdynamischer Sprachen 223

- Flussbeziehungen können nicht, Informationsbeziehungen nur teilweise in multidimensionalen Datenmodellen repräsentiert werden (vgl. hierzu die Argumentation zu Konstanten; *Konstruktdefizit*).

In Bezug auf die in 7.2.1 dargestellten Gütekriterien kann festgehalten werden, dass multidimensionale Datenmodelle systemdynamische Flussmodelle nur *unvollständig* repräsentieren können. Tabelle 9 stellt die Ergebnisse der Repräsentationsanalyse übersichtsartig dar.

Tabelle 9: Konstruktzuordnung bei der Repräsentation von Flussmodellen des System-Dynamics-Ansatzes durch multidimensionale Datenmodelle

Systemdynamische Flussmodellierung		Multidimensionale Datenmodellierung		Repräsentationsbeziehung
Konstrukt	Notwendig?	Konstrukt	Notwendig?	
Bestandsvariable	Ja	Kennzahl	Ja	Konstruktüberladung
Hilfsvariable	Nein	Kennzahl	Ja	Konstruktüberladung
Konstante	Nein	Dimensionsknoten	Ja	Korrespondenz
Flusssteuerung	Ja	./.	./.	Konstruktdefizit
Quelle / Senke	Nein	./.	./.	Konstruktdefizit
Flussbeziehung	Ja	./.	./.	Konstruktdefizit
Informationsbeziehung	Nein	./.	./.	Konstruktdefizit
./.	./.	Dimensionsebene (Gleichordnungsbeziehung)	Nein	Konstruktüberschuss
./.	./.	Dimensionspfad (Über-/Unterordnungsbeziehung)	Nein	Konstruktüberschuss

Es kann jedoch festgestellt werden, dass für die notwendigen Konstrukte multidimensionaler Datenmodelle eine Korrespondenz in systemdynamischen Flussmodellen existiert. Dabei tritt bei der Repräsentation von Bestands- und Hilfsvariablen durch Kennzahlen ein Fall von Überlappung durch Konstruktüberladung auf, welcher eine Verdeutlichung der Repräsentationsbeziehung bei der Integration der Modelle auf Typebene erforderlich macht. In Bezug auf die Repräsentation von Kausalbeziehungen besteht überwiegend ein Konstruktdefizit. Jedoch kann von der Kausalität von Informationsbeziehungen zwischen Konstanten und Variablen abstrahiert werden und diese als Anordnungsbeziehungen repräsentiert werden. Dies ermöglicht, dass Konstanten durch Dimensionsknoten repräsentiert und somit einen semantischen Kontext für die als Kennzahlen repräsentierten Bestands- und Hilfsvariablen bereitstellen können.

Abbildung 48 stellt die Beziehungen systemdynamischer Flussmodelle durch multidimensionale Datenmodelle übersichtsartig dar. Die Beziehungen werden dabei als Zuordnungsbeziehungen bezeichnet, d.h. für jedes zu repräsentierende Konstrukt systemdynamischer Flussmodelle existiert eine Entsprechung in einem multidimensionalen Datenmodell.

Repräsentationsanalyse multidimensionaler und systemdynamischer Sprachen 225

Abbildung 48: Zuordnung von Konstrukten der Flussmodellierung zu Konstrukten multidimensionaler Datenmodellierung (Metaebene)

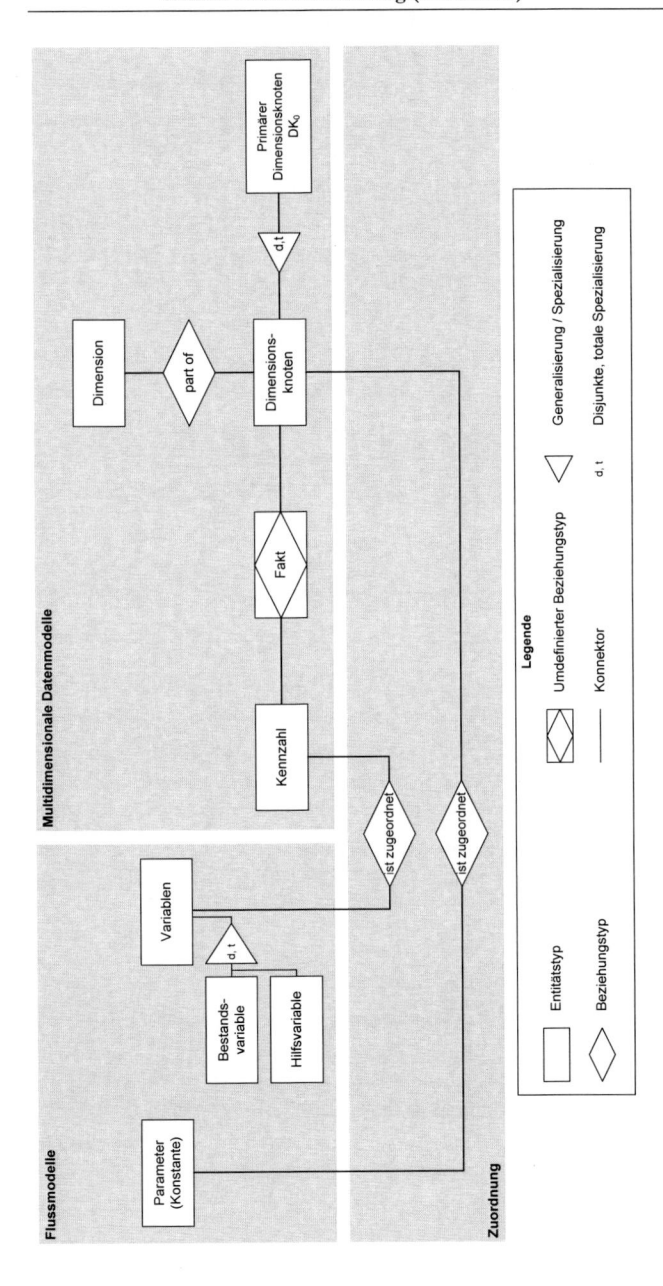

7.3 Zusammenfassung und Schlussfolgerungen

In den vorherigen Abschnitten wurden die Gegenstandseinteilungen multidimensionaler Datenmodelle und systemdynamischer Flussmodelle in Form von Metamodellen vorgestellt bzw. rekonstruiert. Auf Grundlage der Metamodelle wurden Repräsentationsanalysen durchgeführt, um zu ermitteln, inwiefern eine Integration der Modellierungssprachen möglich ist. Als Ergebnis dieser Analysen kann festgehalten werden, dass eine vollständige Integration der Modellierungssprachen in die jeweils andere Sprache nur bei erheblichen Erweiterungen der Gegenstandseinteilungen oder unter Fallenlassen wesentlicher Annahmen oder Anforderungen zu realisieren ist. Während zwischen den Elementen systemdynamischer Flussmodelle (Bestands- und Hilfsvariablen, Konstanten) und multidimensionaler Flussmodelle (Kennzahlen, Dimensionsknoten) durchaus Konstruktkorrespondenzen festzustellen sind, ist dies bei den Beziehungen nicht der Fall. In systemdynamischen Flussmodellen existieren keine Anordnungsbeziehungen, sodass es hier u.a. nicht möglich ist, Modellkomponenten in Stellvertreterhierarchien zu organisieren, wie es in multidimensionalen Datenmodellen der Fall ist. In multidimensionalen Datenmodellen können aufgrund des Verbots zyklischer Beziehungen keine Rückkopplungsschleifen modelliert werden. Eine theoretische Erweiterung der Gegenstandseinteilungen der Modellierungssprachen und, damit verbunden, eine Veränderung der Informationsunterstützung bzw. System Dynamics zu Grunde liegenden Anforderungen bzw. Annahmen soll an dieser Stelle nicht erfolgen.

Es wird daher eine partielle Integration multidimensionaler Datenmodelle und systemdynamischer Flussmodelle angestrebt. Die Grundlage für die Integration bilden die identifizierten Repräsentationsbeziehungen zwischen den Knotentypen der Modellierungssprachen. Zur Überwindung existierender Unklarheiten in den Repräsentationsbeziehungen auf Metaebene wird die Untersuchung im folgenden Kapitel auf Typebene fortgesetzt. Den bestehenden Differenzen der Gegenstandseinteilungen bei den Beziehungstypen wird durch eine komplementäre Verwendung der Modelltypen begegnet. Multidimensionale Datenmodelle werden dabei sowohl für die Darstellung von (Ist-)Informationen als auch von Simulationsergebnissen systemdynamischer Flussmodelle verwendet. Systemdynamische Flussmodelle hingegen werden verwendet, wenn, über die Darstellung von Informationen hinaus, Simulation genutzt werden soll, die eine Existenz kausaler Beziehungen zwischen Modellelementen erforderlich macht.

Der Übergang zwischen den komplementären Modellen wird auf Grundlage multidimensionaler Datenmodelle konstruiert. Die Analyse der Repräsentation systemdynamischer Flussmodelle durch multidimensionale Datenmodelle ergibt einen, in Bezug auf die erforderlichen Konstrukte multidimensionaler Datenmodelle, vergleichsweise hohen Grad an

Vollständigkeit. Durch Abstraktion von Kausalität erscheint es möglich, für Bestands- und Hilfsvariablen als Kennzahlen einen semantischen Kontext durch repräsentierte Konstanten bereitzustellen.

8 Integration multidimensionaler Datenmodelle und systemdynamischer Flussmodelle

In diesem Kapitel werden multidimensionale Datenmodelle und systemdynamische Flussmodelle integriert. Auf Grundlage der Ergebnisse der metasprachlichen Analyse in Kapitel 7.2.3 werden Flussmodelle zunächst durch multidimensionale Datenmodelle repräsentiert (8.1). Im Anschluss wird dargestellt, wie multidimensional repräsentierte Flussmodelle mit multidimensionalen Datenmodellen des OLAP integriert werden können (8.2), sodass die Modelle in die in Abschnitt 5.2.2.3 hergeleitete integrierte Architektur für BI-Modelle eingeordnet werden können (8.3). Das Kapitel endet mit Schlussfolgerungen in Abschnitt 8.4.

8.1 Multidimensionale Repräsentation systemdynamischer Flussmodelle

In den folgenden Abschnitten wird die Integration von Flussmodellen mit multidimensionalen Datenmodellen auf Typebene dargestellt. Hierzu wird zwischen der Betrachtung der multidimensionalen Repräsentation eines Flussmodells und den daraus folgenden Simulationsdaten einerseits (8.1.1) und der hierarchischen Organisation von Dimensionsknoten in Dimensionen andererseits unterschieden (8.1.2).

8.1.1 Multidimensionaler Aspekt der Repräsentation

Im Folgenden wird die multidimensionale Repräsentation systemdynamischer Flussmodelle zunächst als konzeptionelles Modell auf Typebene dargestellt (8.1.1.1). Im Anschluss daran wird gezeigt, wie Modelle auf Typebene durch Simulation und Parametervariation zu multidimensionalen Datenräumen ausgeprägt werden (8.1.1.2). Die Ausführungen werden durch ein Fallbeispiel illustriert (8.1.3) und durch Schlussfolgerungen für den weiteren Verlauf abgeschlossen (8.1.4).

8.1.1.1 Multidimensional repräsentierte Flussmodelle auf Typebene

Gemäß der in 7.2.3 ermittelten Beziehungen zwischen den Modellierungssprachen werden Bestands- und Hilfsvariablen systemdynamischer Flussmodelle durch Kennzahlen multidimensionaler Datenmodelle repräsentiert, sodass für jede dieser Variablentypen eine Kennzahl gebildet werden kann. Bestands- und Hilfsvariablen bezeichnen Gegenstände der Realität und formulieren durch wertmäßige Merkmalsausprägung deren Sachverhalte. Diese Ausprägung einer Variablen ist in Flussmodellen zeitabhängig, d.h. sie variiert im Verlauf der Simulationszeit und kann zu den durch das Simulationsintervall definierten Zeitpunkten ermittelt werden. Durch Kennzahlen repräsentierte Bestands-

und Hilfsvariablen stehen somit in Beziehung zu Zeitangaben, welche die durch die Variablen formulierten Aussagen in einen zeitlichen semantischen Kontext stellen. Ein multidimensionales Datenmodell, das diese zeitabhängigen Variablentypen durch Kennzahlen repräsentiert, enthält demnach zwingend auch eine Zeitdimension.[773]

Konstanten (Parameter) werden in multidimensionalen Datenmodellen als Dimensionsknoten repräsentiert, wodurch eine der Konstantenbenennung entsprechende *Parameterdimension* gebildet wird. Mit Kennzahlen sowie Dimensionsknoten einer Zeit- sowie einer oder mehrerer Parameterdimensionen liegen die notwendigen Konstrukte eines multidimensionalen Datenmodells vor. Abbildung 49 stellt ein multidimensional repräsentiertes Flussmodell einerseits in Form eines abstrakten Würfels (linke Seite) sowie als ME/RM (rechte Seite) dar.[774]

Abbildung 49: Multidimensional repräsentiertes Flussmodell als abstrakter Würfel und ME/RM

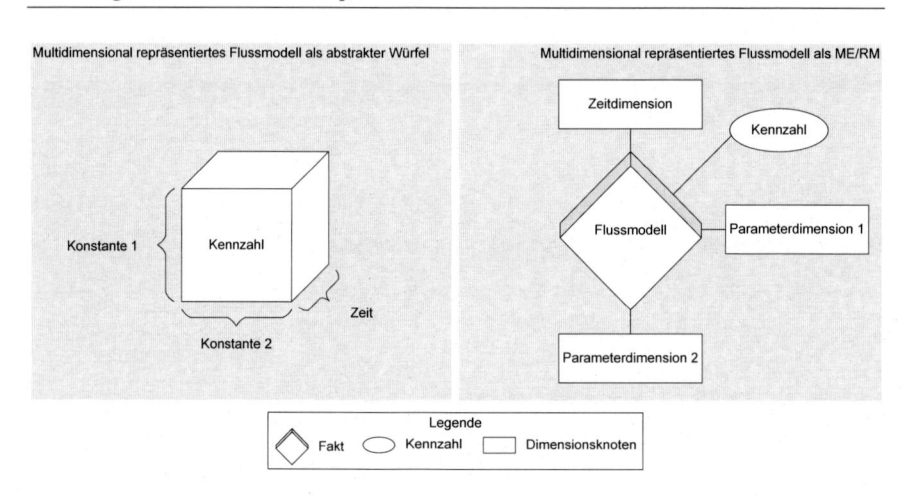

---

[773] Die Ermittlung der Dimensionsknoten sowie deren Hierarchisierung wird bei der Betrachtung der multidimensionalen Repräsentation von Flussmodellen auf Ausprägungsebene in Abschnitt 8.1.1.2 betrachtet.

[774] Hierbei wird angenommen, dass das repräsentierte Flussmodell zwei Konstanten besitzt. Dies geschieht aus Gründen der Darstellung, da mit der obligatorischen Zeitdimension dann die (dreidimensionale) Würfelmetapher multidimensionaler Datenmodelle nachvollzogen werden kann. Die maximale Anzahl der Parameter eines Flussmodells sowie die Anzahl der Dimensionen eines multidimensionalen Datenmodells sind dennoch unbegrenzt.

8.1.1.2 Ausprägung multidimensional repräsentierter Flussmodelle durch Simulation und Parametervariation

Multidimensional repräsentierte Flussmodelle stellen einen abstrakten Datenraum dar, welcher durch die Simulationsergebnisse des zu Grunde liegenden Flussmodells mit Ausprägungen gefüllt werden kann. Die in diesem Datenraum aufzunehmenden Daten werden durch Simulation des Flussmodells erzeugt.

Hierzu ist es zunächst erforderlich, das multidimensional zu repräsentierende Flussmodell in ein Simulationsmodell zu überführen (vgl. 6.2.3). Hierbei werden allen Variablen Initialwerte und allen Konstanten Werte zugewiesen sowie die Hilfsvariablen mit zeitabhängigen Differentialgleichungen hinterlegt. Durch Fortschreiben der Simulationszeit im definierten Simulationszeitraum werden die Werte aller Variablen zu den durch das Simulationsintervall gebildeten Zeitpunkten berechnet. Dies geschieht bei Hilfsvariablen durch Integration der Differentialgleichungen über den entsprechenden Zeitraum. Die Ergebnisse dieser Berechnung werden dann zu den Flussgrößen zusammengeführt, die eine Flusssteuerung über eine Flussbeziehung an Bestandsvariablen weitergibt bzw. aus diesen entnimmt. Der aktuelle Wert einer Bestandsvariablen wird dann durch die Addition bzw. Subtraktion dieser Zu- und Abflüsse zum bzw. vom bisherigen Wert ermittelt. Das Simulationsergebnis liegt dann in Form von Zeitreihen der Variablen des Flussmodells vor. Eine multidimensionale Repräsentation derartiger Simulationsergebnisse kann Abbildung 50 entnommen werden.

Abbildung 50: Multidimensionale Repräsentation der Ergebnisse simulierter Flussmodelle

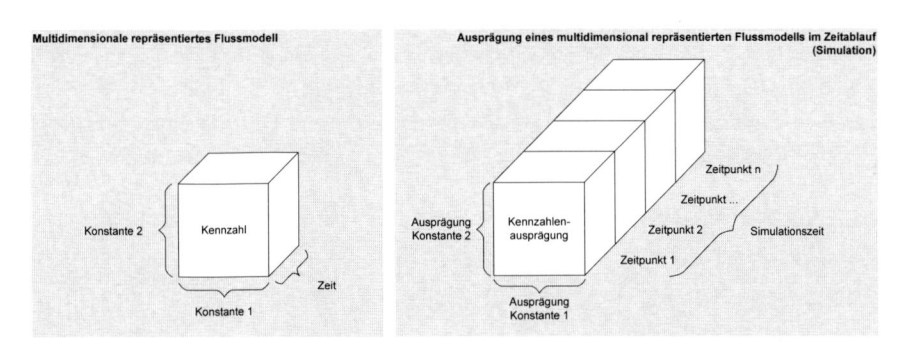

Der multidimensionalen Repräsentation eines Flussmodells auf Typebene (linke Seite) wird eine in Bezug auf die Zeit ausgeprägte multidimensionale Repräsentation der Simulationsergebnisse des Flussmodells (rechte Seite) in Form abstrakter Würfel gegenübergestellt. Durch Simulation werden für jeden Zeitpunkt der Simulationszeit Datenzellen erzeugt, welche die Werte der Variablen des Flussmodells als ausgeprägte Kennzahlen aufnehmen. Die Kennzahlen werden einerseits durch die Zeit und andererseits durch die Konstanten des Flussmodells als Dimensionen qualifiziert. Bei der Zeitdimension ergeben sich Dimensionsknoten aus dem Anfangs- und Endpunkt der Simulationszeit sowie den durch das Simulationsintervall gebildeten Zeitpunkten, an denen die Werte der Gleichungen ermittelt werden.[775] Im Gegensatz dazu bestehen die durch Konstanten gebildeten Parameterdimensionen jeweils aus lediglich einem Dimensionsknoten. Um die Anzahl der Dimensionsknoten einer durch Konstanten gebildeten Dimension zu erhöhen, müssen die Konstanten selbst in ihrer Ausprägung variiert werden. Da dies lediglich zwischen Simulationsläufen möglich ist, ist eine erneute Simulation des Flussmodells mit zwischen den Simulationsläufen variierenden Konstantenausprägungen notwendig.

Die wiederholte Simulation eines Flussmodells mit variierenden Konstantenausprägungen führt zu weiteren Zeitreihen, die, werden sie multidimensional repräsentiert, jeweils durch entsprechend mit den Konstanten variierend ausgeprägte Dimensionsknoten qualifiziert werden. Die Granularität der Dimensionsknoten kann dabei durch die Wahl der Konstantenausprägungen und der Anzahl Simulationsläufe frei bestimmt werden.

Erfolgt die wiederholte Simulation eines Flussmodells mit variierenden Konstantenausprägungen bei einer einheitlichen Einteilung der Simulationszeit, so können die multidimensional repräsentierten Simulationsergebnisse zu einem gemeinsamen Datenraum zusammengefasst werden. Abbildung 51 stellt die Simulation von Flussmodellen unter Variation der Konstantenausprägungen (linke Seite) sowie die Zusammenfassung der Simulationsergebnisse zu einem gemeinsamen multidimensionalen Datenraum (rechte Seite) dar. Hierbei wird ein Flussmodell mit zwei Konstanten (Konstante 1, Konstante 2) über einen definierten Simulationszeitraum mit variierenden Konstantenausprägungen simuliert. Konstante 1 nimmt dabei die Ausprägungen X und Y, Konstante 2 die Ausprägungen A und B an. Das Flussmodell kann somit unter vier verschiedenen Ausprägungen der Konstanten 1 und 2 simuliert werden (jeweils Ausprägung {Konstante 1, Konstante 2}): {X, A}; {Y, A}; {X, B}; {Y, B}. Abbildung 51 stellt die Ergebnisse der beschriebenen Simulationsläufe übersichtsartig dar.

---

[775] Die hierarchische Organisation der Dimensionsknoten innerhalb einer Dimension wird im folgenden Abschnitt 8.1.2 erläutert.

Multidimensionale Repräsentation systemdynamischer Flussmodelle 233

Abbildung 51: Multidimensionale Repräsentation wiederholt simulierter Flussmodelle

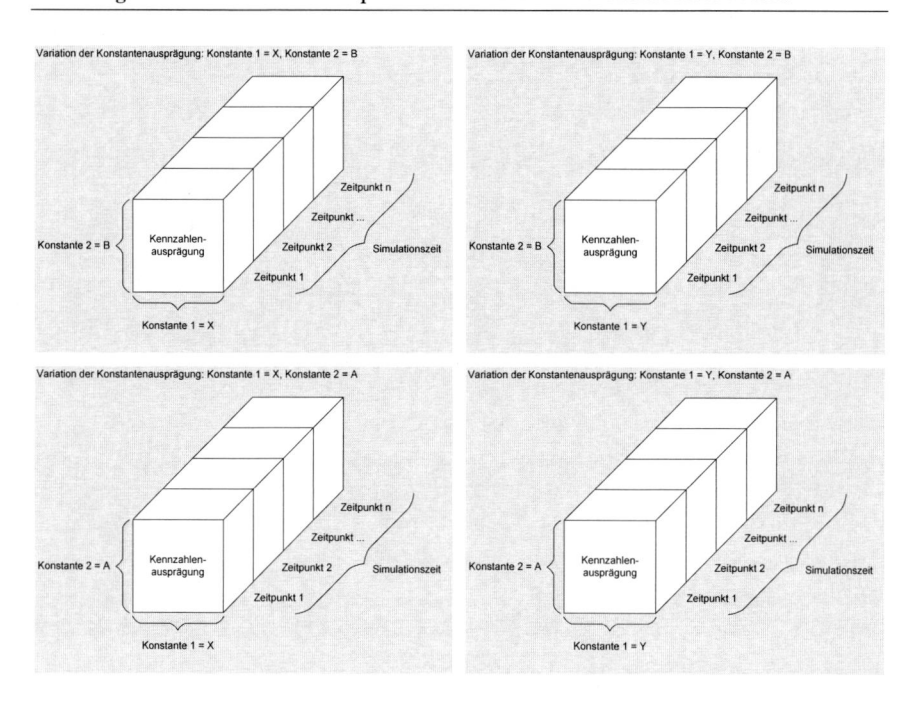

Die sich hieraus ergebenden Zeitreihen werden dann zu einem gemeinsamen Datenraum zusammengefasst. Die Koordinaten des Datenraums werden dann auf der Zeitdimension durch das gewählte Simulationszeitintervall und auf den Parameterdimensionen durch die jeweiligen Ausprägungen für Konstante 1 (X, Y) und Konstante 2 (A, B) gebildet. Ein derart gebildeter Datenraum kann durch ein multidimensionales Datenmodell auf Typebene beschrieben werden. Dieses enthält in diesem Fall die Kennzahl und jeweils eine Dimension für jeden Parameter des Modells sowie eine Zeitdimension. Abbildung 52 stellt den durch Zusammenfassung der Simulationsläufe gebildeten Datenraum (linke Seite) sowie das entsprechende multidimensionale Datenmodell (rechte Seite) dar.

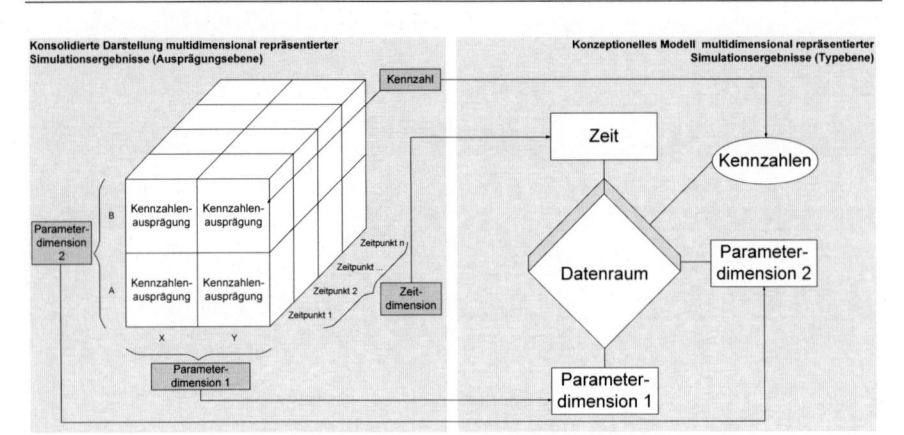

Abbildung 52: Multidimensionale Repräsentation systemdynamischer Flussmodelle auf Typ- und Ausprägungsebene

Die multidimensionale Repräsentation von Simulationsergebnissen führt, je nach Umfang der Parametervariation, zu einer Reihe von Dimensionsknoten in den Parameterdimensionen. Zur Wahrung von Übersichtlichkeit über diese Dimensionsknoten können diese hierarchisch organisiert werden, was im folgenden Abschnitt betrachtet wird.

8.1.2 Hierarchischer Aspekt der Repräsentation

Im Folgenden wird die Dimensionsstruktur multidimensionaler Flussmodelle untersucht. Dabei wird einerseits auf die Über- und Unterordnung von Dimensions- und Hierarchieknoten durch Definition von Mitgliedschaftsbedingungen eingegangen. Andererseits werden denkbare Verdichtungsfunktionen in Abhängigkeit von der zu verdichtenden Kennzahl betrachtet.

Hierarchiebildung. Die wiederholte Simulation eines Flussmodells mit variierenden Parameterausprägungen führt dazu, dass im Rahmen der multidimensionalen Repräsentation der Ergebnisse eine Reihe von Dimensionsknoten zur Qualifizierung der Kennzahlen zur Verfügung steht. Hierbei wird zwischen den Dimensionsknoten der entstehenden Zeitdimension und den Dimensionsknoten der Parameterdimensionen unterschieden. Im Fall einer Zeitdimension können die Dimensionselemente gemäß bekannter zeitlicher und kalendarischer Verdichtungen angeordnet werden.[776]

Parameterdimensionen wurden zunächst strukturlos vorgestellt, d.h. sie bestehen ausschließlich aus primären Dimensionsknoten und verfügen über keine verdichteten Elemente.[777] Die Hierarchiebildung erfolgt, wie in 7.1.1.2 dargestellt, auf Ausprägungsebene durch Definition von Mitgliedschaftsbedingungen für einen, den ausgeprägten primären Dimensionsknoten (primärer Hierarchieknoten) hierarchisch übergeordneten, verdichteten Dimensionsknoten (Hierarchieknoten). Diese Mitgliedschaftsbedingungen können in Form von Werteintervallen oder Wertelisten definiert werden.[778] Erfüllt nun ein primärer Hierarchieknoten eine Mitgliedschaftsbedingung oder ist er in einer Liste enthalten, so wird dieser unter den verdichteten Hierarchieknoten eingruppiert.

Verdichtung. Die hierarchischen Beziehungen zwischen Hierarchieknoten definieren Hierarchiepfade an denen entlang Kennzahlenausprägungen durch Anwendung von Verdichtungsfunktionen zu wertmäßigen Stellvertretern zusammengefasst werden. Dabei ist jedoch zu beachten, dass die Anwendbarkeit einer Verdichtungsfunktion von der Art der Kennzahl sowie der Art der Dimension, in der eine Verdichtung berechnet werden soll, abhängt. Dieser Umstand wird als Summierbarkeit oder *Additivität* bezeichnet, worunter „die inhaltliche Korrektheit der Anwendung einer [Verdichtungsfunktion] verstanden" wird.[779] Dies gewinnt insbesondere vor dem Hintergrund der unklaren Repräsentationsbeziehung zwischen Bestands- und Hilfsvariablen auf der einen und Kennzahlen multidimensionaler Datenmodelle auf der anderen Seite an Bedeutung (vgl. 7.2.3.1). Lehner unterscheidet Kennzahlen diesbezüglich in Stocks und Flows, was Bestandsvariablen sowie den aus Flüssen entkoppelten Hilfsvariablen entspricht.[780]

- Durch Kennzahlen repräsentierte *Bestandsvariablen* können entlang einer Zeithierarchie nicht durch Addition verdichtet werden, da es sich hierbei um Zustände eines Gegen-

---

[776] Denkbare Verdichtungspfade sind, ausgehend vom basisgranularen Dimensionsknoten Tag, bspw. {Tag → Kalenderwoche → Jahr} oder {Tag → Monat → Quartal → Jahr}.

[777] Gluchowski et al. (2008), S. 158.

[778] Die Definition von Mitgliedschaftsbedingungen als Intervall entspricht der in Abschnitt 7.1.1.2 vorgestellten Abstraktion durch Assoziation. Die Definition von Listen hingegen entspricht der aggregierenden Abstraktion und eine Liste kann somit als Teileliste verstanden werden, wobei jedoch das Kriterium der zwingenden Existenz fallen gelassen wird.

[779] Bauer u. Günzel (2009), S. 196.

[780] Vgl. Lehner (2003), S. 71.

stands handelt.⁷⁸¹ Es müsste in diesem Fall eine andere Verdichtungsfunktion gewählt werden, bspw. die Durchschnittsbildung oder das Minimum bzw. Maximum eines Bestands über einen bestimmten Zeitraum.⁷⁸² Eine additive Aggregation von Beständen entlang anderer, nicht-zeitlicher Dimensionshierarchien, bspw. einer Artikel- oder Kundenhierarchie ist dennoch möglich. Kennzahlen, die Bestandsvariablen eines Flussmodells repräsentieren, werden daher als semi-additiv bezeichnet.⁷⁸³

- Für Kennzahlen, die *Hilfsvariablen* repräsentieren, gelten hingegen keine Beschränkungen bei der Wahl der Verdichtungsfunktion, solange diese (zeitbezogene) Bestandteile von Flüssen in oder aus Bestandsvariablen darstellen.⁷⁸⁴ Enthalten durch Kennzahlen repräsentierte Hilfsvariablen hingegen Verhältniszahlen, bspw. das Verhältnis zwischen zwei Bestandsvariablen, so können diese nicht additiv entlang einer Hierarchie verdichtet werden.⁷⁸⁵

In Parameterdimensionen sind die Dimensionsknoten untereinander disjunkt, d.h. es hat zu einem bestimmten Zeitpunkt immer nur ein Dimensionsknoten Gültigkeit. Eine additive Verdichtung zu Stellvertretern über derart gebildete Hierarchien erscheint daher nicht sinnvoll. Es kann dennoch eine nicht verdichtende Hierarchisierung der Dimensionsknoten erfolgen, um die Übersichtlichkeit zu wahren. Übergeordnete Dimensionsknoten stellen dann Wertkategorien für Konstantenausprägungen dar.

8.1.3 Fallbeispiel

Im Folgenden werden die vorangegangen Erläuterungen zur multidimensionalen Repräsentation systemdynamischer Flussmodelle am Beispiel eines Diffusionsmodells erläutert (Abbildung 53).⁷⁸⁶

---

[781] So kann bspw. Kontostand an einem Wochentag nicht mit den Kontoständen der übrigen Wochentage zu einem Wochenkontostand addiert werden. Vgl. Lehner (2003), S. 71; Bauer u. Günzel (2009), S. 197.

[782] Eine Kennzeichnung alternativer Verdichtungsfunktionen zur Addition ist in der verwendeten multidimensionalen Modellierungssprache ME/RM nicht vorgesehen. In anderen multidimensionalen Datenmodellierungssprachen, wie bspw. dem Dimensional Fact Modelling, werden nichtadditive Verdichtungsfunktionen durch Annotation der Kanten mit Schlüsselwörtern, wie AVG für die Durchschnittsbildung sowie MIN oder MAX für Minimal- und Maximalwerte gekennzeichnet. Vgl. Golfarelli et al. (1998). Vgl. auch Gabriel u. Gluchowski (1998), S. 499; Goeken (2006), S. 215 ff.

[783] Vgl. Horner et al. (2004), S. 87 f. Bestandsvariablen werden dort als temporal nichtadditiv bezeichnet.

[784] Vgl. Lehner (2003), S. 71.

[785] Vgl. Horner et al. (2004), S. 85 f.

[786] Der betriebswirtschaftliche Hintergrund, das Flussmodell und die zu Grunde liegenden Simulationsgleichungen sollen an dieser Stelle nicht ausführlich dargestellt werden und können dem Anhang entnommen werden (vgl. Anhang 1b).

Multidimensionale Repräsentation systemdynamischer Flussmodelle   237

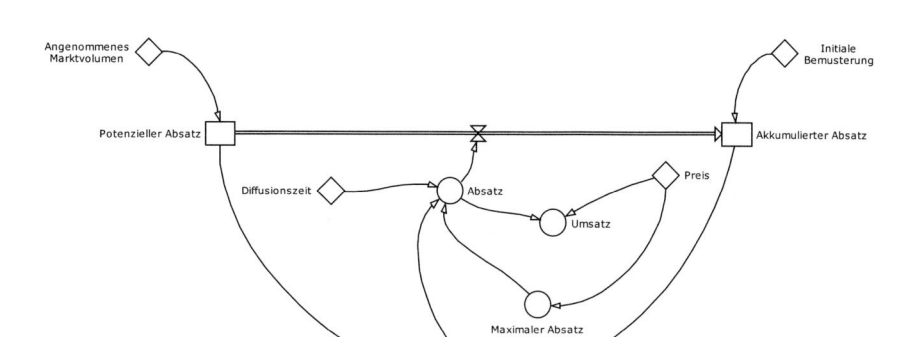

Abbildung 53: Beispielhaftes Flussmodell eines Diffusionsprozesses

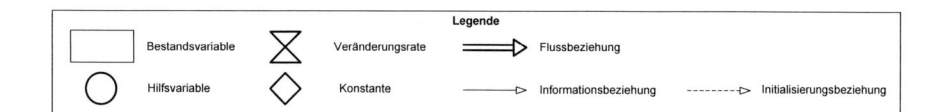

[Flussmodell-Diagramm mit folgenden Elementen: Angenommenes Marktvolumen, Initiale Bemusterung, Potenzieller Absatz, Akkumulierter Absatz, Diffusionszeit, Absatz, Preis, Umsatz, Maximaler Absatz, Diffusionsgrad]

Legende: Bestandsvariable, Veränderungsrate, Flussbeziehung, Hilfsvariable, Konstante, Informationsbeziehung, Initialisierungsbeziehung

Variablen und Additivität. Das Flussmodell besitzt zwei Bestandsvariablen (Potenzieller Absatz, Akkumulierter Absatz) und drei Hilfsvariablen (Absatz, Umsatz, Diffusionsgrad), die jeweils als *Kennzahl* im multidimensionalen Modell repräsentiert werden können. In dem präsentierten Modell finden sich demnach sowohl additive als auch semi- und nicht-additive Kennzahlen wieder. Die Kennzahlen, die Bestandsvariablen des zu Grunde liegenden Flussmodells repräsentieren, sind *semi-additiv*, d.h. sie können nicht über eine Zeitdimension verdichtet werden. Darüber hinaus ist die Hilfsvariable „Diffusionsgrad" *nicht additiv*, da sie ein Verhältnis zwischen den Bestandsvariablen „Potenzieller Absatz" und „Akkumulierter Absatz" darstellt. Als uneingeschränkt *additiv* sind demnach lediglich die Kennzahlen „Absatz" und „Umsatz" einzustufen, welche die gleichnamigen Hilfsvariablen des ursprünglichen Flussmodells repräsentieren. Für die im folgenden Abschnitt stattfindende Integration multidimensional repräsentierter Flussmodelle mit multidimensionalen Datenmodellen sollen zunächst nur diese uneingeschränkt additiven Kennzahlen verwendet werden.

Konstanten. Es finden sich insgesamt vier Konstanten in dem zu Grunde gelegten Flussmodell. Die Konstanten „Angenommenes Marktvolumen" sowie „Initiale Bemusterung" dienen der Initialisierung der Bestandsvariablen, d.h. sie geben deren Startwert zum Beginn der Simulationszeit vor. Die Konstanten „Preis" und „Diffusionszeit" haben unmittelbaren Einfluss auf die Berechnung des Absatzes. Alle Konstanten bilden eigene Parameterdimensionen. Eine hierarchische Organisation der Dimensionsknoten und der Aufbau von Verdichtungsbeziehungen sind bei dieser generellen Betrachtungsweise nicht vorgesehen. Erst nachdem Simulationsergebnisse repräsentiert werden, kann die genaue Anzahl der Dimensionsknoten ermittelt und deren hierarchische Organisation zur Beherrschung von Unübersichtlichkeit eingeleitet werden. Eine denkbare hierarchische Organisation einer Parameterdimension innerhalb des Beispiels wird weiter unten gesondert dargestellt.

Zeitdimension. Der Simulationszeitraum des Modells, d.h. der Anfangs- und Endzeitpunkt, kann frei gewählt werden, ebenso wie das Zeitintervall. In den zu Grunde gelegten Berechnungen wurden Tage als kleinste Zeiteinheit ausgewählt, da sie – interpretiert als primäre Dimensionsknoten – eine hierarchische Anordnung in alle gängigen Kalenderhierarchien zulassen. Abbildung 54 stellt das multidimensional repräsentierte Flussmodell des Fallbeispiels in Form eines ME/RM dar.

Abbildung 54: Multidimensional repräsentiertes System-Dynamics-Modell des Fallbeispiels

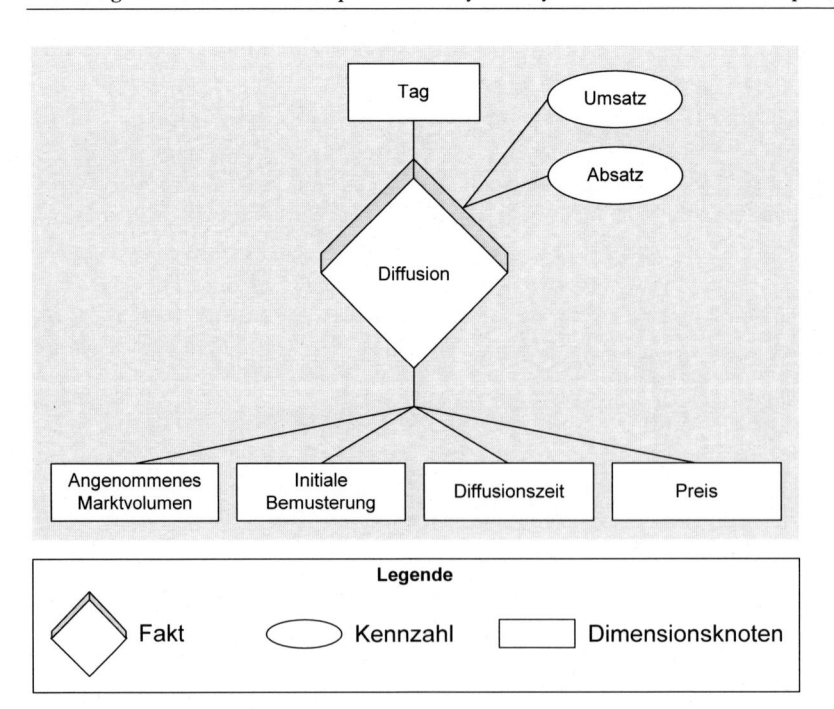

Hierarchische Dimensionsorganisation. Im Folgenden wird die Hierarchisierung einer Parameterdimension beispielhaft erläutert. Hierbei wird die Konstante Preis zwischen den Simulationen im Intervall von 1 bis 10 € variiert, was zu 10 primären Dimensionsknoten (1 bis 10 €) führt. Diese können bspw. unter drei Hierarchieknoten, „Niedriger Preis", „Mittlerer Preis" und „Hoher Preis", untergeordnet werden. Die Mitgliedschaftsbedingungen können dann als Liste Niedrig = {1, 2, 3}; Mittel = {4, 5, 6} oder Hoch = {7, 8, 9, 10} oder als Intervalle Niedrig = (Preis zwischen 0 und 3€), Mittel = (Preis zwischen 4 und 6 €) oder Hoch = (Preis über 7 €) definiert werden. Für eine Definition in Intervallform spricht, dass Dimensionsknoten, die durch erneute Simulation eines Flussmodells zur Verfügung stehen, sich anhand der definierten Intervalle automatisch unter einen Dimensionsknoten ordnen. In Bezug auf das vorangehende Beispiel würde bspw. ein Preis von 4,50 € unter den Hierarchieknoten „Mittlerer Preis" untergeordnet. Bei einer Definition in Listenform würde dies hingegen eine Aufnahme in die entsprechende Liste erfordern.

Abbildung 55: Beispielhafte hierarchische Organisation einer Parameterdimension

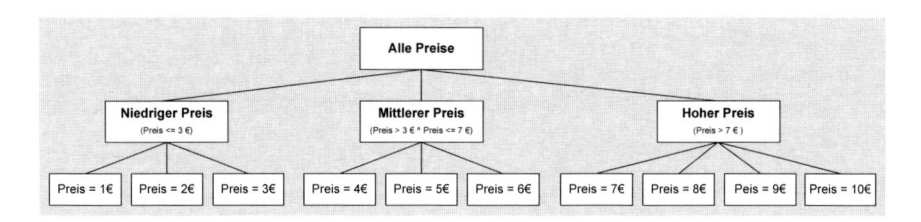

8.1.4 Schlussfolgerungen

Aus theoretischer Perspektive der Managementunterstützung können folgende Schlussfolgerungen gezogen werden. Ein systemdynamisches Flussmodell ist ein Begriffsmodell, das einen Sachverhalt der Realität auf Typebene repräsentiert. Die Simulationsergebnisse des Flussmodells stellen denkbare und in diesem Rahmen erwartete Ausprägungen unter den bestehenden Annahmen dar. Durch mehrfache Simulation eines Modells kann ein Raum denkbarer Ausprägungen erzeugt und in einem multidimensionalen Datenmodell repräsentiert werden. Derart repräsentierte Simulationsergebnisse stellen dann einen Erwartungsraum hinsichtlich der Ausprägungen des durch das Flussmodell repräsentierten Sachverhalts dar.

Aus Sicht der Business Intelligence stellen multidimensional repräsentierte Simulationsmodelle einen Vorratsspeicher für Simulationsergebnisse dar. Die bereitgestellte Unterstützungsleistung liegt einerseits in der Speicherung großer Datenmengen, andererseits im schnellen Abruf von Simulationsergebnissen. Eine Wiederholung der (ggf. zeitaufwändigen) Simulation gleichartiger Modelle ist nicht erforderlich, da einmal errechnete Simulationsergebnisse persistent gespeichert und abgerufen werden können. Die Unterstützungsleistung besteht daher aus einer Aufhebung bzw. Abschwächung von Speicherbeschränkungen des menschlichen Geistes, verbunden mit einer Beschleunigung des Abrufs von gespeicherten Informationen.

In Bezug auf die im Zwischenfazit formulierten Anforderungen an eine Lernunterstützung des Managements kann festgehalten werden, dass die multidimensional repräsentierten Flussmodelle Erwartungen in einer den Anforderungen der Informationsunterstützung entsprechenden Form speichern und bereitstellen [LIU-3]. Diese ermöglichen eine Gegenüberstellung mit anderen Formen der Informationsunterstützung und können dann zur Auslösung von Lernprozessen (Lernimpuls) herangezogen werden [LIU-1]. Multidimensional repräsentierte Flussmodelle können durch akkommodierende Lernprozesse adressiert werden und sind dann Gegenstand von strukturellen Veränderungen [LEU-4].

8.2 Integration von Flussmodellen mit multidimensionalen Datenmodellen

In den folgenden Abschnitten wird aufgezeigt, wie multidimensional repräsentierte Flussmodelle mit multidimensionalen Datenmodellen integriert werden können. Die Darstellung erfolgt zunächst generell (8.2.1) und dann am gewählten Fallbeispiel (8.2.2).

8.2.1 Modellintegration

Die Integration von multidimensionalen Datenmodellen des OLAP und multidimensional repräsentierten Flussmodellen des System-Dynamics-Ansatzes erfordert eine Abstimmung der Kennzahlen, Dimensionen sowie des Verdichtungsniveaus der Modelle.

Abbildung 56 stellt die Teilmodelle als Ausgangspunkt der Modellintegration übersichtsartig dar. Multidimensionale Datenmodelle des OLAP (linke Seite der Abbildung) repräsentieren dabei die Strukturen von tatsächlichen Daten der betrieblichen Realität und werden daher im Folgenden als *Ist-Datenmodelle* bezeichnet. Sie bestehen aus Kennzahlen und Dimensionen, welche die Kennzahlen in einem semantischen Kontext anordnen (Anordnungsdimensionen, s.u.). Multidimensional repräsentierte Flussmodelle stellen Strukturen gedachter oder erwarteter Sachverhalte dar, d.h. es handelt sich um artifizielle Daten. Um den Erwartungscharakter der enthaltenen Daten widerzuspiegeln (vgl. 8.1.4), werden diese Modelle im Folgenden als *Soll-Datenmodelle* bezeichnet. Sie bestehen, wie in 8.1.1 beschrieben, aus Kennzahlen einer Zeitdimension sowie Parameterdimensionen.

Integration von Flussmodellen mit multidimensionalen Datenmodellen 241

Abbildung 56: Ausgangsmodelle der Integration

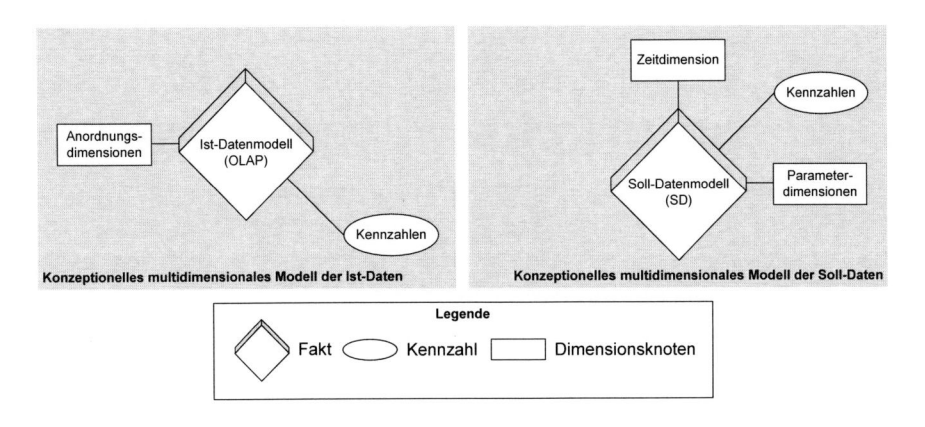

Konzeptionelles multidimensionales Modell der Ist-Daten — Konzeptionelles multidimensionales Modell der Soll-Daten

Legende: Fakt — Kennzahl — Dimensionsknoten

Kennzahlen. Der erste Schritt der Modellintegration hat die Abstimmung der Kennzahlen beider Modelle zum Gegenstand. Eine vergleichende Darstellung von Soll-Daten, als Erwartungen an die Ausprägungen eines Sachverhalts, und Ist-Daten als dessen tatsächliche Ausprägungen erfordert die Repräsentation des Gegenstands in beiden Teilmodellen. Demnach muss zur Integration der Teilmodelle mindestens eine Kennzahl in beiden Teilmodellen vorhanden sein. In einem integrierten Datenmodell ist die Herkunft der Daten zu einer Kennzahl auszuweisen, um identifizieren zu können, ob es sich um Aussagen zu einem tatsächlichen Sachverhalt (Ist-Daten) oder um Aussagen zu einem gedachten, erwarteten Sachverhalt auf Grundlage von Simulationsergebnissen handelt (Soll-Daten).[787]

Integration von Dimensionen. Über die Kennzahlen der Teilmodelle hinaus bedarf es einer Abstimmung der in einem integrierten Modell zu verwendenden Dimensionen. Diese stellen eine durch Kennzahlen formulierte Aussage zu einem Sachverhalt in einen semantischen Kontext. Um Aussagen zu tatsächlichen Sachverhalten mit diesbezüglichen Erwartungen zu vergleichen, müssen diese Aussagen sich in einem gemeinsamen Kontext befinden. Sowohl in Ist- als auch in Soll-Datenmodellen werden Kennzahlen durch Dimensionen in einen semantischen Kontext gestellt. Hierbei ist jedoch zwischen zwei Ar-

---

[787] Dies kann bspw. durch eine entsprechende Benennung der Kennzahlen oder durch die zusätzliche Schaffung einer gemeinsam verwendeten „Datenart"-Dimension realisiert werden, welche die Kennzahlen hinsichtlich ihrer Herkunft qualifiziert. Vgl. hierzu Gabriel u. Gluchowski (1998), S. 495; Gluchowski et al. (2008), S. 154.

ten von Dimensionen zu unterscheiden, die sich hinsichtlich der Form des semantischen Kontextes und der Reichweite unterschieden.

- *Parameterdimensionen* qualifizieren ausschließlich Daten in Soll-Datenmodellen und spiegeln die kausale Abhängigkeit von Kennzahlen von den Konstanten (Parametern) eines zu Grunde liegenden Flussmodells dar. Insofern kann hier auch von einem kausalen semantischen Kontext gesprochen werden. In Ist-Datenmodellen kann ein derartiger kausaler Kontext nicht identifiziert werden, da die zu Grunde liegenden Daten faktisch durch genau eine Parameterkombination (bspw. einen Preis, einen Zinssatz oder eine Lieferfrist) zu einem bestimmten Zeitpunkt entstehen; die gleichzeitige Betrachtung hypothetischer Parameterkombinationen kann lediglich in den durch Simulationsmodelle erzeugten artifiziellen Realitäten erfolgen.

- *Anordnungsdimensionen* qualifizieren Daten, indem sie diese im dargestellten Sinne in Beziehung zu Bezugsbegriffen stellen und so einen semantischen Kontext für diese bilden (vgl. 3.1.3). Anordnungsdimensionen werden hauptsächlich in Ist-Datenmodellen verwendet, finden sich jedoch – in Form einer Zeitdimension – auch in Soll-Datenmodellen.

Zur Integration der Modelle ist es erforderlich, einen gemeinsamen semantischen Kontext für die Modelle durch Verwendung gemeinsamer Dimensionen herzustellen.

Soll-Datenmodelle enthalten neben der Zeitdimension keine weiteren explizit formulierten Anordnungsdimensionen. Diese können aufgrund fehlender Modellierungskonstrukte (vgl. 7.2.2.1) in einem zu Grunde liegenden Flussmodell nicht repräsentiert werden. Dennoch besitzen Flussmodelle eine Gültigkeit in Bezug auf Anordnungsdimensionen, die sich aus dem Kontext eines Modells, bspw. einer ergänzenden verbalen Beschreibung herleiten lassen.[788]

Dahingegen enthalten Ist-Datenmodelle eine Reihe von Anordnungsdimensionen. Das Vorhandensein einer Zeitdimension, wie in Soll-Datenmodellen, ist allerdings nicht zwingend erforderlich. Es kann jedoch davon ausgegangen werden, dass Ist-Datenmodelle mit zeitbezogenen Daten aus einem Data Warehouse befüllt werden, sodass auch hier die Existenz einer Zeitdimension angenommen werden kann. Demnach können die Teilmodelle durch die Nutzung einer gemeinsamen Zeitdimension die durch Kennzahlen formulierten Aussagen in einen gemeinsamen (temporalen) semantischen Kontext stellen.

---

[788] So kann für das beispielhaft dargestellte Flussmodell eines Diffusionsprozesses auf ein bestimmtes Produkt sowie eine bestimmte Vertriebsregion bezogen werden, obwohl dies im Flussmodell nicht explizit ausgedrückt werden kann. Vielmehr ergeben sich diese Kontextinformationen aus ergänzenden Beschreibungen des durch das Flussmodell repräsentierten Sachverhalts (vgl. Anhang 1b).

Darüber hinaus kann ein gemeinsamer semantischer Kontext zwischen den Teilmodellen durch die Konkretisierung der Gültigkeit des Soll-Datenmodells in Bezug auf vorhandene Anordnungsdimensionen des Ist-Datenmodells hergestellt werden. Hierzu müssen diejenigen Anordnungsdimensionen eines Ist-Datenmodells gekennzeichnet werden, die auch für ein Soll-Datenmodell Gültigkeit besitzen.

Verdichtungsniveau. Über die nominelle Abstimmung der gemeinsam verwendeten Dimensionen hinaus ist es erforderlich, das Verdichtungsniveau zu konkretisieren, auf dem ein gemeinsamer semantischer Kontext zwischen Ist- und Soll-Datenmodellen hergestellt wird. Bezogen auf eine gemeinsam verwendete Zeitdimension zwischen den Teilmodellen bedeutet dies, dass die durch die Wahl des Simulationsintervalls gebildeten primären Dimensionsknoten der Zeitdimension des Soll-Datenmodells eine Entsprechung in den Dimensionsknoten der Zeitdimension des Ist-Datenmodells haben müssen.[789] Bei der Konkretisierung der Anordnungsdimensionen des Ist-Modells in einem Soll-Modell muss dann ebenfalls das Verdichtungsniveau angegeben werden, auf dem ein semantischer Kontext hergestellt wird.

Abbildung 57 stellt den Konkretisierungs- und Abstimmungsbedarf zwischen Ist- und Soll-Datenmodellen (linke Seite) sowie ein integriertes Datenmodell (rechte Seite) übersichtsartig dar. Im integrierten Datenmodell sind die Fakten der Teilmodelle zu einem gemeinsamen Fakt gruppiert. Dimensionen, die ausschließlich für das Ist- oder Soll-Datenmodell gültig sind, werden direkt mit dem entsprechenden Fakt verknüpft. Dahingegen knüpfen Dimensionen, die gemeinsam durch das integrierte Modell genutzt werden, an die Gruppierung an.

---

[789] Werden die Simulationsgleichungen eines Flussmodells bspw. tageweise fortgeschrieben, ergeben sich daraus in einer multidimensionalen Repräsentation Dimensionsknoten vom Typ Tag. Für eine Integration mit einem Ist-Datenmodell ist es daher erforderlich, dass eine dort vorhandene Zeitdimension ebenfalls Dimensionsknoten vom Typ Tag aufweist oder der Zeiteinheit Tag untergeordnete Einheiten, bspw. Stunden, zu einer Zeiteinheit Tag verdichtet werden können. Dies gilt analog für andere Zeiteinheiten, wie Wochen, Monate, Quartale, Jahre etc.

Abbildung 57: Abstimmungsbedarf zwischen Ist- und Soll-Datenmodellen und integriertes Datenmodell

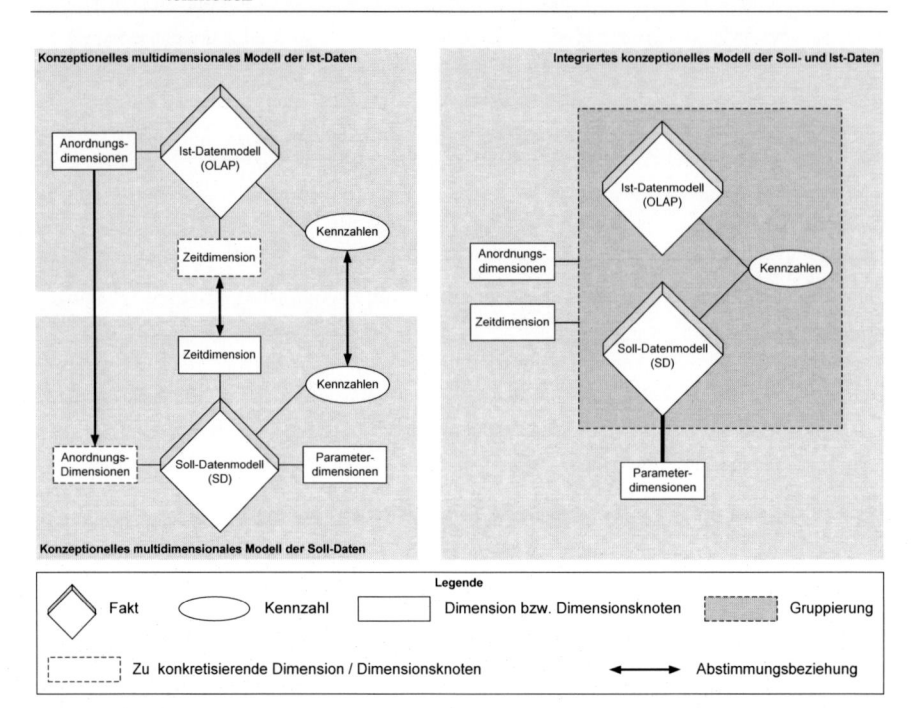

8.2.2 Fallbeispiel

Die zuvor theoretisch erläuterte Modellintegration wird in diesem Abschnitt an einem Fallbeispiel nachvollzogen. Als Ausgangsmodelle dienen hierbei einerseits das multidimensional repräsentierte Flussmodell aus 8.1.3 sowie andererseits ein multidimensionales Datenmodell des Vertriebsreportings (vgl. Anhang 1a sowie 5.2.2.1.2).[790] Das multidimensionale Datenmodell des Vertriebsreportings stellt dabei das Ist-Datenmodell dar, das multidimensional repräsentierte Flussmodell das Soll-Datenmodell. In Abbildung 58 findet sich eine Gegenüberstellung der Datenmodelle sowie ein Aufzeigen der erforderlichen Abstimmungen zwischen ihnen.

---

[790] Für eine ausführliche Beschreibung des den Fallbeispielen zu Grunde liegenden betriebswirtschaftlichen Sachverhalts vgl. Anhang 1a.

Integration von Flussmodellen mit multidimensionalen Datenmodellen 245

Abbildung 58: Aufzeigen der Konkretisierungs- und Abstimmungsbeziehungen zwischen den Ausgangsmodellen

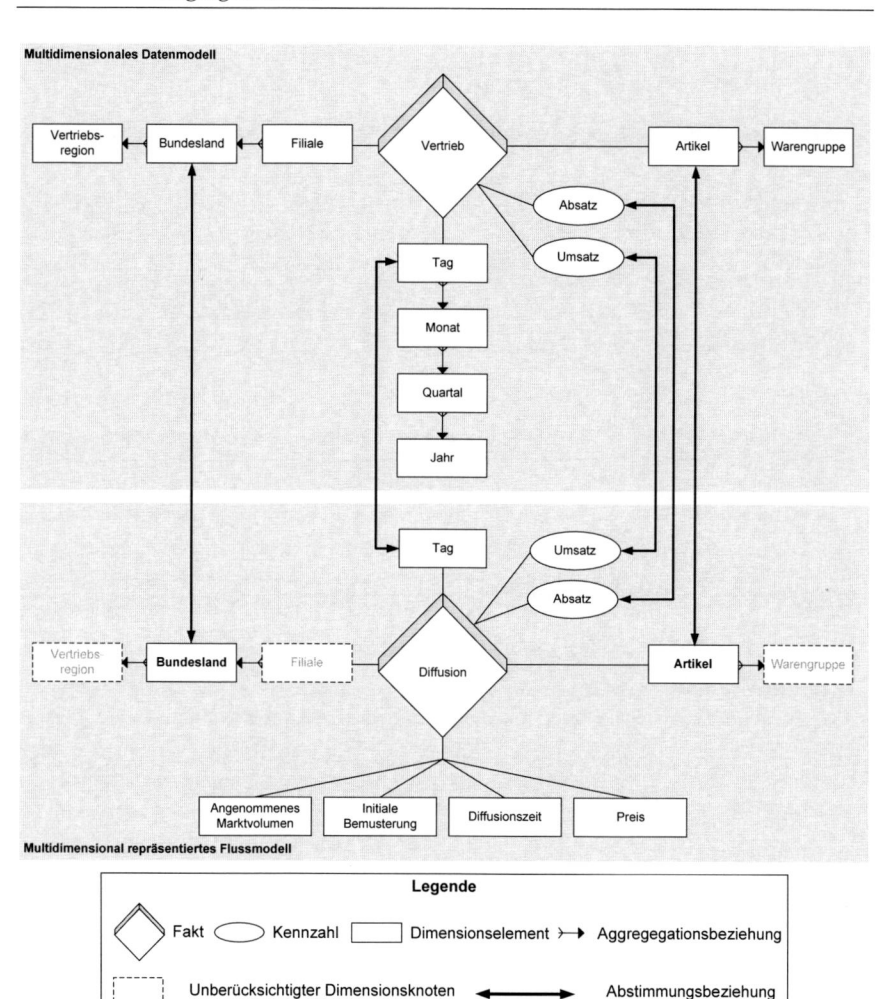

Wie in Abbildung 58 dargestellt ergibt sich zwischen den Modellen folgender Abstimmungsbedarf.

- Die *Kennzahlen* der Teilmodelle stimmen überein, sodass beide Aussagen über einen gemeinsamen Gegenstand formulieren.

- In den Teilmodellen ist jeweils eine *Zeitdimension* vorhanden, sodass Aussagen in einen gemeinsamen (temporalen) semantischen Kontext gestellt werden können. Die Teilmodelle korrespondieren in dieser Zeitdimension auf dem Verdichtungsniveau „Tag", welches auf Seiten des Soll-Datenmodells durch das Simulationsintervall definiert wird. Im Ist-Datenmodell stellt „Tag" den primären Dimensionsknoten der Zeitdimension dar und wird zu den übergeordneten Dimensionsknoten Monat, Quartal und Jahr verdichtet. Durch die Korrespondenz auf der Ebene der primären Dimensionsknoten können auch die Daten des Soll-Datenmodells entlang des durch das Ist-Datenmodell bereitgestellten Dimensionspfads verdichtet werden. Alternativ hierzu ist es möglich, das dem Soll-Datenmodell zu Grunde liegende Flussmodell in einem Simulationsintervall zu simulieren, das einer höheren Verdichtungsstufe der Zeitdimension des Ist-Datenmodells entspricht, bspw. Wochen oder Monaten.

- Hinsichtlich der weiteren Anordnungsdimensionen „Artikel" und „Vertriebsorganisation" des Ist-Datenmodells müssen die diesbezüglich impliziten Annahmen des Soll-Datenmodells expliziert werden.

- Das Flussmodell beschreibt den Diffusionsprozess von Artikeln, so wie dieser in dem zuvor eingeführten theoretischen Diffusionsmodell dargestellt wurde. Die Simulationsergebnisse werden demnach durch einen „Artikel" qualifiziert. In einem multidimensional repräsentierten Flussmodell kann daher ein Dimensionsknoten „Artikel" erstellt und hierüber eine Korrespondenz zur *Artikeldimension* des Ist-Datenmodells hergestellt werden. Da es sich bei Artikeln zugleich um den primären Dimensionsknoten einer Artikeldimension handelt, können die Kennzahlen des Soll-Datenmodells – bei Vorliegen von Simulationsergebnissen zu weiteren Artikeln – zu einer Betrachtung auf Ebene der „Warengruppen" verdichtet werden.

- Unter Gesichtspunkten der *Vertriebsdimension* simuliert das zu Grunde gelegte Flussmodell den Diffusionsprozess auf Ebene der Bundesländer, sodass auch hier eine Entsprechung zwischen Ist- und Soll-Datenmodell vorliegt. Hierbei handelt es sich jedoch nicht um eine Korrespondenz zwischen primären Dimensionsknoten, da die durch das Soll-Datenmodell repräsentierten Simulationsergebnisse auf dem höheren Verdichtungsniveau „Bundesland" vorliegen.[791] Für das Verdichtungsniveau „Filiale" existieren im Soll-Modell demnach keine Daten. Allerdings können die Soll-Daten – bei Vorliegen von Simulationsergebnissen zu weiteren

---

[791] Bauer und Günzel bezeichnen dies als eine niedrigere Erfassungsgranularität. Vgl. Bauer u. Günzel (2009), S. 188.

Integration von Flussmodellen mit multidimensionalen Datenmodellen   247

Bundesländern – zu einer Betrachtung auf Ebene der „Vertriebsregionen" verdichtet werden.

Abbildung 59: Integriertes multidimensionales Datenmodell der Flussmodelle

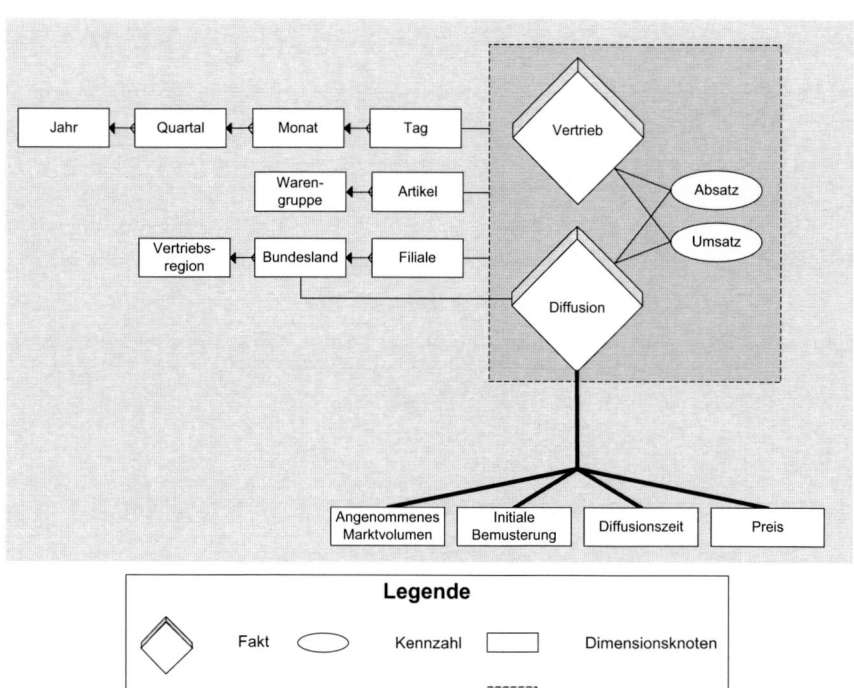

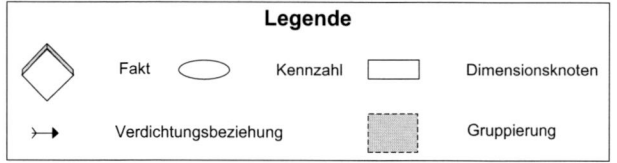

Abbildung 59 stellt das integrierte multidimensionale Datenmodell der Ist- und Soll-Daten übersichtsartig dar. Hierbei sind die Fakten der Teilmodelle zu einem gemeinsamen Fakt gruppiert. Dimensionen, die ausschließlich für das Ist- oder Soll-Datenmodell gültig sind, werden direkt mit dem entsprechenden Fakt verknüpft. Dimensionen, die gemeinsam durch das integrierte Modell genutzt werden, knüpfen direkt an die Gruppierung an. Dabei werden die Beziehungen des Soll-Fakts (Diffusion) zum verdichteten Dimensionsknoten „Bundesland" der Dimension „Vertriebsregion" durch eine direkte Verbindung dargestellt.[792]

8.2.3 Schlussfolgerungen

Aus den Betrachtungen integrierter Modelle können folgende Schlussfolgerungen gezogen werden.

- Aus der theoretischen Sicht der Managementunterstützung werden in integrierten Modellen Erwartungen (durch das multidimensional repräsentierte Flussmodell) und tatsächliche Sachverhalte (durch das multidimensionale Datenmodell des OLAP) miteinander konfrontiert. Dabei stellen die Ist-Daten einen wahrgenommenen Sachverhalt dar, wobei die Wahrnehmung, u.a. durch die Filtermechanismen von ETL-Prozessen, selektiv erolgte. Die Wahrnehmung richtet sich dabei an Begriffsmodellen zu bekannten Gegenständen aus, die den Kennzahlen und Dimensionen multidimensionaler Datenmodelle zu Grunde liegen. Die Soll-Daten spiegeln denkbare, erwartete Ausprägungen eines bekannten Sachverhalts wider. Auch hier liegt ein Begriffsmodell zu Grunde, sodass die Simulationsergebnisse Erwartungen an den Sachverhalt wiederspiegeln. Somit wird durch BI ein Pendant für die Konfrontation von Erwartungen mit tatsächlichen Wahrnehmungen geschaffen.

- Durch Gegenüberstellung der Kennzahlen der Ist- und Soll-Datenmodelle können Abweichungen zwischen den erwarteten und den tatsächlichen Kennzahlenausprägungen ermittelt werden. Ein gemeinsamer semantischer Kontext der Kennzahlen erhöht dabei die Präzision der Einzelaussagen sowie die eines darauf basierenden Vergleichs. Hierdurch kann Anforderung [LIU-1] als erfüllt angesehen werden.

- In Bezug auf Anforderung [LEU-4] kann festgehalten werden, dass nun mit Ist- und Soll-Datenmodellen sowie einem integrierten Datenmodell durch Akkommodation adressierbare Modelle existieren, die in deren Verlauf verändert werden können. Die Einordnung dieser Modelle in die integrierte Architektur für BI-Modelle wird im folgenden Abschnitt dargestellt.

8.3 Einordnung in die integrierte Architektur für BI-Modelle

Die in 5.2.2.3 dargestellte integrierte Architektur für BI-Modelle wird durch zwei Dimensionen beschrieben: einerseits durch die Schichten einer generischen BI-Architektur, die Stationen des Datenflusses von den Datenquellen zu den Analysesystemen darstellt, ande-

---

[792] Vgl. die Ausführungen zur Modellierung von „Multi Cube Datenmodellen" im Rahmen des ME/RM in Sapia et al. (1999a), S. 111; Goeken (2006), S. 207 f.; Bauer u. Günzel (2009), S. 188 f.

rerseits durch die Abstraktionsebenen der Datenmodellierung, welche ein Modell hinsichtlich der Nähe zur natürlichen Sprache bzw. technischen Realisierung einordnet. Die in 8.2 erläuterte Integration multidimensionaler Datenmodelle mit systemdynamischen Flussmodellen erfolgt, legt man diese Dimensionen zu Grunde, auf der Analyseschicht sowie in Form benutzernaher, konzeptioneller Datenmodelle.

Abbildung 60: Einordnung des integrierten Datenmodells in die integrierte Architektur für BI-Modelle

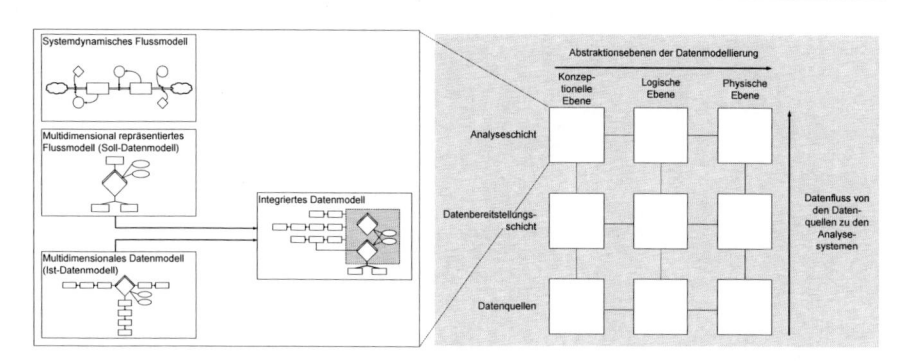

Die Implementierung der integrierten Modelle in BI-Systeme erfordert es zunächst, diese vor dem Hintergrund der umsetzenden Technologie in Form eines logischen Modells zu betrachten. In Abschnitt 8.3.1 wird daher gezeigt, wie das konzeptionelle integrierte Datenmodell in ein logisches Datenmodell auf Grundlage relationaler Datenbanken überführt werden kann.

Darauf aufbauend werden in 8.3.2 die Datenflüsse zwischen den betrachteten Modellen, d.h. den systemdynamischen Flussmodellen (Soll-Datenmodelle), multidimensionalen Datenmodellen (Ist-Datenmodelle) sowie dem integrierten Datenmodell erläutert.

8.3.1 Logische Datenmodelle

Die konzeptionellen Modelle der Analyseschicht können wie folgt in ein logisches, d.h. ein technologieabhängiges Modell überführt werden. Abbildung 61 stellt die Modelle sowie deren Pendant auf logischer Ebene der Datenmodellierung übersichtsartig dar. Die multidimensionalen Datenmodelle (Ist-, Soll- sowie integriertes multidimensionales Datenmodell) sind dabei grau hinterlegt.

Abbildung 61: Überführung konzeptioneller multidimensionaler Datenmodelle in logische Datenmodelle

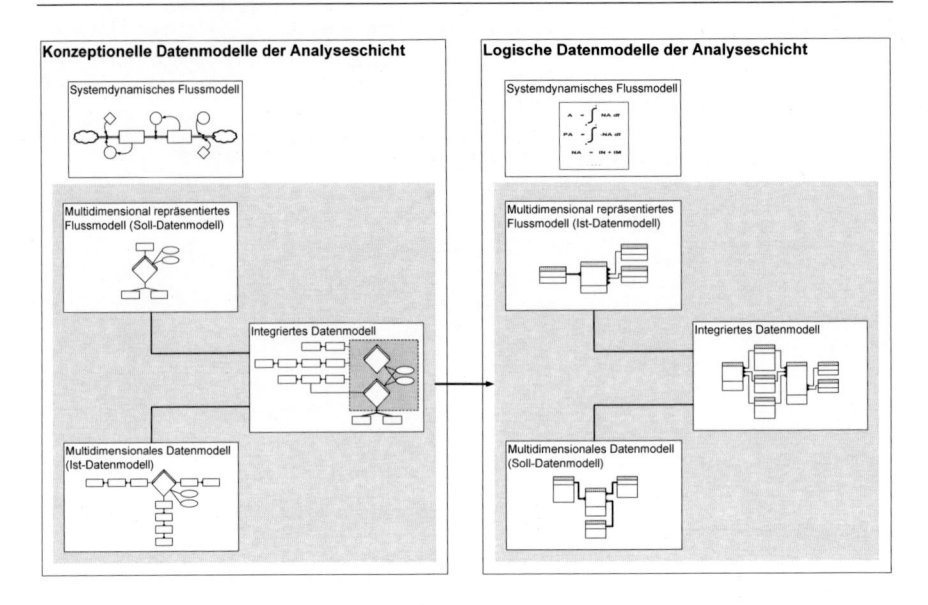

Die Übersetzung der Ist- und Soll-Datenmodelle sowie des systemdynamischen Flussmodells in die jeweiligen logischen Pendants erfolgt wie in den Abschnitten 5.2.2.1.2, 5.2.2.3 und 6.2.3 dargestellt. Die Übersetzung des integrierten Modells erfordert folgende Schritte.

- **Fakttabellen.** Für jedes der Fakt-Konstrukte des integrierten Modells auf konzeptioneller Ebene wird eine eigene Fakttabelle gebildet. Dabei sind jeweils Attribute für die Kennzahlen sowie die Fremdschlüssel der gemeinsam genutzten Anordnungs-Dimensionstabellen zu bilden. Die Fakttabelle der Soll-Daten enthält darüber hinaus noch Attribute zur Aufnahme der Fremdschlüssel der Parameter-Dimensionstabellen. Der Primärschlüssel der Fakttabellen wird dann als zusammengesetzter Schlüssel über die Attribute der Fremdschlüssel der verbundenen Dimensionstabellen definiert.

- **Dimensionstabellen.** Für jede Dimension des konzeptionellen Modells (Anordnungs- und Parameterdimensionen) werden Dimensionstabellen gebildet. Diese enthalten Attribute für die Primärschlüssel sowie Attribute für die Aufnahme von Dimensionsdaten (Hierarchie- und Verdichtungsinformationen, Bezeichnungen der Dimensionsknoten).

Ein derartiges logisches Datenmodell des OLAP, in dem mehrere Fakttabellen gemeinsame Dimensionstabellen („conformed dimensions") nutzen, wird als Galaxie oder Galaxy-Schema bezeichnet (vgl. 5.2.2.1.2).[793]

Abbildung 62 stellt ein generisches logisches Modell integrierter Ist- und Soll-Datenmodelle übersichtsartig dar. Auf der linken Seite der Abbildung sind die generischen logischen Datenmodelle der Ist- und Soll-Teildatenmodelle dargestellt, auf der rechten Seite das generische logische Datenmodell des integrierten Datenmodells.

Werden die vorangehend beschriebenen generischen Übersetzungsanweisungen auf das integrierte Datenmodell des Fallbeispiels übertragen, so resultiert daraus das in Abbildung 63 dargestellte logische Datenmodell.

---

[793] Eine Alternative zur „klassischen" logischen multidimensionalen Datemodellierung durch das Star-Schema und dessen Varianten ist der Data-Vault-Ansatz. Im Rahmen dieses Ansatzes wird nicht in Fakt- und Dimensionstabellen unterschieden, sondern in Naben-, Verbindungs- und Satelliten-Entitäten. Eine Naben-Entität umfasst dabei lediglich den Primärschlüssel einer Geschäftsentität, bspw. Kunden, Rechnungen, Mitarbeiter. Verbindungs-Entitäten stellen Transaktionen dar, an denen einer oder mehrere Geschäftsentitäten beteiligt sind. Die Abbildung dieser Transaktion erfolgt durch Zuordnung der Primärschlüssel beteiligten Naben-Entitäten. Naben- und Verbindungsentitäten können nen bei Bedard durch Attribute, wie das Ladedatum oder die Datenquelle sowie ggf. einen Surrogatschlüssel angereichert wird. Satelliten-Entitäten stellen letztendlich den beschreibenden Kontext für Naben-Entitäten dar. Dieser Kontext wird historisiert, indem – neben dem Primärschlüssel der Naben-Entität – zwingend ein Ladedatum vorhanden sein muss. Vgl. Lindstedt (2002).

Ein Anwendungsbereich des Data-Vault-Ansatzes ist die Konservierung historischer Kontexte. Durch die zwingende Zeitstempelung der Informationskontext können bestimmte Zeitpunkte der Vergangenheit jederzeit wiederhergestellt werden kann („Was-as-was"-Betrachtung). Im Rahmen der „klassischen" Dimensionalen Modellierung erfolgt dies durch verschiedene Konzepte der „Slowly Changing Dimensions", wobei auch hier quantifizierende Informationen in Dimensionstabellen historisiert werden können. Vgl. Kimball u. Ross (2002).

Abbildung 62: Generisches logisches Modell integrierter Ist- und Soll-Datenmodelle

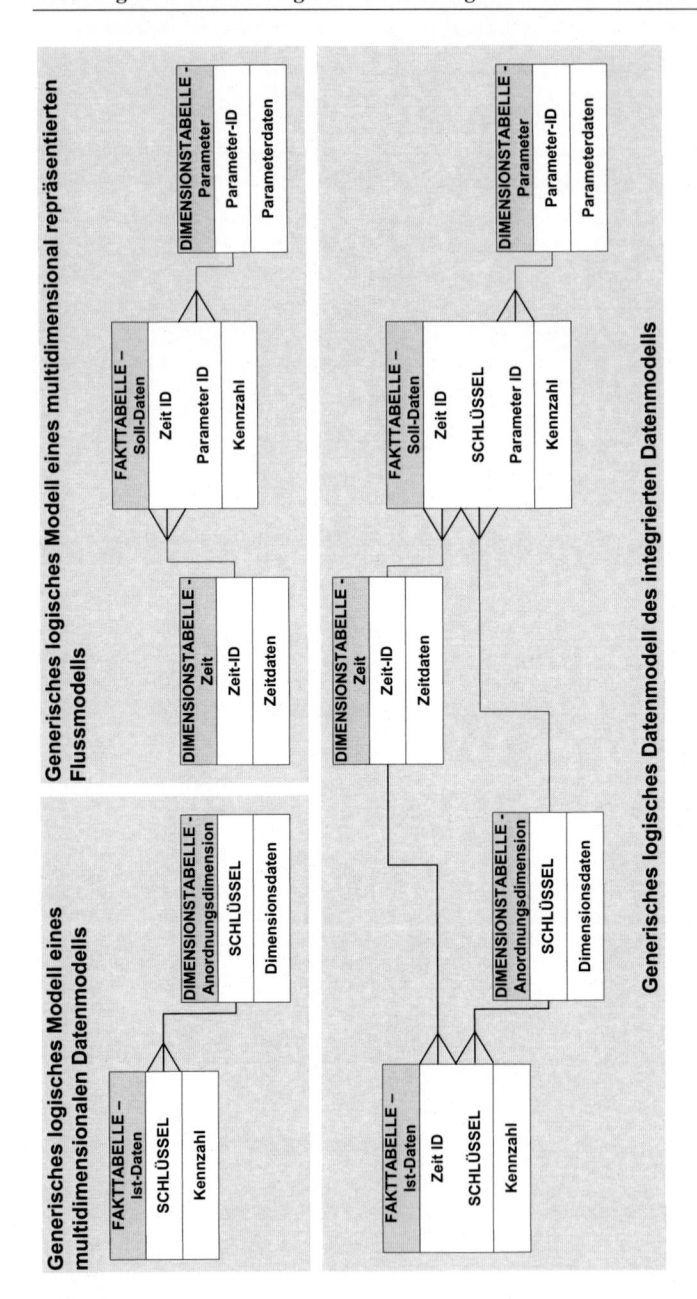

Einordnung in die integrierte Architektur für BI-Modelle 253

Abbildung 63: Logisches Modell des integrierten Datenmodells des Fallbeispiels

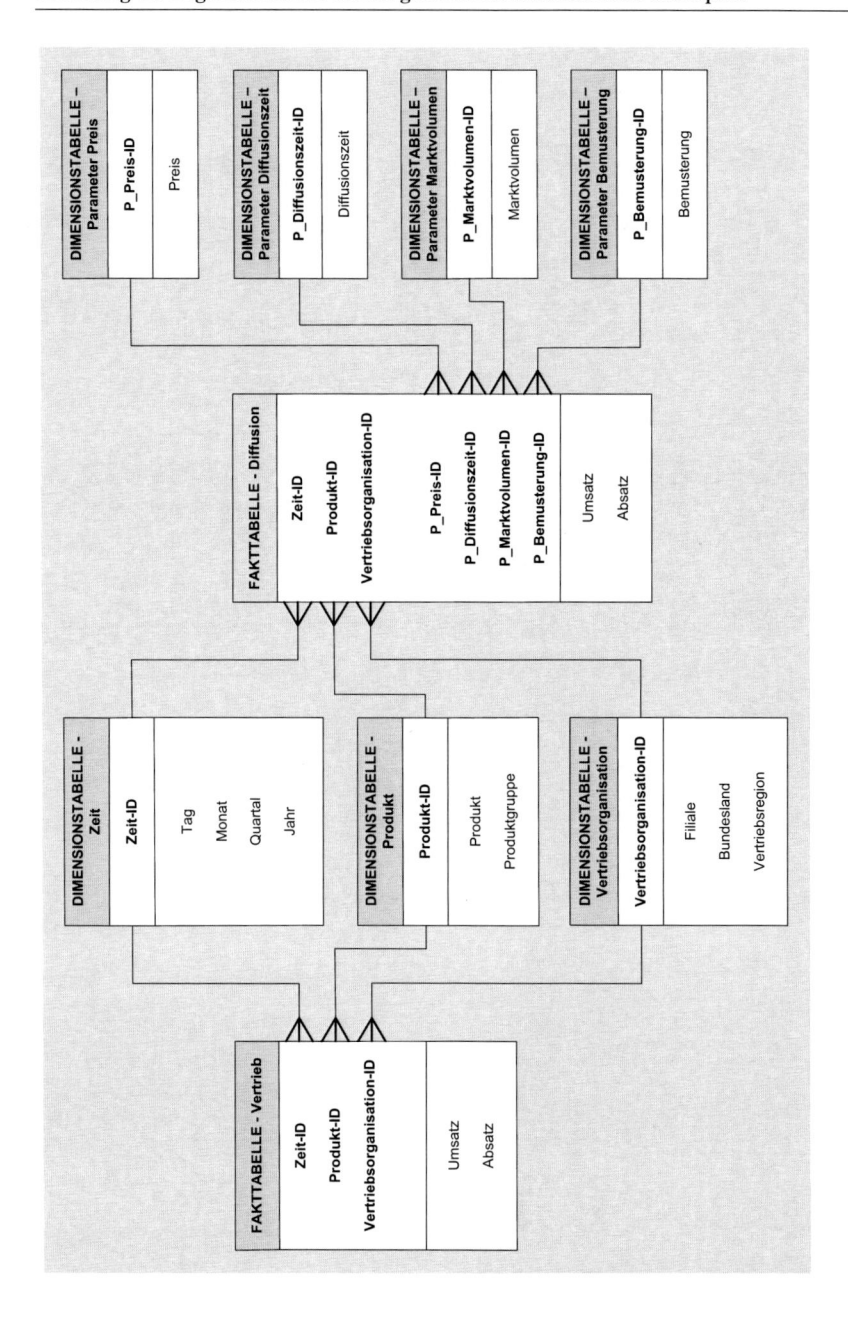

Hierbei werden *Fakttabellen* für die Fakt-Konstrukte „Vertrieb" und „Diffusion" gebildet, die jeweils Attribute für die gemeinsamen Kennzahlen „Absatz" und „Umsatz" sind. Zudem werden in beiden Fakttabellen Attribute zur Aufnahme der Fremdschlüssel der gemeinsamen Anordnungs-Dimensionstabellen „Zeit", „Produkt" und „Vertriebsorganisation" gebildet („Zeit-ID", „Produkt-ID" bzw. „Vertriebsorganisation-ID"). In der Fakttabelle „Diffusion" werden zusätzlich zu den Attributen für die Fremdschlüssel der Anordnungs-Dimensionen Attribute zur Aufnahme der Fremdschlüssel der Dimensionstabellen der Parameterdimensionen erstellt. Die Primärschlüssel der Fakttabellen werden dabei aus den enthaltenen Fremdschlüsseln der Dimensionstabellen zusammengesetzt. Weiterhin wird für jede Dimension jeweils eine Dimensionstabelle erstellt, welche einerseits Attribute für den Primärschlüssel, andererseits Attribute für die Dimensionshierarchie enthalten.

8.3.2 Datenflüsse

Nachdem nun Speicherstrukturen bestehen, werden im Folgenden die Datenflüsse zwischen und zu den Datenspeichern beschrieben. Hierbei werden die grundsätzlichen Flüsse zwischen den Modellen unabhängig vom Abstraktionsniveau der Datenmodellierung vorgestellt. Abbildung 64 stellt diese Datenflüsse übersichtsartig dar, die im Folgenden erläutert werden.

Einordnung in die integrierte Architektur für BI-Modelle 255

Abbildung 64: Datenflüsse zwischen Modellen der Lernunterstützung des Managements in der integrierten Architektur für Business-Intelligence-Modelle

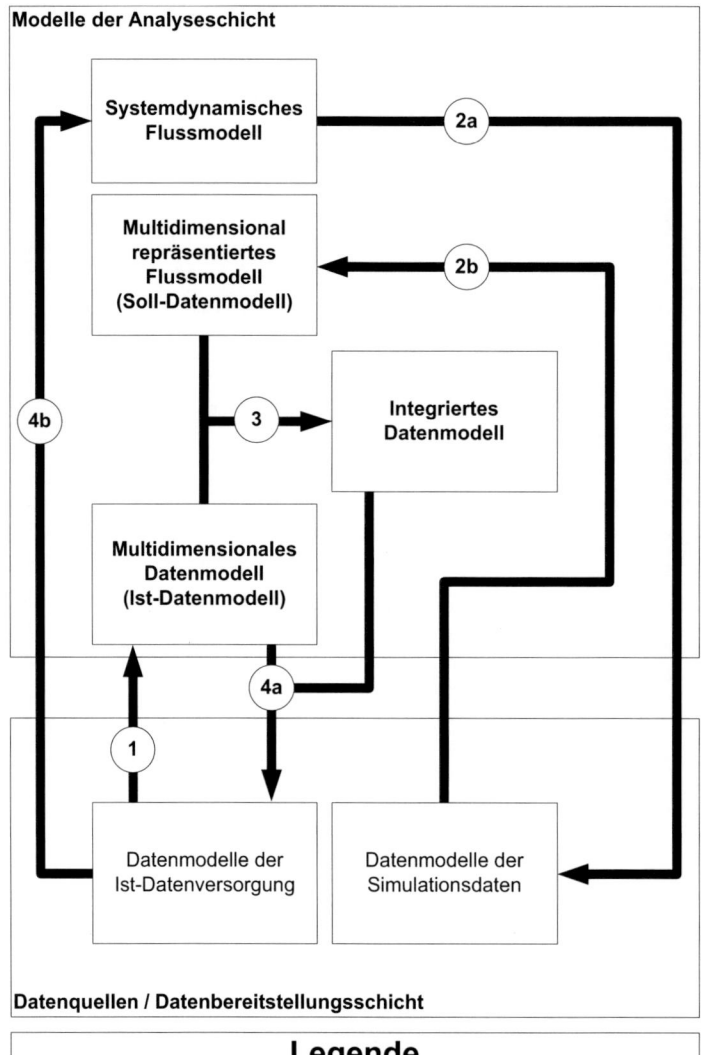

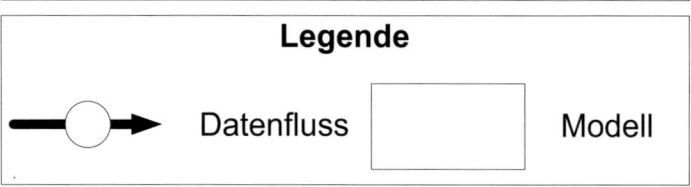

Datenfluss 1 stellt die Versorgung multidimensionaler Datenmodelle des OLAP mit Daten aus den internen und externen Datenquellen dar und entspricht der in 5.2.1.2.1 dargestellten Datenversorgung analytischer BI-Systeme durch ein Data Warehouse.

Die **Datenflüsse 2a und 2b** stellen den Fluss von Simulationsdaten dar. In Datenfluss 2a werden die durch Simulation der Flussmodelle generierten Ergebnisse in eine Form überführt, die einen Zugriff durch ETL-Prozesse des Data Warehouse ermöglicht.[794] Datenfluss 2b beschreibt dann den Fluss der Simulationsergebnisse in die durch das multidimensional repräsentierte Flussmodell gebildeten Speicherstrukturen.

Datenfluss 3. Das integrierte Datenmodell wird aus den Tabellen der multidimensionalen Datenmodelle der Ist- und Soll-Daten versorgt. Hierbei können die Daten aus den Ist- und Soll-Datenmodellen weitestgehend unverändert übernommen werden. Im Zuge des Ladens in die Tabellen des integrierten Modells müssen die Schlüsselwerte für die gemeinsam genutzten (Anordnungs-)Dimensionstabellen in die Fakttabelle des Soll-Teilmodells und ggf. die Schlüsselwerte für die gemeinsam genutzte Zeitdimension abgestimmt und in die Fakttabellen geladen werden.

Datenfluss 4a und 4b. Das multidimensionale Datenmodell der Ist-Daten sowie das Teilmodell der Ist-Daten des integrierten Datenmodells können als Quelle von Referenzdaten für systemdynamische Flussmodelle herangezogen werden. Hierbei werden definierte Abfragen über Ist-Daten in Form von Zeitreihen bereitgestellt (Datenfluss 4a), die dann den systemdynamischen Flussmodellen zufließen (Datenfluss 4b).

Es können alternative Formen und Wege von Datenflüssen existieren, bspw. dem direkten Laden der Simulationsdaten in ein integriertes Schema. Hierbei handelt es sich jedoch um Entwurfsentscheidungen, die vor dem Hintergrund konkreter technischer Anforderungen betrachtet werden müssen. Dies geht über die hier erfolgte generelle Darstellung hinaus und soll an dieser Stelle nicht weiter betrachtet werden.

8.4 Schlussfolgerungen

Durch die dargestellte Integration systemdynamischer Flussmodelle und multidimensionaler Datenmodelle wird eine Reihe von Anforderungen an eine Lernunterstützung des Managements bedient.

---

[794] Die Form der Bereitstellung von Simulationsergebnissen ist abhängig von der konkreten Simulationsumgebung und kann bspw. in Form von Flatfiles oder durch direkte Speicherung in relationalen Strukturen erfolgen.

- Durch die Gegenüberstellung von Erwartungen und Wahrnehmung durch Ist- und Soll-Datenmodelle in Form eines integrierten Datenmodells werden die Voraussetzungen für einen Vergleich sowie eine Datenaustausch zwischen diesen geschaffen. Durch den Vergleich von Ist- und Soll-Daten ist es nun möglich, Unterstützungsangebote für das Auslösen von Lernimpulsen zu etablieren, sodass Anforderung [LIU-1] als erfüllt angesehen werden kann. Durch den Datenaustausch zwischen den Ist- und Soll-Datenmodellen können Assimilationen unterstützt werden, indem einerseits Daten des auslösenden Sachverhalts an ein systemdynamisches Flussmodell weitergegeben und dort simuliert werden können. Andererseits können die Simulationsergebnisse, d.h. die Ergebnisse eines assimilierenden Lernens, für das Auslösen weiterer Lernprozesse zur Verfügung gestellt werden. Die Anforderungen [LIU-3] und [LEU-3] können somit als erfüllt angesehen werden.

- Die durch SD bereitgestellten Möglichkeiten zur Modellierung von Flussmodellen können zur Strukturierung teilweise oder vollständig unbekannter Sachverhalte herangezogen werden. Anforderung [LEU-1] kann somit als erfüllt angesehen werden.

- Durch die Möglichkeit des Datenflusses aus Ist-Datenmodellen in Flussmodelle können faktische Ausprägungen als Referenz oder Input für Simulationen herangezogen werden. Hierdurch wird es einerseits ermöglicht, die zeitliche Entwicklung eines faktischen Sachverhalts geistig vorwegzunehmen. Andererseits können durch Simulation neu gebildeter Begriffsmodelle Erwartungen an deren mögliche Ausprägungen gebildet werden. Die Anforderungen [LIU-2] bzw. [LEU-2] können somit ebenfalls als erfüllt angesehen werden.

- Durch Etablierung einzeln adressierbarer Begriffsmodelle sowie deren Einordnung in die integrierte Architektur für Begriffsmodelle wurden Modelle geschaffen, die das Pendant zu den Modellen kognitiver Strukturen sowohl in ihrer Funktion als auch in ihrer Anordnung darstellen. Diese können im Zuge von Lernprozessen adressiert und verändert werden sowie – im bestehenden Rahmen – in einen Zustand der routinemäßigen Nutzung übergehen. Die strukturellen Voraussetzungen für Akkommodation liegen somit vor, sodass Anforderung [LEU-4] als erfüllt angesehen werden kann.

Die formulierten Einzelanforderungen an eine Lernunterstützung des Managements durch Ansätze der Informations- und Entscheidungsunterstützung sowie deren Umsetzung durch BI werden durch die vorgestellten integrierten Modelle und Datenflussbeziehungen erfüllt. Im abschließenden Kapitel der Arbeit wird dargestellt, wie diese Modelle und Datenflüsse in integrierten Lernprozessen einer Lernunterstützung des Managements verwendet werden.

9 Integrierte Lernunterstützung des Managements durch Business Intelligence

Dieses Kapitel hat die integrierte Betrachtung der Lernunterstützung des Managements durch BI zum Gegenstand. Ziel ist es, die bislang isoliert dargestellten Funktionen und Datenmodelle zu einem Gesamtansatz zu integrieren. Zur Darstellung dieses Gesamtansatzes wird zunächst ein auf der Architektur integrierter Informationssysteme (ARIS) basierender Integrationsrahmen für die vorliegenden Komponenten dargestellt (9.1). Im weiteren Verlauf werden dann die Teilfunktionen einer Lernunterstützung des Managements (Lernimpuls, Assimilation und Akkommodation, Habitualisierung) erläutert. Die Darstellung orientiert sich dabei an der prozessualen Abfolge der Teilfunktionen und erläutert deren Inputs, Outputs, Funktionen sowie Beziehungen zu Vorgänger- und Nachfolgekomponenten (9.2). Abschließend wird die Darstellung durch Fortsetzung der Fallbeispiele aus Anhang 1 illustriert (9.3).

9.1 Integrationsrahmen

Für die Bereitstellung einer übergreifenden Lernunterstützung des Managements ist es erforderlich, die bislang dargestellten und hergeleiteten Komponenten zu integrieren. Als Rahmen hierfür dienen – in Anlehnung an die Architektur integrierter Informationssysteme (ARIS) – verschiedene Sichten der Teilkomponenten, die in einer gemeinsamen Prozesssicht integriert werden.[795] Die gebildeten Teilsichten werden im Folgenden erläutert und können in ihrer Anordnung Abbildung 65 entnommen werden.

- In Kapitel 8 wurden integrierte Datenstrukturen vorgestellt, die einerseits die Ergebnisse eines assimilierenden Lernens aufnehmen können und andererseits selbst Gegenstand eines akkommodierenden Lernens sein können. Die dargestellten Datenmodelle der Analyseschicht und die dazugehörigen Datenflüsse einer integrierten Architektur für BI-Modelle bilden die *Datensicht* der vorzustellenden Gesamtlösung (linke Seite von Abbildung 65).

- In Kapitel 2.3 wurden die Komponenten des Lernens im Allgemeinen sowie die spezielle Lerntheorie Piagets vorgestellt und in Kapitel 4.3.2 vor dem Hintergrund einer Lernunterstützung des Managements spezialisiert. Diese Komponenten stellen, isoliert betrachtet, eine Funktion in Lernprozessen bereit, die einen Input in einen Output transformieren. Die Komponenten Lernimpuls, Assimilation, Akkommodation und Habitualisierung stellen demnach Teilfunktionen des Lernens dar und fließen in Form

---

[795] Zu ARIS vgl. statt vieler Scheer (1998), S. 32 ff.

der *Funktionssicht* in die vorzustellende Gesamtlösung ein (rechte Seite von Abbildung 65).

- In den Kapiteln 2.3.2 und 4.3.2 findet sich bereits eine fachliche Beschreibung von Lernprozessen im Allgemeinen bzw. Lernprozessen des Managements im Speziellen (vgl. Abbildung 19). Der in Abbildung 65 dargestellte Prozess (Mitte) entspricht einer verdichteten Sicht auf die Teilfunktionen. Die Erläuterung der *Prozesssicht* einer Gesamtlösung erfolgt durch eine detaillierte Erläuterung der Teilfunktionen in den folgenden Abschnitten.

Über die dargestellten Sichten hinaus werden keine weiteren Sichten der ARIS berücksichtigt. Eine *Organisationssicht* wird einerseits aufgrund der individuellen Betrachtung des Lernens nicht benötigt (vgl. 2.3.1). Andererseits ist die Darstellung durch die Vernachlässigung der Organisationssicht allgemeiner Natur, sodass eine Spezialisierung im Rahmen einer konkreten Organisation erfolgen kann. Da die Darstellung von einer informationstechnischen Implementierung abstrahiert, wird zudem von der Betrachtung einer *Ressourcensicht* Abstand genommen.

Die Sichten können weiterhin auf unterschiedlichen *Abstraktionsebenen* (Fachkonzept, DV-Konzept, Implementierung) betrachtet werden. Die im Folgenden vorzustellenden Funktionen, Datenmodelle und Prozesse werden als *fachkonzeptionelle* Modelle dargestellt. Eine *DV-konzeptionelle* Betrachtung erfolgte exemplarisch für die Datensicht (logisches Datenmodell; vgl. 8.3.1). Funktions- und Prozessmodelle werden hingegen nicht auf Ebene des DV-Konzepts betrachtet, da keine Annahmen hinsichtlich der umsetzenden Technologie getroffen werden sollen. Durch weitere Konkretisierung der Modelle der Teilsichten kann eine *Implementierung* des Gesamtansatzes erfolgen.

Integrationsrahmen 261

Abbildung 65: Integriertes Modell der Lernunterstützung des Managements

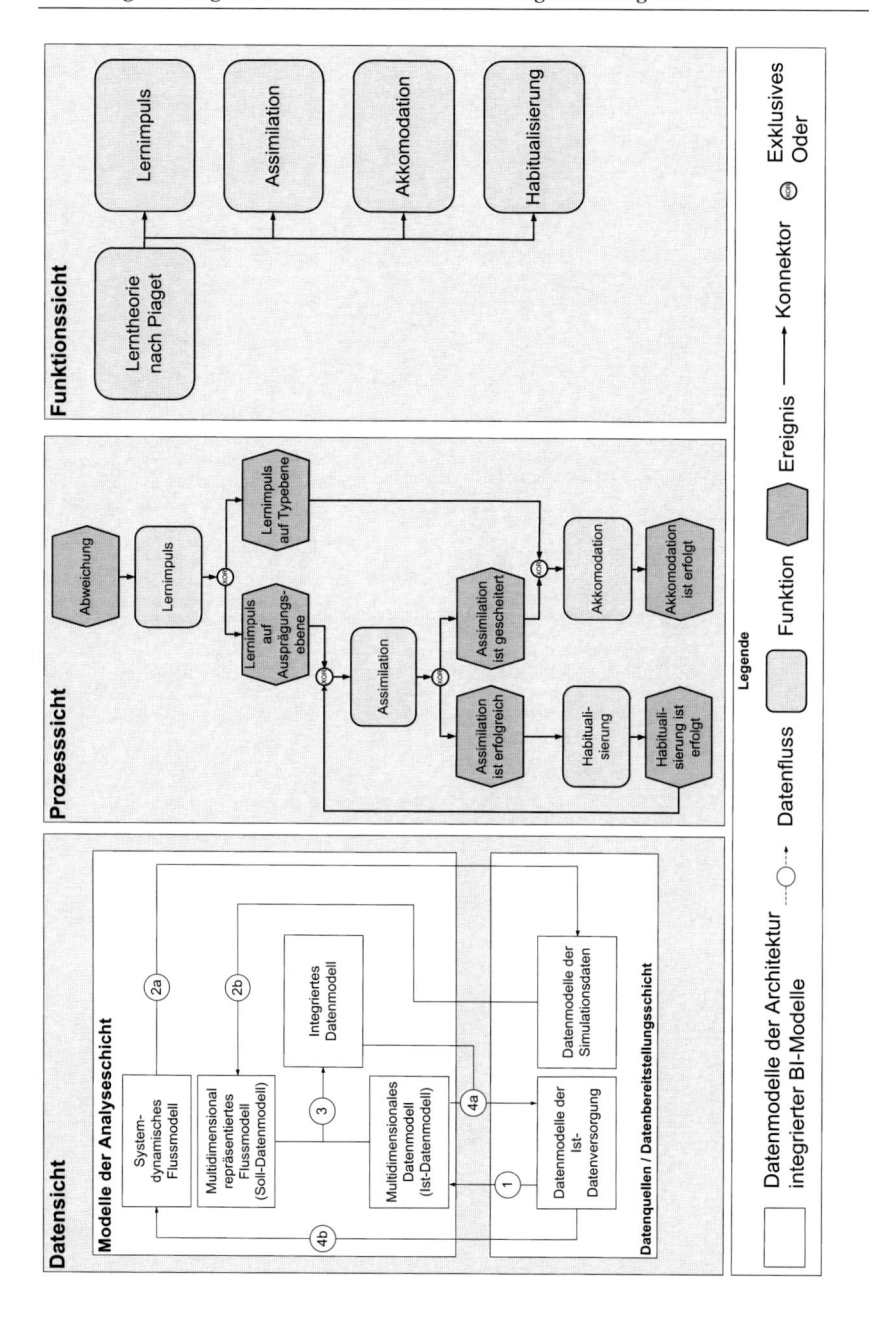

9.2 Teilfunktionen eines Prozesses der Lernunterstützung des Managements

In den folgenden Abschnitten werden mit Lernimpuls (9.2.1), Assimilation (9.2.2), Akkommodation (9.2.3) und Habitualisierung (9.2.4) die Teilfunktionen einer Lernunterstützung des Managements vorgestellt. Die Darstellung umfasst einerseits eine Zusammenfassung des theoretischen Hintergrunds der Funktion und andererseits eine Beschreibung der Unterstützung durch BI. Weiterhin wird die jeweilige Darstellung in Auslöser, Input, Output und Abschluss sowie eine Betrachtung der eigentlichen Funktion untergliedert.

9.2.1 Lernimpuls

Auslöser eines Lernimpulses sind Abweichungen zwischen Erwartungen und Wahrnehmung eines Sachverhalts (vgl. 4.2.1.1), wobei die Art der Abweichung zunächst unbestimmt ist. Die Funktion „Lernimpuls" konkretisiert dan, ob ein wahrgenommener Sachverhalt auf Typebene bekannt ist, d.h. die Wahrnehmung bekannten Konzepten eines Begriffsmodells zugeordnet werden kann. Ist dies nicht der Fall, so wird eine Akkommodation ausgelöst. Ist eine Zuordnung der Wahrnehmung zu Konzepten erfolgreich, so können Abweichungen zwischen den wahrgenommenen und den erwarteten Merkmalsausprägungen festgestellt werden. Dies stellt dann einen Auslöser für Assimilation dar. Auslöser von Lernimpulsen werden im Folgenden getrennt nach Typebene (9.2.1.1) und Ausprägungsebene (9.2.1.2) betrachtet. Abbildung 66 stellt eine detaillierte Funktion des Lernimpulses übersichtsartig dar.

Abbildung 66: EPK des Lernimpuls

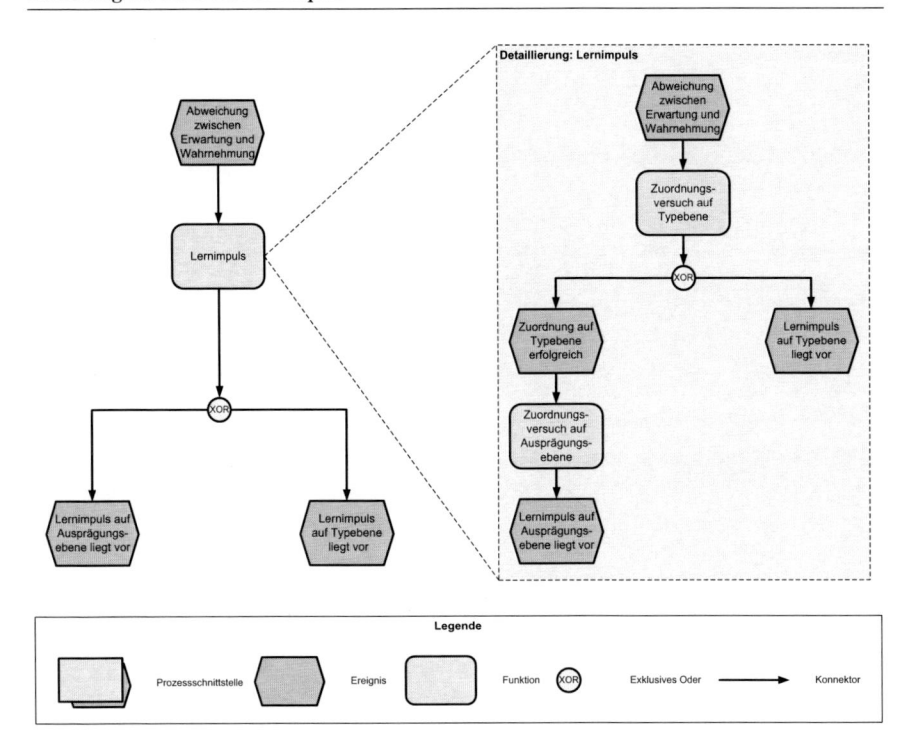

9.2.1.1 Lernimpuls auf Typebene

Die Identifikation eines Lernimpulses auf Typebene nimmt ihren Ausgangspunkt in der Abweichung von Wahrnehmungen und Erwartungen. Der wahrgenommene Sachverhalt und ein existierendes Begriffsmodell des Sachverhalts stellen die Inputs der Funktion für Zuordnungsversuche auf Typebene dar. Ein Lernimpuls auf Typebene ergibt sich hierbei durch Abweichung zwischen wahrgenommenen Merkmalen eines Sachverhalts und den erwarteten Merkmalen der Konzepte eines bestehenden Begriffsmodells des Sachverhalts. Diese Abweichung stellt einen Mangel an konzeptionellem Wissen über den Sachverhalt dar (vgl. 4.2.1.1.2). Die Reichweite des Lernimpulses auf Typebene ist abhängig vom Umfang misslungener Zuordnungen zwischen wahrgenommenen und erwarteten Merkmalen und kann als Kontinuum zwischen vollständig und partiell neuartigen sowie veränderten Konzepten verstanden werden. Um die dargestellten Mängel an konzeptionellem Wissen sowie die daraus resultierenden Zuordnungsmängel zu überwinden ist demnach eine vollständige oder teilweise Neubildung von Begriffsmodellen erforderlich. Ein Lernimpuls auf Typebene löst eine Akkommodation aus, welche die Bildung oder Veränderung von Begriffsmodellen zum Gegenstand hat.[796] Der Output eines gescheiterten Zuordnungsversuchs auf Typebene sind die Merkmale eines Sachverhalts, die keinen bekannten Konzepten zugeordnet werden konnten. Abbildung 67 stellt ein Funktionszuordnungsdiagramm (FZD) des Zuordnungsversuchs auf Typebene aus der erläuterten kognitions- und lerntheoretischen Perspektive dar.

Abbildung 67: FZD Zuordnungsversuch auf Typebene (kognitions- und lerntheoretische Perspektive)

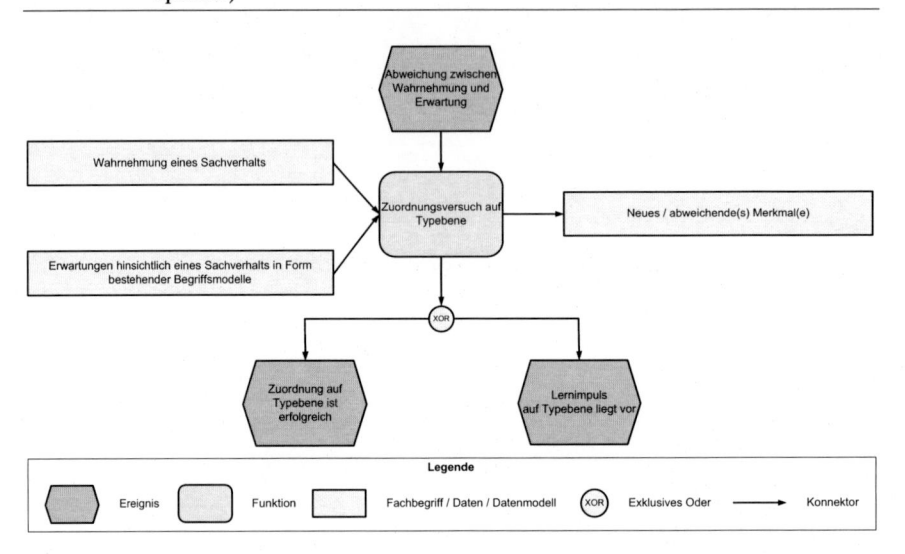

Im Rahmen der BI kann eine Abweichung von „Wahrnehmung" und „Erwartung" auf Typebene zwei Ursprünge haben.

Einerseits stellt die Ist-Datenversorgung in einer BI-Architektur das Äquivalent zur Wahrnehmung im zu Grunde gelegten Strukturmodell menschlicher Kognition dar (5.3.1). Eine Veränderung der Merkmale des wahrgenommenen Sachverhalts wird durch die der Ist-Datenversorgung zu Grunde liegenden Quellsysteme und deren Datenmodelle

---

[796] Abweichend von Piaget wird im Rahmen der Lernunterstützung des Managements angenommen, dass ein Durchlaufen einer Assimilation und ein Scheitern nicht zwingend erforderlich sind, um eine Akkommodation auszulösen. Das Auftreten neuartiger oder veränderter Konzepte eines Sachverhalts kann direkt zu einem Neuaufbau oder einer Veränderung von Begriffsmodellen führen.

erfasst. Dies kann zu einer Typenabweichung zwischen den Datenmodellen der Datenquellen und bestehenden Modellen der Datenhaltungs- und Analyseschicht einer BI-Architektur führen. Um eine derartige neue oder veränderte „Wahrnehmung" in einer BI-Architektur aufzunehmen, d.h. Erwartungen an deren Merkmale zu bilden, ist es erforderlich, die entsprechenden BI-Modelle zu verändern.

Andererseits können neue oder veränderte Konzepte auftreten, die (noch) nicht durch die Ist-Datenversorgung einer BI-Architektur erfasst werden, aber in den BI-Modellen der Analyseschicht Berücksichtigung finden sollen. Hierbei kann es sich um Konzepte handeln, deren Berücksichtigung bspw. durch Veränderung der rechtlichen Rahmenbedingungen notwendig wird (etwa Risikoberichterstattung) oder auf neuen betriebswirtschaftlichen Ansätzen beruhen. Diese sind in die BI-Modelle der Analyseschicht aufzunehmen oder, im Falle bestehender Konzepte, zu verändern (zu konzeptorientierten BI-Systemen vgl. 5.2.2).

Die Unterstützung der Identifikation von Lernimpulsen auf Typebene im Rahmen der BI, bspw. durch eine Automatisierung des Modellvergleichs, erscheint schwierig. Während im ersten Fall, der veränderten Modelle von Quellsystemen, eine Abweichung zwischen Modellen im Rahmen von ETL-Prozessen erkannt und ausgegeben werden kann, erscheint dies im Fall der externen Vorgabe neuer Konzepte bislang nicht möglich. Es kann daher festgehalten werden, dass für die Identifikation einer Abweichung zwischen Modellen im Zweifel das menschliche konzeptionelle Wissen als Referenz erforderlich ist. Die erforderliche Konsequenz zur Überwindung mangelnden konzeptionellen Wissens im Rahmen der BI ist die Erstellung und Anpassung von Modellen, die den neuen oder veränderten wahrgenommenen Sachverhalt repräsentieren (Akkommodation). Hierfür ist es erforderlich, dass ein Zuordnungsversuch auf Typebene neue oder abweichende Konzepte als Output für die folgende Modellanpassung bereitstellt, damit diese in den neu zu bildenden oder zu verändernden Modellen berücksichtigt werden können. Abbildung 68 stellt einen Zuordnungsversuch auf Typebene im Rahmen der BI übersichtsartig dar.

Abbildung 68: FZD Zuordnungsversuch auf Typebene (Business-Intelligence-Perspektive)

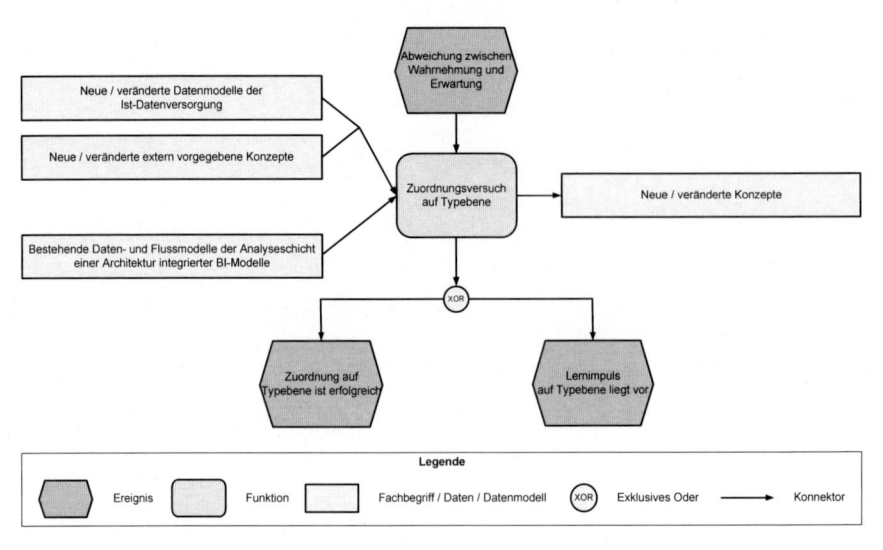

9.2.1.2   Lernimpuls auf Ausprägungsebene

Der Überprüfung, ob ein Lernimpuls auf Ausprägungsebene vorliegt, geht eine erfolgreiche Zuordnung von wahrgenommenen und erwarteten Merkmalen eines Sachverhalts auf Typebene voran. Der Input eines Zuordnungsversuchs auf Ausprägungsebene wird einerseits durch die wahrgenommenen Merkmalsausprägungen eines Sachverhalts und andererseits durch die in bestehenden Begriffsmodellen erwarteten Ausprägungen gebildet. Ein Lernimpuls auf Ausprägungsebene resultiert aus der Abweichung zwischen den genannten Inputs. Dies stellt einen Mangel an Faktenwissen dar, der durch die Erklärung abweichender Ausprägungen sowie die Bildung neuer Erwartungen an die Ausprägungen bekannter Begriffe überwunden werden soll (Assimilation). Hierzu ist eine genaue Darstellung der abweichenden Merkmale erforderlich, welche den Output eines Zuordnungsversuchs auf Ausprägungsebene darstellen. Abbildung 69 stellt das FZD des Zuordnungsversuchs auf Ausprägungsebene aus kognitions- und lerntheoretischer Sicht dar.

Abbildung 69: FZD Zuordnungsversuch auf Ausprägungsebene (kognitions- und lerntheoretische Perspektive)

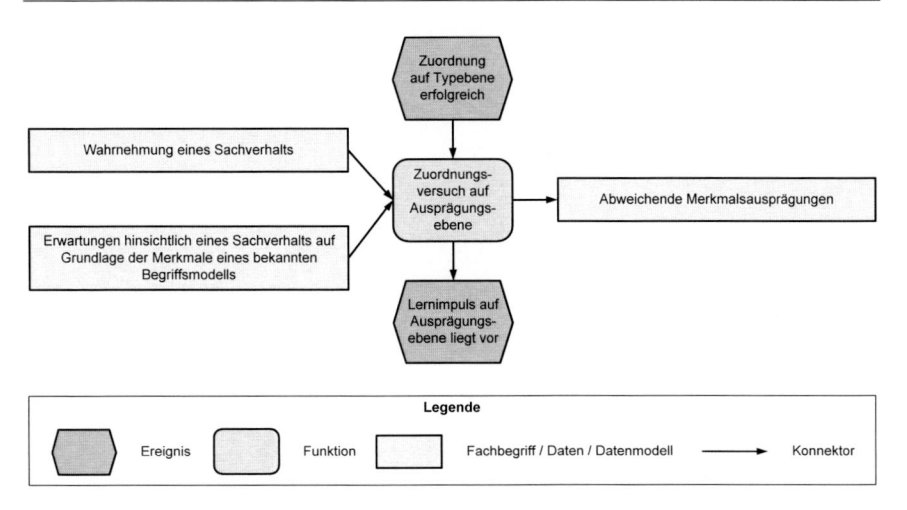

```
                    ┌─────────────────┐
                    │   Zuordnung     │
                    │  auf Typebene   │
                    │   erfolgreich   │
                    └────────┬────────┘
                             │
┌──────────────────────────┐ │  ┌──────────────┐
│ Wahrnehmung eines        │ │  │ Zuordnungs-  │
│ Sachverhalts             ├─┼──│ versuch auf  │     ┌──────────────────────────────┐
└──────────────────────────┘ │  │ Ausprägungs- ├────▶│ Abweichende Merkmalsausprägungen │
                             │  │ ebene        │     └──────────────────────────────┘
┌──────────────────────────┐ │  └──────┬───────┘
│ Erwartungen hinsichtlich │ │         │
│ eines Sachverhalts auf   ├─┘         │
│ Grundlage der Merkmale   │           ▼
│ eines bekannten          │    ┌──────────────┐
│ Begriffsmodells          │    │ Lernimpuls auf│
└──────────────────────────┘    │ Ausprägungs- │
                                │ ebene liegt vor│
                                └──────────────┘
```

Legende

⬡ Ereignis   ⬭ Funktion   ▭ Fachbegriff / Daten / Datenmodell   ⟶ Konnektor

Zur Unterstützung der Identifikation von Lernimpulsen auf Ausprägungsebene durch BI-Systeme ist es erforderlich, dass Wahrnehmungen und Erwartungen auf Grundlage eines gemeinsamen Begriffsmodells gegenübergestellt werden. Im Rahmen einer Unterstützung der Identifikation von Lernimpulsen auf Ausprägungen durch BI werden Wahrnehmungen durch Daten in *Ist-Modellen* bereitgestellt, die aus den Quellsystemen eines Data Warehouse stammen, bspw. den operativen Systemen des Unternehmens oder externen Datenquellen. Erwartungen werden durch Simulationsdaten in *Soll-Modellen* repräsentiert, die durch Simulation von Flussmodellen generiert werden. Durch den Vergleich können Abweichungen identifiziert werden, die, ggf. beim Überschreiten einer Toleranzgrenze, einen Lernimpuls auslösen. Eine Gegenüberstellung, d.h. die eigentliche Identifikation von Abweichungen erfolgt im dargestellten *integrierten Datenmodell*. Die Gegenüberstellung kann in bestimmten Zeitintervallen und auf einem hohen Detaillierungsgrad automatisiert werden. Der Nutzer kann durch Visualisierungstechniken, wie bspw. Farbcodierung oder Ampeldarstellung, oder durch Ausnahmeberichterstattung über die Abweichungen informiert werden. Der Output eines Zuordnungsvergleichs auf Ausprägungsebene ist eine qualifizierte Zeitreihe der abweichenden Merkmalsausprägungen (Referenzmodus), welche an das im Rahmen einer folgenden Assimilation verwendete Flussmodell übergeben wird (*Datenflüsse 4a, 4b*). Abbildung 70 stellt einen Zuordnungsversuch auf Ausprägungsebene im Rahmen der BI übersichtsartig dar.

Abbildung 70: FZD Zuordnungsversuch auf Ausprägungsebene (Business-Intelligence-Perspektive)

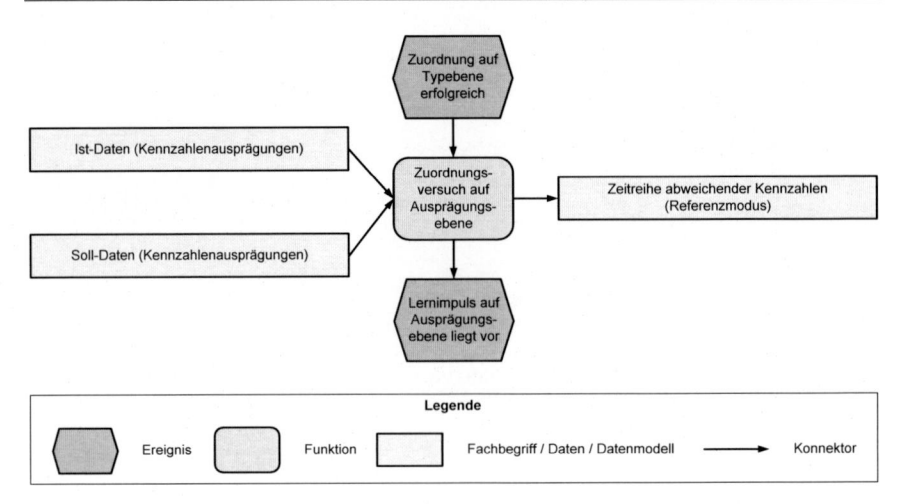

9.2.2 Assimilation

Der Ausgangspunkt einer Assimilation kann einerseits durch einen Lernimpuls auf Ausprägungsebene gebildet werden. Andererseits wird eine Assimilation notwendig, wenn Begriffs- und Handlungsmodelle im Zuge einer Akkommodation verändert wurden (9.2.3). Den Input für die Assimilation stellen Begriffs- und Handlungsmodelle sowie die im Rahmen des Lernimpulses ermittelten abweichenden Merkmale dar. Durch Anwendung der mit einem Begriffsmodell verbundenen Handlungsmodelle wird versucht, die Abweichung der Merkmale zu erklären und den Sachverhalt zielgerecht zu beeinflussen. Gelingt dies, wird Faktenwissen generiert, welches im Rahmen der Habitualisierung in eine routinemäßige Nutzung überführt wird. Scheitert die Erklärung hingegen, so müssen Begriffs- und Handlungsmodelle durch Akkommodation verändert werden. Abbildung 71 stellt einen assimilierenden Lernprozess aus kognitions- und lerntheoretischer Perspektive dar.

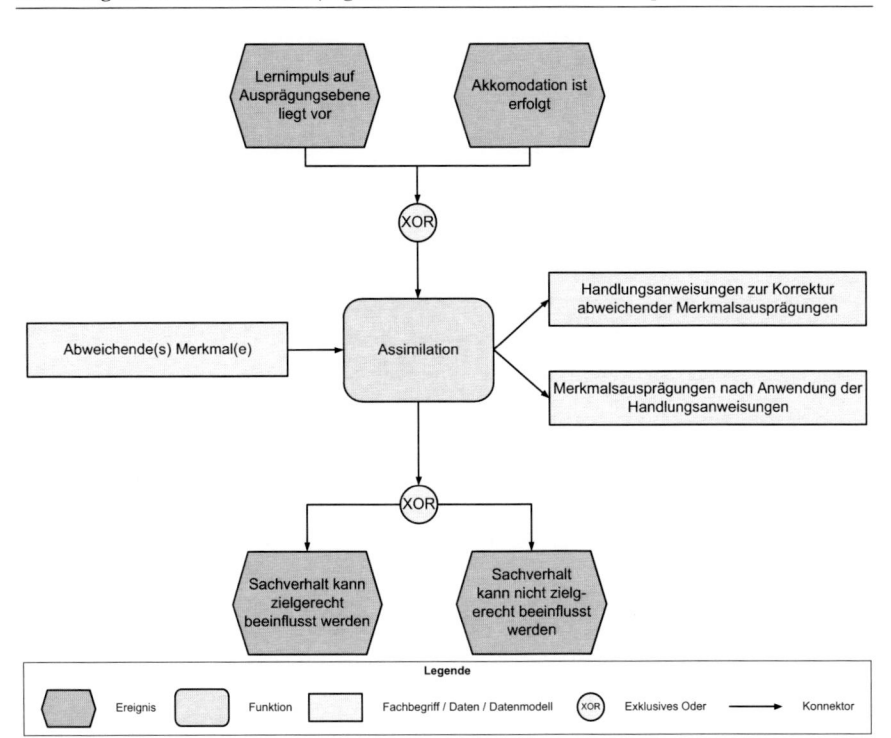

Abbildung 71: FZD Assimilation (kognitions- und lerntheoretische Perspektive)

Der Auslöser einer durch BI unterstützten Assimilation kann einerseits ein Lernimpuls auf Ausprägungsebene sein, welcher aus dem Vergleich von Ist- und Soll-Daten resultiert. Andererseits kann eine Assimilation nach einer Akkommodation erfolgen, um zu überprüfen, ob ein neu gebildetes Flussmodell in der Lage ist, Ausprägungen des repräsentierten Sachverhalts zu erklären. Als Input für die Erklärung abweichender Merkmalsausprägungen dient zunächst eine Zeitreihe der abweichenden Merkmalsausprägungen (*Referenzmodus*). Weiterhin kann entweder ein *Soll-Datenmodell* oder das zu Grunde liegende *Flussmodell* zur Erklärung des Referenzmodus herangezogen werden. Die Erklärung der abweichenden Merkmalsausprägungen erfolgt durch Variation der Parameter eines Flussmodells sowie einer anschließenden Simulation. Ein Vergleich der Simulationsergebnisse mit dem Referenzmodus offenbart, ob eine Parameterkombination ein abweichendes Verhalten erklären kann. Die Simulationsergebnisse können dabei entweder aus vorherigen Simulationsläufen stammen, die im Soll-Datenmodell gespeichert wurden oder durch eine Simulation neu erzeugt werden. Den Output einer Assimilation stellen die Simulationsergebnisse sowie die dazugehörige Parameterkombination dar. Gelingt es nicht, den Referenzmodus durch das Flussmodell zu erklären, so ist es erforderlich, das Flussmodell selbst zu verändern, d.h. zu einer Akkommodation überzugehen. Ist die Assimilation hingegen erfolgreich, so werden deren Ergebnisse habitualisiert. Abbildung 72 stellt eine durch BI unterstützten Assimilation übersichtsartig als FZD dar.

Abbildung 72: FZD Assimilation (Business-Intelligence-Perspektive)

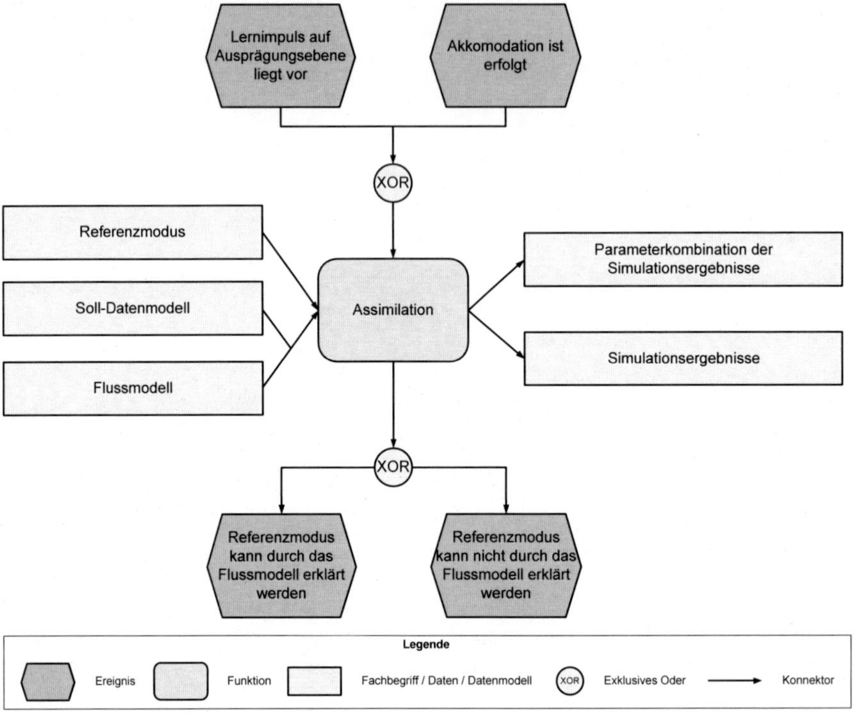

9.2.3 Akkommodation

Ausgangspunkt einer Akkommodation kann einerseits ein Lernimpuls auf Typebene, andererseits ein misslungener Assimilationsversuch sein. Als Inputs einer Akkommodation dienen, bei einem Auslösen durch einen Lernimpuls auf Typebene, die identifizierten neuen oder veränderten Konzepte. Zudem fließen bestehende Begriffs- und Handlungsmodelle bei einem Auslösen durch einen misslungenen Assimilationsversuch und ggf. bei einem Auslösen durch einen Lernimpuls auf Typebene als Inputs in die Akkommodation ein. Das Ziel der Akkommodation ist es, Abweichungen zwischen erwarteten und wahrgenommenen begriffsbildenden Merkmalen auf Typebene (mangelndes konzeptionelles Wissen) durch Neubildung oder Veränderung von Begriffsmodellen zu überwinden. Neue oder veränderte Konzepte bilden dabei ein neues Begriffsmodell oder verändern ein bestehendes Begriffsmodell, indem diese zu anderen neuen oder bestehenden Konzepten in Beziehung gesetzt werden. Auf Grundlage der manipulierbaren Merkmale eines Sachverhalts werden Handlungsmodelle gebildet, die eine zielgerechte Beeinflussung des Sachverhalts ermöglichen. Die neu gebildeten oder veränderten Begriffs- und Handlungsmodelle stellen den Output der Akkommodation dar (neues oder verändertes konzeptionelles Wissen und Handlungswissen). Diese werden abschließend an eine Assimilation übergeben, um zu überprüfen, ob diese in der Lage ist, Ausprägungen des auslösenden Sachverhalts zu erklären. Abbildung 73 stellt die beschriebene Akkommodation aus kognitionstheoretischer Sicht übersichtsartig dar.

Abbildung 73: FZD Akkommodation (kognitions- und lerntheoretische Perspektive)

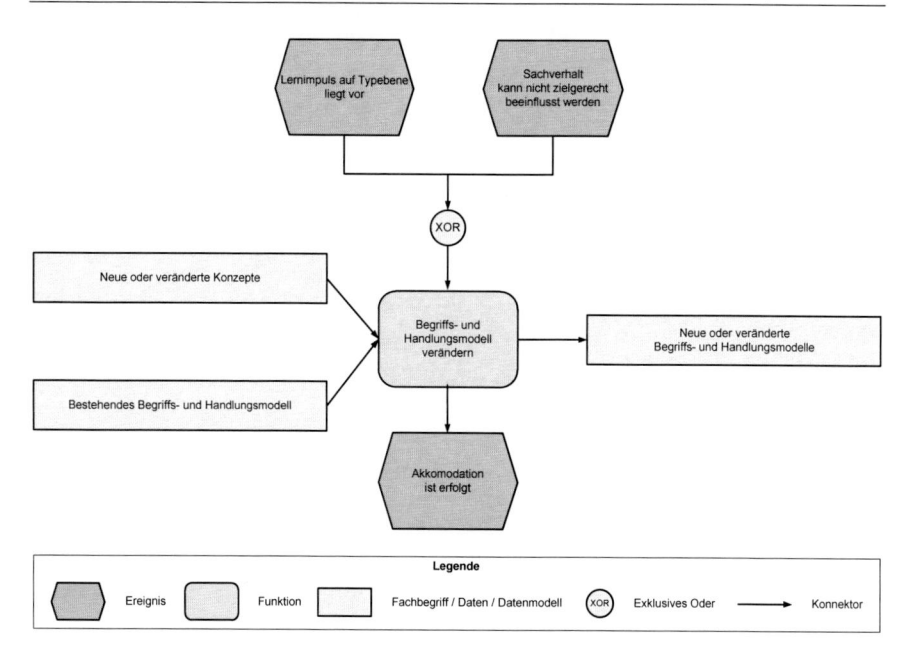

Den Input einer durch BI unterstützten Akkommodation stellen einerseits neue oder veränderte Konzepte dar, die in neu zu bildende oder bestehende Flussmodelle aufgenommen werden sollen. Im Fall bestehender Flussmodelle fließen auch diese in die Akkommodation ein. Die Neubildung oder Veränderung des Flussmodells erfolgt nach dem in 6.2 dargestellten Vorgehen der Flussmodellierung, um den Sachverhalt einerseits begrifflich zu strukturieren (Bildung eines Begriffsmodells). Andererseits werden durch Identifikation von direkt manipulierbaren, unabhängigen Konstrukten (Parameter) des Flussmodells Ansatzpunkte für die Bildung von Handlungsmodellen geschaffen. Den Output der Akkommodation stellt das neue oder veränderte Flussmodell dar. Dieses wird an eine Assimilation übergeben, um zu überprüfen, ob es Ausprägungen des repräsentierten Sachverhalts erklären kann.

Abbildung 74: FZD Akkommodation (Business-Intelligence-Perspektive)

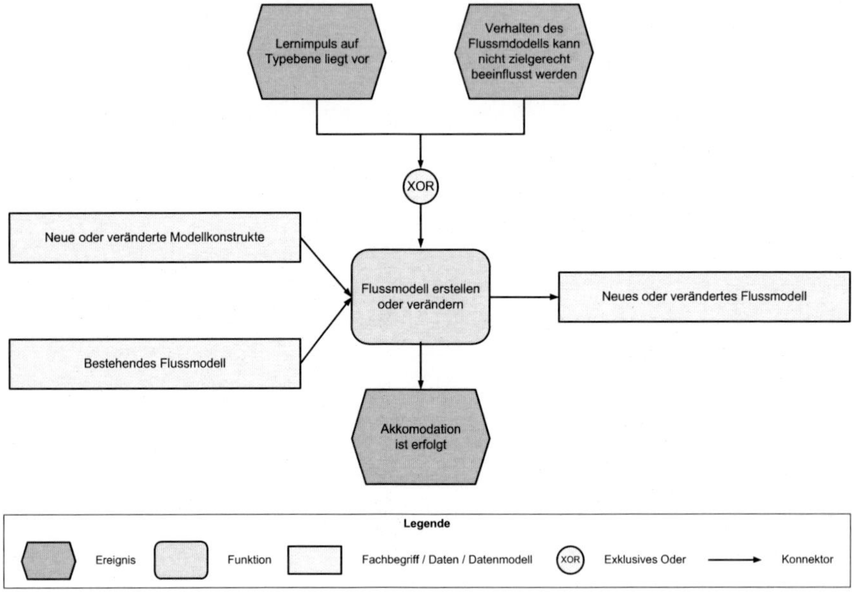

9.2.4 Habitualisierung

Die Habitualisierung hat das Ziel, die Lernergebnisse der Assimilation und der Akkommodation in eine routinemäßige Nutzung zu überführen. Hierdurch wird die den Lernimpuls auslösende Diskrepanz überwunden und ein Gleichgewichtszustand zwischen Wahrnehmung und Erwartung hergestellt. Auslöser einer Habitualisierung ist der erfolgreiche Abschluss einer Assimilation durch das Gelingen einer zielgerechten Beeinflussung eines Sachverhalts auf Grundlage von Begriffs- und Handlungsmodellen. Der Umfang der Habitualisierung sowie der Input in diesen Prozess sind abhängig von der Reichweite der zuvor durchlaufenen Lernprozesse. Die in der *Akkommodation* veränderten Begriffs- und Handlungsmodelle stellen neues konzeptionelles Wissen bzw. Handlungswissen dar (Input). Durch eine wiederholte erfolgreiche Assimilation, d.h. Erklärung von Sachverhalten durch die neu gebildeten oder veränderten Begriffs- und Handlungsmodelle, werden diese Modelle bestätigt. Darüber hinaus wird im Zuge der Assimilation Faktenwissen, in Form von Merkmalsausprägungen des Begriffsmodells, generiert. Eine Akkommodation verändert somit einerseits die typmäßigen Erwartungen an einen Sachverhalt, andererseits beinhaltet dies auch die Erwartungen an die Ausprägungen eines Sachverhalts. Wird ausschließlich ein *Assimilationsprozess* durchlaufen, d.h. bleiben Begriffs- und Handlungsmodelle unverändert bestehen, so wird lediglich das neu generierte Faktenwissen (Input) habitualisiert. Eine Assimilation erweitert somit lediglich das erwartete Ausprägungsspektrum hinsichtlich eines typmäßig bekannten Sachverhalts. Den Abschluss einer Habitualisierung bildet die Nutzung des Wissens als Referenz für die Wahrnehmung von Sachverhalten, sodass Lernprozesse erneut ausgelöst werden können. Abbildung 75 stellt die Habitualisierung aus kognitionstheoretischer Sicht übersichtsartig dar.

Abbildung 75: EPK Habitualisierung (lern- und kognitionstheoretische Perspektive)

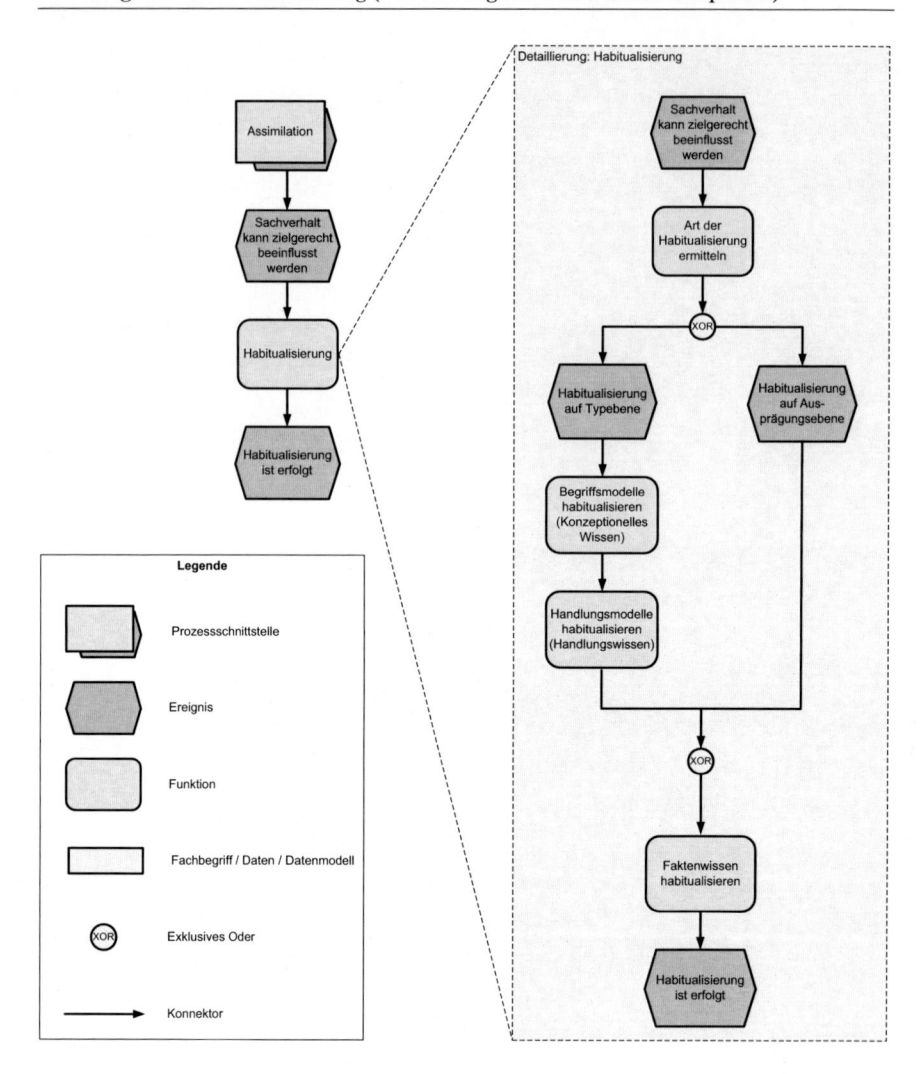

Eine durch BI unterstützte Habitualisierung überführt die durch Akkommodation oder Assimilation gebildeten Lernergebnisse in eine routinemäßige Nutzung im Rahmen der integrierten Architektur für BI-Modelle. Den Auslöser der Habitualisierung stellt die erfolgreiche Erklärung eines Referenzmodus durch ein bestehendes oder verändertes

Flussmodell dar (erfolgreiche Assimilation). Der Umfang der notwendigen Veränderungen der Modelle und Daten in einer integrierten Architektur für BI-Modelle ist auch hier abhängig von dem zuvor erfolgten Lernprozess. Den Input hierfür bilden neu geschaffene, veränderte oder bestehende Flussmodelle, ggf. bestehende Datenmodelle sowie die Simulationsergebnisse eines Flussmodells.

Wurde eine *Akkommodation* durchlaufen, so ist es zunächst erforderlich, das neu erstellte oder veränderte *Flussmodell* in einer strukturierten Form, bspw. in einer Modellbank, zu speichern. Darüber hinaus müssen das *Soll-Datenmodell* sowie das *integrierte Datenmodell* entsprechend der im Flussmodell berücksichtigten neuen oder veränderten Konstrukte angepasst werden. Weiterhin kann es erforderlich sein, das *Ist-Datenmodell* anzupassen. Dies wäre der Fall, wenn eine im Flussmodell neu aufgenommene Variable eine Kennzahl darstellt, die durch die Ist-Datenversorgung ermittelt werden kann und in Bezug auf diese ein Informationsbedarf besteht. Abschließend erfordert eine Akkommodation die Anpassung der Datenflüsse, um die Datenmodelle mit Ist- und Simulationsdaten zu befüllen.

Die Simulationsergebnisse eines Flussmodells stellen das Lernergebnis einer *Assimilation* dar. Sie werden durch multidimensionale Repräsentation und Laden in das *Soll-Datenmodell* sowie das *integrierte Datenmodell* einer Nutzung zugänglich gemacht. Führt eine Assimilation zu einer Veränderung der Erwartungshaltung bezüglich der Ausprägungen eines Sachverhalts, so müssen die für einen Lernimpuls auf Ausprägungsebene definierten Auslösemechanismen, bspw. für ein Exception Reporting oder eine Farbkodierung, entsprechend angepasst werden. Dies bildet gleichzeitig den Übergang zu einer routinemäßigen Nutzung der Lernergebnisse, die in der integrierten Architektur für BI-Modelle repräsentiert wurden und durch eine Transformation in logische und physische Datenmodelle und Datenflüsse implementiert werden können. Abbildung 76 stellt die Habitualisierung von Lernergebnissen im Rahmen der BI übersichtsartig dar.

276 Integrierte Lernunterstützung des Managements durch Business Intelligence

Abbildung 76: EPK Habitualisierung (Business-Intelligence-Perspektive)

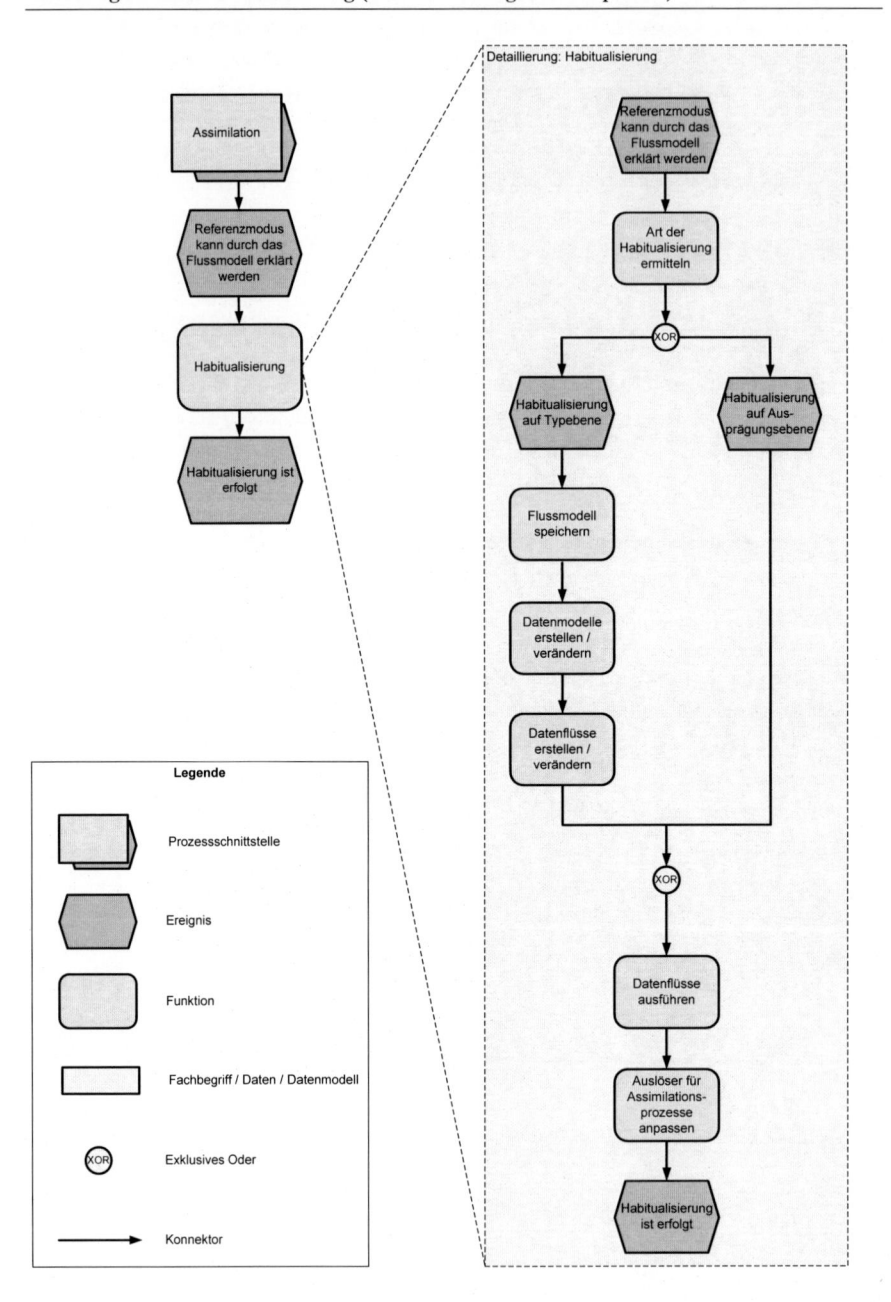

9.3 Fallbeispiel

Zur Illustration der dargestellten Teilfunktionen sowie deren Verbindung zu einem integrierten Gesamtansatz werden zwei Szenarien der Fallbeispiele aus dem Anhang 1a und 1b herangezogen.

9.3.1 Szenario 1: Assimilation

Diesem Szenario liegt die Annahme zu Grunde, dass der im Rahmen einer Produktneueinführung zu erzielende Absatz auf Grundlage des vorgestellten Flussmodells einer Produktdiffusion geplant wurde. Durch Simulation des Modells wurden Erwartungen an den Verlauf der Kennzahl Absatz im Einführungszeitraum gebildet. Die erzeugten Simulationsdaten wurden gespeichert, multidimensional aufbereitet und in das Soll-Datenmodell sowie gemeinsam mit den Ist-Absatzdaten in das integrierte Datenmodell geladen (Datenflüsse 2a und 2b bzw. Datenfluss 3).

Durch die Gegenüberstellung der Ist- und der Soll-Daten werden Abweichungen automatisch ermittelt und der Nutzer darüber durch Visualisierungstechniken oder Ausnahmeberichterstattung darüber informiert (*Lernimpuls auf Ausprägungsebene*). Im Fall einer Abweichung zwischen Erwartungen und Ausprägungen wird einer qualifizierten Zeitreihe die abweichende Kennzahl als Referenzmodus an das zu Grunde gelegte Flussmodell übergeben (Datenflüsse 4a und 4b). Abbildung 77 stellt die geschilderte Gegenüberstellung von Soll- und Ist-Daten, hier am Beispiel der Kennzahl Absatz, dar.

Abbildung 77: Gegenüberstellung von geplanten und tatsächlichen Absatzdaten im Rahmen einer Produktdiffusion

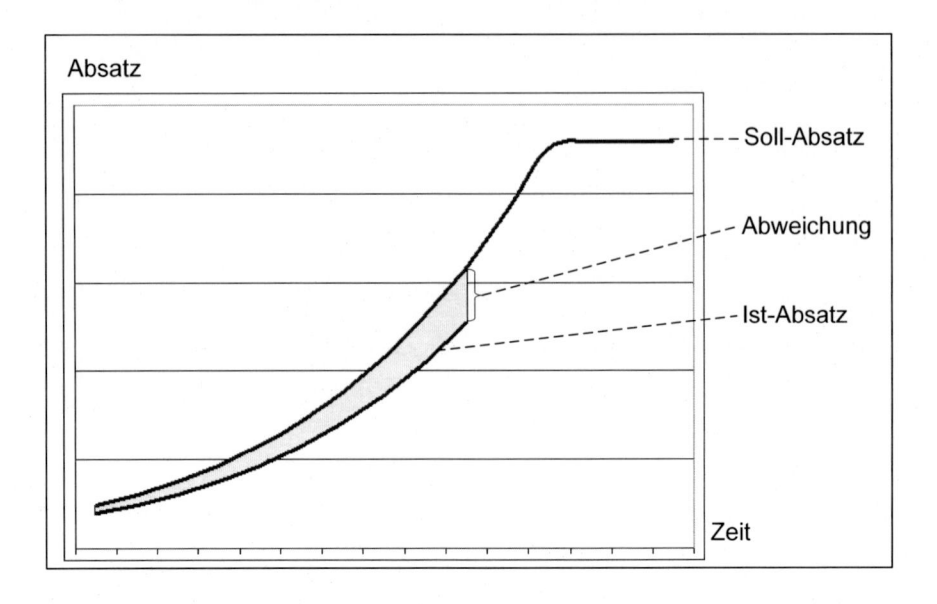

Die *Assimilation* erfolgt auf Grundlage der durch das Flussmodell bereitgestellten Begriffe und Einflussmöglichkeiten in Form der Handlungsparameter. Durch Variation der Parameter soll eine identifizierte Abweichung zwischen dem erwarteten und dem tatsächlichen Absatz erklärt und Gegenmaßnahmen, d.h. eine Parameterkombination, die diese Abweichung aufhebt, ermittelt werden (*Assimilation*). Im vorliegenden Beispiel stehen die Parameter „Angenommenes Marktvolumen", „Initiale Bemusterung", „Preis" und „Diffusionszeit" für die Einflussnahme zur Verfügung. Aufgrund des fortgeschrittenen Diffusionsprozesses entfällt hierbei eine „initiale Bemusterung", da diese bereits erfolgt ist. Darüber hinaus wird angenommen, dass auch das zu Grunde gelegte „Marktvolumen" richtig eingeschätzt wurde. Durch Variation der verbleibenden Parameter „Preis" und „Diffusionszeit" und die anschließende Simulation kann die Abweichung zwischen tatsächlichem und erwartetem Absatz erklärt werden. So kann bspw. der „Preis" des Produkts zu hoch sein oder die tatsächliche „Diffusionszeit" des Produkts ist niedriger als angenommen. Als Maßnahmen zur Behebung der Abweichung können nun entweder der „Preis" oder die „Diffusionszeit" angepasst werden. Eine Preisanpassung erfolgt dann auf Grundlage der ermittelten Ausprägung des „Preises", die dazu führt, dass die Modellvariable „Absatz" in ihrer Ausprägung dem bereitgestellten Referenzmodus des tatsächlichen Absatzes

Fallbeispiel

entspricht. Für den Parameter „Diffusionszeit" kann ebenfalls eine Ausprägung ermittelt werden, welche die identifizierte Abweichung überwindet, jedoch kann die Diffusionszeit des tatsächlichen Diffusionsprozesses nicht direkt beeinflusst werden. Hierfür müssten dann Einflussgrößen auf die Diffusionszeit ermittelt und im Modell berücksichtigt werden, was die Änderung des Flussmodells und somit eine *Akkommodation* nach sich ziehen würde (9.3.2).

Um die Lernergebnisse zu *habitualisieren*, werden die erzeugten Simulationsdaten multidimensional repräsentiert und in das Soll- sowie das integrierte Datenmodell geladen (Datenflüsse 2a und b bzw. Datenfluss 3). Diese stellen dann Erwartungen an die weitere Entwicklung des Sachverhalts bei Übertragung der ermittelten Parameter auf diesen dar. Durch Anpassung der Auslöser für die Ausnahmeberichterstattung oder Visualisierungsmechanismen kann die Überwachung von Ausprägungen wieder aufgenommen werden. Eine erfolgreiche Beeinflussung des Sachverhalts auf Grundlage der ermittelten Parameterausprägungen würde dann die Annahmen des Modells bestätigen, sodass die generierten Simulationsergebnisse valides Faktenwissen darstellen.

9.3.2 Szenario 2: Akkommodation

Dem zweiten Szenario liegt die Veränderung der Modellstruktur zu Grunde, um weitere Einflussfaktoren auf den Diffusionsprozess zu berücksichtigen. Der Auslöser hierfür kann einerseits ein gescheiterter Assimilationsprozess sein, bspw. die dargestellten mangelnden Einflussmöglichkeiten auf die „Diffusionszeit" (vgl. 9.3.1). Andererseits kann sich der Sachverhalt selbst verändern, sodass Handlungsoptionen zur Verfügung stehen, die bislang im zu Grunde liegenden Flussmodell nicht berücksichtigt werden (*Lernimpuls auf Typebene*). Im Folgenden wird das bisherige Flussmodell um „Werbungsausgaben" erweitert, um einen Einfluss auf die „Diffusionszeit" nehmen zu können.

Die *Akkommodation* hat die Veränderung des Flussmodells zum Gegenstand. Das neue Konzept „Werbungsausgaben" wird aufgrund der direkten Beeinflussbarkeit als eine Konstante in das Flussmodell aufgenommen, welche einen kausalen Einfluss über eine Informationsbeziehung auf die „Diffusionszeit" ausübt. Das Konstrukt „Diffusionszeit" ist ob des empfangenen Einflusses nicht mehr als Konstante, sondern als eine Hilfsvariable im Flussmodell abzutragen. Über die strukturelle Veränderung des Flussmodells hinaus muss auch das Simulationsmodell angepasst werden, indem der kausale Einfluss der „Werbungsausgaben" auf die „Diffusionszeit" quantifiziert wird. Abbildung 78 stellt das um „Werbungsausgaben" erweiterte und entsprechend angepasste Flussmodell übersichtsartig dar (Änderungen grau hinterlegt).

Abbildung 78: Verändertes Flussmodell des Diffusionsprozesses

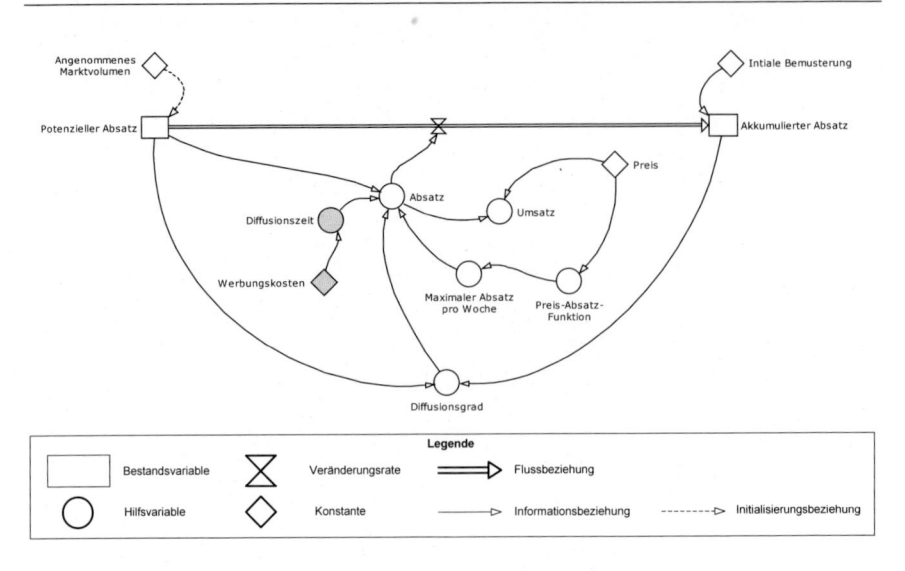

[Flussdiagramm mit folgenden Elementen: Angenommenes Marktvolumen, Potenzieller Absatz, Intiale Bemusterung, Akkumulierter Absatz, Absatz, Diffusionszeit, Umsatz, Preis, Werbungskosten, Maximaler Absatz pro Woche, Preis-Absatz-Funktion, Diffusionsgrad.

Legende: Bestandsvariable, Veränderungsrate, Flussbeziehung, Hilfsvariable, Konstante, Informationsbeziehung, Initialisierungsbeziehung]

Auf Grundlage des neu gebildeten Flussmodells kann nun durch Assimilation der Versuch unternommen werden, die zeitliche Entwicklung tatsächlicher Kennzahlen, bspw. des Absatzes, zu erklären (vgl. 9.3.1). Gelingt dies, so werden die Lernergebnisse der Akkommodation und der Assimilation habitualisiert. Ist dies nicht der Fall, so erfolgt eine erneute Akkommodation.

Die *Habitualisierung* der Lernergebnisse erfordert einerseits die Speicherung des neu gebildeten Flussmodells in der Modellbank. Andererseits muss das Soll-, das integrierte sowie ggf. das Ist-Datenmodell sowie die dazugehörigen Datenflüsse angepasst werden. Im *Soll- und integrierten Datenmodell* sind die bislang existierende Parameterdimension „Diffusionszeit" zu entfernen und dafür eine neue Parameterdimension „Werbungskosten" zu bilden. Darüber hinaus kann eine Kennzahl für die neue Hilfsvariable „Diffusionszeit" gebildet werden. Eine Anpassung des *Ist-Datenmodells* würde aber nur dann erfolgen, wenn durch Modifikation des Flussmodells neue Kennzahlen entstehen, die durch Quellsysteme der Ist-Datenversorgung auch tatsächlich ermittelt werden können. Dies ist bei der „Diffusionszeit" jedoch nicht der Fall, sodass das Ist-Datenmodell unmodifiziert übernommen wird. Abbildung 79 stellt die veränderten Datenmodelle auf konzeptioneller und logischer Ebene übersichtsartig dar (Änderungen grau hinterlegt).

Über die Anpassung der Datenmodelle hinaus sind auch die *Datenflüsse* zwischen den Datenmodellen anzupassen, wobei hier die Datenflüsse 2a und b sowie Datenfluss 3 verändert werden. Weiterhin es erforderlich, die neu gebildeten Datenstrukturen mit Daten zu befüllen. Hierzu werden die im Rahmen der Assimilation auf Grundlage des neuen Flussmodells gebildeten Simulationsdaten über die neu gebildeten Datenflüsse in das Soll-Datenmodell sowie das integrierte Datenmodell geladen. Abschließend werden die Auslösemechanismen für eine Ausnahmeberichterstattung oder eine Visualisierung angepasst, um in den neuen Datenstrukturen Lernimpulse auf Ausprägungsebene auslösen zu können.

Abbildung 79: Angepasste integrierte Datenmodelle als Ergebnis einer Akkommodation

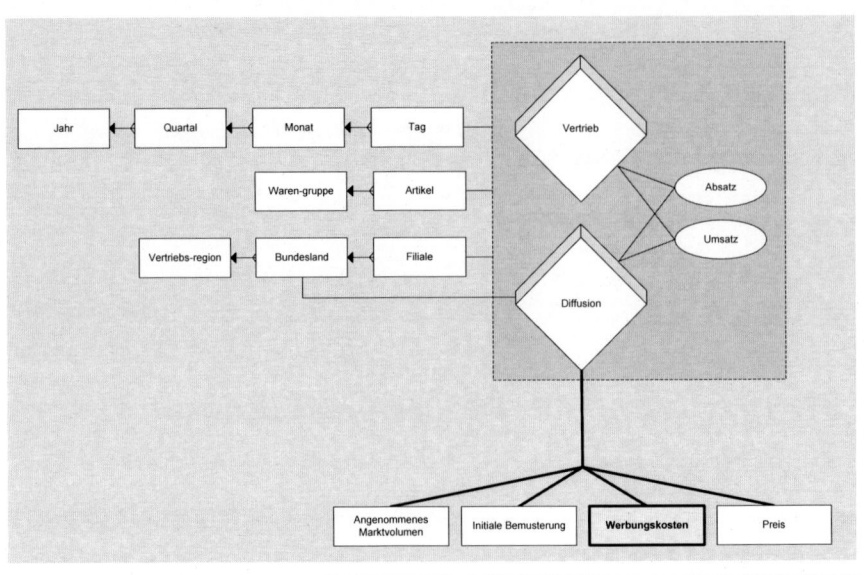

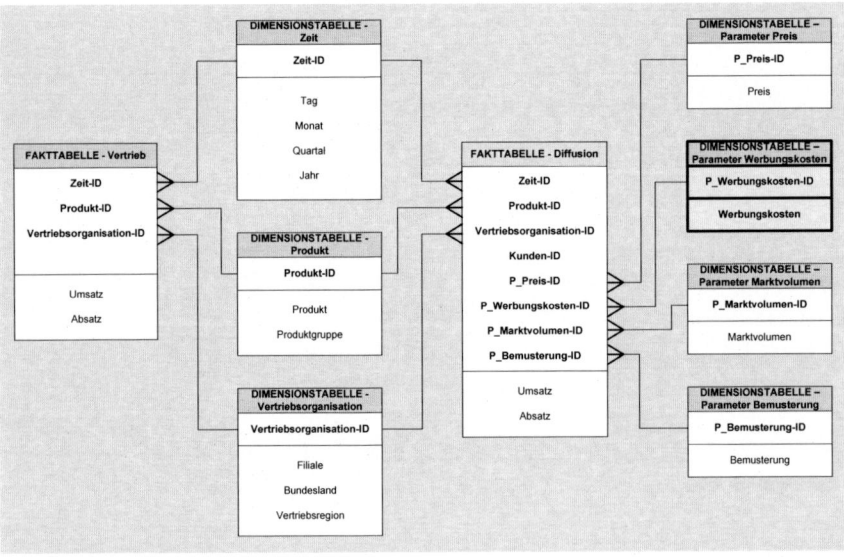

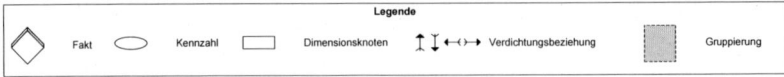

10 Fazit

10.1 Zusammenfassung der Arbeit

Die vorliegende Arbeit beruht auf einem konstruktivistischen Realitätsverständnis. Darauf aufbauend erfolgt in Kapitel 2 zunächst die Definition zentraler Termini der Arbeit aus einer konstruktivistischen Perspektive. Darüber hinaus wurde die ebenfalls auf konstruktivistischen Annahmen beruhende Lerntheorie Piagets vorgestellt und im weiteren Verlauf zur Strukturierung des Lernens in die Bestandteile Lernimpuls, Assimilation, Akkommodation und Habitualisierung herangezogen. In Kapitel 3 wurden Sprache und Modell als Mittel bzw. Produkt der Realitätskonstruktion vorgestellt. In Bezug auf das der Arbeit zu Grunde liegende Modell- und Modellierungsverständnis wurde folglich ebenfalls eine konstruktivistische Position eingenommen.

In Teil II wurde der Forschungsgegenstand der Arbeit vorgestellt und vor dem Hintergrund der Forschungsfragen analysiert. In Kapitel 4 wurde die Unterstützung des Managements vor dem Hintergrund eines allgemeinen Strukturmodells der Kognition betrachtet, welches mit der angenommenen konstruktivistischen Erkenntnisposition sowie dem darauf aufbauenden Modellverständnis und der Lerntheorie Piagets vereinbar ist. Mit Informations- und Entscheidungsunterstützung wurden dabei grundsätzliche Formen der Managementunterstützung identifiziert und Anforderungen an deren Umsetzung durch IS formuliert. Weiterhin wurde überprüft, inwiefern eine an der Lerntheorie Piagets orientierte Lernunterstützung des Lernens durch Ansätze der Informations- und Entscheidungsunterstützung umgesetzt werden können. Als Ergebnis wurden Anforderungen an eine Lernunterstützung des Managements formuliert. Eine theoretische Kohärenz der Anforderungen an eine Lernunterstützung des Managements durch etablierte Ansätze der Managements ergibt sich aus der gemeinsamen theoretischen Basis des Strukturmodells menschlicher Kognition.

In Kapitel 5 wurde Business Intelligence vorgestellt und aufgezeigt, inwiefern die Anforderungen an eine Managementunterstützung erfüllt werden. Die Anforderungen an eine Informationsunterstützung des Managements werden durch Business Intelligence vollständig erfüllt. Zur Erfüllung der Anforderungen an die Entscheidungsunterstützung ist es erforderlich, spezielle Ansätze der Entscheidungsunterstützung heranzuziehen. In Kapitel 6 wurde daher mit SD ein solcher Ansatz vorgestellt, welcher den Anforderungen an eine Entscheidungsunterstützung genügt. Die Unterstützungsangebote BI und SD wurden dann hinsichtlich ihrer Eignung zur Erfüllung der Anforderungen an eine Lernunterstützung des Managements untersucht. Hierfür wurden die Parallelen der BI zu dem in Kapitel 4 vorgestellten Strukturmodell menschlicher Kognition aufgezeigt. Die Anforderungen an eine Lernunterstützung des Managements wurden dann auf Grundlage der identifizierten strukturellen Ähnlichkeiten, den Möglichkeiten zur Erfüllung der Anforderungen an eine allgemeine Managementunterstützung sowie den Unterstützungsmöglichkeiten des SD weiter konkretisiert. In einem Zwischenfazit wurden die bisherigen Ergebnisse zusammengefasst und die für die Realisierung einer Lernunterstützung des Managements durch BI zu überwindenden Defizite explizit dargestellt.

Den aufgezeigten Defiziten wurde mit der Konstruktion eines Artefakts in Teil III begegnet. Die Datenkomponente des Gesamtansatzes einer Lernunterstützung des Managements wird auf Grundlage einer in Kapitel 5 hergeleiteten integrierten Architektur für BI-Modelle konstruiert. Zur Überwindung des Defizits einer mangelnden Integration von Modellen der Informations- und Entscheidungsunterstützung wurden in Kapitel 7 zunächst die Modellierungssprachen multidimensionaler Datenmodelle und systemdynamischer Flussmodelle analysiert. Für die Analyse wurden die Modellierungssprachen in Form von Metamodellen dargestellt und miteinander verglichen. Auf Grundlage der identifizierten Ähnlichkeiten wurden in Kapitel 8 multidimensionale Datenmodelle und systemdynamische Flussmodelle integriert. Abschließend werden in Kapitel 9 die Datenmodelle und die funktionalen Teilkomponenten des Lernens zu einem Gesamtprozess der Lernunterstützung des Managements integriert. Dabei werden die Abfolge, die In- und Outputs sowie die Unterstützung der funktionalen Teilkomponenten detailliert dargestellt. Die vorgestellten integrierten Datenmodelle sowie der integrierte Gesamtprozess einer Lernunterstützung des Managements erfüllen die zuvor aufgestellten Anforderungen an eine Lernunterstützung des Managements.

10.2 Erweiterungsvorschläge

Auf Grundlage der in Teil II erarbeiten Analyseergebnisse sowie des in Teil III konstruierten Artefakts werden im Folgenden Vorschläge für eine Erweiterung durch zukünftige Forschungsvorhaben dargestellt.

Eine naheliegende Weiterentwicklung ist die *Ausweitung des Lernens auf die kollektive, organisatorische Ebene*. Die theoretische Grundlage hierfür scheint durch den umfangreichen Bestand an Forschungsergebnissen zum Organisationalen Lernen gegeben, eine Übertragung auf das Lernen des Managements muss jedoch noch erfolgen. Die Umsetzung der theoretischen Erkenntnisse in BI-Systeme erfordert dann einerseits eine Betrachtung des Modellierungsprozess aus einer kollektiven Ebene, d.h. soziale, kulturelle, politische Faktoren müssen stärker als zuvor berücksichtigt werden. Andererseits müssen Modelle an sich kollektiv betrachtet werden, d.h. die individuellen Sichten auf einen Sachverhalt müssen in kollektiven Modellen berücksichtig werden. Eine denkbare Erweiterung wäre hier die Übertragung des für OLAP erfolgreich angewandten Viewpoint-Ansatzes[797], zunächst auf SD-Modelle und im weiteren Verlauf auf integrierte Datenmodelle der Lernunterstützung des Managements.

Eine weitere theoretische Erweiterung betrifft die *Erfassung von Lernimpulsen auf Typebene* (vgl. Kapitel 9). Durch die Konfiguration von ETL-Prozessen werden nur bekannte Merkmale überwacht, d.h. es können innerhalb eines klassischen Data-Warehouse-Systems nur Assimilationsprozesse automatisch angestoßen werden. Akkommodationsprozesse werden hingegen endogen nur bei einer gescheiterten Assimilation ausgelöst. Zur Auslösung von Akkommodationsprozessen müssten Überwachungsmechanismen etabliert werden, die in der Lage sind, abweichende oder neue Merkmalstypen entweder in den internen, strukturierten Datenquellen oder in externen, ggf. unstrukturierten Datenquellen zu identifizieren

Unter dem Blickwinkel der Modellierungssprachen kann geprüft werden, inwiefern die Gegenstandseinteilungen der in dieser Arbeit verwendeten *Modellierungssprachen um Konstrukte der Informations- oder Entscheidungsunterstützung erweitert* werden können. Hiervon ist insbesondere die Flussmodellierung des System-Dynamics-Ansatz betroffen, welche um Möglichkeiten einer Hierarchisierung erweitert werden sollte. Multidimensionale Modellierungssprachen könnten um kausale Aspekte erweitert werden, die es ermöglichen, Methoden der Entscheidungsunterstützung direkt und ohne Datentransfer auf Daten der Informationsunterstützung anzuwenden. Ein potenziell fehleranfälliger und im Falle sich ändernder Modelle anzupassender Datenlogistikprozess würde dann entfallen.

---

[797] Vgl. Goeken (2006), S. 287 ff.

Anhang 1: Fallbeispiele

Anhang 1a: OLAP-Würfel zum Vertriebsreporting

Das Vertriebsreporting eines Einzelhandelsunternehmens ist multidimensional organisiert und wird durch ein OLAP-System technisch umgesetzt. Gegenstand des Reportings sind die *Kennzahlen* Absatz und Umsatz. Diese werden durch die *Dimensionen* Vertriebsorganisation, Produkt und Zeit qualifiziert. Die Dimension *Vertriebsregion* besteht aus mehreren einfach hierarchisch geordneten Dimensionsebenen, wobei Filialen die elementaren Dimensionsknoten darstellen. Filialen werden Bundesländern zugeordnet und diese wiederum zu Vertriebsregionen verdichtet. Die elementaren Dimensionsknoten der *Artikeldimension* stellen einzelne Artikel dar, die zu einer übergeordneten Warengruppe verdichtet werden. Die *Zeitdimension* hat den Tag, an dem ein Artikel verkauft wurde, als Dimensionselemente und wird zu den Kalenderelementen, Monat, Quartal und Jahr verdichtet. In allen Aggregationsbeziehungen wirkt eine summierende (additive) Verdichtungsfunktion. Abbildung 80 stellt das multidimensionale Datenmodell des geschilderten OLAP-Würfels in der Notation des ME/RM dar.

Abbildung 80: Beispielhaftes multidimensionales Datenmodell eines OLAP-Datenwürfels für das Vertriebsreporting

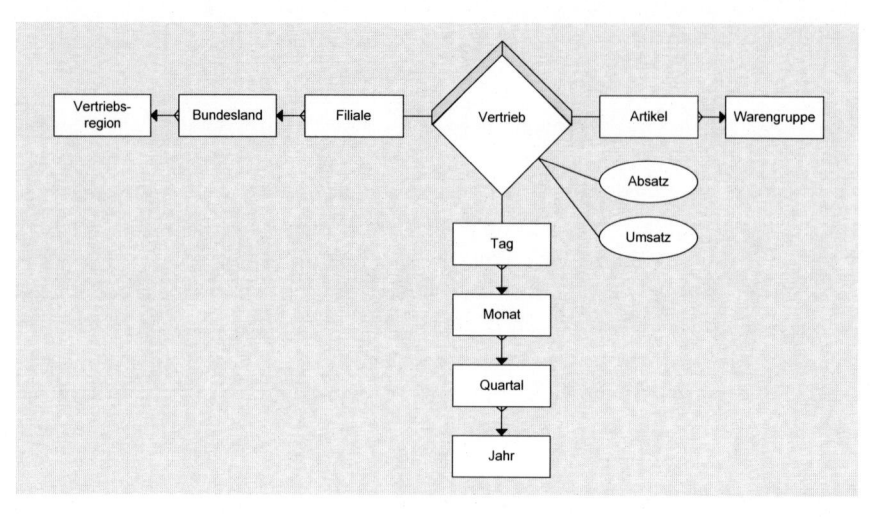

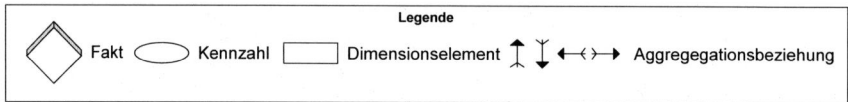

Anhang 1b: Flussmodell zur Produktdiffusion

Als Gegenstand des Fallbeispiels des SD-Ansatzes dient die Diffusion eines neu eingeführten Produkts. Die Diffusion wird hier als ein Fluss von einem Bestand potenziell abzusetzender Produkte zu einem Bestand abgesetzter Produkte verstanden werden. Der Umfang anfänglich potenziell abzusetzender Produkte wird durch ein angenommenes Gesamtmarktvolumen bestimmt. Die Geschwindigkeit des Absatzes wird durch die Steuerung des Flusses zwischen diesen reguliert und von einer Reihe Faktoren beeinflusst. Es wird zunächst angenommen, dass der Umfang der Diffusion durch einen bestehenden Diffusionsgrad (Verhältnis von potenziellem Absatz zum akkumulierten Absatz) im Sinne eines sich selbst verstärkenden Effekts durch Mundpropaganda beeinflusst wird. Um den Prozess der Mundpropaganda auszulösen, wird angenommen, dass eine bestimmte Anzahl an Mustern an ausgewählte Personen, bspw. Produkttester etc., verteilt wird. Weiterhin wird angenommen, dass der Umfang des Absatzes in einer Periode durch eine Preis-Absatz-Funktion bestimmt wird, d.h. der Preis kann eine verzögernde oder be-

Anhang 1b: Flussmodell zur Produktdiffusion

schleunigende Wirkung auf den Absatz haben. Darüber hinaus soll eine bestimmte Diffusionszeit als zeitliches Maß eines Absatzvorganges die Diffusion beeinflussen. Hierbei kann es sich bspw. um Lieferzeiten oder Auftragsbearbeitungszeiten handeln. Letztlich kann aus dem realisierten Absatz und dem veranschlagten Preis der Umsatz eines Produktes ermittelt werden. Abbildung 81 stellt den beschriebenen Sachverhalt in Form eines Kausalkettendiagramms dar.

Abbildung 81: Kausalkettendiagramm des System-Dynamics-Fallbeispiels

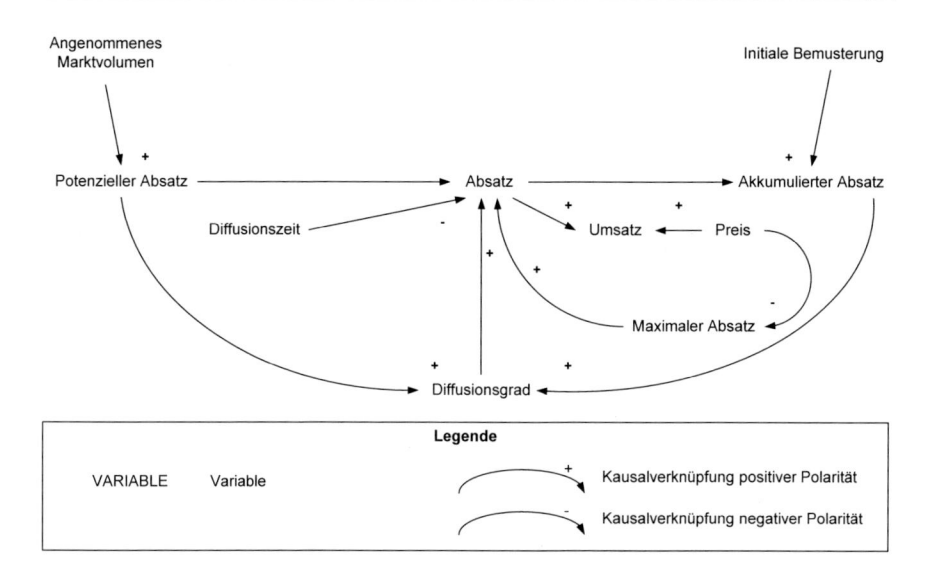

Die zur Repräsentation dieses Sachverhalts verwendeten Modellierungskonstrukte können nen Tabelle 10 entnommen werden.

Tabelle 10: Modellelemente des System-Dynamics-Fallbeispiels

Benennung	Verwendetes Modellierungskonstrukt
Potenzieller Absatz	Bestandsvariable
Akkumulierter Absatz	Bestandsvariable
Absatz	Hilfsvariable (Flusssteuerung)
Diffusionsgrad	Hilfsvariable
Maximaler Absatz pro Woche	Hilfsvariable
Diffusionszeit	Konstante / Parameter
Preis	Konstante / Parameter
Angenommenes Marktvolumen	Konstante / Parameter
Initiale Bemusterung	Konstante / Parameter

Anhang 1b: Flussmodell zur Produktdiffusion

Abbildung 82: Flussmodell des System-Dynamics-Fallbeispiels

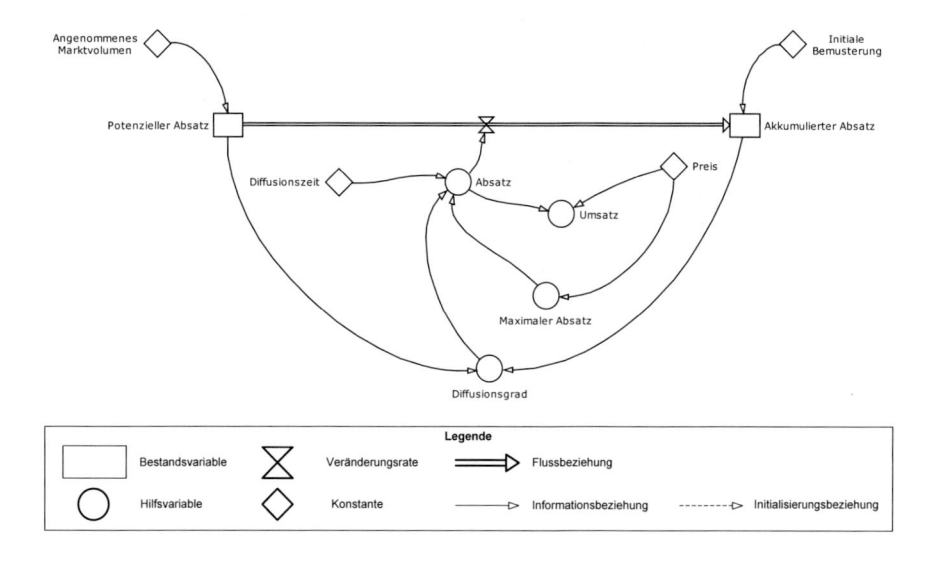

Die Hilfsvariablen des Modells werden mit Gleichungen, die Bestandsvariablen und Konstanten mit Initialwerten hinterlegt, um das Modell simulieren zu können. Diese Gleichungen können Tabelle 11 entnommen werden.

Tabelle 11: Gleichungen des System-Dynamics-Fallbeispiels

Modellelement	Verwendetes Modellierungskonstrukt	Gleichung / Wert
Potenzieller Absatz	Bestandsvariable	-Absatz [Stück]; Initialwert: Angenommens Marktvolumen
Akkumulierter Absatz	Bestandsvariable	+Absatz [Stück]; Initialwert: Initiale Bemusterung
Absatz	Hilfsvariable (Flusssteuerung)	**Wenn:** (Potenzieller Absatz * Diffusionsgrad/Diffusionszeit) > ("Maximaler Absatz/Woche") **Dann:** Maximaler Absatz pro Woche [Stück / Zeit] **Sonst:** (Potenzieller Absatz * Diffusionsgrad/Diffusionszeit)) [Stück / Zeit]
Diffusionsgrad	Hilfsvariable	Akkumulierter Absatz / (Akkumulierter Absatz + Potenzieller Absatz) [Prozent]
Maximaler Absatz	Hilfsvariable	Abhängig von Preis und zu Grunde gelegter Preis/Absatz-Funktion (siehe oben) [Stück / Zeit]
Diffusionszeit	Konstante (Parameter)	Simulationsabhängig [Zeit]
Preis	Konstante (Parameter)	Simulationsabhängig [Währung]
Angenommenes Marktvolumen	Konstante (Parameter)	Simulationsabhängig [Stück]
Initiale Bemusterung	Konstante (Parameter)	Simulationsabhängig (Stück)

Anhang 2: Archetypisches Verhalten dynamischer Systeme

Tabelle 12: Kausalmodelle und Verhaltensgraphen von Systemarchetypen

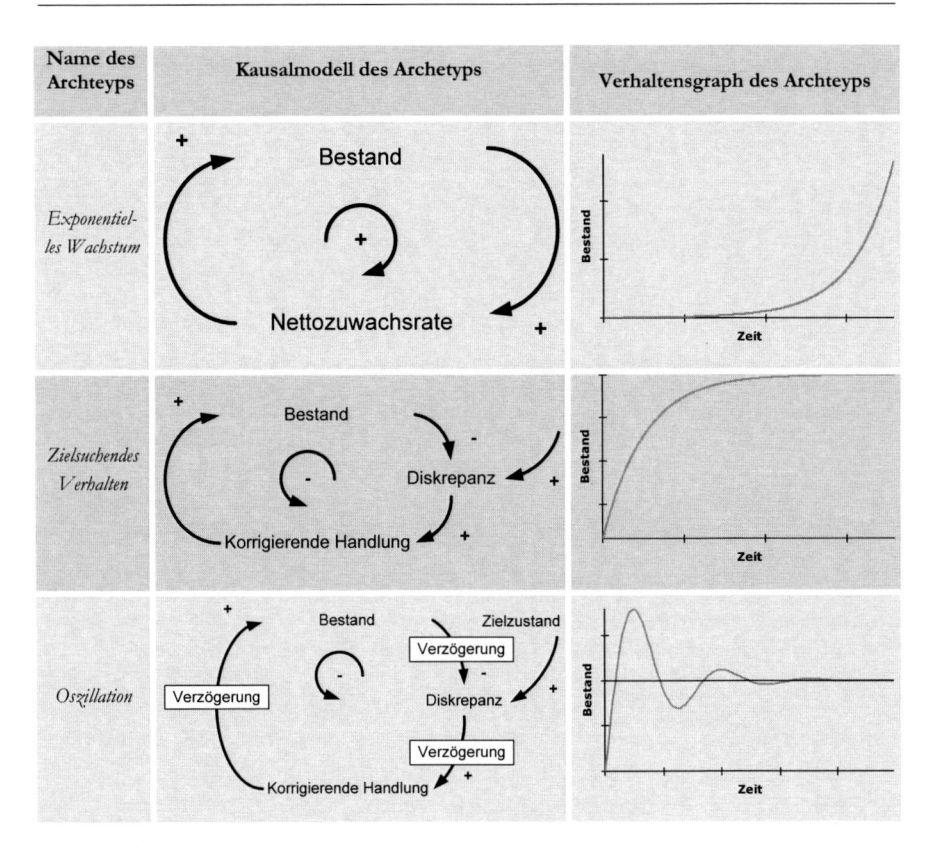

Name des Archteyps	Kausalmodell des Archetyps	Verhaltensgraph des Archteyps
Exponentielles Wachstum	Bestand → Nettozuwachsrate (+ Rückkopplung)	exponentiell ansteigende Kurve (Bestand über Zeit)
Zielsuchendes Verhalten	Bestand → Diskrepanz → Korrigierende Handlung (− Rückkopplung)	asymptotisch ansteigende Kurve (Bestand über Zeit)
Oszillation	Bestand → Diskrepanz (Zielzustand, Verzögerung) → Korrigierende Handlung (Verzögerung)	gedämpfte Schwingung (Bestand über Zeit)

Anhang 2: Archetypisches Verhalten dynamischer Systeme

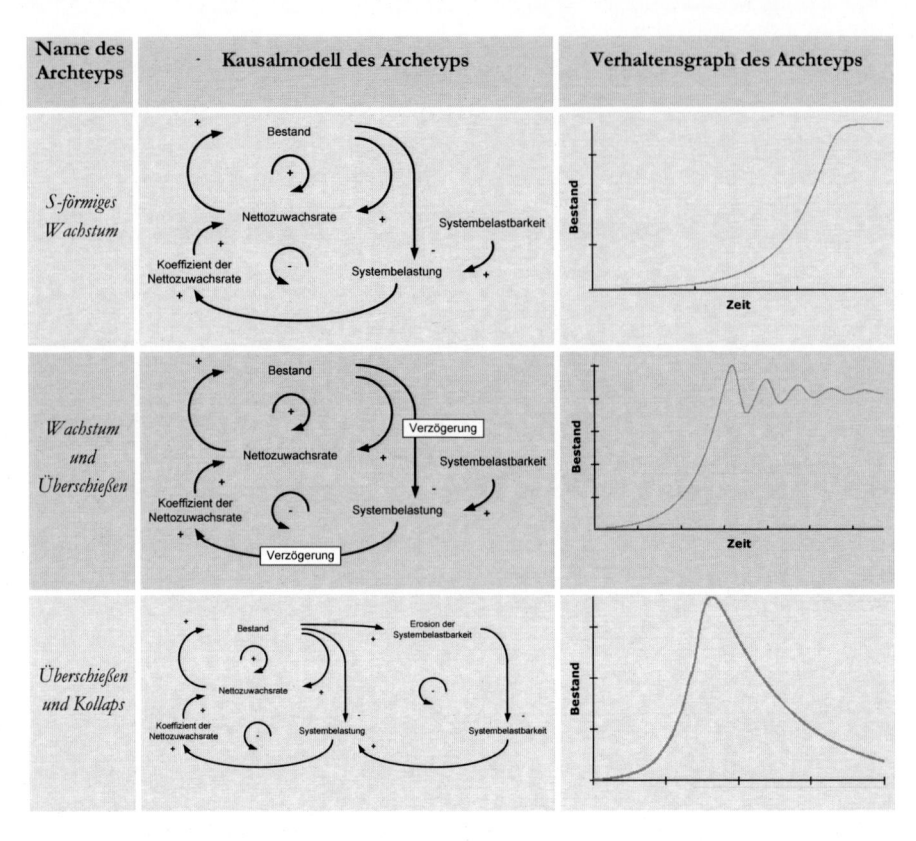

Name des Archteyps	Kausalmodell des Archetyps	Verhaltensgraph des Archteyps
S-förmiges Wachstum	Bestand → Nettozuwachsrate → Systembelastbarkeit; Koeffizient der Nettozuwachsrate → Systembelastung	Bestand über Zeit: S-förmige Kurve
Wachstum und Überschießen	Bestand → Nettozuwachsrate → Systembelastbarkeit (mit Verzögerung); Koeffizient der Nettozuwachsrate → Systembelastung (Verzögerung)	Bestand über Zeit: Überschießen mit gedämpften Oszillationen
Überschießen und Kollaps	Bestand → Nettozuwachsrate; Erosion der Systembelastbarkeit; Koeffizient der Nettozuwachsrate → Systembelastung → Systembelastbarkeit	Bestand über Zeit: Anstieg, Spitze, Kollaps

Quelle: In Anlehnung an (Sterman 2000), S. 108 ff.

Literaturverzeichnis

Ackoff R (1967) Management Misinformation Systems. Management Science 14:B-147-B-156.

Ackoff R (1971) Towards a System of System Concepts. Management Science 17:661–671.

Akbar M (2003) Knowledge Levels and their Transformation. Towards the Integration of Knowledge Creation and Individual Learning. Journal of Management Studies 40:1997–2021.

Akkermans H, Romme G (2003) System Dynamics at the Design-Science Interface. Past, Present, Future. In: Eberlein R, Diker V, Langer R, Rowe J (Hrsg.) Proceedings of the 21st International Conference of the System Dynamics Society. System Dynamics Society, New York.

Akkermans H, van Oorshot K (2005) Relevance Assumed: A Case Study of Balanced Scorecard Development Using System Dynamics. Journal of the System Dynamics Society 56:931–941.

Allwood J (1981) On the Distinctions between Semantics and Pragmatics. In: Klein W, Levelt W (Hrsg.) Crossing the boundaries in linguistics. Reidel, Dordrecht, 177–189.

Alpar P, Grob H, Weimann P, Winter R (2008) Anwendungsorientierte Wirtschaftsinformatik. Strategische Planung, Entwicklung und Nutzung von Informations- und Kommunikationssystemen. Vieweg, Wiesbaden.

Alston W (1972) Language. In: Edwards P (Hrsg.) The Encyclopedia of Philosophy. Macmillan, New York, 384-386.

Argyris C, Schön D (2006) Die lernende Organisation. Grundlagen, Methode, Praxis. Klett-Cotta, Stuttgart.

Ashcraft M (2002) Cognition. Prentice Hall, Upper Saddle River, NJ.

Baars H, Kemper H (2008) Management Support with Structured and Unstructured Data. An Integrated Business Intelligence Framework. Information Systems Management 25:132–148.

Back A (2002) Entscheidungsunterstützungssysteme. In: Küpper H (Hrsg.) Handwörterbuch Unternehmensrechnung und Controlling. Schäffer-Poeschel, Stuttgart, 370–374.

Bakken B, Gould J, Kim D (1992) Experimentation in Learning Organisations. A Management Flight Simulator Approach. European Journal of Operational Research 59:167–182.

Bamberg G, Coenenberg A, Krapp M (2008) Betriebswirtschaftliche Entscheidungslehre. Vahlen, München.

Barlas Y, Carpenter S (1990) Philosophical Roots of Model Validation. System Dynamics Review 6:148–166.

Barsalou L (1992) Cognitive Psychology. An Overview for Cognitive Scientists. Erlbaum, Hillsdale, NJ.

Bartel W, Schwarz S, Strasser G (2000) Der ETL-Prozess des Data Warehousing. In: Jung R, Winter R (Hrsg.) Data-Warehousing-Strategie. Erfahrungen, Methoden, Visionen. Springer, Berlin et al., 43–60.

Barthélemy J, Bisdorff R, Coppin G (2002) Human Centered Processes and Decision Support Systems. European Journal of Operational Research Volume 136:233–252.

Batini C, Ceri S, Navathe S (1998) Conceptual Database Design. An Entity-Relationship Approach. Benjamin/Cummings, Redwood City, California.

Bauer A, Günzel H (Hrsg.) (2004) Data-Warehouse-Systeme. dpunkt, Heidelberg.

Bauer A, Günzel H (2009) Data-Warehouse-Systeme. Architektur, Entwicklung, Anwendung. dpunkt-Verlag, Heidelberg.

Becker J, Holten R, Knackstedt R, Niehaves B (2003) Forschungsmethodische Positionierung in der Wirtschaftsinformatik. Epistemologische, ontologische und linguistische Leitfragen. Arbeitsbericht Nr. 93 des Instituts für Wirtschaftsinformatik der Westfälischen Wilhelms-Universität Münster, Münster.

Becker J, Holten R, Knackstedt R, Niehaves B (2004) Epistemologische Positionierung in der Wirtschaftsinformatik am Beispiel einer konsensorientierten Informationsmodellierung. In: Frank U (Hrsg.) Wissenschaftstheorie in Ökonomie und Wirtschaftsinformatik. Theoriebildung und -bewertung, Ontologien, Wissensmanagement. Deutscher Universitätsverlag, Wiesbaden, 335-366.

Becker J, Knackstedt R, Holten R, Hansmann H, Neumann S (2001) Konstruktion von Methodiken: Voschläge für eine begriffliche Grundlegung und domänenspezifische Anwendungsbeispiele. Arbeitsbericht Nr. 77 des Instituts für Wirtschaftsinformatik der Westfälischen Wilhelms-Universität Münster, Münster.

Becker J, Niehaves B (2007) Epistemological Perspectives on IS Research. A Framework for Analysing and Systematizing Epistemological Assumptions. Information Systems Journal 17:197-214.

Becker J, Niehaves B, Janiesch C (2007) Socio-Technical Perspectives on Design Science in IS Research. In: Wojtkowski W, Knapp G, Magyar G, Zupan010 J (Hrsg.) Advances in Information Systems Development. New Methods and Practice for the Networked Society. Springer, Berlin et al., 127–138.

Becker J, Niehaves B, Klose K (2005) A Framework for Epistemological Perspectives on Simulation. Journal of Artificial Societies and Social Simulation 8.

Becker J, Pfeiffer D (2006) Konzeptionelle Modellierung. Ein wissenschaftstheoretischer Forschungsleitfaden. In: Lehner F, Nösekabel H, Kleinschmidt P (Hrsg.) Multikonferenz Wirtschaftsinformatik 2006. GITO, Berlin, 3–19.

Becker J, Schütte R (2004) Handelsinformationssysteme. Domänenorientierte Einführung in die Wirtschaftsinformatik. Redline, Frankfurt am Main.

Behme W, Schimmelpfeng K (1993) Führungsinformationssysteme. Geschichtliche Entwicklung, Aufgaben und Leistungsmerkmale. In: Behme W, Schimmelpfeng K (Hrsg.) Führungsinformationssysteme. Neue Entwicklungstendenzen im EDV-gestützten Berichtswesen. Gabler, Wiesbaden, 3–16.

Bennet A, Bennet D (2008) The Decision-Making Process in a Complex Situation. In: Burstein F, Holsapple C (Hrsg.) Handbook on Decision Support Systems. Basic Themes. Springer, Berlin et al., 3–20.

Berger U, Bernhard-Mehlich I (1999) Die Verhaltenswissenschaftliche Entscheidungstheorie. In: Kieser A (Hrsg.) Organisationstheorien. Kohlhammer, Stuttgart, 133–168.

Blaschka M (2000) FIESTA. A Framework for Schema Evolution in Multidimensional Databases. Dissertation, München.

Bode J (1997) Der Informationsbegriff in der Betriebswirtschaftslehre. Zeitschrift für betriebswirtschaftliche Forschung 49:449–468.

Bretzke W (1980) Der Problembezug von Entscheidungsmodellen. Mohr, Tübingen.

Bucklin R, Lehmann D, Little J (1998) From Decision Support to Decision Automation. A 2020 Vision. Marketing Letters 9:235–246.

Bulos D, Forsman S (2006) Getting Startet with ADAPT ™. OLAP Database Design. Whitepaper, Symmetry Corporation, San Rafael. Verfügbar unter: http://www.symcorp.com/downloads/ADAPT_white_paper.pdf. Abgerufen am: 2009-07-02.

Bunge M (1977) Ontology I. Furniture of the World. Reidel, Dordrecht.

Burmester L, Goeken M (2005) Benutzerorientierter Entwurf von unternehmensweiten Data-Warehouse-Systemen. In: Ferstl O, Eckert S, Isselhorst T, Sinz E (Hrsg.) Wirtschaftsinformatik 2005. eEconomy, eGovernment, eSociety. Physica, Heidelberg, 1421–1440.

Burmester L, Goeken M (2008a) Combining System Dynamics and Multidimensional Modelling – A Metamodel Based Approach. In: Association for Information Systems (AIS) (Hrsg.) Proceedings of the 14th Americas Conference on Information Systems 2008 (AMCIS 2008). Learning from the Past & Charting the Future of the Discipline, Toronto.

Burmester L, Goeken M (2008b) Multidimensional Representation of System Dynamics Simulation Models. In: Pastor O, Flory A, Cavavero J (Hrsg.) Proceedings of the IEEE International Conference on Research Challenges in Information Systems (RCIS) 2008, Marrakech, 267–275.

Burmester L, Goeken M (2008c) Relating System Dynamics and Multidimensional Data Models. A Metamodel based Language Mapping. In: José Cordeiro, Joaquim Filipe (Hrsg.) Proceedings of the Tenth International Conference on Enterprise Information Systems 2008 (ICEIS 2008), Barcelona, Spain, 295–299.

Byrd T, Cossick K, Zmud R (1992) A Synthesis of Research on Requirements Analysis and Knowledge Acquisition Techniques. Management Information Systems Quarterly 16:117–138.

Carnap R (1958) Introduction to Symbolic Logic and its Applications. Dover Publications, New York.

Chamoni P, Gluchowski P (2006) Analytische Informationssysteme. Einordnung und Überblick. In: Chamoni P, Gluchowski P (Hrsg.) Analytische Informationssysteme. Business-Intelligence-Technologien und -Anwendungen. Springer, Berlin et al., 3–22.

Chauduri S, Dayal U (1997) An Overview of Data Warehousing and OLAP Technology. ACM SIGMOD Record 26:65–74.

Chen J, Lee S (2003) An Exploratory Cognitive DSS for Strategic Decision Making. Decision Support Systems 36:147–160.

Chen P (1976) The Entity-Relationship Model. Toward a unified View of Data. ACM Transactions on Database Systems 1:9–36.

Chuang T, Yadav S (1998) The Development of an Adaptive Decision Support System. Decision Support Systems 24:73–87.

Clark T, Jones M, Armstron C (2007) The Dynamic Structure Of Management Support Systems. Theory Development, Research Focus, And Direction. Management Information Systems Quarterly 31:579–615.

Codd E, Codd S, Salley C (1993) Providing OLAP to User-Analysts: An IT Mandate, http://www.cs.bgu.ac.il/~dbm031/dw042/Papers/olap_to_useranalysts_wp.pdf, letzter Zugriff 13.10.2008.

Courtney J (2001) Decision Making and Knowledge Management in Inquiring Organizations: towards a new Decision-making Paradigm for DSS. Decision Support Systems 31:17–38.

Coyle R (1979) Management System Dynamics. Wiley, Chichester.

Daft R, Lengel R (1986) Organizational Information Requirements, Media Richness and Structural Design. Management Science 32:554–571.

Datta A, Thomas H (1999) The Cube Data Model: A Conceptual Model and Algebra for On-line Analytical Processing in Data Warehouses. Decision Support Systems 27:289–301.

Davies I, Green P, Milton S, Rosemann M (2003) Using Meta Models for the Comparison of Ontologies. In: Proceedings of the Evaluation of Modeling Methods in Systems Analysis and Design Workshop (EMMSAD) 2003, Klagenfurt / Velden.

Degen H (2006) Statistische Methoden zur visuellen Exploration mehrdimensionaler Daten. In: Chamoni P, Gluchowski P (Hrsg.) Analytische Informationssysteme. Business-Intelligence-Technologien und -Anwendungen. Springer, Berlin et al., 305–326.

Delfmann P (2006) Adaptive Referenzmodellierung. Methodische Konzepte zur Konstruktion und Anwendung wiederverwendungsorientierter Informationsmodelle. Logos, Berlin.

Devlin B (1997) Data Warehouse. From Architecture to Implementation. Addison-Wesley, Reading.

Dittmar C (2004) Knowledge Warehouse. Ein integrativer Ansatz des Organisationsgedächtnisses und die computergestützte Umsetzung auf Basis des Data-Warehouse-Konzepts. Deutscher Universitätsverlag, Wiesbaden.

Domschke W, Drexl A (2002) Einführung in Operations Research. Springer, Berlin et al.

Dörner D (1999) Die Logik des Mißlingens. Strategisches Denken in komplexen Situationen. Rowohlt, Reinbek bei Hamburg.

Doyle J, Ford D (1998) Mental Models Concepts for System Dynamics Research. System Dynamics Review 14.

Dresbach S (1999) Epistemologische Überlegungen zu Modellen in der Wirtschaftsinformatik. In: Becker J, König W, Schütte R, Wendt O, Zelewski S (Hrsg.) Wirtschaftsinformatik und Wissenschaftstheorie. Bestandsaufnahme und Perspektiven. Gabler, Wiesbaden, 71–94.

Düsing R (2006) Knowledge Discovery in Databases. Begriff, Forschungsgebiet, Prozess und System. In: Chamoni P, Gluchowski P (Hrsg.) Analytische Informationssysteme. Business-Intelligence-Technologien und -Anwendungen. Springer, Berlin et al., 241–262.

Elmasri R, Navathe S (1996) Fundamentals of database systems. Addison-Wesley, Menlo Park.

Elmasri R, Navathe S (2007) Grundlagen von Datenbanksystemen. Pearson Studium, München.

Eom S (1995) Decision Support Systems Research. Reference Disciplines and a Cumulative Tradition. OMEGA - International Journal of Management Science 23:511–523.

Eom S (1998) The Intellectual Development and Structure of Decision Support Systems. OMEGA - International Journal of Management Science 26:639–657.

Eom S (2008) Reference Disciplines of Decision Support Systems. In: Burstein F, Holsapple C (Hrsg.) Handbook on Decision Support Systems. Basic Themes. Springer, Berlin et al., 141–159.

Essler W (1980) Metasprache / Objektsprache. In: Speck J (Hrsg.) Handbuch wissenschaftstheoretischer Begriffe. Vandenhoeck & Ruprecht, Göttingen, 428–429.

Felden C (2002) Konzept zum Aufbau eines Marktdateninformationssystems für den Energiehandel. Auf Basis interner und externer Daten. Deutscher Universitätsverlag, Wiesbaden.

Felden C (2006) Personalisierung der Informationsversorgung in Unternehmen. Deutscher Universitätsverlag, Wiesbaden.

Ferstl O, Sinz E (2006) Grundlagen der Wirtschaftsinformatik. Oldenbourg, München.

Fettke P, Loos P (2005) Ontological Analysis of Reference Models. In: Green PF, Rosemann M (Hrsg.) Business Systems Analysis with Ontologies. Idea Group Publ., Hershey, 56–81.

Fink K (2000) Know-how-Management. Architektur für den Know-how-Transfer. Oldenbourg, München.

Fiol C, Lyles M (1985) Organizational Learning. Academy of Management Review 10:803–813.

Flores F, Graves M, Hartfield B, Winograd T (1988) Computer Systems and the Design of Organizational Interaction. ACM Transactions on Information Systems 6:153–172.

Floyd C, Klischewski R (1998) Modellierung - ein Handgriff zur Wirklichkeit. Zur sozialen Konstruktion und Wirksamkeit von Informatik-Modellen. In: Pohl K, Schürr A, Vossen G (Hrsg.) Modellierung '98. Proceedings des GI-Workshops in Münster. CEUR-WS.org.

Follesdal D (1980) Semantik. In: Speck J (Hrsg.) Handbuch wissenschaftstheoretischer Begriffe. Vandenhoeck & Ruprecht, Göttingen, 568–579.

Forrester J (1961) Industrial Dynamics. MIT Press, Cambridge.

Forrester J (1964) Industrial Dynamics. MIT Press, Cambridge.

Forrester J (1969) Urban Dynamics. MIT Press, Cambridge.

Forrester J (1971) Counterintuitive Behaviour of Social Systems. Theory and Decision 2:109–140.

Forrester J (1972) Grundsätze einer Systemtheorie. (Principles of systems). Gabler, Wiesbaden.

Forrester J (1980) System Dynamics - Future Opportunities. In: Legasto A, Forrester J, Lyneis J (Hrsg.) System Dynamics. North-Holland Publ. Co., Amsterdam et al., 7–21.

Forrester J (1981) Industrial Dynamics. A Major Breakthrough for Decison Makers. Nachdruck. Erstpublikation im Harvard Business Review, Jg. 36, Nr. 4, 1958, S. 37 - 66. In: Roberts E (Hrsg.) Managerial Applications of System Dynamics. MIT Press, Cambridge, 37–65.

Forrester J (1994a) Policies, Decisions, and Information Sources for Modeling. In: Morecroft J, Sterman J (Hrsg.) Modeling for Learning Organizations. Productivity Press, Portland, 51–83.

Forrester J (1994b) System Dynamics, Systems Thinking, and Soft OR. System Dynamics Review 10:245–256.

Frank U (1998) Wissenschaftstheoretische Herausforderungen der Wirtschaftsinformatik. In: Gerum E (Hrsg.) Innovation in der Betriebswirtschaftslehre. Tagung der Kommission Wissenschaftstheorie. Gabler, Wiesbaden, 91–118.

Frank U (2000) Modelle als Evaluationsobjekt. Einführung und Grundlegung. In: Heinrich LJ, Häntschel I (Hrsg.) Evaluation und Evaluationsforschung in der Wirtschaftsinformatik. Handbuch für Praxis, Lehre und Forschung. Oldenbourg, München, 339–352.

Frank U (2006) Towards a Pluralistic Conception of Research Methods in Information Systems Research. Arbeitsbericht Nr. 7 des Instituts für Wirtschaftsinformatik der Universität Duisburg-Essen, Essen.

Frank U (2007) Ein Vorschlag zur Konfiguration von Forschungsmethoden in der Wirtschaftsinformatik. In: Lehner F, Zelewski S (Hrsg.) Wissenschaftstheoretische Fundierung und wissenschaftliche Orientierung der Wirtschaftsinformatik. GITO, Berlin, 155–184.

Frank U, Prasse M (1997) Ein Bezugsrahmen zur Beurteilung objektorientierter Modellierungssprachen. Veranschaulicht am Beispiel von OML und UML, Koblenz.

Frank U, van Laak B (2003) Anforderungen an Sprachen zur Modellierung von Geschäftsprozessen, Koblenz.

Gabriel R, Dittmar C (2001) Der Ansatz des Knowledge Managements im Rahmen des Business Intelligence. HMD 37:17–28.

Gabriel R, Gluchowski P (1998) Grafische Notationen für die semantische Modellierung multidimensionaler Datenstrukturen in Management Support Systemen. Wirtschaftsinformatik 40:493–502.

Gabriel R, Gluchowski P, Chamoni P (2000) Data Warehouse und OLAP. Analyseorientierte Informationssysteme für das Management. Zeitschrift für betriebswirtschaftliche Forschung 52:74–93.

Gaitanides M (1979) Planungsmethodologie. Vorentscheidungen bei der Formulierung integrierter Investititonsplanungsmodelle. Duncker & Humblot, Berlin.

Gardner S (1998) Building the Data Warehouse. Communications of the ACM 51:52–60.

Gatziu S, Vavouras A (1999) Data Warehousing: Concepts and Mechanisms. INFORMATIK/INFORMATIQUE:8–11.

Gethmann C (1980) Deduktivismus. In: Blasche S, Wolters G, Mittelstrass J (Hrsg.) Enzyklopädie Philosophie und Wissenschaftstheorie. A-G. Bibliographisches Institut, Mannheim, 436–437.

Gethmann C (1995) Realismus (erkenntnistheoretisch). In: Mittelstrass J, Blasche S (Hrsg.) Enzyklopädie Philosophie und Wissenschaftstheorie. P-So. Metzler, Stuttgart, Weimar, 501–502.

Geus A de (1992) Modelling to predict or to learn? European Journal of Operational Research 59:1–5.

Gluchowski P (2001) Business Intelligence. Konzepte, Technologien, Einsatzbereiche. HMD 37:5–15.

Gluchowski P, Chamoni P (2006) Entwicklungslinien und Architekturkonzepte des On-Line Analytical Processing. In: Chamoni P, Gluchowski P (Hrsg.) Analytische Informationssysteme. Business-Intelligence-Technologien und -Anwendungen. Springer, Berlin et al., 143–176.

Gluchowski P, Dittmar C (2002) Synergiepotenziale und Herausforderungen von Knowledge Mangement und Business Intelligence. In: Hannig U (Hrsg.) Knowledge Management und Business Intelligence. Springer, Berlin et al., 27–41.

Gluchowski P, Gabriel R, Dittmar C (2008) Management Support Systeme und Business Intelligence. Computergestützte Informationssysteme für Fach- und Führungskräfte. Springer, Berlin et al.

Gluchowski P, Kemper H (2006) Quo Vadis Business Intelligence? BI-Spektrum 1:12–19.

Goeken M (2003) Die Wirtschaftsinformatik als anwendungsorientierte Wissenschaft. Symptome, Diagnose und Therapievorschläge, Marburg.

Goeken M (2005a) Anforderungsmanagement bei der Entwicklung von Data-Warehouse-Systemen. Ein sichtenspezifischer Ansatz. In: Schelp J, Winter R (Hrsg.) Auf dem Weg zur Integration Factory. Proceedings der DW2004 - Data Warehousing und EAI. Physica, Heidelberg, 167-186.

Goeken M (2005b) Wissensarten und Techniken im Anforderungsmanagement. In: Cremers A, Manthey R, Martini P, Steinhage V (Hrsg.) INFORMATIK 2005 - Band 2. GI, 205–209.

Goeken M (2006) Entwicklung von Data-Warehouse-Systemen. Anforderungsmanagement, Modellierung, Implementierung. Deutscher Universitätsverlag, Wiesbaden.

Goeken M, Knackstedt R (2009) Multidimensionale Referenzmodelle zur Unterstützung des Compliancemanagements. Grundlagen - Sprache - Anwendung. In: Hansen H, Karagiannis D, Fill H (Hrsg.) Business Services Konzepte, Technologien, Anwendungen. 9. Internationale Tagung Wirtschaftsinformatik 2009. Oesterreichische Computer Gesellschaft, Wien, 359–368.

Golfarelli M, Maio D, Rizzi S (1998) The Dimensional Fact Model. A Conceptual Model for Data Warehouses. International Journal of Cooperative Information Systems 7:215–247.

Gomez P (1981) Modelle und Methoden des systemorientierten Managements. Eine Einführung. Haupt, Bern.

Goorhuis H (1994) Konstruktivistische Modellbildung in der Informatik. Dissertation, Zürich.

Gordon G (1972) Systemsimulation. Oldenbourg, München.

Gorry G, Scott Morton M (1971) A framework for management information systems. Sloan Management Review 13:55–71.

Green P, Rosemann M (2000) Integrated Process Modeling: An Ontological Evaluation. Information Systems 25:73–87.

Green P, Rosemann M (2005) Ontological Analysis of Business Systems: Experiences and Proposals for an Enhanced Methodology. In: Green PF, Rosemann M (Hrsg.) Business Systems Analysis with Ontologies. Idea Group Publ., Hershey, 1–27.

Green P, Rosemann M, Indulska M, Recker J (2006) Improving Representational Analysis: An Example from the Information Systems Interoperability Domain. In: Spencer

S, Jenkins A (Hrsg.) Proceedings of the 17th Australasian Conference on Information Systems. Australasian Association for Information Systems.

Greschner J (1996) Lernfähigkeit von Unternehmen. Grundlagen organisationaler Lernprozesse und Unterstützungstechnologien für Lernen im strategischen Management. Lang, Frankfurt (Main).

Groffmann H (1992) Kennzahlendatenmodell (KDM) als Grundlage aktiver Führungsinformationssysteme. In: Rau K (Hrsg.) Daten- und Funktionsmodellierung. Erfahrungen, Konzepte, Perspektiven. Gabler, Wiesbaden, 1–29.

Grothe M, Gentsch P (2000) Business Intelligence. Aus Informationen Wettbewerbsvorteile gewinnen. Addison-Wesley, München.

Güldenberg S (1999) Wissensmanagement und Wissenscontrolling in lernenden Organisationen. Ein systemtheoretischer Ansatz. Deutscher Universitätsverlag, Wiesbaden.

Haberfellner R (1975) Die Unternehmung als dynamisches System. Der Prozesscharakter der Unternehmungsaktivitäten. Verlag Industrielle Organisation, Zürich.

Habermas J (1973) Wahrheitstheorien. In: Fahrenbach H, Schulz W (Hrsg.) Wirklichkeit und Reflexion. Neske, Pfullingen, 211–265.

Hagedorn J, Bissantz N, Mertens P (1997) Data Mining (Datenmustererkennung). Stand der Forschung und Entwicklung. Wirtschaftsinformatik 39:601–612.

Hahn K, Sapia C, Blaschka M (2000) Automatically Generating OLAP Schemata from Conceptual Graphical Models. In: Missaoui R (Hrsg.) Proceedings of the ACM Third International Workshop on Data Warehousing and OLAP 2000 (DOLAP 2000). ACM Press, New York, 9–16.

Hahne M (2006) Mehrdimensionale Datenmodellierung für analyseorientierte Informationssysteme. In: Chamoni P, Gluchowski P (Hrsg.) Analytische Informationssysteme. Business-Intelligence-Technologien und -Anwendungen. Springer, Berlin et al., 177–206.

Hall D (2008) Decision Makers and Their Need for Support. In: Burstein F, Holsapple C (Hrsg.) Handbook on Decision Support Systems. Basic Themes. Springer, Berlin et al., 83–101.

Hammel C, Schlitt M, Wolf S (1998) Pattern-basierte Konstruktion von Unternehmensmodellen. In: Informationssystem Architekturen - Wirtschaftsinformatik Rundbrief des GI-Fachausschusses 5.2./5, 22–37.

Hannig U (2002) Knowledge Management + Business Intelligence = Decision Intelligence. In: Hannig U (Hrsg.) Knowledge Management und Business Intelligence. Springer, Berlin et al., 3-25.

Hansen H, Neumann G (2005) Wirtschaftsinformatik 1. Grundlagen und Anwendungen. Lucius & Lucius, Stuttgart.

Hanssmann F (1993) Einführung in die Systemforschung. Methodik der modellgestützten Entscheidungsvorbereitung. Oldenbourg, München.

Harel D, Rumpe B (2000) Modeling Languages: Syntax, Semantics and All That Stuff. Part I: The Basic Stuff, Jerusalem, Israel.

Harvey H (2005) Languages and Metamodels for Modelling Frameworks. In: Zerger A, Argent RM (Hrsg.) MODSIM 2005: International Congress on Modelling and Simulation, 669–675.

Hasenkamp U, Roßbach P (1998) Wissensmanagement. Das Wirtschaftsstudium 27:956–964.

Heinrich L (2000) Bedeutung der Evaluation und Evaluationsforschung in der Wirtschaftsinformatik. In: Heinrich LJ, Häntschel I (Hrsg.) Evaluation und Evaluationsforschung in der Wirtschaftsinformatik. Handbuch für Praxis, Lehre und Forschung. Oldenbourg, München, 7–22.

Heinrich L, Heinzl A, Roithmayr F (2007) Wirtschaftsinformatik. Einführung und Grundlegung. Oldenbourg, München.

Heinrich L, Roithmayr F (1998) Wirtschaftsinformatik-Lexikon. Oldenbourg, München.

Hesse W, Barkow G, Braun H von, Kittlaus H, Scheschonk G (1994) Terminologie der Softwaretechnik. Ein Begriffssystem für die Analyse und Modellierung von Anwendungssystemen. Teil 1: Begriffssystematik und Grundbegriffe. Informatik Spektrum 17:39–47.

Hesse W, Mayr H (2008) Modellierung in der Softwaretechnik. Eine Bestandsaufnahme. Informatik Spektrum 31:377–393.

Hettler D, Preuss P, Niedereichholz J (2003) Vergleich ausgewählter Ansätze zur semantischen Modellierung von Data-Warehouse-Systemen. HMD 39:97–107.

Hevner A, March S, Park J, Ram S (2004) Design Science in Information Systems Research. Management Information Systems Quarterly 28:75–105.

Heylighen F (2005) Complexity and Information Overload in Society. Why increasing efficiency leads to decreasing control. Verfügbar unter: http://pespmc1.vub.ac.be/papers/Info-overload.pdf. Abgerufen am 2009-07-02.

Hill W, Fehlbaum U, Ulrich P (1994) Ziele, Instrumente und Bedingungen der Organisation sozialer Systeme. Organisationslehre I, Bern, Stuttgart, Wien.

Hoffer J, Prescott M, McFadden F (2005) Modern Database Management. Pearson/Prentice Hall, Upper Saddle River, NJ.

Holsapple C (2008) Decisions and Knowledge. In: Burstein F, Holsapple C (Hrsg.) Handbook on Decision Support Systems. Basic Themes. Springer, Berlin et al., 21–53.

Holten R (1999a) Entwicklung von Führungsinformationssystemen. Ein methodenorientierter Ansatz. Deutscher Universitätsverlag, Wiesbaden.

Holten R (1999b) Semantische Spezifikation Dispositiver Informationssysteme, Münster.

Holten R, Knackstedt R (1997) Führungsinformationssysteme. Historische Entwicklung und Konzeption, Münster.

Holthuis J (1999) Der Aufbau von Data Warehouse-Systemen. Konzeption, Datenmodellierung, Vorgehen. Deutscher Universitätsverlag, Wiesbaden.

Horner J, Song I, Chen P (2004) An Analysis of Additivity in OLAP Systems. In: Davis K, Ronthaler M (Hrsg.) Proceedings of the Seventh ACM International Workshop on Data Warehousing and OLAP. ACM Press, New York, 83–91.

Horváth P (2006) Controlling. Vahlen, München.

Huber G (1991) Organizational Learning. The Contributing Processes and the Literatures. Organization Science 2:88115.

Hüsemann B, Lechtenbörger J, Vossen G (2000) Conceptual Data Warehouse Design. In: Jeusfeld M, Shu H, Staudt M, Vossen G (Hrsg.) Proceedings of the Second Intl. Workshop on Design and Management of Data Warehouses (DMDW 2000). CEUR-WS.org.

Hussy H (1984) Denkpsychologie. Geschichte, Begriffs- und Problemlösungsforschung. Kohlhammer, Stuttgart.

Inmon W (2005) Building the Data Warehouse. Wiley, Indianapolis.

Jablonski S, Böhm M, Schulze W (Hrsg.) (1997) Workflow-Management. dpunkt, Heidelberg.

Jarke M, Jeusfeld M, Quix C, Vassiliadis P (1999) Architecture and Quality in Data Warehouses. An Extended Repository Approach. Information Systems 24:229–253.

Jarke M, Vassiliou Y (1997) Data Warehouse Quality: A Review of the DWQ Project. In: Diane M. Strong, Beverly K. Kahn (Hrsg.) Proceedings of the Second Conference on Information Quality (IQ 1997), 299–313.

Jeusfeld M, Jarke M, Quix C (1999) Qualitätsanalyse im Data Warehousing. EMISA Forum 9:21–30.

Johnson-Laird P (1983) Mental Models. Towards a Cognitive Science of Language, Inference, and Consciousness. Cambridge Univ. Press, Cambridge.

Jukic N, Jukic B, Malliaris M (2008) Online Analytical Processing (OLAP) for Decision Support. In: Burstein F, Holsapple C (Hrsg.) Handbook on Decision Support Systems. Basic Themes. Springer, Berlin et al., 259–276.

Jung R, Winter R (2000) Data Warehousing. Nutzungsaspekte, Referenzarchitektur und Vorgehensmodell. In: Jung R, Winter R (Hrsg.) Data-Warehousing-Strategie. Erfahrungen, Methoden, Visionen. Springer, Berlin et al., 3–20.

Kalish D (1972) Semantics. In: Edwards P (Hrsg.) The Encyclopedia of Philosophy. Macmillan, New York, 348–358.

Kambartel F (1980) Empirismus. In: Blasche S, Wolters G, Mittelstrass J (Hrsg.) Enzyklopädie Philosophie und Wissenschaftstheorie. A-G. Bibliographisches Institut, Mannheim, S. 542-543.

Kambartel F (1995) Pragmatik. In: Mittelstrass J, Blasche S (Hrsg.) Enzyklopädie Philosophie und Wissenschaftstheorie. P-So. Metzler, Stuttgart, Weimar, 323–324.

Kaplan R, Norton D (1996) Using the Balanced Scorecard as a Strategic Management System. Harvard Business Review 74:74–85.

Karagiannis D, Kühn H (2002) Metamodeling Platforms. In: Min Tjoa A, Quirchmayer G (Hrsg.) Proceedings of the Third International Conference EC-Web 2002. Springer, Berlin et al., 451–464.

Keen P, Scott Morton M (1978) Decision Support Systems. An Organizational Perspective. Addison-Wesley, Reading.

Keim D (2002) Datenvisualisierung und Data Mining. Datenbank-Spektrum 1:30–39.

Kemper H (2000) Conceptual Architecture of Data Warehouses - A Transformation-oriented View. In: Chung H (Hrsg.) Proceedings of the 2000 American Conference On Information Systems, Long Beach, 113–118.

Kemper H, Baars H (2006) Business Intelligence und Competitive Intelligence. IT-basierte Managementunterstützung und markt-/wettbewerbsorientierte Anwendungen. HMD 42:7–20.

Kemper H, Finger R (2006) Transformation operativer Daten. In: Chamoni P, Gluchowski P (Hrsg.) Analytische Informationssysteme. Business-Intelligence-Technologien und –anwendungen. Springer, Berlin et al., 113–128.

Kemper H, Lee P (2001) Business Intelligence - ein Wegweiser. Computerwoche 2001:54–55.

Kemper H, Mehanna W, Unger C (2006) Business Intelligence - Grundlagen und praktische Anwendungen. Eine Einführung in die IT-basierte Managementunterstützung. Vieweg, Wiesbaden.

Kim D (1989) Learning Laboratories. Designing a Reflective Learning Environment. In: Milling P, Zahn E (Hrsg.) Proceedings of the 7th International Conference of the System Dynamics Society, Stuttgart.

Kim D, Jun J (1995) Hierarchical Approach in System Dynamics Modeling. In: Shimada T, Saeed K (Hrsg.) Proceedings of the 13th International Conference of the System Dynamics Society. System Dynamics Society, Tokyo, 94–103.

Kimball R, Ross M (2002) The data warehouse toolkit. The Complete Guide to Dimensional Modeling. Wiley, New York.

Klein R, Scholl A (2004) Planung und Entscheidung. Konzepte, Modelle und Methoden einer modernen betriebswirtschaftlichen Entscheidungsanalyse. Vahlen, München.

Kleindorfer P, Kunreuther H, Schoemaker P (1993) Decision Sciences. An Integrative Perspective. Cambridge Univ. Press, Cambridge.

Klimecki R, Laßleben H, Thomae M (2000) Organisationales Lernen. Zur Integration von Theorie, Empirie und Gestaltung. In: Schreyögg G, Conrad P (Hrsg.) Organisatorischer Wandel und Transformation. Gabler, Wiesbaden, 63–98.

Klimecki R, Probst G, Eberl P (1991) Systementwicklung als Managementproblem. Managementforschung 1:103–162.

Kljajiae M, Skraba A, Bernik I (1999) System Dynamics and Decision Support in Complex Systems. In: Cavana R (Hrsg.) Systems Thinking for the next Millennium. Proceedings of the 17th International Conference of the System Dynamics Society, Albany.

Knöll H, Schulz-Sacharow C, Zimpel M (2006) Unternehmensführung mit SAP® BI. Die Grundlagen für eine erfolgreiche Umsetzung von Business Intelligence - Mit Vorgehensmodell und Fallbeispiel. Vieweg, Wiesbaden.

Koontz H (1980) The Management Theory Jungle Revisited. Academy of Management Review 5:175–187.

Krallmann H, Rieger B (1987) Vom Decision Support System (DSS) zum Executive Support System (ESS). HMD 23:28–38.

Kuo F (1998) Managerial Intuition and the Development of Executive Support Systems. Decision Support Systems 24:89–103.

Küpper H (2006) Unternehmensethik. Hintergründe, Konzepte und Anwendungsbereiche. Schäffer-Poeschel, Stuttgart.

Lane D (1994) Modeling as Learning. A Consultancy Methodology for Enhancing Learning in Management Teams. In: Morecroft J, Sterman J (Hrsg.) Modeling for Learning Organizations. Productivity Press, Portland, 85–117.

Lane D (2000) Should System Dynamics be Described as a 'Hard' or 'Deterministic' Systems Approach? Systems Research and Behavioral Science 17:3–22.

Lane D (2001) Rerum Cognoscere Causas [II]. Opportunities generated by the Agency / Structure Debate and Suggestions for Clarifying the Social Theoretic Position of System Dynamics. System Dynamics Review 17:293–309.

Lane D, Oliva R (1998) The Greater Whole: Towards a Synthesis of System Dynamics and Soft Systems Methodology. European Journal of Operational Research 107:214–235.

Laux H (2005) Entscheidungstheorie. Springer, Berlin et al.

Lee S, Chen J (1997) A Conceptual Model for Executive Support Systems. Logistics Information Management 10:154–159.

Lee S, Hong S (2002) An Enterprise-wide Knowledge Management System Infrastructure. Industrial Management & Data Systems 102:17–25.

Lehner F (1995a) Grundfragen und Positionierung der Wirtschaftsinformatik. In: Lehner F, Maier R, Hildebrand K (Hrsg.) Wirtschaftsinformatik. Theoretische Grundlagen. Hanser, München, 1–72.

Lehner F (1995b) Modelle und Modellierung. In: Lehner F, Maier R, Hildebrand K (Hrsg.) Wirtschaftsinformatik. Theoretische Grundlagen. Hanser, München, 73–164.

Lehner W (2003) Datenbanktechnologie für Data-Warehouse-Systeme. Konzepte und Methoden. dpunkt, Heidelberg.

Lenzen W (1980) Erkenntnistheorie im Verhältnis zur Wissenschaftstheorie. In: Speck J (Hrsg.) Handbuch wissenschaftstheoretischer Begriffe. Vandenhoeck & Ruprecht, Göttingen, 171–175.

Leppänen M (1994) Metamodelling: Concept, Benefits and Pitfalls. In: Zupancic J, Wrycza S (Hrsg.) Methods and Tools, Theory and Practice. Proceedings of the Fourth International Conference Information Systems Development, ISD '94, Bled, Slovenia, 20-22 September 1994. Moderna Organizacija, Kranj, 126–137.

Liehr M (2001) Towards a Platform - Strategy for System Dynamics Modeling. Using Generic Structures Hierarchically. In: Hines J, Diker V, Langer R, Rowe J (Hrsg.) Proceedings of the 19th System Dynamics Conference. System Dynamics Society, Atlanta.

Lindstedt D (2002) Data Vault Overview. The Data Administration Newsletter, July 2002. Verfügbar unter: http://www.tdan.com/view-articles/5054. Abgerufen am 2010-11-01.

Lorenz K (1980) Deduktion. In: Blasche S, Wolters G, Mittelstrass J (Hrsg.) Enzyklopädie Philosophie und Wissenschaftstheorie. A-G. Bibliographisches Institut, Mannheim, S. 434.

Lorenz K (1995a) Semantik. In: Mittelstrass J, Blasche S (Hrsg.) Enzyklopädie Philosophie und Wissenschaftstheorie. P-So. Metzler, Stuttgart, Weimar, 768–775.

Lorenz K (1995b) Semiotik. In: Mittelstrass J, Blasche S (Hrsg.) Enzyklopädie Philosophie und Wissenschaftstheorie. P-So. Metzler, Stuttgart, Weimar, 781–786.

Lorenz K (1996a) Sprache. In: Mittelstrass J, Blasche S (Hrsg.) Enzyklopädie Philosophie und Wissenschaftstheorie. Sp-Z. Metzler, Stuttgart, Weimar, 49–53.

Lorenz K (1996b) Sprechakt. In: Mittelstrass J, Blasche S (Hrsg.) Enzyklopädie Philosophie und Wissenschaftstheorie. Sp-Z. Metzler, Stuttgart, Weimar, 68–70.

Lorenz K (1996c) Syntax. In: Mittelstrass J, Blasche S (Hrsg.) Enzyklopädie Philosophie und Wissenschaftstheorie. Sp-Z. Metzler, Stuttgart, Weimar, 176.

Lorenz K (1996d) Wahrheitstheorie, semantische. In: Mittelstrass J, Blasche S (Hrsg.) Enzyklopädie Philosophie und Wissenschaftstheorie. Sp-Z. Metzler, Stuttgart, Weimar, 592–594.

Lorenz K (1996e) Wahrheitstheorien. In: Mittelstrass J, Blasche S (Hrsg.) Enzyklopädie Philosophie und Wissenschaftstheorie. Sp-Z. Metzler, Stuttgart, Weimar, 595–600.

Lorenzen P (1987) Lehrbuch der konstruktiven Wissenschaftstheorie. BI-Wiss.-Verl., Mannheim.

Maier G, Prange C, Rosenstiel L (2001) Psychological Perspectives of Organizational Learning. In: Dierkes M, Antal B, Child J, Nonaka I (Hrsg.) Handbook of Organizational Learning and Knowledge. Oxford Univ. Press, Oxford, 14–34.

Maier R, Lehner F (1995) Daten, Informationen, Wissen. In: Lehner F, Maier R, Hildebrand K (Hrsg.) Wirtschaftsinformatik. Theoretische Grundlagen. Hanser, München, 167–272.

Malik F (1986) Strategie des Managements komplexer Systeme. Ein Beitrag zur Management-Kybernetik evyolutionärer Systeme. Haupt, Bern.

Malinowski E, Zimányi E (2004) OLAP Hierarchies. A Conceptual Perspective. In: Persson A (Hrsg.) Proceedings of the 16th International Conference on Advanced Information Systems Engineering 2004 (CAiSE 2004). Springer, Berlin et al., 477–491.

Malinowski E, Zimányi E (2006) Hierarchies in a Multidimensional Model. From Conceptual Modeling to Logical Representation. Data & Knowledge Engineering 59:348–377.

March S, Smith G (1995) Design and Natural Science Research on Information Technology. Decision Support Systems 15:251–266.

Marjanovic O (2007) The Next Stage of Operational Business Intelligence. Creating New Challenges for Business Process Management. In: Sprague R (Hrsg.) 40th Annual Hawaii International Conference on System Sciences, 2007. IEEE Computer Society, Los Alamitos.

Mattos N (1989) Abstraction Concepts. The Basis For Data And Knowledge Modeling. In: Batini C (Hrsg.) Entity-Relationship approach - A bridge to the user. Proceedings of the Seventh International Conference on Entity-Relationship Approach. North-Holland, Amsterdam, 473-492.

Mattos N, Michels M (1989) Modelling with KRYSIS. The Design Process of DB Applications Reviewed. In: Lochovsky F (Hrsg.) Entity-Relationship Approach to Database Design and Querying. North-Holland, Amsterdam, 159–173.

Maur E von, Schelp J, Winter R (2003) Integrierte Informationslogistik. Stand und Entwicklungstendenzen. In: Maur E von (Hrsg.) Data Warehouse Management. Das St. Galler Konzept zur ganzheitlichen Gestaltung der Informationslogistik. Springer, Berlin et al., 3–23.

Meadows D (1972) The Limits to Growth. A report for the Club of Rome's Project on the Predicament of Mankind. Potomac Ass. Book, London.

Meadows D (1980) The Unavoidable A Priori. In: Randers J (Hrsg.) Elements of the System Dynamics Method. MIT Press, Cambridge, 23–57.

Meier M (2004) Competitive Intelligence. Wirtschaftsinformatik 46:405–407.

Meier M, Fülleborn A (1999) Integration externer Führungsinformationen aus dem Internet in SAP Srategic Enterprise Management (SEM)TM. Wirtschaftsinformatik 41:449–457.

Meier M, Mertens P (2000) Integration von Internetdaten in Führungsinformationssysteme. Das Wirtschaftsstudium 29:353–360.

Meier M, Sinzig W, Mertens P (2003) Enterprise management with SAP SEM Business Analytics. Springer, Berlin et al.

Meredith R, O'Donnell P, Arnott D (2008) Databases and Data Warehouses for Decision Support. In: Burstein F, Holsapple C (Hrsg.) Handbook on Decision Support Systems. Basic Themes. Springer, Berlin et al., 207–230.

Mertens P (1982) Simulation. Poeschel, Stuttgart.

Mertens P (2002) Business Intelligence - Ein Überblick. IMC 17:65–73.

Mertens P, Billmeyer A, Bradl P (2003) Simulation in der strategischen Unternehmensplanung. Das Wirtschaftsstudium 33:1256–1268.

Meyer J (1999) Visualisierung von Informationen. Verhaltenswissenschaftliche Grundregeln für das Management. Gabler, Wiesbaden.

Miller G (1956) The Magical Number Seven, Plus or Minus Two. Some Limits in our Capacity for Processing Information. Psycholcial Review 63:81–97.

Milling P (1984) Leitmotive des System-Dynamics-Ansatzes. WiSt 13:507–513.

Miner A, Mezias S (1996) Ugly Duckling No More. Pasts and Futures of Organizational Learning Research. Organization Science 7:88–99.

Mintzberg H (1973) The Nature of Managerial Work. Harper & Row, New York.

Mintzberg H (1975) The Manager's Job. Folklore and Fact. Harvard Business Review 53:49–61.

Montada L (1970) Die Lernpsychologie Jean Piagets. Klett, Stuttgart.

Montague R (1970) Pragmatics and Intensional Logic. Synthese 22:68–94.

Morecroft J (1983) System Dynamics. Portraying Bounded Rationality. OMEGA - International Journal of Management Science 11:131–142.

Morecroft J (1985) Rationality in the Analysis of Behavioral Simulation Models. Management Science 31:900–916.

Morecroft J (1988) System Dynamics and Microworlds for Policymakers. European Journal of Operational Research 35:301–320.

Morecroft J (1992) Executive Knowledge, Models, and Learning. European Journal of Operational Research 59.

Morecroft J (1994) Executive Knowledge, Models, and Learning. In: Morecroft J, Sterman J (Hrsg.) Modeling for Learning Organizations. Productivity Press, Portland, 3–28.

Morris C (1966) Foundations of the Theory of Signs. University of Chicago Press, Chicago.

Muksch H (2006) Das Data Warehouse als Datenbasis analytischer Informationssysteme. Architektur und Komponenten. In: Chamoni P, Gluchowski P (Hrsg.) Analytische Informationssysteme. Business-Intelligence-Technologien und -Anwendungen. Springer, Berlin et al., 129–142.

Muksch H, Holthuis J, Reiser M (1996) Das Data Warehouse Konzept - ein Überblick. Wirtschaftsinformatik 38:421–433.

Mylopoulos J (1998) Information Modeling in the Time of Revolution. Information Systems 23:127–155.

Myrtveit M (2000) Object-oriented Extensions to System Dynamics. In: Davidsen P, Ford D, Mashayekhi A (Hrsg.) Sustainability in the Third Millennium. Proceedings of the 18th International Conference of the System Dynamics Society, Bergen.

Newell A, Simon H (1972) Human problem solving. Pearson/Prentice Hall, Englewood Cliffs.

Niehaves B, Becker J (2006) Design Science Perspectives on IT-Consulting. In: Lehner F, Nösekabel H, Kleinschmidt P (Hrsg.) Multikonferenz Wirtschaftsinformatik 2006. GITO, Berlin, 5–17.

Niemeyer G (1977) Kybernetische System- und Modelltheorie. System dynamics. Vahlen, München.

Niu L, Lu J, Chew E, Zhang G (2007) An Exploratory Cognitive Business Intelligence System. In: Proceedings of the IEEE/WIC/ACM International Conference on Web Intelligence (WI'07). IEEE Computer Society, Washington, DC, USA, 812–815.

Nonaka I, Takeuchi H (1997) Die Organisation des Wissens. Wie japanische Unternehmen eine brachliegende Ressource nutzbar machen. Campus-Verl., Frankfurt/Main.

Nonaka I, Toyama R, Byosière P (2001) A Theory of Organizational Knowledge Creation. Understanding the Dynamic Process of Creating Knowledge. In: Dierkes M, Antal B, Child J, Nonaka I (Hrsg.) Handbook of Organizational Learning and Knowledge. Oxford Univ. Press, Oxford, 491–517.

Nordbotten J, Crosby M (1999) The Effect of Graphic Style on Data Model Interpretation. Information Systems Journal 9:139–155.

Oehler K (2000) OLAP. Grundlagen, Modellierung und betriebswirtschaftliche Lösungen. Hanser, München.

Oppelt R (1995) Computerunterstützung für das Management. Neue Möglichkeiten der computerbasierten Informationsunterstützung oberster Führungskräfte auf dem Weg von MIS zu EIS? Oldenbourg, München.

Ortner E (1994) Linguistically Based Information Systems Development. A Constructive Approach. In: Zupancic J, Wrycza S (Hrsg.) Methods and tools, theory and practice. Proceedings of the Fourth International Conference Information Systems DevelopmentModerna Organizacija, Kranj, 141–152.

Ortner E (1995) Elemente einer methodenneutralen Konstruktionssprache für Informationssysteme. Informatik Forschung und Entwicklung 10:148–160.

Ortner E (1998) Normsprachliche Entwicklung von Informationssystemen. In: Pohl K, Schürr A, Vossen G (Hrsg.) Modellierung '98. Proceedings des GI-Workshops in Münster. CEUR-WS.org, o.S.

Osterloh M, Grand S (1995) Modellbildung vs. Frameworking. Die Position von Williamson und Porter. In: Wächter H (Hrsg.) Selbstverständnis betriebswirtschaftlicher Forschung und Lehre. Tagung der Kommission Wissenschaftstheorie. Gabler, Wiesbaden, 1–26.

Osterloh M, Grand S (1998) Praxis der Theorie - Theorie der Praxis. Zum Verhältnis von Alltagstheorien des Managements und Praktiken der theoretischen Forschung. Vortrag am 22. Workshop der Kommission Organisation im Verband der Hochschullehrer für Betriebswirtschaft, Berlin.

Parsons J, Wand Y (2008) Using Cognitive Principles to Guide Classification in Information Systems Modeling. Management Information Systems Quarterly 32:839–868.

Pawlowsky P (2001) The Treatment of Organizational Learning in Management Science. In: Dierkes M, Antal B, Child J, Nonaka I (Hrsg.) Handbook of Organizational Learning and Knowledge. Oxford Univ. Press, Oxford, 61–88.

Pendse N, Creeth R (2005) What is OLAP? An Analysis what the often misused OLAP term is supposed to mean. Verfügbar unter http://www.olapreport.com/fasmi.htm. Abgerufen am 2009-07-02.

Petöfi J (1980) Sprache. In: Speck J (Hrsg.) Handbuch wissenschaftstheoretischer Begriffe. Vandenhoeck & Ruprecht, Göttingen, 599–600.

Piaget J, Fatke R, Kober H (2003) Meine Theorie der geistigen Entwicklung. Beltz, Weinheim.

Picot A, Franck E (1988a) Die Planung der Untenehmensressource Information (II). Das Wirtschaftsstudium 17:608–614.

Picot A, Franck E (1988b) Die Planung der Unternehmensressource Information (I). Das Wirtschaftsstudium 17:544–549.

Picot A, Reichwald R, Wigand R (1998) Die grenzenlose Unternehmung. Information, Organisation und Management; Lehrbuch zur Unternehmensführung im Informationszeitalter. Gabler, Wiesbaden.

Pogge T (1980) Semiotik. In: Speck J (Hrsg.) Handbuch wissenschaftstheoretischer Begriffe. Vandenhoeck & Ruprecht, Göttingen, 579-580.

Porac J, Thomas H (1990) Taxonomic Mental Models in Competitor Definition. Academy of Management Review 15:224–240.

Porter M (1991) Towards a Dynamic Theory of Strategy. Strategic Management Journal 12:95-117.

Prior A (1972) Correspondence Theory of Truth. In: Edwards P (Hrsg.) The Encyclopedia of Philosophy. Macmillan, New York, 223–232.

Probst G, Büchel B (1994) Organisationales Lernen. Wettbewerbsvorteil der Zukunft. Gabler, Wiesbaden.

Probst G, Raub S, Romhardt K (2006) Wissen managen. Wie Unternehmen ihre wertvollste Ressource optimal nutzen. Gabler, Wiesbaden.

Pruyt E (2006) What is System Dynamics? A Paradigmatic Inquiry. In: Größler A, Rowette E, Langer R, Rowe J, Yanni J (Hrsg.) Proceedings of the 24th International Conference on System Dynamics, Nijmegen.

Quix C (2003) Metadatenverwaltung zur qualitätsorientierten Informationslogistik in Data-Warehouse-Systemen. Dissertation, Aachen.

Randers J (1980) Guidelines for Model Conceptualization. In: Randers J (Hrsg.) Elements of the System Dynamics Method. MIT Press, Cambridge, 117–139.

Rao R (2000) Information Analysis and Business Intelligence Tools in Management. In: Altmann G, Lamp J, Love P, Mandal P, Smith R, Warren M (Hrsg.) Proceedings of the International Conference on Systems Thinking in Management (ICSTM2000). CEUR-WS.org, Geelong, Australia, 514–519.

Reither F (1997) Komplexitätsmanagement. Denken und Handeln in komplexen Situationen. Gerling Akad. Verl., München.

Richardson G (1986) Problems with Causal-Loop Diagrams. System Dynamics Review 2:158-170.

Richmond B (1991) Systems Thinking. Four Key Questions. Verfügbar unter http://www.iseesystems.com/resources/Articles/ST%204%20Key%20Questions.pdf. Abgerufen am 2009-07-02.

Riebel P (1979a) Gestaltungsprobleme einer zweckneutralen Grundrechnung. Nachdruck in Riebel, P.: Einzelkosten- und Deckungsbeitragsrechnung. 7. Auflage, Gabler, Wiesbaden, S. 444-474. Zeitschrift für betriebswirtschaftliche Forschung 31:444–474.

Riebel P (1979b) Zum Konzept einer zweckneutralen Grundrechnung. Nachdruck in Riebel, P.: Einzelkosten- und Deckungsbeitragsrechnung. 7. Auflage, Gabler, Wiesbaden, S. 430-443. Zeitschrift für betriebswirtschaftliche Forschung 31:785–798.

Riebel P (1992) Einzelerlös-, Einzelkosten- und Deckungsbeitragsrechung als Kern einer ganzheitlichen Führungsrechnung. In: Männel W (Hrsg.) Handbuch Kostenrechnung. Gabler, Wiesbaden, 247–299.

Rieger B (1994) Der rechnerunterstützte Arbeitsplatz für Führungskräfte. Habilitationsschrift, Berlin.

Rieger B, Kleber A, Maur E von (2000) Metadata-Based Integration of Qualitative and Quantitative Information Resources Approaching Knowledge Management. In: Hansen H, Bichler M, Mahrer H (Hrsg.) Proceedings of the 8th European Conference on Information Systems, Wien, 372–378.

Riempp G (2004) Integrierte Wissensmanagement-Systeme. Architektur und praktische Anwendung. Springer, Berlin et al.

Riveira G, Ungson G, Braunstein D, Hall P (1981) Managerial Information Processing. A Research Review. Administrative Science Quarterly 26:116–134.

Roberts E (Hrsg.) (1981a) Managerial Applications of System Dynamics. MIT Press, Cambridge.

Roberts E (1981b) System Dynamics - An Introduction. In: Roberts E (Hrsg.) Managerial Applications of System Dynamics. MIT Press, Cambridge, 3–35.

Robinson J (1980) Managerial Sketches of the Steps of Modeling. In: Randers J (Hrsg.) Elements of the System Dynamics Method. MIT Press, Cambridge, 249–270.

Rockart J (1979) Chief Executives Define Their Own Data Needs. Harvard Business Review 57:82–93.

Rockart J, Treacy M (1982) The CEO goes On-line. Harvard Business Review 60:82–88.

Romhardt K (1998) Die Organisation aus der Wissensperspektive. Möglichkeiten und Grenzen der Intervention. Gabler, Wiesbaden.

Ropohl G (1979) Eine Systemtheorie der Technik. Zur Grundlegung der allgemeinen Technologie. Hanser, München.

Rosemann M (1996) Komplexitätsmanagement in Prozessmodellen. Methodenspezifische Gestaltungsempfehlungen für die Informationsmodellierung. Gabler, Wiesbaden.

Rosemann M, Green P (2002) Developing a Meta Model for the Bunge-Wand-Weber Ontological Constructs. Information Systems 27:75–91.

Rosemann M, Wyssusek B (2005) Enhancing the Expressiveness of the Bunge-Wand-Weber Ontology. In: Proceedings of the Eleventh Americas Conference on Information Systems, Omaha, 2803–2810.

Rosenhagen K (1994) Informationsversorgung von Führungskräften. Empirische Untersuchung. Controlling 5:272–280.

Rosenkranz C, Holten R (2007) Combining Cybernetics and Conceptual Modeling - The Concept of Variety in Organizational Engineering. In: Cho Y, Wainwright R, Haddad H, Shin S (Hrsg.) SAC '07: Proceedings of the 2007 ACM Symposium on Applied Computing. ACM Press, New York, 1228–1233.

Runzheimer B (1999) Lineare Planungsrechnung und Netzplantechnik, Simulation und Warteschlangentheorie. Gabler, Wiesbaden.

Saleh M (2000) The Hard Core of the System Dynamics Research Programme. In: Davidsen P, Ford D, Mashayekhi A (Hrsg.) Sustainability in the Third Millennium. Proceedings of the 18th International Conference of the System Dynamics Society, Bergen.

Sapia C, Blaschka M, Höfling G, Dinter B (1999a) Extending the E/R Model for the Multidimensional Paradigm. In: ER '98: Proceedings of the Workshops on Data Warehousing and Data Mining. Springer, Berlin et al., 105–116.

Sapia C, Blaschka M, Höfling G, Dinter B (1999b) Extending the E/R Model for the Multidimensional Paradigm. In: Kambayashi Y, Lee D, Lim E, Mohania M, Masunaga Y (Hrsg.) Advances in Database Technologies (ER '98). Workshops on Data Warehousing and Data Mining, Mobile Data Access, and Collaborative Work Support and Spatio-Temporal Data Management. Springer, Berlin et al., 105–116.

Sauter V (2008) Competitive Intelligence Systems. In: Burstein F, Holsapple C (Hrsg.) Handbook on Decision Support Systems. Variations. Springer, Berlin et al., 195–210.

Sawicka A, Campbell D (2001) Facilitating Learning in System Dynamics Practice. In: Hines J, Diker V, Langer R, Rowe J (Hrsg.) Proceedings of the 19th System Dynamics Conference. System Dynamics Society, Atlanta.

Schaffernicht M (2006) Detecting and Monitoring Change in Models. System Dynamics Review 22:73–88.

Scharlau I (2007) Jean Piaget zur Einführung. Junius, Hamburg.

Scheer A (1995) Wirtschaftsinformatik. Referenzmodelle für industrielle Geschäftsprozesse. Springer, Berlin et al.

Scheer A (1998) ARIS - vom Geschäftsprozeß zum Anwendungssystem. Springer, Berlin et al.

Schein E (1995) Unternehmenskultur. Ein Handbuch für Führungskräfte. Campus-Verl., Frankfurt/Main.

Schelp J (2000) Modellierung mehrdimensionaler Datenstrukturen analyseorientierter Informationssysteme. Deutscher Universitätsverlag, Wiesbaden.

Schiemenz B (2002) Komplexitätsmanagement durch Rekursion. SEM|RADAR - Zeitschrift für Systemdenken und Entscheidungsfindung 1:43–70.

Schieritz N, Milling P (2003) Modeling the Forest or Modeling the Trees. A Comparison of System Dynamics and Agent-Based Simulation. In: Eberlein R, Diker V, Langer R, Rowe J (Hrsg.) Proceedings of the 21st International Conference of the System Dynamics Society. System Dynamics Society, New York.

Schmidt D (1992) Strategisches Management komplexer Systeme. Die Potentiale computergestützter Simulationsmodelle als Instrumente eines ganzheitlichen Managements - dargestellt am Beispiel der Planung und Gestaltung komplexer Instandhaltungssysteme. Lang, Frankfurt am Main.

Schreyögg G, Noss C (2000) Von der Episode zum fortwährenden Prozeß. Wege jenseits der Gleichgewichtslogik im Organisatorischen Wandel. In: Schreyögg G, Conrad P (Hrsg.) Organisatorischer Wandel und Transformation. Gabler, Wiesbaden, 33–61.

Schütte R (1998) Grundsätze ordnungsmäßiger Referenzmodellierung. Konstruktion konfigurations- und anpassungsorientierter Modelle. Gabler, Wiesbaden.

Schütte R (1999) Basispositionen in der Wirtschaftsinformatik - ein gemäßigt-konstruktivistisches Programm. In: Becker J, König W, Schütte R, Wendt O, Zelewski S (Hrsg.) Wirtschaftsinformatik und Wissenschaftstheorie. Bestandsaufnahme und Perspektiven. Gabler, Wiesbaden, 211–241.

Schütte R, Becker J (1998) Subjektivitätsmanagement bei Informationsmodellen. In: Pohl K, Schürr A, Vossen G (Hrsg.) Modellierung '98. Proceedings des GI-Workshops in Münster. CEUR-WS.org.

Schwaninger M (2000) Implizites Wissen und Managementlehre. Organisationskybernetische Sicht, St. Gallen.

Schwaninger M (2006) Intelligent Organizations. Powerful Models for Systemic Management. Springer, Berlin et al.

Schwaninger M, Groesser S (2008) Modeling as Theory-Building. In: Dangerfield B (Hrsg.) Proceedings of the 26th International Conference on System Dynamics, Athen.

Schwarz H (2004) Konzeptueller und logischer Data-Warehouse-Entwurf. Datenmodelle und Schematypen für Data Mining und OLAP. Informatik Forschung und Entwicklung 18:53–67.

Schwemmer O (1984) Idealismus. In: Mittelstrass J, Carrier M, Wolters G, Blasche S (Hrsg.) Enzyklopädie Philosophie und Wissenschaftstheorie. H-O. Bibliographisches Institut, Mannheim, 167–170.

Schwenk C (1984) Cognitive Simplification Processes in Strategic Decision-making. Strategic Management Journal 5:111–128.

Senge P (1994) The Fifth Ddiscipline Fieldbook. Strategies and Tools for Building a Learning Organization. Brealey, London.

Senge P (2008) Die fünfte Disziplin. Kunst und Praxis der lernenden Organisation. Schäffer-Poeschel, Stuttgart.

Shanks G, Tansley E, Nuredini J, Tobin D (2008) Representing Part-Whole Relations in Conceptual Modeling. An Empirical Evaluation. Management Information Systems Quarterly 32:553–573.

Shim J, Warkentin M, Courtney J, Power D, Sharda R, Carlsson C (2002) Past, Present, and Future of Decision Support Technology. Decision Support Systems 33:111–126.

Shrivastava P (1983) A Typology of Organizational Learning Systems. Journal of Management Studies 20:7–28.

Simon H (1955) Das Verwaltungshandeln. Eine Untersuchung der Entscheidungsvorgänge in Behörden und privaten Unternehmen. Kohlhammer, Stuttgart.

Simon H (1960) The New Science of Management Decision. Harper & Row, New York.

Simon H (1983) Reason in Human Affairs. Blackwell, Oxford.

Simon H (1996) The Sciences of the Artificial. MIT Press, Cambridge.

Simon K (2002) Konkurrierende Ansätze der Systemforschung. In: Sommerlatte T (Hrsg.) Angewandte Systemforschung. Ein interdisziplinärer Ansatz. Gabler, Wiesbaden, 48–67.

Sinz E (1996) Ansätze zur fachlichen Modellierung betrieblicher Informationssysteme. Entwicklung, aktueller Stand und Trends. In: Heilmann H (Hrsg.) Information Engineering. Wirtschaftsinformatik im Schnittpunkt von Wirtschafts-, Sozial- und Ingenieurwissenschaften. Oldenbourg, München, 121–143.

Smith E, Shoben E, Rips L (1974) Structure and Process in Semantic Memory. A Feature Model for Semantic Decisions. Psycholocial Review 81:214–241.

Solso R, Reiss M (2005) Kognitive Psychologie. Springer, Berlin et al.

Sommerlatte T (Hrsg.) (2002a) Angewandte Systemforschung. Gabler, Wiesbaden.

Sommerlatte T (2002b) Systemisch denken, handeln und gestalten - der gemeinsame Nenner einer situationsgerechten Universalität. In: Sommerlatte T (Hrsg.) Angewandte Systemforschung. Ein interdisziplinärer Ansatz. Gabler, Wiesbaden, 7–20.

Sprague R, Carlson E (1982) Building Effective Decision Support Systems. Pearson/Prentice Hall, Englewood Cliffs.

Stachowiak H (1973) Allgemeine Modelltheorie. Springer, Berlin et al.

Stachowiak H (1980) Der Modellbegriff der Erkenntnistheorie. Zeitschrift für allgemeine Wissenschaftstheorie 11:53–68.

Staehle W, Conrad P, Sydow J (1999) Management. Eine verhaltenswissenschaftliche Perspektive. Vahlen, München.

Stahlknecht P, Hasenkamp U (2005) Einführung in die Wirtschaftsinformatik. Springer, Berlin et al.

Stalnaker R (1980) Pragmatik. In: Speck J (Hrsg.) Handbuch wissenschaftstheoretischer Begriffe. Vandenhoeck & Ruprecht, Göttingen, 501–506.

Steinmann H, Schreyögg G (2005) Management. Grundlagen der Unternehmensführung; Konzepte, Funktionen, Fallstudien. Gabler, Wiesbaden.

Steinmüller W (1993) Informationstechnologie und Gesellschaft. Einführung in die Angewandte Informatik. Wiss. Buchges., Darmstadt.

Sterman J (1988) A Skeptic's Guide to Computer Models, Cambridge.

Sterman J (1989) Modeling Managerial Behavior. Misperceptions of Feedback in a Dynamic Decision Making Experiment. Management Science 35:321–339.

Sterman J (2000) Business Dynamics. Systems thinking and modeling for a complex world. Irwin/McGraw-Hill, Boston.

Strahringer S (1996) Metamodellierung als Instrument des Methodenvergleichs. Eine Evaluierung am Beispiel objektorientierter Analysemethoden. Shaker, Aachen.

Strahringer S (1998) Ein sprachbasierter Metamodellbegriff und seine Verallgemeinerung durch das Konzept des Metaisierungsprinzips. In: Pohl K, Schürr A, Vossen G (Hrsg.) Modellierung '98. Proceedings des GI-Workshops in Münster. CEUR-WS.org.

Strauch B, Winter R (2002) Business Intelligence. In: Bellmann M, Krcmar H, Sommerlatte T (Hrsg.) Praxishandbuch Wissensmanagement. Strategien - Methoden - Fallbeispiele. Symposion, Düsseldorf, 439–448.

Streubel F (1996) Theoretische Fundierung eines ganzheitlichen Informationsmanagements, Bochum.

Struckmeier H (1997) Gestaltung von Führungsinformationssystemen. Betriebswirtschaftliche Konzeption und Softwareanforderungen. Deutscher Universitätsverlag, Wiesbaden.

ter Hofstede A, Verhoef T (1997) On the Feasibility of Situational Method Engineering. Information Systems 22:401-422.

Teubner R (1999) Organisations- und Informationssystemgestaltung. Theoretische Grundlagen und integrierte Methoden. Deutscher Universitätsverlag, Wiesbaden.

Thalhammer T (2001) Active Data Warehouses. Complementing OLAP with Analysis Rules. Dissertation, Linz.

Thomas O (2005) Das Modellverständnis in der Wirtschaftsinformatik: Historie, Literaturanalyse und Begriffsexplikation. Arbeitsbericht Nr. 187 des Instituts für Wirtschaftsinformatik im Deutschen Forschungszentrum für Künstliche Intelligenz, Saarbrücken.

Totok A (2000) Semantische und logische Modellierung von multidimensionalen Controllinginformationssystemen unter besonderer Berücksichtigung von Data-Warehouse- und OLAP-Konzepten. Gabler, Wiesbaden.

Troitzsch K (2004) Simulationsverfahren. Das Wirtschaftsstudium 34:1256–1268.

Trujillo J, Luján-Mora S (2003) A UML Based Approach for Modeling ETL Processes in Data Warehouses. In: Song I, Little S, Ling T, Scheuermann P (Hrsg.) Conceptual Modeling – ER 2003. Proceedings of the 22nd International Conference on Conceptual Modeling (ER 2003). Springer, Berlin et al., 307–320.

Tulving E (1972) Episodic and Semantic Memory. In: Tulving E, Donaldson W (Hrsg.) Organization of memory. Academic Press, New York, 381–403.

Tulving E, Schacter D (1990) Priming and Human Memory Systems. Science 247:301–307.

Tulving E, Thomson D (1973) Encoding Specifity and Retrieval Processes in Episodic Memory. Psycholocial Review 80:352–373.

Turban E, Aronson J, Liang T, McCarthy R (2005) Decision Support Systems and Intelligent Systems. Pearson/Prentice Hall, Upper Saddle River.

uit Beijerse R (1999) Questions in Knowledge Management: Defining an Conceptualising a Phenomenon. Journal of Knowledge Management 3:94–109.

Ulrich H (1968) Die Unternehmung als produktives soziales System. Paul Haupt, Bern, Stuttgart.

Ulrich H (1975) Der allgemeine Systembegriff. In: Baetge J (Hrsg.) Grundlagen der Wirtschafts- und Sozialkybernetik. Betriebswirtschaftliche Kontrolltheorie. Westdt. Verl., Opladen, 33–39.

Ulrich P, Fluri E (1995) Management. Eine konzentrierte Einführung. Haupt, Bern.

Valusek J, Fryback D (1985) Information Requirements Detemination: Obstacles Within, Among and Between Participants. In: Wetherbe J (Hrsg.) Proceedings of the Twenty-First Annual Computer Personnel Research Conference. ACM Press, New York, 103–111.

Varela F (1990) Kognitionswissenschaft - Kognitionstechnik. Eine Skizze aktueller Perspektiven. Suhrkamp, Frankfurt am Main.

Vassiliadis P, Sellis T (1999) A Survey on Logical Models for OLAP Databases. ACM SIGMOD Record 28:64–69.

Vassiliadis P, Simitsis A, Skiadopoulos S (2002a) Conceptual Modeling for ETL Processes. In: Theodoratos D (Hrsg.) DOLAP 2002. ACM Fifth International Workshop on Data Warehousing and OLAP November. ACM Press, New York, 14–21.

Vassiliadis P, Simitsis A, Skiadopoulos S (2002b) On the Logical Modeling of ETL Processes. In: Pidduck A (Hrsg.) Advanced Information Systems Engineering. Springer, Berlin et al., 782–786.

Vázquez M, Liz M, Aracil J (1996) Knowledge and Reality. Some Conceptual Issues in System Dynamics Modeling. System Dynamics Review 12:21–37.

Vennix J, Schleper W (1990) Modeling as Organizational Learning. An Empirical Evidence. In: Andersen D, Richardson G, Sterman J (Hrsg.) Proceedings of the 8th Conference of the System Dynamics Society, Chestnut Hill, 1199–1210.

Veraart A, Wimmer R (1984) Hermeneutik. In: Mittelstrass J, Carrier M, Wolters G, Blasche S (Hrsg.) Enzyklopädie Philosophie und Wissenschaftstheorie. H-O. Bibliographisches Institut, Mannheim, 85–90.

Vetschera R (1994) Visualisierung in Entscheidungsproblemen bei mehrfacher Zielsetzung. OR Spektrum 16:227–241.

Vom Brocke J (2003) Referenzmodellierung. Gestaltung und Verteilung von Konstruktionsprozessen. Logos, Berlin.

Voß S, Gutenschwager K (2001) Informationsmanagement. Springer, Berlin et al.

Vossen G (2008) Datenmodelle, Datenbanksprachen und Datenbankmanagementsysteme. Oldenbourg, München.

Wahren H (1996) Das lernende Unternehmen. Theorie und Praxis des Organisationalen Lernens. de Gruyter, Berlin.

Wall F (1999) Planungs- und Kontrollsysteme. Informationstechnische Perspektiven für das Controlling; Grundlagen, Instrumente, Konzepte. Gabler, Wiesbaden.

Walsh J, Ungson G (1991) Organizational Memory. Academy of Management Review 16:57–91.

Wand Y, Monarchi. D., Parsons J, Woo C (1995) Theoretical Foundations for Conceptual Modeling in Information Systems Development. Decision Support Systems 15:285–304.

Wand Y, Weber R (1993) On the Ontological Expressiveness of Information Systems Analysis and Design Grammar. Journal of Information Systems 7:217–237.

Wand Y, Weber R (1995) On the Deep Structure of Information Systems. Information Systems Journal 5:203–223.

Wand Y, Weber R (2002) Research Commentary: Information Systems and Conceptual Modeling. A Research Agenda. Information Systems Research 13:363–376.

Wetherbe J (1991) Executive Information Requirements. Getting It Right. Management Information Systems Quarterly 15:51–65.

White A (1972) Coherence Theory of Truth. In: Edwards P (Hrsg.) The Encyclopedia of Philosophy. Macmillan, New York, 130–133.

White C (2005) The Next Generation of Business Intelligence: Operational BI. DM Review 15:34–37.

Wiener N (1955) Cybernetics. Or Control And Communication In The Animal and The Machine. MIT Press, New York.

Willke H (1987) Systemtheorie. Eine Einführung in die Grundprobleme. Fischer, Stuttgart.

Winograd T, Flores F (1992) Erkenntnis, Maschinen, Verstehen. Zur Neugestaltung von Computersystemen. Rotbuch, Berlin.

Winter R (1991) Mehrstufige Produktionsplanung in Abstraktionshierarchien auf der Basis relationaler Informationsstrukturen. Springer, Berlin et al.

Witte T (2001) Simulation. In: Mertens P (Hrsg.) Lexikon der Wirtschaftsinformatik. Springer, Berlin et al, 412–413.

Wittmann W (1979) Wissen in der Produktion. In: Kern W (Hrsg.) Handwörterbuch der Produktionswirtschaft. Poeschel, Stuttgart, Sp. 2261 - 2272.

WKWI (1994) Profil der Wirtschaftsinformatik. Wirtschaftsinformatik 36:80–82.

Wolstenholme E (1994) A Systematic Approach to Model Building. In: Morecroft J, Sterman J (Hrsg.) Modeling for Learning Organizations. Productivity Press, Portland, 175–194.

Wolstenholme E (2003) Towards the Definition and Use of a Core Set of Archetypal Structures in System Dynamics. System Dynamics Review 19:7–26.

Wolters G, Schwemmer O (1984) Kant. In: Mittelstrass J, Carrier M, Wolters G, Blasche S (Hrsg.) Enzyklopädie Philosophie und Wissenschaftstheorie. H-O. Bibliographisches Institut, Mannheim, 343–361.

Wyssusek B, Schwartz M, Kramberg B, Mahr B (2002) Erkenntnistheoretische Aspekte bei der Modellierung von Geschäftsprozessen. Das Wirtschaftsstudium 31:238–246.

Yadav S, Khazanchi D (1992) Subjective Understanding in Strategic Decision Making. An Informations System Perspective. Decision Support Systems 8:55–71.

Young S, Tu Y, Tseng Y (1999) Organizational Learning as Feedback System. A Conceptual Framework. In: Cavana R (Hrsg.) Systems Thinking for the Next Millennium. Proceedings of the 17th International Conference of the System Dynamics Society, Albany.

Zeh T (2003) Data Warehousing als Organisationskonzept des Datenmanagements. Eine kritische Betrachtung der Data-Warehouse-Definition von Inmon. Informatik Forschung und Entwicklung 18:32–38.

Zelewski S (1999) Grundlagen. In: Corsten H, Becker J (Hrsg.) Betriebswirtschaftslehre. Oldenbourg, München, 1–125.

Zelewski S (2007) Kann Wissenschaftstheorie behilflich für die Publikationspraxis sein? Eine kritische Auseinandersetzung mit den "Guidelines" von Hevner et al. In: Lehner F, Zelewski S (Hrsg.) Wissenschaftstheoretische Fundierung und wissenschaftliche Orientierung der Wirtschaftsinformatik. GITO, Berlin, 71–120.

Zelewski S, Schütte R (1999) Wissenschafts- und erkenntnistheoretische Probleme beim Umgang mit Ontologien. In: König W, Wendt O (Hrsg.) Wirtschaftsinformatik und Wissenschaftstheorie - Verteilte Theoriebildung, Frankfurt am Main, Beitrag 2 (S. 1-19).

Zhu B, Chen H (2008) Information Visualization for Decision Support. In: Burstein F, Holsapple C (Hrsg.) Handbook on Decision Support Systems. Variations. Springer, Berlin et al., 699–722.